海外中国研究丛书

——

到中国之外发现中国

缠足

"金莲崇拜"盛极而衰的演变

[美] 高彦颐 著　苗延威 译

Dorothy Ko

Cinderella's Sisters

A Revisionist History of Footbinding

江苏人民出版社

图书在版编目(CIP)数据

　　缠足："金莲崇拜"盛极而衰的演变 /（美）高彦
颐著；苗延威译. -- 南京：江苏人民出版社，2022.5
(2024.10 重印)
　　（海外中国研究丛书 / 刘东主编）
　　书名原文：Cinderella's Sisters：A Revisionist
History of Footbinding
　　ISBN 978 - 7 - 214 - 26952 - 2

　　Ⅰ．①缠… Ⅱ．①高… ②苗… Ⅲ．①缠足－风俗习
惯－研究－中国 Ⅳ．①K892.29

　　中国版本图书馆 CIP 数据核字(2021)第 280971 号

Cinderella's Sisters: A Revisionist History of Footbinding by Dorothy Ko

Copyright ⓒ2005 by The Regents of the University of California

Published by arrangement with University of California Press

Simplified Chinese edition copyright ⓒ 2009 by Jiangsu People's Publishing House

All rights reserved

江苏省版权局著作权合同登记号：图字 10 - 2008 - 193 号

书　　　　名	缠足："金莲崇拜"盛极而衰的演变	
著　　　者	[美]高彦颐	
译　　　者	苗延威	
责 任 编 辑	孟　璐	
特 约 编 辑	戴宁宁　刘沁秋	
装 帧 设 计	周伟伟	
责 任 监 制	王　娟	
出 版 发 行	江苏人民出版社	
地　　　址	南京市湖南路 1 号 A 楼，邮编：210009	
照　　　排	江苏凤凰制版有限公司	
印　　　刷	苏州市越洋印刷有限公司	
开　　　本	652 毫米×960 毫米　1/16	
印　　　张	27　插页 4	
字　　　数	305 千字	
版　　　次	2022 年 5 月第 1 版	
印　　　次	2024 年 10 月第 6 次印刷	
标 准 书 号	ISBN 978 - 7 - 214 - 26952 - 2	
定　　　价	88.00 元	

（江苏人民出版社图书凡印装错误可向承印厂调换）

序"海外中国研究丛书"

中国曾经遗忘过世界，但世界却并未因此而遗忘中国。令人嗟讶的是，20世纪60年代以后，就在中国越来越闭锁的同时，世界各国的中国研究却得到了越来越富于成果的发展。而到了中国门户重开的今天，这种发展就把国内学界逼到了如此的窘境：我们不仅必须放眼海外去认识世界，还必须放眼海外来重新认识中国；不仅必须向国内读者迻译海外的西学，还必须向他们系统地介绍海外的中学。

这个系列不可避免地会加深我们150年以来一直怀有的危机感和失落感，因为单是它的学术水准也足以提醒我们，中国文明在现时代所面对的绝不再是某个粗蛮不文的、很快就将被自己同化的、马背上的战胜者，而是一个高度发展了的、必将对自己的根本价值取向大大触动的文明。可正因为这样，借别人的眼光去获得自知之明，又正是摆在我们面前的紧迫历史使命，因为只要不跳出自家的文化圈子去透过强烈的反差反观自身，中华文明就找不到进入其现代形态的入口。

当然,既是本着这样的目的,我们就不能只从各家学说中筛选那些我们可以或者乐于接受的东西,否则我们的"筛子"本身就可能使读者失去选择、挑剔和批判的广阔天地。我们的译介毕竟还只是初步的尝试,而我们所努力去做的,毕竟也只是和读者一起去反复思索这些奉献给大家的东西。

刘　东

谨以此书献给曼素恩(Susan Mann)老师

在漫漫知识旅途上,是她

披荆斩棘

敲开了一扇扇学院的门扉

修筑起一处处温暖的驿站

目 录

再版自序

　　一个大社会、大时代所经历的翻天覆地的巨变，尤其是在精神面貌或大众心理等深邃层面上的，往往是在具体而微的事物上才能充分体味。比如说，人们对于女人缠足这一小事的本能反应和价值判断，便足以反映一个社会或时代对妇女身体、福利和权利等重大问题的某种共识。记得在20世纪90年代中期，也就是本书英文版的成书年代，我的同事、朋友都很好奇，封建时代女人缠足故事，像那裹脚布一样又长又臭，现在时代进步了，这羞耻的事儿巴不得早日埋进历史的垃圾堆，你要拿来研究，是不是依依不舍的恋足狂？更有好友怒气冲冲地责问我："疼哟，疼就是痛、痛是痛（pain is pain is pain），有啥好谈的？"言下之意，好像是想要研究缠足史，等于让可怜的小脚女人们活生生再受一趟折磨，要追问缠足发展的根源，等于是为男权开释，是极为残忍，甚至是不道德的行为。

　　今天回头看来，难免觉得大家都可能有点过虑了。逝者如斯，缠足时代的确是一去不复返了。我们作为一个人的自我感觉和道德勇气，也不一定非要建立在可怜或拯救别人身上不可。于是很庆幸地看到，对缠足问题的专业研究，也鲜活起来了，教人耳目一新。有考古学家团队，清理西安地区明墓出土的8具女尸，量度跗骨、跖骨和趾骨的宽瘦，得出有半数缠过足

1

的结论。在河南薛村,古病理考古学家审视 202 具出土的明清女体的肌肉和骨骼组织生前受过的创伤,发现缠足人数开始显著上升的转捩点,是在晚明。又有人类学家团队,走访了西南、华北以及华中总计数千位曾在 20 世纪上半叶历经缠足放足的老人们,论证缠足习俗同妇女从事家内劳动的模式,乃至社会经济工业化的进展息息相关。更有历史人类学家,利用日据时期台湾在 1905 和 1915 年两次大规模的缠足人口普查,用宏观视野显示一般闽南家庭女儿缠足但客家女儿不缠这一规律,说明了缠足不但攸关族群身份认同,而且它一旦在某族群当中成为时尚的身份表征,那么其赖以代代相传的动力,很大程度上是妇女自身追求时尚体面。[①]

　　幸亏缠足已成历史陈迹,我们终于可以较为客观地全面认识和研究它。这些在 21 世纪初面世的专著,都是多年累积的学术成果,都能在某一学术领域自成一家言。我作为一个倾向人文研究方法的历史学者,虽然未必全然认同这些社会科学同事们的研究前提和推论,但这歧义能够被阐明,正是多学科交叉、碰撞的可贵之处。学问之路是多元的,也是需要群策群力,大伙儿一起探索出来的。今天我们对于个人身体观、社会性别关系以及权力差异的认识,可能已跟 30 年前不尽相同。读了缠足的历史,能不能帮助我们进一步分析徐州八孩母亲的遭遇?我期待本书再版的读者们给我反馈。

　　再次感谢"海外中国研究丛书"的主编刘东教授,译者苗延

[①] 这些英文近作的作者和标题,为节省篇幅起见,恕不一一序列。有兴趣的读者可参考鲍梅立的专题报告:Melissa J. Brown, "Footbinding in Economic Context: Rethinking the Problems of Affect and the Prurient Gaze," *Harvard Journal of Asiatic Studies* 20.1 (2020): 179 - 214.

威教授,江苏人民出版社的先后责编和其他同人,以及率先出版繁体字中译本的台湾左岸文化和为我穿针引线的好友游鉴明教授。

高彦颐

2022 年 3 月 25 日

于纽约长岛钟港游鱼庄

中文版序

    认识苗延威,对我来说是绝顶的幸运,对他来说却可算是天大的倒霉。我们头一次见面,是在 2005 年 12 月,地点是台湾大学一间教室。那时他刚衣锦荣归,是名门纽约大学的社会学博士。延威留学时,和我不约而同都跻身纽约城下村,相隔不到一英里,更何况二人多年来分头从事缠足研究,延威的博士论文正以近现代的缠足论述为题,在美时却从来没有碰头,甚至并不互识对方的存在,或许要归罪"隔行如隔山"罢。终于在台北会面时,我的书稿刚刚面世,延威也开始在"中研院"近史所当博士后了。

    最先发现我们有一部分重复劳动的,是好友游鉴明。是她穿针引线,把书稿推荐给左岸出版社,又建议他们请苗延威当翻译。这是我莫大的福气——又会有哪一个作者,能强求为她译书的人,本身就有本事写这部书?一年下来,延威把书中所有引文,逐条从图书馆找出,反复推敲思索之下,检出原著的错漏,为我一一列表改正。有关天足运动的章节,本是延威自身研究着力所在。他加注的"译按",充分表现了他的学养才情,又补足了原文的未尽之处。更何况,他的译文思路明快,运笔矫健如飞,我往往在深夜阅稿,读到艰难处,不禁拍案叫绝,自愧不如。全文我只做了极少改动。感谢鉴明这位"红娘",更感谢延威认真勤快的全力以赴,使我这个作者,能够反过来坐享"读者"的乐趣。

俯仰之间,缠足已成陈迹。我怀着毕恭毕敬的心情,向所有曾经缠过脚的女人们致意。如果没有她们,就没有这部书,更没有以身体书写的中国历史篇章。

高彦颐
2007 年 4 月
谨识于纽约离隐居

鸣　谢

这本书拖了这么久才完稿——却仍不够完整和完备——是完全说不过去的。我唯有如此自我安慰：这段过程，不仅引人入胜，使人感叹"学然后知不足"，它更像所有淋漓尽致的探险旅程一般，给我带来过一种脱胎换骨的畅快。

1994 年 5 月 20 日，我首度公开发表我的修正论缠足史观，那时，总是先知先觉的康无为老师（Hal Kahn）就坐在前排的位子上。当我忐忑不安地回到座位之后，若不是他带着赞赏的眼神拍了拍我的肩膀，说不定我早就裹足不前了。

一路走来，我并不觉得孤独。曼素恩总是在那里陪伴我、支持我，并且以她对妇女生命的研究，在前方为我引路。费侠莉（Charlotte Furth）全方位地推敲如何靠文字论述去认识感性身体，而这正是身体史的一大难题。柯素芝（Suzanne Cahill）从诗学的角度探讨唐代道姑的身体经验；就我所知，没有人能像她那样雅致地思索重力问题。蔡九迪（Judith Zeitlin）提醒我们注意，悬念和欲望，产生一种刹那即逝的美感，此一洞见，带领我们更接近真实。邦妮·史密斯（Bonnie Smith）介绍 19 世纪法国依赖吸食鸦片寻找历史真实的女性业余史家，用意在提醒我们，所谓"绝对客观"的历史，是男性专业史家排挤女性入行的借口。如果不是她们筚路蓝缕，以启山林，我可能还身陷在丛

木蔓草之中。

缠足虽已不在，却又无所不在。每位历史学家以及人类学家，尤其后者，在他们的档案和田野笔记里，似乎都埋藏着有关小脚的蛛丝马迹。所以，当我有意研究这个课题的消息传开之后，旧雨新知，纷纷送来一叠又一叠的资料。他们包括：康依娜（Ina Asim）、白梅瑞（Mary Buck）、张勉治、定宜庄、董玥（Madeleine Yue Dong）、欧立德（Mark Elliott）、冯素珊（Susan Fernsebner）、傅佛果（Joshua Fogel）、傅葆石、葛以嘉（Joshua Goldstein）、韩嵩（Marta Hanson）、何刘咏聪、艾敏慧（Jacqueline Armijo-Hussein）、柯瑞佳（Rebecca Karl）、关文斌（Kwan Man-Bun）、劳柳萍（Nhi Lieu）、梅尔清（Tobie Meyer-Fong）、钱南秀、罗友枝（Evelyn Rawski）、罗芙芸（Ruth Rogaski）、苏成捷（Matthew Sommer）、末次玲子、王安（Ann Waltner）、王政、徐学清、柳田节子、杨碧芳（Judy Yung），以及张恩华。缠足史研究旅途上的同行者林秋敏和坂元ひろ子，则慷慨地让我分享她们自己的研究成果。

在许多不同的场合里，我有幸可以跟神情专注、令人感动的听众们讨论我的研究：耶鲁大学、"中央研究院"近代史研究所、台湾大学、美国自然历史博物馆（American Museum of Natural History）、圣路易华盛顿大学、哈弗福德学院（Haverford College）、匹兹堡大学、亚瑟·萨克勒美术馆（The Arthur M. Sackler Gallery）、普林斯顿大学、芝加哥大学、华盛顿大学、加州大学洛杉矶分校、密西根大学、普林斯顿高等研究中心、纽约大都会博物馆、加州大学戴维斯分校、多伦多大学、富兰克林与马歇尔学院、布朗大学彭布鲁克中心（The Pembroke Center at Brown University）、华美协进社（The China Institute）、乌兹堡大

学(Würzburg University)、北京大学、南京大学等研究机构。感谢所有曾经邀请我到这些研究机构参加研习会、研讨会和演讲会的学长同事们。

在这些场合里，同仁先进们总是不吝拨冗，分享他们的洞见。我也曾遇到一些女士先生，对于我提议无须把谴责当成我们对缠足的唯一反应，他们很明显地表现出他们的不解与不满。我虽然难免会遭遇挑战，但从未受到攻击；对于听众的包容和纵容，我总是心存感激。他们督促我澄清自己的论点，有时甚至改变了我的想法。但愿本书因为这一层转折而更臻完善。我在加州大学圣地亚哥分校、罗格斯大学(Rutgers)，以及现职的哥伦比亚大学巴纳德学院(Barnard College)任教时，参与研讨课程的学生们，教了我不少东西，特别是身体如何作为一种既具体又朦胧的历史主体。在他们之中，Sean Hoffman、Stephen Sanger，以及Samantha Pinto，尤其影响了我对此一问题的研究方式。

加州大学校长办公室、古根汉纪念基金会、普林斯顿高等研究中心，以及国家人文基金会(the National Endowment for the Humanities)提供给我优厚的研究经费，让我在研究的最初与最终阶段，可以抽出一段较长的时间，心无旁骛，全力以赴。罗格斯大学文理学院院长Richard Foley与人文学院院长Barry Qualls，以及哥伦比亚大学巴纳德学院教务长Elizabeth Boylan，都从许多方面对我的工作表示支持。

我所敬重的同事和朋友周蕾(Rey Chow)、熊秉真、艾尔曼(Benjamin Elman)、韩书瑞(Susan Naquin)、白馥兰(Francesca Bray)，以及路易莎(Louisa Schein)，给了我适时的忠告和可靠的支持，特此致谢。费侠莉和罗威廉(William Rowe)是书稿最先与最后的读者，他们提出的意见，精辟、中肯而和善。在我修正文稿

的过程里，他们的回应珍贵无比。感谢张慧光、罗南熙（Nancy
Norton Tomasko）、赵丰、高建中、提里耶（Régine Thiriez），以及
史坦（Lewis Stein），他们提供了一些艺品和文物，并同意本书拍
摄引用。提里耶博士以其专业能力，帮忙辨认了某些摄影作品的
年代，谨向她再次致谢。叶娃、斯蒂尔（Valerie Steele）、梁其姿、
魏爱莲（Ellen Widmer）、孙康宜、华玮、林维红、李孝悌、刘静贞、
李贞德、胡晓真、岸本美绪、大木康、库恩（Dieter Kuhn）、杜芳琴、
邓小南、张宏生、贺云翱，以及徐艺乙等世界各地的朋友们，不但
惠赠他们极具启发性的著作，而且也都对我热情相待；我很开心
能借这个机会聊表我的感激之意。

柯基生医生、巴塔鞋履博物馆（the Bata Shoe Museum）的
Sonja Bata 女士、杨韶荣、Glenn Roberts、谢言芳、龚丹（Don J.
Cohn），以及乔迅（Jonathan Hay），他们的精致品味和令人叹为
观止的丰富收藏，引领我遨游于鞋履等物件的世界之中。我在写
作产能最丰的期间，得力于两位研究助理，她们是台北的赖滢玉
和南京的梅玫。自始至终，加州大学出版社的 Sheila Levine 女
士，都支撑着这项研究计划的编辑出版工作。

双亲给予我的绝对支持，至关重要——遗憾的是，母亲等
不及见到本书，即已与世长辞。最后，我想向我的朋友 Lauren
Lazin、傅秀玲和 Cynthia Perry——她们全是纵横专业领域、牢
牢掌握现实人生的坚强女性——说一句话：谢谢你们的不离
不弃。

本书第三章的一个删节版本，曾以中译形式出版，其标题为
《档案·缠足史·欲望：游戏〈采菲录〉》，收入熊秉真、余安邦合编
的《情欲明清——遂欲篇》（台北：麦田出版，2004），第105—140
页。〔译按：为求行文统一，本译本包括第三章整章在内，全为新

译。〕另外，第四章的一个较早和较短的版本，曾于德国出版，即：
"The Presence of Antiquity: Ming Discourses on Footbinding's Origins," in *Die Gegenwart des Altertums*, ed. Dieter Kuhn and Helga Stahl (Heidelberg: Edition Forum, 2001)。

凡 例

1. 书中有关年龄的表示,均依中国传统习惯,出生即以一岁计算。

2. 与世界各地一样,传统中国的测量单位向无定制。例如,一寸的实际长度,在中国乃随着朝代的更迭而有差异;即使在同一时代,不同地区所指涉的长度也不一致。甚至,同一个地区,也可能同时存在着不同的丈量标准。因此,本书对于中文文本里提到的长度单位,均只以直接引用的方式呈现("尺""寸""分""里"),而未转换成现代标准。所谓"三寸金莲",只能算是文学性的表达,不应强求精确的衡量。

3. 为了避免混淆,当代针对相关文物(如出土的宋代鞋履)产生的测量数据,本书皆以公制表示,并于括号内注明其相当的美国尺寸,例如:21公分(8.4英寸)。

4. 本书在正文与注释中,以下列简称表示《采菲录》系列各书:

采初　姚灵犀编,《采菲录》(初编)(天津:时代公司,1934)。

采续　姚灵犀编,《采菲录续编》(天津:时代公司,1936)。

采三　姚灵犀编,《采菲录第三编》(天津:天津书局,1936)。

采四　姚灵犀编,《采菲录第四编》(天津:天津书局,1938)。

采新　姚灵犀编,《采菲新编》(天津:天津书局,1941)。

采精　姚灵犀编,《采菲精华录》上卷(天津:天津书局,1941)。

图　版

图一　赖以行走的缠足。（图片引自 John MacGowan, *Men and Manners*，"Women with Golden Lilies," p. 249 封页。）

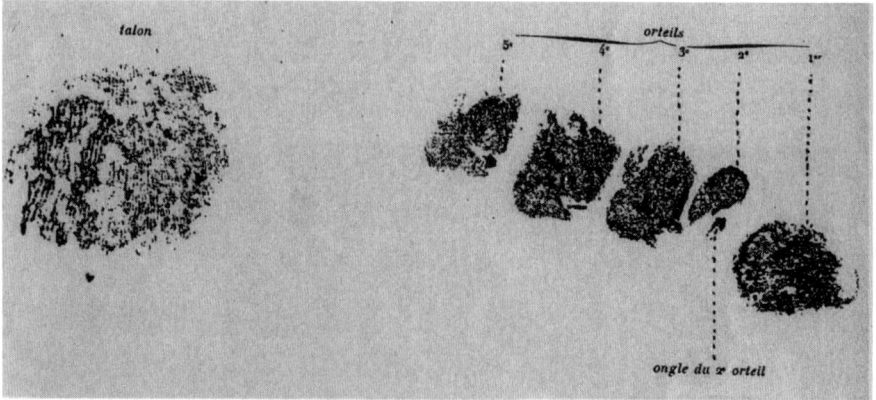

图二 缠足的脚模印。图中的印迹为脚跟与脚趾，测得的全长为 22 公分（8.8 英寸），说起来并不算小。该脚的四个脚趾向内弯折；不过，脚掌主干骨并未弯折，事实上，即使就缠足的极端形式而言，主干骨也无弯折的情况。这名女子的全身重量，由脚趾（orteils）和脚跟（talon）平均承受。马提侬医生（Dr. J.-J. Matignon）在他 1899 年出版的著作里，从迷信、自尽、自焚、太监、缠足、溺婴、堕胎、娈童、乞丐等现象向读者介绍中国文化，具体而微地投射了欧洲人幻想中的遥远东方：怪诞而病态。（图片引自 J.-J. Matignon, *Superstition*，*crime*，*et misère en Chine*，p. 205。）

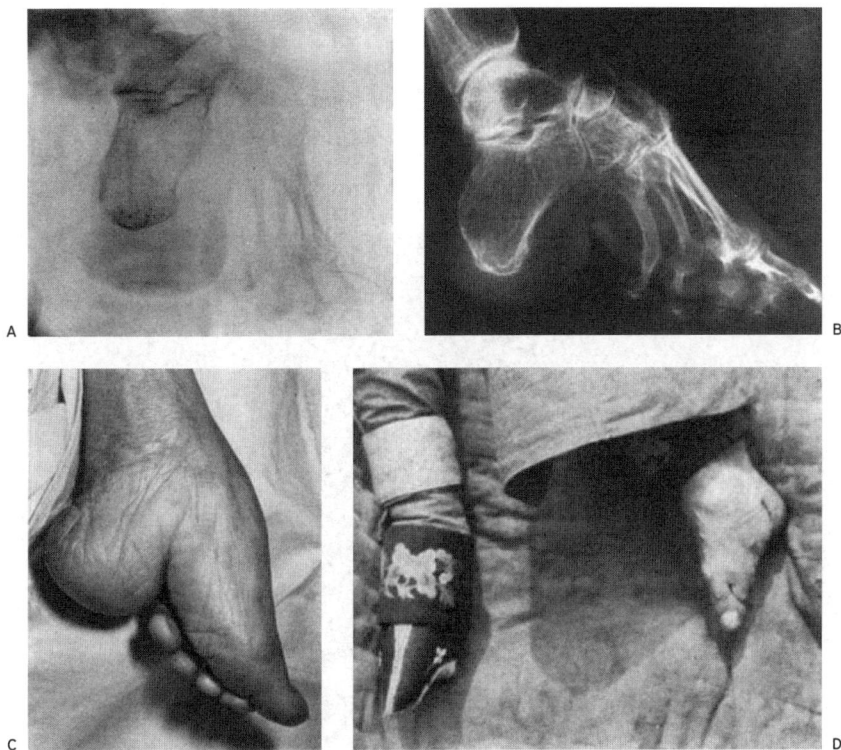

图三 小脚的披露:医学报告里的照片。A. 弓弯程度极高的小脚 X 光照片。(图片引自 J. Preston Maxwell, "On the Evils of Chinese Foot-binding"〔1916〕, p. 396 对页。)B. 放足后的 X 光照片。C. 足心凹缝。(图 B 和 C 引自 H. S. Y. Fang and F. Y. K. Yu, "Foot-binding in Chinese Women," *Canadian Journal of Surgery* 3〔April 1960〕, pp. 195—202, 皆经出版者同意后引用。© 1960 Canadian Medical Association。)D. 赤裸足与着鞋足的对照。(引自 F. M. Al-Akl, "Bound Feet in China"〔1932〕, p. 547。)

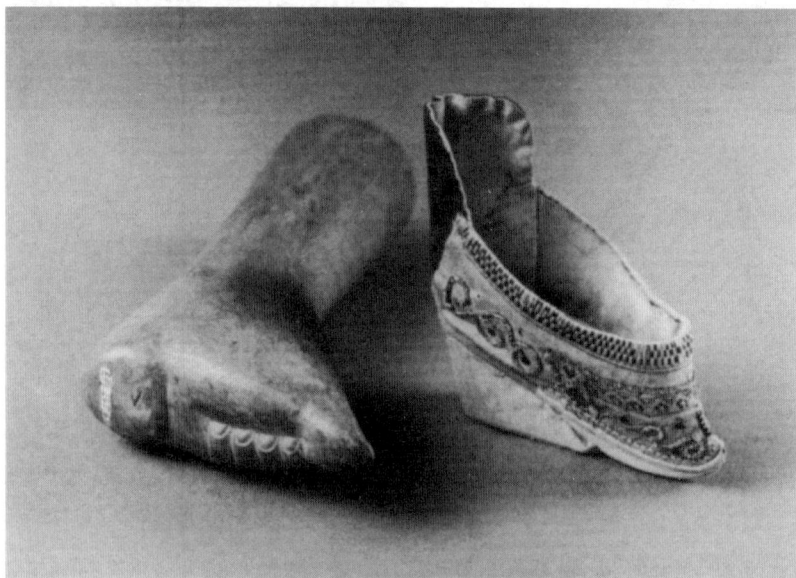

图四　作为演示道具的"截足"模型。天足会举办的集会场合里,经常展示木制或石膏材质的缠足模型,此举带动了披露女性部分身体的耸动手法。图中的木制小脚模型及绣鞋,其使用者为福建地区的浸信会(the Baptist Missionary Society)的视觉教育部门(the Visual Education Department)。(经中国香港特别行政区政府同意后,转引自香港历史博物馆馆藏。)

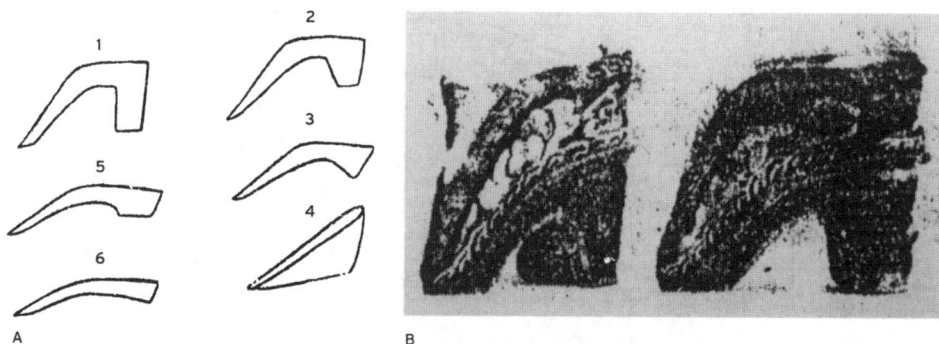

图五 近代木底之演进,19世纪30年代至20世纪30年代。

A. 弓底的平坦化趋势,出自胡燕贤制作的图表和解说。胡燕贤,北京人,为《采菲录》的主笔群之一。按照他的图说,近代的木底鞋式可区别如下:(1) 19世纪30年代式样;(2) 19世纪60—70年代式样;(3) 19世纪80—90年代山西式样;(4) 19世纪50—60年代江南式样;(5) 19世纪90年代至20世纪头十年北方式样;(6) 20世纪20—30年代常见式样。B. 19世纪30年代式样之高底弓鞋。胡燕贤指出,他的图说,根据的是他得自旧货摊上的实物,以及与耆老的访谈:

> 曾在旧货摊,发现(1)式底之鞋(上图B)。满帮绣花,但花式异常古朴,分绣四支野兽,如虎、狮、象、猴等,大约四寸,不甚尖瘦。遍询老人,或云极老之样。以晚近审美眼光绳之,实不雅观。
>
> (2)式亦见过,询云较近。(3)则已臻玲珑,且瘦窄,脱去笨重之形矣。(4)底形倾斜平直,鞋尖跷起,后跟特高,老人云,北方无此式样,观其绣工精致,断为南方者。(5)确系北方近时通常用者。(6)为最良者。
>
> 总之,缠足之鞋底,愈远愈高,愈近愈低,渐失弓鞋式。逊至最近,并木底亦无之。盖缠足固多,鞋底不觉与地相平矣。(《采菲录》,第227页;《采菲精华录》,第130—131页)。

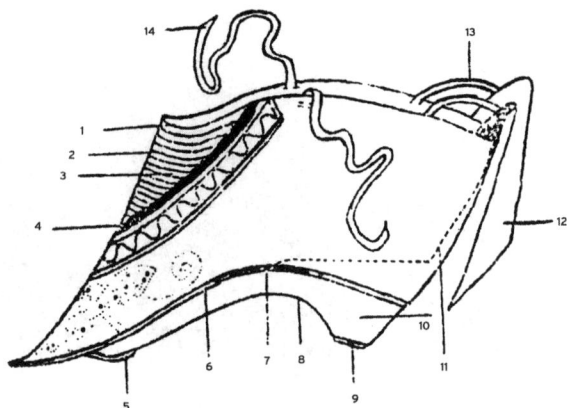

图六　20 世纪 20 年代的北方坤鞋图样。绘图者为胡燕贤,他并介绍了各构造部分的名称和形制:"(1) 庙门,又名月亮门(尚有剪子口、中分口);(2) 梯凳(多用青丝线排匀,亦有搭斜十字者);(3) 裹脚面,又名口面(即"梯凳"以下之布,皆制以白布或白缎);(4) 口尖(有在口尖处打一各色丝线结者);(5) 前底托(制以各色布缎,厚约半分,为减木底声响);(6) 线条(一律白色,厚半至一分);(7) 腰截或腰节(各色花,在底托中后部);(8) 底心(系铃处,但较时样者,底心几平);(9) 后底托(制法同前底托);(10) 贮香处(中空时下系花孔);(11) 裹高底(铁、木、布、竹等制);(12) 拽跟,即提跟(各种花样各色长短之别);(13) 拽跟鼻(后端有钉鞋帮上者);(14) 绊带(有复者,即四条,红绿色多)。"

在反缠足运动盛行的年代里,缠足的要求不若往日那样严格,"弓弯"也趋于平坦。但改良坤鞋所蕴含的时尚价值,并不因此而有所减损。胡燕贤注意到:

> 鞋帮之花,多刺于尖端,及脚里面边缘处。但式愈老,花愈多,百年前则满帮矣。至木底愈老愈弓,愈新愈平,百年前之鞋底,大有时下高跟之形。
>
> 鞋尖式样甚多,有翻上如勾者,有锐如锥者,有虚尖特长者,亦有短者。
>
> 拽跟大约二寸至八寸,有实用者,有虚设者。前者为布制,绝少绸缎,取其不滑也;着好将其余端帮扎裤腿内,以免坐跟。后者但取美观,玲珑透花之提跟,双垂鞋后,摇曳生动,洵佳饰也。(《采菲录》,第 225—226 页;《采菲精华录》,第 130 页。)

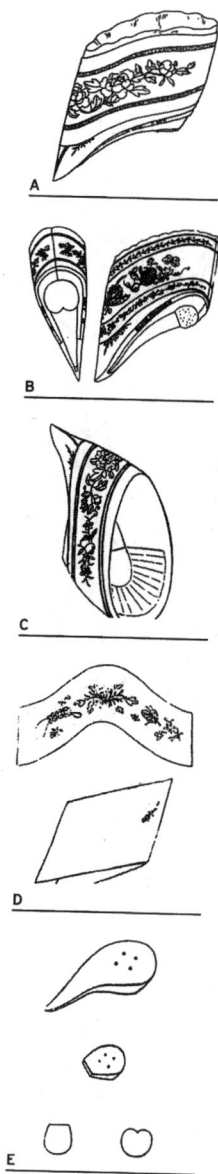

图七　天津式坤靴之制作,约当 1904—1911 年间;图 A—C 所示,乃是三只坤靴的"实物写生",年代在 1904 年之后;这些靴子属于天津名妓白金宝,她以一双纤足著称。图 D—E 所示则为靴子的组件。(《采菲精华录》),第 86—87 页之间的图示。)

A. 白金宝之靴:侧视图,靴腰花饰名曰"牡丹朵儿"。

B. 白金宝之靴:倒视图和底面直视图,显示其弓形木底与底托,靴腰花饰名曰"蝴蝶瓜瓞儿"。

C. 白金宝之靴:上方侧视图,显示其内部"靴拉跟",靴腰花饰名曰"富寿双全"。

D. "靴腰子"(图上方)与"靴弯子"(图下方):"有专以画其上之花为业者;上部花粗,下部花细。其质地高者用缎,普通者用一种浆而砑光之布,名曰'京漂'。……业此者纯属男工,且收徒弟,先学画靴腰子,俟笔下进步,始学画靴弯子。倘不用画而绣或平金者,则属女工。"

E. 木底与小底:"'靴子'之制必以'木底',底外糊白布;或再加以'小底'为'外高底'('里高底'之对),亦糊布。木底有大小'小底',式亦不一,普通者,平面视为卵形,而截其小端或为苹果式〔见本图底部之两幅小图示,亦参见图 B 左方之图示〕。有专以削'木底'为业者,属男工卖者,穿巷高呼,亦男子业也。卖木底者兼卖'靴拉跟',即以竹皮为之〔见 C 靴子内部〕,糊以布排钉靴之内,后跟部使靴后不下挫也。"

7

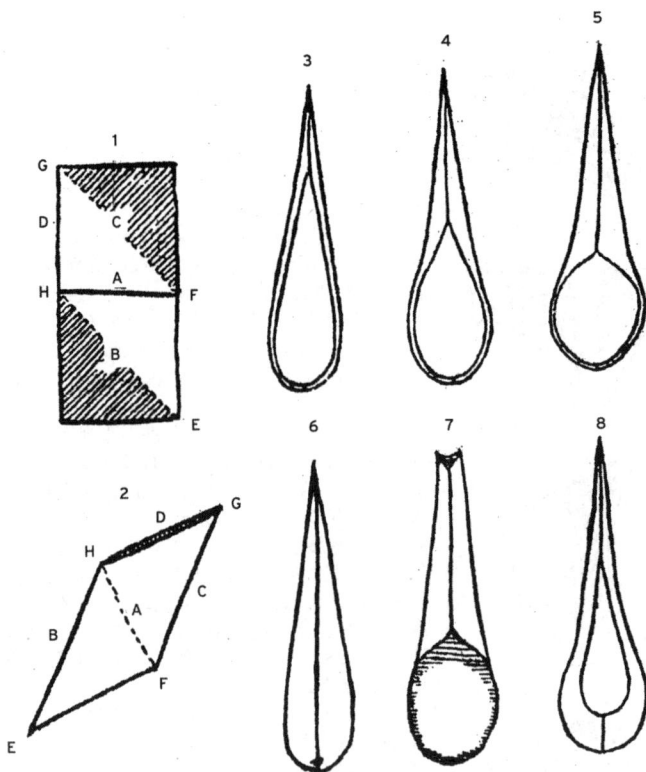

图八　20世纪初的袜式。图文均出自胡燕贤的手笔(见《采菲录》,第228页;《采菲精华录》,第132页)。此处仅显示袜底形状;袜帮只在花纹装饰上有别,与底部无关。

(1—2) 20世纪20年代的便袜:此为最简单之便袜,只须五分钟即可做成。取一长方布,长倍于宽(依足长比例),两对角分向内折(B、C),于接缝处(EF;FH)缝合,G、H间不缝,D为袜口;视之虽不甚成形,着之却能适足。(3) 满底之坤袜:"尖处无底",否则脚会感到不舒服。(4) 半底之坤袜。(5) 踵底袜:足踵较厚之妇女喜用此式。(6) 无底袜:"凡较瘦之足且踵小者,方能用之,否则撑肥,殊不雅观。"(7) 贯尖洞踵之袜底形:适用于炎夏之时或足汗多者。(8) 小底袜:底缝于袜中央,埋压于足心之下。

　　图九　足服时尚游戏,约当 1905—1910 年间:两名装扮时髦的上海欢场缠足女子。女扮男装的"他"穿着男衣男鞋,而"她"则穿着现代款式的袜子和平底的"玛丽珍女鞋"(Mary Janes,译按:鞋面有扣带的低跟女鞋),鞋尖饰以绒球。窄而直的卷烟裤,突显了她那平坦、现代的脚部线条,也传达出一种兴起于清朝末年的感性风格。(Lewis Stein 私人收藏。)

图十　观音像。这尊唐代(618—906)的铜像刻画了赤足(大脚)观音在金莲台上的轻巧舞姿。此一形象是否影响了窅娘,或者说,是否影响了窅娘传奇的塑造呢?(The Avery Brundage Collection,B60B661. © Asian Art Museum of San Francisco. 经同意后引用。)

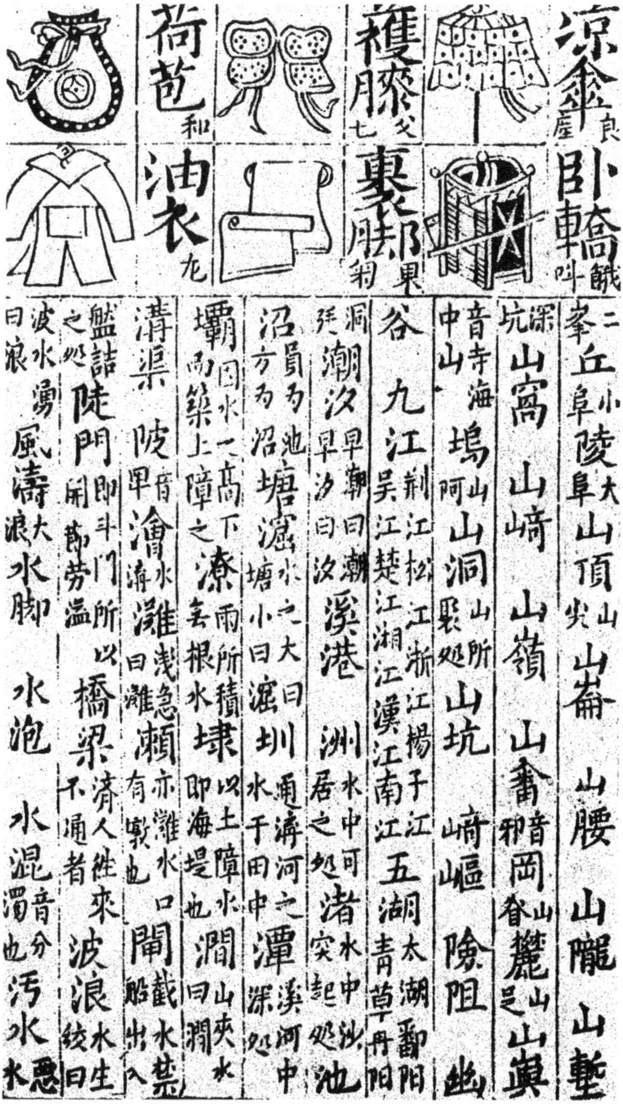

图十一　一部明代类书里的裹腿布和裹脚布。在这部收罗了常用字词的类书里，其中一页，在一对"护膝"的图绘之下，绘有一双"裹脚"（裹腿布）（图 A 上方中央）。二者的用途，就跟同页所绘的"凉伞""卧轿""荷包"和"油衣"一样，皆与外出旅行有关。在次页（未示于此）里，还有"皂靴""儒履""纱帽""网巾""弓袋"以及"箭敌"，无疑全属男性用品。相反的，在另一页上（图 B 上方右侧），"面布"之下绘着一双丝带般的"脚帛"（裹脚布），同页还有"华粉"三块、"胭脂"两饼，以及（转下页）

11

(接上页)"香丸"三团,显示"脚帛"亦属女子妆奁的物件。(《增补易知杂字全书》,明代版本,第 26b、28b 页。)

图十二　河南登封县白沙宋墓壁画，1099 年。画中男女主人为地主赵大翁夫妇，他们把脚搁在"踏床子"(承脚之矮榻，或名"脚床子")之上。(宿白，《白沙宋墓》，第 22 图版。)

图十三　洗脚大会,云南通海县。这幅图画见于上海申报馆附属的石印本通俗画报,该期的刊印时间为 1887 年。图中说明文字首先就和尚的光头(见图右下方)和小脚妇女的裸足(浸在水中,画中不得见,但她们解下放在身旁的裹脚布说明了一切)两相对照,调侃了一番("以光头之贼相,欲观跣足之美")。根据作者的说法,每年初春三月,云南通海一带远近妇女,群集于县城西隅一处寺庙前的水塘,洗涤她们的双脚。洗过之后,还会宰牲还愿,然后如佛经故事里的鹿女踏花般,步步莲花,缓缓归去〔译按:鹿女"足所履地,迹有莲华",故事可见唐玄奘,《大唐西域记》,卷七;王维有"鹿女踏花行"诗句〕。当被问及"何以不知羞",妇女们回答道:"求来生福也。"("洗脚大会",落款者为画家符节;《点石斋画报》第 127 期,光绪 13 年〔1887〕8 月 11—20 日〔中澣〕,第 51b - 52a 页。罗南熙私人收藏。)

14

femme aux petits pieds
Mongtseu

图十四　云南妇女展示她的多层次足服时尚,约在 1910—1920 年间。在这张明信片里,一名汉族妇女在法国摄影师镜头前,神情轻松自若。拍摄地点在云南南部的蒙自,该地为滇越铁路的沿线重镇之一。尤其吸引人注意的,是她脚上的多层次复式足服:最内层的裹脚带(外观看不出来);白袜子;斜交叉的宽幅饰带(以突显其弓弯);软"睡鞋";以及最外层的绣花布鞋,有鞋带绕脚踝以为固定。她的白色裤管窄处,饰有色彩对比鲜明的几何图纹,裤脚收束于轴形踝带,以细布饰带固定。不论是她身上夸耀醒目的织品,还是脸上雍容华贵的表情,在在都显示出,在 20 世纪 20 年代以前,缠足在这个地区仍然与地位和财富密切相关。(Régine Thiriez 博士私人收藏。)

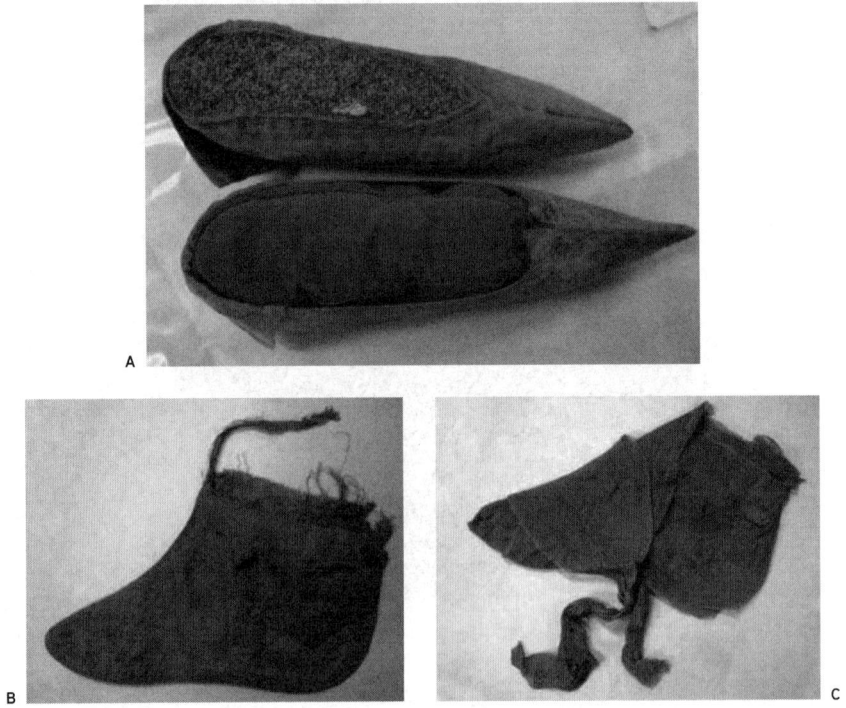

图十五 明初足服:A. 尖头纤鞋,B. 平底无衬垫夏袜,以及 C. 裹脚布。(现收藏于杭州的中国丝绸博物馆。)

图十六　缠足用平底女鞋（13—16世纪）

鞋式	姓名/时代	地点	尺寸	身高	足服描述	备注	资料出处
	黄升（1227—1243）	福建福州	长13.3—14公分 宽4.5—5公分 高4.5—4.8公分	?	鞋6双 袜16双	黄升亡故时，年仅十七，她的脚因此格外娇小。	福建省博物馆编，《福州南宋黄升墓》。
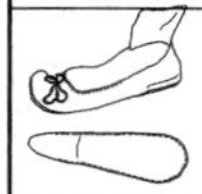	周氏（1240—1274）	江西德安	长18—22公分 宽5—6公分 高3.5—4.5公分	152公分	鞋7双 袜7双		江西省文物考古研究所与德安县博物馆，《江西德安南宋周氏墓清理简报》。
	钱裕夫人（1320年卒）	江苏无锡	?	?			周汛与高春明，《中国历代妇女妆饰》，第305页；《中国衣冠服饰大辞典》，第704页。
	元代（1362年以前）	河北隆化鸽子洞窖藏	长21公分 宽5公分 高5公分	?	茶绿色绢鞋帮，两面均绣上红莲花、牡丹花图样。里衬白绢。麻布鞋底绣以菱形纹。	1999年在一处山洞发现类似麻袋的包裹，里面装有元代书契和各式纺织品。	赵丰主编《纺织品考古新发现》，第162页。
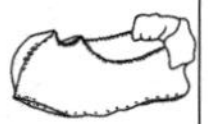	?（明代）	江苏扬州	?	?			周汛与高春明，《中国历代妇女妆饰》，第304页。
	李氏（1538—1556）	江西南城	?	?	黄锦鞋面	李氏为明益王朱翊钌的元妃	江西省文物工作队，《江西南城明益王朱翊钌夫妇合葬墓》。
	孙氏（1543—1582）	江西南城	长13.5公分 宽4.8公分 高2.5公分 木底厚1.5公分	?	鞋面以黄色回纹锦制成，上施彩绣。	孙氏为明益王朱翊钌的继妃	周汛与高春明，《中国历代妇女妆饰》，第298,306页。

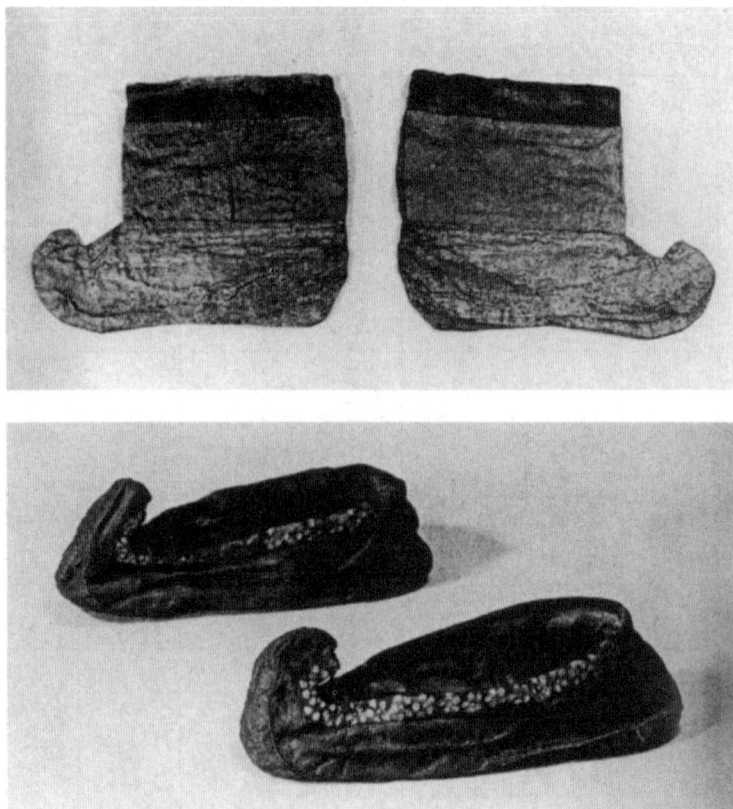

图十七　黄升(1227—1243)的翘头弓鞋和袜子。(福建省博物馆编,《福州南宋黄升墓》,第62—63图版,第45页。)

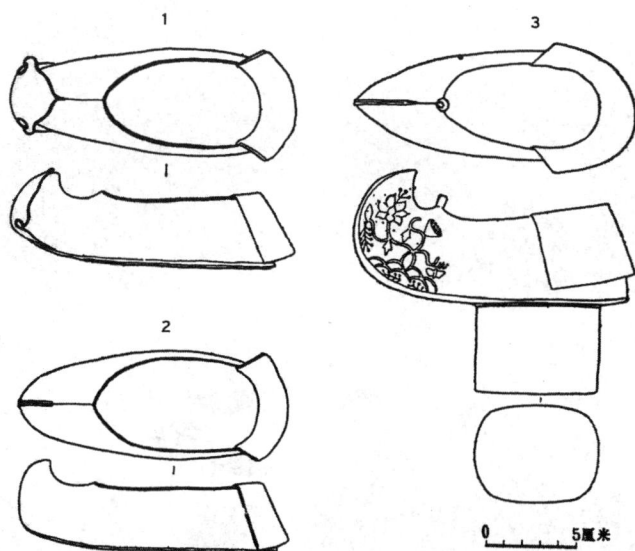

图十八　孝靖皇后的鞋子。图中描样的三双鞋子,出自她的随葬器物:1. 尖足云头平底鞋,出自一个装有玉饰和鞋子的箱子,属于孝端皇后和孝靖皇后所有;2. 凤头平底鞋,为孝靖皇后棺内四双里的一双;3. 过渡形制的凤头高跟女鞋,出自一个置于孝靖皇后棺椁南侧的箱子,箱内装有她的鞋子和童衣。显然,像图3这样的鞋子,乃是在图2的鞋子后端加上一块筒状鞋跟。(中国社会科学院考古研究所等编,《定陵》第1册,第122页。)

图十九　山东通俗戏曲《王定保借当》里的两幕县衙戏。该戏曲取材自北方鼓词《绣鞋记》,叙述穷书生王定保一桩与女鞋有关的无妄官非。他的未婚妻春兰——也是他的表姐——把她的嫁衣借给他,让他拿去典当,作为赴京赶考的盘缠。恶霸李武举垂涎春兰的美色,便诬告王定保偷窃,将他扭送官府(图A)。他那位智勇兼备的未婚妻在衙门里当堂为他辩护,在县官面前将脚套进鞋子,证明她确实是鞋子的主人(图B)。(选自一组年画,这组年画包含了三幅,皆为山东潍坊杨家埠年画师的作品;高建中收藏,旧版新印,收入张道一编选,《老戏曲年画》,第107—109页。)

图二十　童鞋花绣样,选自坛眠道人的《坤德宝鉴》,这是一部 18 世纪的绣样图谱:A. 出自《坤德宝鉴》,1777 年版,卷八,第 38a 页(经哈佛燕京图书馆同意后引用); B. 出自《增删坤德宝鉴》,19、20 世纪版,卷四,第 39a 页(龚丹收藏)。如同本书第六章所指出的,《增删坤德宝鉴》为一临摹原刊印本之手抄本。二者几乎难以区别,说明了临摹者技巧高超,也意味着他或她手中持有原始版本。

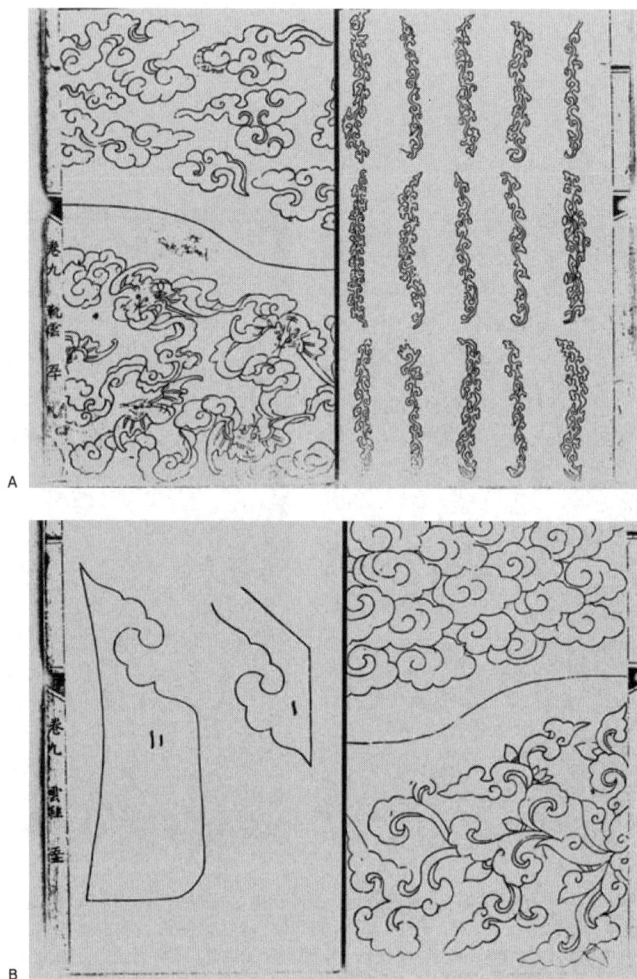

图二十一 《坤德宝鉴》所载之靴鞋绣样。A."云"类绣样,以及靴筒前半部的云/蝠图样(《坤德宝鉴》,1777 年版,卷九,第 49b—50a 页)。B. 靴筒后半部,以及鞋子上的嵌贴式云样(《坤德宝鉴》,1777 年版,卷九,第 50b—51a 页;亦见《增删坤德宝鉴》,19、20 世纪版,卷五,第 42b—44a 页;A 与 B 均经哈佛燕京图书馆同意后引用)。

图二十二　　1894—1911 年间，天津足服的时尚变化。图 A—F 所示为弓底款式
(1894—1911)；图 G 所示为平底款式 (1897/8—1911)(《采菲精华录》，第 87—88 页间
的图示)。本书作者更动了原图解说文字的格式，改以纲要形式条列，另拟标题，有时
并辅以短评。

A. 弓底，第一阶段：1894 年 (A 式)
"复履"
"套鞋"，加上木底，既维持传统弓弯形制，亦有助于
行走。
有时，在裹脚布与最外层的"套鞋"之间，加穿"软底
鞋"一整天 (未显示于本图)。倘若白天未着"软底
鞋"，到了晚间，可以脱去"套鞋"，改着"软底鞋"(即所
谓"睡鞋")。
"裤腿儿"搭配镫带及"锁狗牙"锯齿状车边，外罩于
"套鞋"。
以"腿带"在脚踝固定"裤腿儿"。
长裙委地，微露鞋尖。足面弯起；足底内凹；足尖微微
向下。

B. 弓底，第一阶段：1894 年 (B 式)
多层靴式
裹脚布之外，穿着"软底鞋"(即所谓"换脚鞋")。"软
底鞋"外套以"靴登子"，多用"缸靠色"(较湖色微偏
蓝)棉布制成。靴口稍有皱起之处，即为略微露出的
"靴登子"。
"靴登子"之外套上"靴子"。"靴子"由三个部分组成：
"靴腰子"，即本图中饰以菊花枝叶的部分；
"靴弯子"，鞋帮下半部，直至弯底；
"月亮门"，小三角形的部分，以白布或丝缎制成。
以"腿带"固定于脚踝处。

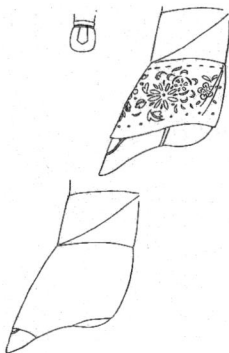

C. 弓底，第二阶段：1894 年 (B 式内部)
两款"靴登子"：
1. (上方图示)镫式"靴登子"，近似镫式"裤腿儿"，以
印花布制成(图中为蓝底白花)。
"靴登子"内之"换脚鞋"多用红色，间或用紫色。
"换脚鞋"面上微露出裹脚布("裹脚""足缠")。
(左上方小图示)"换脚鞋"后跟之"曳拔"(亦称"鞋曳
拔")
2. (下方图示)素式"靴登子"，截去脚趾与脚跟部位即
成，以蓝色("缸靠色")洋布制成，无花饰。

图二十二(续)

D. 弓底,第二阶段:1898 年

多层"靴"式

1894 年左右兴起:

"靴口"前方较弯。

"月亮门"从长椭圆形变为尖三角形。

靴子花饰:

"月亮门"两侧的"靴弯子"鞋面,绣小花饰或彩绘花饰。

"靴腰子"或饰以绣花或画花,或纯素无花饰。

"靴腰子"若为纯素,"靴弯子"部分则为红色或紫色。

"靴腰子"若有花饰,"靴弯子"部分则为翠蓝色。

脱除"靴登子"之后,露出"换脚鞋":

鞋色以红色居多,有时也有绿色或紫色。

鞋口沿窄边为黑色。

鞋带为红色,在脚背和脚踝部位呈现交叉。

后有"鞋曳拔",多为白色。

套于裹脚布(以六条横线表示)之外,夜间即着此而睡。

E. 弓底,第三阶段:1902 年

多层靴式

1898 年左右兴起:

足背拱起的部分逐渐变得平坦。

趾尖虽仍微翘,足底面已趋平。

裹腿带向上延伸,几至于膝盖。

靴子不尚花饰;尤以"靴腰子"和"靴弯子"上下同色者最吸引人。

有时在"靴腰子"上方,有双层滚边的设计。

足背和脚趾的平坦化,反映出一种较轻便的缠裹形式——此与清廷的反缠足命令有关——足服样式亦随之趋平。不过,这并未反映在多层式足服的装饰:"缠者仍尽态极妍,以斗纤巧。"

"换脚鞋":

有的会在鞋前口的地方缝缀细线,有的不会。

趋向简化的鞋带。

鞋后跟的"曳拔"已消失。

在"换脚鞋"与裹脚布之间有"小袜",这是一种新出现的足服配件。

图二十二(续)

F. 弓底,第四阶段:1908—1911 年简化的层次:"外观式"鞋式

1902 年左右兴起:

中年以上妇女仍着靴子;年轻妇女则竞着鞋子。

外层的鞋子,其形式后如以前的"换脚鞋",但饰以木底。

年长妇女仍用"换脚鞋";较年轻的妇女则改采三层足服:裹脚布、小袜、鞋子。到了晚上,年轻妇女脱去鞋子,仅着袜子,宛如睡鞋的替代品。

新式鞋子(上方图示):

鞋口或为纯素面,或刺上花绣。

鞋尖饰以"丝线穗"绒球。

粉红色绒球搭配宝蓝缎面鞋子,乃是最时髦光艳的外观鞋式。

新式袜子(下方图示):

以白布为主。

有时饰以黑色花绣,但大多为素面。

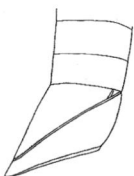

G. 平底鞋式,1907/8—1911 年

"着'袜'及'鞋',鞋为平底,然足之束缚如故也。但由此渐趋解放,不必金莲三寸矣。"

前　言

提起缠足,奚如谷(Stephen West)教授曾以他一贯的口吻,淡淡地说了两个字:"It was"(英文兼有"过去了"和"这是不争的事实"两重含意)。[1] 对于这样一个曾经引发长篇大论、强烈情绪和无穷迷恋的课题,我希望在本书中效法奚教授的平常心——尽管那简洁扼要的遣词用字,是我所望尘莫及的。

刚开始,我的念头很单纯,就是打算撰写一部缠足史,这件事向来乏人问津,即使有人尝试,也是语多讥讽,百般嘲弄。以前,在标题中带有缠足史含义的渊博论著,在我看来,尽是**反**缠足的史论。它们先是开宗明义地指控缠足惯习的可耻可鄙,文章最后,通常又以同样的评语总结全文。[2] 这类著作大多集中在颂扬反缠足运动的功绩,不然就是依照反缠足论述的描述,论断传统妇女身受的折磨,细述她们堪怜的处境。谴责,俨然成了书写历

---

[1] 奚如谷教授是在闲聊中讲出"It was"这两个字,时间为 2002 年 10 月,地点是哥伦比亚大学。

[2] 英文著作中的一个显著例外是 Howard S. Levy 的 *Chinese Footbinding : The History of A Curious Erotic Custom*(台北:南天书局,1984)。他采取的拒认修辞,如同一层薄纱,掩饰了他的着迷与渴望。这个作风与姚灵犀极为相似。姚是百科全书般的《采菲录》的编纂者;Levy 著作的松散结构,颇有《采菲录》的影子,而他的资料,主要也援引自后者。有关姚灵犀和 Levy 复杂的写作立场,以及因文本模仿而产生的新知和欲望,请见本书第三章的讨论。中文著作中的显著例外,则有高洪兴的《缠足史》(上海:上海文艺出版社,1995),该书与其说是历史著作,还不如说是一部民俗学研究,不过里面的资料几乎全部也都摘取自《采菲录》。

史的目的。

不过，都"过去了"。我的基本前提如下：缠足是一种靠身体成全的经验，从 12—20 世纪的数百年之间，对于一群妇女来说，这是一项她们必须面对的生活现实。我无意责难这个现实，而是想要理解，究竟是什么样的强大力量，使得缠脚成为她们的习俗实践。这个实践的真实，不仅在于女孩初缠之日的哭喊与泪水（"这是不争的事实"），更在于此后悠悠岁月里，对于双脚一天也不得松懈的辛勤保养和照护。① 我不只想从遭受疼痛摧残的世界里，还想从后续的意义创造与开展过程之中，探求女人的能动性和主体性：每具身体都生活在特定的时间与空间当中，而且对于每个女人来说，缠足必然是一种无止境的过程。正因如此，我们才有书写一部缠足身体史的可能。

缠足不止一种，而是有许多种，这是贯穿本书的主要论点。在 19—20 世纪里，各地区，甚至各村落，往往都有其独特的缠法、仪式和鞋式。遗憾的是，我们缺乏足够的资料来记述缠足从一地传往一地的具体空间发展历程。不过，我们将会看到，从 12—19世纪连续不断的历史时期里，即使当人们因袭、沿用了丰富的典故词藻和约定俗成的套语时，他们有关缠足的书写，仍呈现极大的差异性。文本的零散与增生——更不用说在各省各地，对缠足的称呼还有绑脚、扎脚、小脚等，不一而足，并没有统一的叫法——意味着缠足在每个时期里，包含了多重而且互相竞争的意义。此外，这项实践固然延续了将近千年之久，它的发展更跨越

---

① 我把本书的关注焦点摆在缠足如何作为一种终身过程，其中的主要命题即为：缠足往往呈现为某种妇女加诸自身的实践。有关母亲向女儿传递缠足实践的动态连接，见我的《闺塾师：明末清初江南的才女文化》(*Teachers of the Inner Chambers : Women and Culture in Seventeenth-Century China* 〔Stanford, Calif. : Stanford University Press,1994〕)，pp. 169—171。

了阶级和地理的界限,然而有关其原理以及人们对它的领会,很明显地也随着时空而产生了相当的变化。

不少重量级的思想家都曾试图对缠足提出解释。其中可能以佛洛伊德的性心理分析取径最具影响力。佛洛伊德在一篇发表于1927年的文章里说道,恋物癖所涉及的,是一个男人将他的阉割焦虑投射到女人的身体上。男孩子由于怎么样也找不到"母亲的阴茎",所以逐渐转而将心思投注到作为替代品的身体部分——脚、鞋、发——并赋予情欲化的意义。缠足因而象征着对女性的阉割。①

同样著名的,还有社会学家范伯伦(Thorstein Veblen)为了考察美国有闲阶级的演变,而提出的所谓"炫耀性消费"理论。他指出,在炫耀性有闲的阶段里,精致感成为"理想女性"的标准,有闲阶级的女子从而被要求拥有"娇小的手足与纤细的腰身"。于是,"她是无用而昂贵的,因此成为金钱力量极宝贵的证明"。西方文化中的"束紧腰身",以及"中国人的毁损双足",即为显著的例证。女性人力资源的闲置浪费,象征着家庭的财富充裕;此一夸富诉求发展到极致的结果,即是化残废为美感,彻底倒转了男人对女人的审美观念。②

---

① Sigmund Freud, "Fetishism," in *Sexuality and the Psychology of Love*, ed. with an introduction by Philip Rieff(New York: Collier Books, 1963), pp. 214—219. 亦见 Julia Kristeva, *About Chinese Women*, trans. Anita Barrows(New York and London: Marion Boyars, 1991), pp. 81—85。Kristeva 将缠足解读为女性阉割,周蕾对此有所批判,见她的 *Woman and Chinese Modernity: The Politics of Reading between West and East* (Minneapolis: University of Minnesota Press, 1991), pp. 6—7。至于有关女性物神(female fetish)方面的议题,我的理解较多受益于我在罗格斯大学任教时的大学部学生 Stephanie Capneau 和 Samantha Pinto,而较少来自既有的出版作品。

② Thorstein Veblen, *The Theory of the Leisure Class* (New York: Penguin Books, 1994), pp. 148—149. 这部经典著作最初出版于1899年。

近几年来,人类学家葛希芝(Hill Gates)和宝森(Laurel
Bossen),从马克思主义取径的女性主义观点,提出了第三种有关
缠足的解释,可以称之为"女性劳动的神秘化"。葛希芝根据她在
四川和福建进行的大规模田野调查,发展出一项论点:在中国的
"小资本主义"生产模式里,女人对家户经济的贡献尽管重要,却
不被承认。缠脚使妇女**看起来**没有生产力,使家族父长顺理成章
地否定妇女劳动的价值。农家缠足妇女平日从事的纺纱、织布、
剥牡蛎、采茶等劳务工作,需要的体力和技巧,在于她们的双手,
而非双脚。一旦纺织工厂的机器化生产取代了家庭手工纺织作
业,缠足便失去了存在的理由。①

沿着这条思路,宝森试图重寻女性家户劳动的价值与身影。
她考察一个云南农村时发现,在 19 世纪与 20 世纪之交,该村每
个妇女几乎都仍保有缠足。根据宝森的精彩分析,在缠足的终结
中,经济变迁扮演了关键性的角色:"假如土布在经济上不再具有
竞争力的话,那么,缠足存在的根本缘由也就消失了。"于是,约莫
在 1925—1935 年之间,缠足在该村悄然消逝;在当时,家庭纺织
生产的形式,只剩下缝纫和刺绣作业,但即使是这种生产都已毫
无利润可言,妇女们不得不走出户外,从事搬运、采矿、筑路和种
地等粗活。在葛希芝和宝森看来,开始和停止缠足的决定,纯然

---

① Hill Gates, "Footbinding and Handspinning in Sichuan: Capitalism's Ambiguous
Gifts to Petty Capitalism," in *Constructing China: The Interaction of Culture
and Economics*, ed. Kenneth G. Lieberthal, Shuen-fu Lin, and Ernest P. Young
(Ann Arbor: University of Michigan Press, 1997), pp. 177—194. 关于小资本主义
生产模式,见她的 *China's Motor: A Thousand Years of Petty Capitalism*
(Ithaca: Cornell University Press, 1996)。Delia Davin 率先以经济生产模式来解
释缠足的普遍性:相较于华南的水稻农作区域,缠足风俗在以旱田耕作为主的华
北,更为盛行(*Woman-Work: Women and the Party in Revolutionary China*
〔Oxford and New York: Oxford University Press, 1978〕, pp. 117—118)。

是经济计算的结果;葛希芝甚至更激进地认为,四川的缠足乃是一种"无文化仪礼或根源的习俗"①。

　　还有一种民族志观点,它的理论性虽然较低,但可能最具影响力。这种观点源自对近现代缠足妇女的访谈,我们不妨称之为"上嫁"论。就此而言,较早被听到的民族志声音,以蒲爱德(Ida Pruitt)对宁老太太进行的访谈录最具代表性。宁老太太出生于1867年,父亲是山东一个挑卖年糕的小贩。在访谈录里,她说道:"媒人不问'她生得好看吗?'而是问'她的脚多小?'平凡的脸是老天给的,但绑得差的小脚则是懒惰的迹象。"②"只有仆妇才有一双大脚"的说法,也反映了类似的逻辑。这个解释观点的基础,在于承认婚姻乃是女性自我提升的最佳途径——甚至是唯一的途径。一双"小脚"既然为女孩和她的家庭赢得通往更光明未来的门票,它们于是被解读成"好命"或社会声望的象征。

―――――――――――

① Laurel Bossen, *Chinese Women and Rural Development : Sixty Years of Change in Lu Village, Yunnan* (Lanham, Md. : Rowman & Littlefield, Inc. , 2002);引文摘自 p. 45。关于 19 世纪至 20 世纪 50 年代这段期间,技术变迁与缠足之间的历史关联性,她的讨论见 pp. 73—75。至于"无文化仪礼或根源的习俗"一语,见 Gates, "Footbinding and Handspinning,"pp. 180—182。

② 蒲爱德访谈宁老太太的时间地点为 1938 年以前的北平,但这部访谈录直到 1945 年才告出版(Ida Pruitt, *A Daughter of Han : The Autobiography of a Chinese Working Woman*〔Stanford, Calif. : Stanford University Press, 1967〕, p. 22。〔译按:引文中译摘自廖中和、张凤珠的译本《汉家女》,台北:学生书局,1993,第 10 页。〕)1888 年,蒲爱德出生于山东,一直到 12 岁之前,都生活在蓬莱附近的一处村庄。在她的回忆录《在中国的童年》(*A China Childhood*〔San Francisco:Chinese Materials Center, Inc. , 1978〕)里,蒲爱德记述了缠足在这个地区的普遍性:19 世纪 90 年代,除了社会地位最卑微的妇女之外,几乎所有当地女子都缠足,其中也包括了当地医生的女儿和蒲爱德的保姆"大大"〔译按:蒲爱德解释道,保姆或奶妈在该地被尊称为"大嫂",但因婴幼儿期的她只能发出单音叠字"大大",这个词后来就成了她对这位保姆的特有昵称,见第 70 页〕。"大大"最小的女儿,由于没有缠足,后来还被街坊讥笑为"妓女"(第 89 页),由于缠足形象如此受到重视,这位天足的山东女孩甚至刻意模仿缠足妇女走路时的摇曳姿态。蒲爱德也提到了一名自鲁西逃难至此的女子,她的一双大脚尽管有如男子,但仍装模作样地维持着"象征性的缠裹"(第 158 页)。感谢 Sarah Scheenwind 使我注意到这部著作。

尽管这些经济的、社会的、符号的和心理学的解释,都具有相当的启发性,但终究有所不足,因为它们都将缠足预设为某种同质的、不变的,而且基于单一动机而产生的实践。然而,缠足的发展,既是如此源远流长,它所影响的区域,又是如此广袤,任何一个描述性的或解释性的框架,都无法将之完全含摄。恋物癖也许可以解释若干中国文人——以及许多现代西方男女——如何将他们的性幻想寄托在其收藏的春宫画或小脚鞋上。① 可是,这个解释却扭曲了由地理、物事和华丽辞藻共构的金莲世界;在缠足的全盛时期里,精英男性的欲望,就是铺陈在这既虚渺又具体的世界中。

再说到范伯伦的炫耀消费论,它根据的进化史观,无意中把宋、元、明时期的经济架构,跟处于工业发展阶段的维多利亚时代英国或美国,等同并论。这虽然是悖论,但缠足跟女孩家庭的社会身份,肯定有某些关联,所以少有读者会深究炫耀消费论的合理性。尽管如此,它对于缠足的早期历史仍具有一定的解释力,因为在这个阶段,小脚仍是一种特权,只属于那些服侍男性权贵阶级的歌伎和妻妾。"劳动神秘化"论和"上嫁"论却与之刚好相反,它们主要适用于较接近现代的时期——亦即,缠足人口的社会组成发生根本变化之后——此时,绝大多数的缠足者已是广大

---

① 我在稍早的一篇论文里,曾全面性地讨论了 16 世纪以降,欧洲人对缠足始终不坠的各种想象("Bondage in Time: Footbinding and Fashion Theory," *Fashion Theory: The Journal of Dress, Body & Culture* 1, no. 1 〔March 1997〕:3—28)。有关其中一页历史的深度考察,见 Sandra May Adams, "Nineteenth Century Representations of Footbinding to the English Reading Public",澳门大学博士论文(1993)。感谢柯基生医生提供给我这篇博士论文。

的农家妇女。①

　　将缠足打造成一个同质性的课题,同时又摒弃其他竞争性的观点,一律蔑视为"封建",此乃现代反缠足运动最不朽的"功绩"。撰写一部真实的缠足史所遭遇的难题,部分就是源自这种现代的偏见:我们习于只从反缠足观点来观察缠足。为了探求那些被淹没的声音,为之撰写一部另类的历史,我就不得不抗拒一概而论的冲动、过度简化的倾向,以及道德主义的口吻——正是这些冲动、倾向和口吻,绑架了我们当前所理解的缠足史。

　　Joan Scott 提醒我们,历史学者需要跟他们的研究课题保持一段"分析距离",因为,"一部女性主义的历史论著,若把进步的必然性,〔以及〕个体能动者的自主性,视之为理所当然的话……它将不经审查地再制女性主义运作于其中的意识形态论述词汇"。② 我故意站在反缠足启蒙论述之外的位置,因此本书既未提出巨型理论或综论通览,也没有直线式的进步史观。相反地,我努力尝试从各种局部观点、前后矛盾的文字、与时代脱节或被

---

① 另外还有一个常被引述的解释是:一旦女人的双脚塞跛,她们就不会在外头到处乱跑,缠足因而可以"防闲"。这个说法显然诞生于现代,在反缠足运动期间才流传开来。这套说理在女训书籍《女人经》之中,有最明白的表达。问题是,关于这部书,在 19 世纪末之前,完全看不到相关的书目和文献记载,想来应属现代的产物。在"防闲"论里,行走的机动性被建构为一项可欲的性质,然而此一建构的逻辑和命题,都是现代才出现的偏见。当缠足实践在帝制时代盛行扩散之时,这个说法是很难站得住脚的。在儒家的传统训戒书类里,根本未曾提到过缠足的道德含义,更何况,它还枉顾经验现实,因为证据显示,绅士阶层的缠足妇女,不但可以出门旅游,而且也无损于她们的道德名声。我曾指出,缠足与儒家思想之间的关系,是极其矛盾的。对于女人来说,缠足等于是通过反儒家的手段(毁伤身体)来达成儒家的目标(端庄文雅)。见我的"Footbinding as Female Inscription," in *Rethinking Confucianism : Past and Present in China , Japan , Korea , and Vietnam* , ed. Benjamin Elman, John Duncan, and Herman Ooms (Los Angeles: Asia Pacific Monograph Series in International Studies, UCLA,2002)。

② Joan Wallach Scott, *Only Paradoxes to Offer : French Feminists and the Rights of Man* (Cambridge, Mass. : Harvard University Press,1996), p. 2.

时代遗忘的人们,以及常常难以自圆其说的零碎故事中,拼凑出一部历史。

本书原来暂定的标题——*Footbinding Is History*(缠足乃历史)——具有双重含义,分别唤起不同组合的情绪反应。"缠足乃**历史**"带着松了一口气的感觉。1957 年之后,不再出现女孩裹脚的记录。这当然不是说所有缠足妇女在当时已凋零殆尽,而是说,作为一种风俗习惯的缠足,总算随风而逝,不可能死灰复燃了。在相当程度上,本书的撰写,反证了缠足已成历史陈迹,因为若非如此,分析距离将无从产生,也难以铺陈出学术研究——包括本书在内——可以尽情挥洒的空间。[1] 换言之,这过去式让我得以无需考虑应如何致力扑灭缠足,也使我能够将之定位为一项历史课题,而不是一道非黑即白的当代是非题。[2]

相反的,"缠足**乃**历史"述说的,是我在苦思另类历史如何可能,以及该用什么方法书写这部历史时,萦绕心头的戒慎恐惧。像这样一个在中国社会机制与性别关系里扮演着核心角色的实践,需要一部历史,而且,忍受痛楚与不便的妇女们,也值得我们为她们书写历史。如今,不论怎么片面支离,它总算出炉了。

---

[1] 关于这个"完结性"问题,最先引我深思的人是 Bill Kirby,那是 1992 年 3 月的事,当时我赴哈佛大学宣读一篇报告,他在会后向我提出此问题。此后十年来,这个问题始终指引着我对缠足史的关注。在此谨向他的启发表达我的感激之意。

[2] 坚信存在着一种普世父权体制的女性主义者,或许不会同意这个看法。Mary Daly 追随 Andrea Dworkin 的主张,认为当今社会的整形手术,对妇女造成的压迫,相当于缠足、女性割礼(阴蒂割除),以及纳粹的医学实验。见 Daly, *Gyn/Ecology: The Metaethics of Radical Feminism* (Boston: Beacon Press, 1978)。亦见 Dworkin, *Woman Hating* (New York: Plume, 1974)。我曾在稍早的一篇论文中阐述我的反对意见("The Sex of Footbinding," in *Good Sex: Women's Religious Wisdom*, ed. Radhika Balakrishnan, Mary E. Hunt, and Patricia Beattie Jung〔New Brunswick, N. J.: Rutgers University Press, 2001〕)。

本书的结构,一开始先锁定在缠足这项社会实践"行将消逝"的现代,然后才回溯到传统时代,最后止于它在文化声望和情欲诉求方面都达到极盛的明清时期。我之所以采取这种历史倒叙手法,乃是因为当前我们有关缠足的知识,就像书中第一部分所指出的,几乎全然来自反缠足运动的观点和文献。从终结开始,可以帮助我们清理出一块基地,由此开展另类的认知与感知途径。

第一章把讨论焦点放在"天足"范畴的诞生。它不仅带来一种机械论的身体观,而且也促进了 19 世纪末新兴的全球视野的视觉化呈现。作为启蒙论述的一环,"天足"有助于人们想象当时尚处于萌芽状态的中国国族。在第二章,我们转而考察 20 世纪伊始至 30 年代的"放足"运动期间,在地方学堂和村居民宅推行"天足"理念的情形;我们将看到,在这些地方,抽象说理如何遭遇顽强身体的抗拒。第三章的分析焦点,是畅销于 20 世纪 30 年代通商口岸城市的《采菲录》,我们将讨论这部百科全书式的汇编所产生的新知识和新欲望。《采菲录》的编者和读者对于缠足不合时宜的沉迷,其实也标志了缠足光环在现代中国的熄灭。

若说第一部分的撰述,使我们不得不注视 19 世纪和 20 世纪有关缠足的文字和视觉文献的密集轰炸,那么,在第二部分,我们将检视 12 世纪至 19 世纪初,构成与延续缠足光环与奥秘的各种遮蔽策略。

第四章的讨论主轴,在于 17—19 世纪考据学家展开的缠足起源争论,从他们欲语还休的顾忌,我们可以看出,在文章学问的大雅之堂里,能用哪些词汇语境谈缠足、能说到什么地步,是有一定界限的。尽管这些考证论文,以客观的口吻出现,但它们往往还是披着一层鄙夷的薄纱,对于日渐普及化的缠足实践嗤之以鼻。然而,考据学家引述和流传的轶闻传说和诗歌辞藻,却又不经意地助长缠足的文化光环。我在第五章描绘了一群清代文人的小脚欲望构图,这并不是一幅恋脚癖的景观,而是与"西北"的想象地理密切相关的世界。我认为,将昙花一现的愉悦感,寄附到一个"地方"之后,男性旅人(和读者)就可以具象化他们的感受,这也是他们之所以不厌其详地撰述其幻想和经历所产生的原动力之一。

相形之下,女性欲望的呈现,本来就是具体的,它们寄托在一个由她们制作的——以及令她们成为"女人"的——日常物品堆砌而成的世界。第六章尤其将重心放在女性物质文化里的一项关键物品,亦即,鞋子。我们发掘了鞋子所蕴含的种种意义:工艺作品、身体自我的延伸、时尚体制的关注焦点,以及产生视线幻觉的迷彩外装。这一章不仅关注于足服时尚与制鞋业的历史,而且,通过这个途径,我们也考察了"金莲崇拜"的兴起与衰落,以此为本书的主要篇章画下句点。

第一部分

揭露的身体

第一章 全球国族巨型历史:"天足"概念的兴起(1880 年代至 1910 年代)

　　1999 年 11 月间,最后一座专为缠足妇女制鞋的鞋厂,停止了最后一道生产线。这座名为"志强"的鞋厂位于哈尔滨,厂里的老师傅,利用八双鞋楦,打从 1991 年起,每年制造 300 双左右的"莲鞋"("小脚鞋"),但到了 20 世纪 90 年代后期,销售出去的,连一半都不到,只见库存堆积如山。小脚鞋的买主,年纪大都超过 80 岁,人数则年年锐减。停产之后,该鞋厂将这批鞋楦捐给了黑龙江省民族博物馆,并为此举行了隆重的捐赠仪式。一位馆方干部的致辞道出了众人的心声:"'三寸金莲'是封建社会妇女身心受摧残的历史见证。小脚悲歌永不复唱,金莲鞋楦凝刻辛酸。"新闻记者也执笔呼应道:"小小的鞋楦,见证了中国妇女从**被**压迫到获新生的历史进程。"(我的强调)①

　　关于缠足的讨论,唯有谴责与同情的论述方式,可以获得大

① 《小脚悲歌画上休止符》,《新民晚报》(1999 年 11 月 22 日)。该厂从 1991 年起才开始运用"老式样加老手艺"来制作这些尖头小鞋。我们不清楚这些鞋子的材质属于皮革还是织品。丝质鞋或棉质鞋——这两类占传统中国鞋子的大宗——并不需要鞋楦来撑填鞋内以固定鞋样,而只用它来熨平鞋面。小脚鞋的订单来自全国各地,根据新华社在 1998 年 10 月 26 日发出的一份新闻稿(http://www.sfmuseum.org/chin/foot.html),在开头的两年里,这家鞋厂每年能卖出 2000 多双小脚鞋。我在 *Every Step a Lotus：Shoes for Bound Feet*(Berkeley and Los Angeles：University of California Press, 2001)中曾采用一张照片,里面显示了四只专为(曾经)缠足者制作的现代皮质小鞋(第 135 页)。

多数现代中国人的认可,因此,这篇报道的语调和用字遣词,的确不令人感到意外。记者也毫不掩饰那种松了一口气的感觉:缠足作为一种封建时代的残迹,终于可以送进博物馆里了。然而,反复出现像"历史见证"这类字眼,意味着拒认心理(disavowal)底下潜藏着某种渴望。小脚鞋楦是双重见证,同时宣示着过去的压迫和现在的解放。逝者已矣,但我们不能也不应遗忘。时刻铭记过去的缠足历史,有助于展望一个现代的中国。缠足必须被呈现、展示和不断述说为"现代性的他者"。

这种不安的感觉持续点燃传媒和学界对缠足的关注。20 世纪 80 年代中晚期,随着邓小平的改革开放政策而来的"文化热",激发了新一波对于传统文化的兴趣,结果在 90 年代出现了一堆讨论缠足的专著和文章。只不过,专著论文虽多,内容却是千篇一律地重弹"五四"新文化运动的旧调。小脚依旧凝结了传统中国的种种偏差和不足:压迫妇女、故步自封、蛮横专制、漠视人权,等等。① 这类对于过去的反思立基于现在,其前提是现代极度乐

---

① 例如,参见张仲,《小脚与辫子》(台北:幼狮文化,1995);戴晴与洛恪,《缠足女子——当代中国女性问题》(香港:明报出版社,1996);王子今,《跛足帝国——中国传统交通形态研究》(兰州:敦煌文艺出版社,1996)。王冬芳写了一本关于清朝文化史的通俗读物,其书名更是一目了然:《迈向现代:剪辫与放足》(沈阳:辽海出版社,1997)。亦请参见梁景和讨论反缠足的章节段落:《近代中国陋俗文化嬗变研究》(北京:首都师范大学出版社,1998),第 204—222 页。此外,Fan Hong 的 *Footbinding*,*Feminism*,*and Freedom*:*The Liberation of Women's Bodies in Modern China* (London:Frank Cass,1997),虽然以英文出版,但同样以解放观修辞(liberationist rhetoric)和二元论史观为基调。同一时期讨论缠足民俗的作品中,另有两本书呈现了与众不同的论调,作者分别为高洪兴和姚居顺。不过,姚居顺的著作《中国缠足风俗》(沈阳:辽宁大学出版社,1991),前九章内容可能参考了冈本隆三的《缠足物语》(东京:东方书店,1986;首版于 1963)。关于 20 世纪 80 年代中晚期的文化主义、传统与现代性的反思,参见 Xudong Zhang(张旭东)的 *Chinese Modernism in the Era of Reforms*:*Cultural Fever*,*Avant-Garde Fiction*,*and the New Chinese Cinema* (Durham and London:Duke University Press,1997)。

观的进步史观：一切事物会变得更美好，我们生活的时代也比过去她们的时代来得自由。然而记者的沉重语调透露出这种史观的一个烦恼：女人被压迫得如此厉害，这使得她们根本无法拯救自己。唯有通过改良主义的国家或知识精英赋予她们新的生活，解放才有可能。

视缠足妇女为落后表征的观点，乃是现代国族主义论述的特色，这观点甚少受到女性主义或马克思主义学者的挑战，因为基本上，他们与国族主义者同时服膺现代主义有关自由与能动的预设。有意思的是，一个像缠足这么具有煽动性的题目，居然就这样成了海内外最**没有**争议性的议题。如果我们对这个共识有所疑惑，首先就必须探究一个课题，亦即，现代中国的国族想象在多大的程度上根植于"天足"这一全新的概念和身体观，以及 1875 年开始出现的反缠足运动。所以，缠足的历史得从反缠足和缠足的终结开始说起。

缠足的终结：两种历史，三种时间，二手声音

妇女缠足，要标定它在现代中国消失的时刻，乍看之下，似乎轻而易举。从清朝到民国，继起的政权屡屡颁布禁令，既有名目，也有日期；特别是辛亥革命前后十年间，官方和民间发动的天足会风起云涌，反缠足作为社会运动，记录浩繁、斑斑可考。至于这些不完整而且带有矛盾性质的反缠足活动与措施曾否或能否落实，则又是另一回事了。区域差异的幅度之大，也使我们难以总结出一个全中国或全省的反缠足进程表。①

---

① 关于国家推动的反缠足政策，参见孙中山的 1912 年禁令（收入《采菲录续编》，第 39 页）。林秋敏指出，全国层次的禁缠足措施，从未真正落实过，见她的　（转下页）

　　更麻烦的还在于一个本体论式的定义问题:不管在哪种措施底下,当我们说缠足习俗已然"终结"时,我们指的究竟是大多数年轻女孩不再缠脚的时刻,还是指成年妇女不得不放脚的时刻?有些缠足妇女会躲避政府派来的查脚队,或者当查脚员一离开,就又缠起脚来,像这类又缠又放,放后再缠的反复,我们要如何定位呢?不妨让我们回想一下"干麻花"的故事:有位小脚妇女鼓起勇气拿了一块油炸过的干麻花饼给政府派来的查脚员看,她说,只要查脚员能将这块麻花解开,恢复原来柔软的面团形状,她就愿意舍弃裹脚布,将脚放开来。缠足是一个无法还原的身体改造过程,一旦双足骨骼已经扭曲变形、新的肌肉惯性形成,便不可能恢复原状,这跟男人的剪辫完全不一样。而且,人们所称的"解放脚"不但走起路来比缠足时还要艰难,扭曲变形的情况也往往更加严重。[1]

　　像缠足这样既普遍又复杂多样的时空现象,其消逝必然是一个冗长而且反复的过程。从 19 世纪 80 年代到 20 世纪 30 年代,原先呈现统一性的"缠足"解组为三种成分,或者说,化为三种时

（接上页）《阎锡山与山西的天足运动》,《国史馆馆刊》,复刊第十八期(1995 年 6 月),第 143 页。Christena Turner 运用了以传教士和外国人在华见闻为主的史料后发现,缠足实践以及那将"中国"结合成为一个意义实体的文化整合界面,在地理分布上呈现了显著的差异。她的发现也使得"缠足"此一范畴的完整性受到挑战("Locating Footbinding: Variations across Class and Space in Nineteenth and Early Twentieth Century China," *The Journal of Historical Sociology*, 10, no. 4,〔Dec. 1997〕:444—479)。

[1] 20 世纪 50 年代香港有两位外科医生曾针对缠足妇女的小脚进行研究。他们的报告很值得注意,不仅因为这样的医学研究并不多见,而且因为他们对此一中国文化实践以及对女性的同情态度,见 H. S. Y. Fang and F. Y. K. Yu, "Foot Binding in Chinese Women," *Canadian Journal of Surgery*, 3(April 1960),pp. 195—202。这两位医生证明,缠足并不会使足部骨骼断裂,"脚部各块骨骼的形状稍有变化,不过这样的扭曲已足以产生相当的影响"。何况,"就大幅度内折向脚掌的外部四趾而言,其关节已经发展到可以调适其扭曲状态的韧度,即使用力扳扯,也无法拉直"。(第 199 页)也就是说,曾经长期缠足的脚,是不可能恢复原状的。

间性：就宇宙论或知识域的层次而言，是具有文化荣耀或正当性的缠足；就风俗习惯的层次而言，是作为一种社会实践的缠足；以及，就个人经验的层次而言，是个体体现的缠足。缠足的消逝不是一个从缠到解的直线进程，不会在一夕之间就从旧式生活翻转到新式生活。应该说，它的消逝意味着某种语言上和情绪上的混乱，而这正是上述三种时间性步调错乱所致：有的情况是，缠足的道理虽然已经不合时宜，母亲还是继续给女儿缠脚；还有的情况则是，缠足这个古老的习俗就算已被法律定义为犯罪，人们还是固着于传统的思维，相信小脚才是值得追求的。

因此，缠足的终结既非一刀两断的遽然断绝，也没有给人戛然而止的感觉；相反的，它所呈现出来的特色，是一种在时间、感情和时尚之间徘徊、游移和摆荡的动态。本章以及下两章将讨论一些小人物——例如，女放足会员、小学老师、执迷的小脚赏玩家、女学生、挣扎着是否放脚的妇女、查脚员、小报文章作者，以及嗜好收集缠足明信片的小市民等等——借以呈现这一过渡时期的另类图像。缠足的消逝过程，就算不探究内心的或身体的层次，光就地方差异的层次而论，也比那些由 20 世纪男性精英知识分子所执笔撰述，带有直线启蒙观点的历史叙事显得更加复杂，而且蕴含着更丰富的问题意识。

在这个另类的历史里，最明显也最令人感到迷惑的面向，就是女性身体的顽强性。当外在于女性身体的历史，或者说，当国族的时间和世界的时间向前飞跃的时候，似箭的光阴同样以稳定的速度在个体生命史的层次上穿梭。这个道理并不难懂，它告诉我们，直至缠足的女性个体生命——凋零，没有任何国家律令或社会运动可以真正终结缠足。这些女性的"声音"——不是那些被叙述出来的声音，而是她们体内的低喃——出现在个体历史与国族历史之间的一个模糊空间。她们发出的声音通常是一种我们不熟悉的身体语言,既不形于文字,音调音频又杂乱无章。那么,我们要如何才能听到它们呢?

反缠足的相关立法和政策活动,都属于"巨型历史"的领域。这类活动都有公开的文献资料可供政治史和社会史研究法检验,它们被广泛地分析和讨论,一点也不奇怪。不过诗人和俗文学家Susan Stewart 提醒我们,历史有两种:"从私下的、个人的一端,我们看到了'微型历史',但从公开的、自然的一端,我们却看到了'巨型历史'。"我们知道,微型历史只是被封装的内容物,是"空间的整体或时间的片断",而巨型历史则是封装的容器。① 同样的,中国女人的历史也有两种律动,一种是私下的、个人的,另一种则是公众的、国族的。我们曾误以为后者就是唯一的历史叙事,因为,里面的声音本来就封装在我们认得的国族叙事里,它们是如此耳熟,几乎无须借助翻译,我们就知道它们在诉说些什么。

从秋瑾(1875—1907)身上,我们听到了现代女性的声音。这位女侠谴责缠足,摆脱婚姻枷锁,游学日本,留下卓别林式样的改装照片〔译按,并不是说秋瑾模仿卓别林(Charlie Chaplin,1889—1977)的装扮,后者的时代较晚〕,后来更为了共和革命壮烈牺牲。我们也称颂丁玲(1904—1986)的一生,她选择爱人,远赴延安,在当地成为共产革命女性主义作家。② 她们的旅程,是一

---

① Susan Stewart, *On Longing : Narratives of the Miniature, the Gigantic, the Souvenir, the Collection* (Durham and London: Duke University Press, 1993), p. 71.

② 对于秋瑾、丁玲和其他 16 位女作家作品的导读,以及当代学界的相关讨论,见 Amy D. Dooling and Kristina M. Torgeson, eds., *Writing Women in Modern China : An Anthology of Women's Literature from the Early Twentieth Century* (New York: Columbia University Press, 1998)。

趋寻求个人救赎与国族救赎的豪情旅程。由她们的政治参与、自我实现和两性憧憬谱成的动人乐章里，我们发现了我们珍视的自我形象。我们因而任由自己沉醉在她们的修辞当中：她们诉说着个性解放和自我主张的语言，然而这样的个人主义其实是一种理念的投射，亦即，个体的生命不能存在于国族主义论述之外。也就是说，这些女性的声音不但被封装在国族的巨型历史之中，而且诉说着此一巨型历史的**语汇**。①

在巨型历史的边缘，甚或外面，还有许许多多其他的妇女诉说着她们的自我。不识字的缠足妇女就是这么一群人。② 然而，我们无法直接听到她们的声音。要让这些"微型化"或"被封装"的历史重见光明，必须依赖两种"解译"。第一种解译涉及的是，如何将小脚女性身体的无言呈现，扣连到她们隐秘的内心世界。第二种解译则是，对于那些引述或代替她们发言的著述，予以重新解读。在这一章以及下两章里，我们将努力聆听这些二手声音——而不论这些二手声音是发自她们的身体低喃、说理阐述，还是痛苦呐喊。虽然，在男性叙事者和巨型历史的封装下，我们听到的不可能是"真率的"声音，而是一种解译后的折射，但这并不妨碍它们作为"真实的"女声。

有时我们可以看到访谈乡村妇女有关其缠足经验的访问稿，

---

① 这种封装(containment)带来了一个讽刺的结果：尽管出现了性解放的修辞，女性身体的肉体性却被抹消了。刘禾(Lydia Liu)是最早探讨女性身体如何在国族主义论述下遭受磨难的学者之一。参见她的论文："The Female Body and Nationalist Discourse," in *Scattered Hegemonies : Postmodernity and Transnational Feminist Practices*, ed. Inderpal Grewal and Caren Kaplan (Minneapolis, MN: University of Minnesota Press, 1994),pp. 37—62。

② 为了反思中国启蒙时期的这段历史，王政(Wang Zheng)利用口述历史的方法，重现了另一群女性的声音。这群女性是资产阶级的职业妇女。参见她的 *Women in the Chinese Enlightenment : Oral and Textual Histories* (Berkeley and Los Angeles: University of California Press, 1999)。

然而,就算在这些访问稿里,她们所使用的语汇,以及这些语汇所展现的政治意识,也是后来才学习到的。例如,卡玛(Carma Hinton)和高富贵(Richard Gordon)在他们的纪录片《小喜》(*Small Happiness*)中访问了长弓村(Long Bow Village;译按,长弓村即"张庄"的拆字化名,位于山西长治近郊)的三位缠足老太太,其中一位老太太就说到了"封建"这个词。这个词使她得以说明旧中国"压迫"她的根源,却无法传达出她对于年幼时必须缠足此一事件的真实感受。① 人们的记忆会由于新时代和新语畴的干扰而产生重组,这是无法避免的事情,因此,就算在面对面的访谈里,女性的发声看似原音呈现,但在实际上,这些早已是需要解译的二手声音了。所谓"真正的"女性声音,根本不存在。

讽刺的是,我们唯有通过解译的方式,才有重现混乱时代里音调纷杂景况的可能。19世纪80年代到20世纪30年代的这段时期,构成了一个过渡阶段,在这个阶段里,女性体内的旋律,似乎与大环境的身体政治同步舞动。关于女性身体与社会身体的新视界诞生了,但在另一方面,体现在小脚女人身上的旧有价值,依然具体可见。小脚女人在现代中国于是变成了一种残迹。她

---

① Gail Hershatter(贺萧)首先有此观察,参见她讨论《小喜》的论文:"The Subaltern Talks Back: Reflections on Subaltern Theory and Chinese History," *Positions: East Asia Cultures Critiques*, 1:1(Spring 1993), pp. 103—130。关于20世纪30年代对缠足妇女的访谈记录,可见于《采菲录》诸编(详见本书第三章);关于1960—1961年间对台湾缠足妇女进行的访谈,参见 Howard S. Levy, *Chinese Footbinding: The History of a Curious Erotic Custom*(台北:南天书局,1984),第十章。姚居顺访谈陆致兰老太太(生于1915年)的记录,尤其值得参考。陆老太太是山东省济南附近的陆家村人,1922年起缠脚,当时她的村子300多户人家的女孩子全都缠足,见姚居顺,《中国缠足风俗》,第158—165页。最近(也可能是最后)的访谈记录出自杨杨的手笔,他是云南省六一村一位缠足妇女之子,与他所访谈的该村26位缠足老太都牵得上某种亲戚关系,见他的《小脚舞蹈:滇南一个乡村的缠足故事》(合肥:安徽文艺出版社,1999),第91—168页。

们的存在需要我们的注意和分析,而非谴责。因为,通过她们的肉体存在,我们将可以探索她们的"能动性",查考她们想写或想说些什么。如果光是聆听女性作家或社会行动者的知性声音,我们所描绘出来的近代中国女性经验和主体性的图像,就会跟现在一样可悲,因为它们不仅不完全,而且朦胧缥缈,缺乏血肉。

与其说终结缠足的努力因为个人身体的顽强性而呈现出某种复杂性,还不如说,所谓的"终结",不应该被视为一个明确的时刻,而应看成是一个"缠—解—缠—解"反复不定的纷乱时期。不论如何,在这场拉锯战中,缠足败下阵来,缠足人口大幅减少。这并不是因为缠足变成违法行为,而是因为它被认为过时了;当缠足不再被赋予文化上的尊荣与体面,它其实就已经死亡了。这么说吧,当缠足这一文化实践穷尽了现有文化符号与价值戏码能够赋予它的正当性时,其终结过程便已开始,即使还是有无数妇女每天紧紧缠裹她们的双脚,也是一样。在民国时期,缠足妇女仍然时有所见,她们或者在通商口岸的马路上蹒跚而行(如图一),或者在山东村落里从事农务,这样的景象往往招来同情与好奇的目光,因为她们看起来是如此地过时突兀。缠足的本来目的不是要她们足不出户吗? 这些格格不入的画面突显出来的矛盾在于,旧秩序的残余以及新秩序的承载,竟然都得在女性身体上面寻求体现。

"天足":一个崭新的基督教范畴

"天足"(natural feet 或 heavenly feet)这个词语的发明——用以对立于"缠足"或"裹足"——是一个转捩点,标志着缠足在文化上与社会上开始走下坡。公开使用这个英文词汇的记录,可以追溯到 1875 年的某天早上,派驻在厦门一华南通商口岸的英国传教士麦高温牧师(Rev. John MacGowan),主持了一次教友聚会,在聚会中,他们成立了厦门戒缠足会(The Heavenly Foot Society)。麦高温牧师(殁于 1922 年)是伦敦宣教会(The London Missionary Society)成员,1860 年,也就是英法联军攻华(第二次鸦片战争)之后,来到厦门。当时的厦门已是开放外国人通商的口岸之一;英法联军后,传教士也获得游历内地的特许。他与他的妻子几乎马上就亲身感受到缠足的可怕。因为有一次,隔壁传来小女孩受不过缠足痛楚而发出的凄厉哭喊,麦高温夫人立刻冲过去阻止,却只见邻家太太,也就是小孩的母亲,客客气气地跟她说了一番大道理:"可是你身为英国女人,不会明白我们中国女人身上的担子有多重。缠足是传统遗留给我们的厄运,我们的祖先传给了我们,偌大的帝国里,没有人能够帮我们脱离苦海。"如果她的女儿不肯缠足,"她将受人耻笑鄙视,而且还会被当成婢女对待"。①

---

① John MacGowan, *How England Saved China* (London: T. Fisher Unwin, 1913),pp. 25—26.麦高温在中国待了 50 年左右,并曾编纂了一本厦门话辞典,但是我们并不清楚他和妻子刚到中国时,是否就会说当地语言。关于他们从伦敦出发的行旅见闻,以及他们初到厦门时的印象,参见 MacGowan, *Beside the Bamboo* (London: London Missionary Society, 1914),引文见第 9 页。奇怪的是,麦高温将缠足的始作俑者,误认为南齐东昏侯(499—501 在位),见他的 *The Imperial History of China* (Shanghai: American Presbyterian Mission Press, 1906), p. 225。〔译按,麦高温牧师(1835—1922)生于北爱尔兰贝尔法斯特(Belfast),毕业于伦敦的英国长老教会神学院,加入伦敦宣教会。1859 年 8 月中旬与 Ellen Butt (1840—1864)结婚,旋即奉派前往中国传教,10 月出发,1860 年 3 月偕同新婚妻子航抵上海。麦氏先在上海教区历练,1863 年才转往厦门教区服务。1864 年 8 月,因 Ellen 病重,陪她返国疗养,但是她在一个多月后病逝于航行途中。麦高温 1865 年 1 月回到英国之后,直到 1866 年 6 月才重返厦门。1867 年 11 月他造访福州,认识了当地美部会(American Board of Commissioners of Foreign Mission,简称 ABCFM)的资深传教士 Lyman Peet 的女儿,即时任福州一所教会女校负责人的 Jane Peet (1844—1904),次年 3 月与之结婚。因此,曾有两位"麦高温夫人"。如果上述事件发生在麦氏初到中国之际,与隔壁华人母亲产生对话的麦高温夫人,应为当时年仅 20 岁出头、后来因病早逝的 Ellen;而厦门戒缠足会成立时,当时的麦高温夫人为 Jane,就其背景来看,她很可能在戒缠足会的实际运作中扮演相当的角色,但仍有待查考。〕

　　麦高温牧师始终没有忘记这段往事。15 年后，有一回，在"上帝启示"的鼓励下，他召集了一次聚会，广邀所有加入厦门基督教会的中国妇女参加。当时，城里正因暴动而戒备森严，因此，发动妇女集会的主意，其实相当冒险。尽管如此，仍有多达六七十位女教徒出席该次聚会，根据麦高温的说法，她们全是未受过教育的劳动阶层妇女。在麦高温致辞之后，一位"高挑秀气"、养育了七名女儿的母亲起身发言："您呼吁大家本着良心反抗此一风俗的努力，让我深深觉得，身为基督徒的我们，竟然还容许自己遵循这个令我们自己和全城妇女受苦的陈规，真的是大错特错了。"她发誓解开女儿们的脚缠，就算她们将来可能因此嫁不出去也一样。麦高温愉快地回忆道："此时，她的脸上泛着发自内心的微笑，美丽的容颜更添光彩。〔然后说道：〕'要是嫁不出去，我就把她们全都留在家里陪我，她们可以替我烧饭啊！'"其他妇女也相继发言。聚会结束前，有九位妇女"签署"了一份誓约，誓言杜绝异教徒的缠足蛮俗于家户之内，并向外传播此一理念。所谓的"签署"，其实是当事人在教堂华人执事写好姓名和誓词的纸上，画个押记的意思。①

　　假使麦牧师当初没有召集此次聚会——或是没有在将近 30 年后写下这段故事——这些不识字的妇女可能根本没有机会在

---

① MacGowan, *How England Saved China*, pp. 46—68. 那位"高挑秀气妇女"的发言，摘自第 59—60 页。"戒缠足会"一年聚会两次。第二次聚会时，有不少男人也到场，并发表意见（第 70—74 页）。Alison Drucker 将首次聚会的年代指为 1874 年，见她的 "The Influence of Western Women on the Anti-footbinding Movement, 1840—1911,"in *Women in China : Current Directions in Historical Scholarship*, eds., Richard W. Guisso and Stanley Johannesen (Youngstown, N. Y. : Philo Press, 1991),第 187—188 页。我在此依循林维红的说法，将之定为 1875 年，这是她根据抱拙子的文章出版年份（1878—1879）推算而得，见她的《清季的妇女不缠足运动，1894—1911》，《"国立"台湾大学历史学系学报》第十六期（1991），第 155 页。

公开的集会中发言,更不用说是为后世留下她们的只言片语。尽管全然被麦高温的教会叙事——以及显露在其著作标题《英国如何拯救了中国》(*How England Saved China*)的巨型史观——所封装,但那位七个女儿的母亲仍然令我们印象深刻,因为她巧妙地避开了牧师设定的框架,表达出自己的看法。虽然麦高温将这位母亲的壮举解读为基督教英勇心灵的豪情展现,但这个说法就像是一层面纱,遮掩了她家的经济地位:我的女儿们可以待在家里服侍我,因为我养得起她们。也许,她敢于率先发言,并非偶然。习惯上,在中国人的社交集会里,团体里最资深的成员,往往首先和最后发言。也因此,在前述聚会终了之前发言的女性,是一位七十高龄的老太太,她来自一个受人敬重的基督徒家庭,还被麦高温牧师尊称为"教会的母亲"。

那位高挑的母亲务实地想到她女儿们的未来,甚至还用到"烧饭"这个词,这其实也呼应了麦高温夫人 15 年前听到的邻家太太说词。麦高温关于缠足的神学观点就显得抽象多了:"它完全毁弃了大自然(Nature)赋予女人的优美和对称。女人的优雅体态和美丽举止使她们的步履如诗如画,平添许多魅力,但我们常常忘了,这其中的秘密,就蕴藏在她们的〔天然〕双足里,而这正是女人理当拥有的神圣权利。"[1]缠足就是与上帝作对,因为大自然(造物主)赋予女人的是完整、天然的身体。因此,"天赋双足"(Heavenly feet)的义理,早就昭示在上帝所设计的天然身体(natural body)构造当中。

麦高温将他的反缠足组织涂抹上基督教的色彩,名曰"天(赋)足"(Heavenly Foot),借以强调缠足违背了基督教的宗旨,

---

[1] MacGown, *How England Saved China*, p. 21.

只不过他同时斟酌了当地的信仰和用语。〔译按,Heavenly Foot Society 虽然直译为"天(赋)足会",但其正式的中文会名为"戒缠足会";"天足会"较常指的是 1895 年后出现的"天(然)足会"(Natural Foot Society),见下文。〕他说道,虽然中国人对于人格化上帝的概念并不熟悉,但他们所称的"天",也是一股神秘的力量,在某些面向上,"类似于上帝"。"根据古圣先贤的教诲,人乃授命于天。……既然如此,女人也是同一股力量的产物,因此,小女孩天生的双足,其优美的构造,同样也是上天的杰作。"①于是,在"天赋双足"的义理之中,含摄了性别平等的概念。

像这样杂糅了基督教和中国传统的参照系统,是麦高温的典型做法。在华人教徒社群里,人们所认识的麦高温,名叫"光照"牧师,听起来像是佛教僧侣的法号。② 同样地,反缠足会的中文名字也采用了符合本土语境的"戒缠足会",让人联想到"戒(鸦片)烟会"。尽管如此,所有这类企图在语言文字上造成本土化印象的努力,反倒强化了 19 世纪 70 年代"天足"(不论是指天赋的还是天然的双足)此一词汇的外来性。虽然天然双足的概念早已经被传教士们阐述为基督教的义理之一,也为教堂的信徒所熟知,但"天足"这个翻译而来的词汇,要到 1895 年立德夫人(Mrs.

① MacGown, *How England Saved China*, pp. 34,64—65.
② 这种入境随俗的举措,不论在心态上还是结果上,不见得都是平等主义式的。在一张照片里,麦高温披着一袭"总督官服",与 16 位厦门教会的华人耆老一同入镜。相片中的华人都穿着便服形制的"长袍马褂"。该照片的拍摄是为了纪念麦高温在厦门传道 50 周年,他也站在最尊贵的位置(*Beside the Bamboo*,面向第 177 页的图片)。〔译按,虽然麦高温取了"光照"这个中文名字,但显然并未在清末西学知识圈中传开来,或许只有厦门华人基督徒社群比较熟悉这个名字。当代的相关中文著述提及 John MacGowan 时,多使用麦高温、麦高望、麦嘉湖、玛嘉温等音译名字称呼他。几年前,他的著作 *Men and Manners of Modern China* (1909)有中译本问世(朱涛、倪静译,《中国人生活的明与暗》〔北京:时事出版社,1998〕),著者题名为"麦高温"。这里沿用此一音译名,舍弃较鲜为人知的"光照"一名。〕

Alicia Little)在上海发起"天足会"(Tianzu hui; Natural Feet Society)之后,才真正进入中文的语汇之中。[1]

　　不管是天然完整身体的概念,还是对缠足习俗的抨击,在中

---

[1] 至于麦高温的"Heavenly Feet Society",是否在 1875 年的第一次聚会便已有中文名称,我们并不清楚。"戒缠足会"之名首次出现在一篇文章里,即,抱拙子的《厦门戒缠足会叙》,《万国公报》,第十一卷(1878—1879),第 406—408 页,收入李又宁与张玉法编,《近代中国女权运动史料》,第 836—840 页。亦见吕美颐与郑永福,《中国妇女运动(1840—1921)》(开封:河南人民出版社,1990),第 43 页。1904年出现了一个名为"厦门天足会"的团体,其约章叙论收入《近代中国女权运动史料》,第 880—881 页。早期由中国改革者所成立的反缠足组织,从康有为在 1883年成立的"不裹足会"开始,没有一个采用"天足会"之名。他们主要使用"不缠足会"或"戒缠足会"的名称,二者均表示对于"缠足"此一本土范畴的否定。"天足会"三字必须等到 20 世纪初才成为全国各地普遍采用的名称。参见林维红,《清季的妇女不缠足运动,1894—1911》,第 160—163 页;林秋敏,《近代中国的不缠足运动(1895—1937)》,"国立"政治大学硕士论文,1990 年,第 52、60—61 页。即使在那时,"戒缠足"之名仍在报章上时有所见。在 1902 年,一篇原载于《大公报》上的文章,便以此为题名,有中、日文对照版本,见《戒缠足说》,《台湾惯习记事》,第二卷,第十一号(1902),第 43—49 页〔887—893〕。〔译按,关于厦门戒缠足会的名称和成立年份,打马字女士(M. E. Talmage)在 1895 年 9 月 2 日写给《教务杂志》(The Chinese Recorder)的"读者来函",相当值得参考,当时她是厦门戒缠足会的负责人,对于人们以"Heavenly Foot Society"称呼他们的反缠足组织,提出纠正。信中也明确指出该会成立于 1874 年,而且当时已有中文名称,即厦门话发音的"戒缠足会":"我代表本会告诉各位,大家对我们的会名有所误解。由于一直没有人纠正这个错误,我想在此声明,本会自从 1874 年组织成立以来,所使用的会名一直都是'Kài-tiân-chiok'(戒缠足),而非'Heavenly Foot'。"(The Chinese Recorder, 26, no. 10〔Oct., 1895〕, p. 497.)这位打马字女士即为美国归正会(American Reformed Mission)牧师打马字(John van Nest Talmage)的二女儿Mary Elizabeth Talmage(中文名字为"马利亚")。打马字牧师自 19 世纪 40 年代末起即在厦门传教,共传教 40 年,积极推动罗马拼音化的厦门话白话字,教导不识字的人教妇女读圣经、圣诗,两位女儿也都在当地开办和负责教会女子学堂。下文提到撰写《戒缠足论》的叶牧师,全名为叶汉章,他的神职身份,亦由打马字牧师于 1862 年按立。厦门戒缠足成立时,厦门已有三个基督教传教团体,除了伦敦宣教会之外,还有美国归正会以及英国长老会(English Presbyterian Mission),三者所在位置相距极近,互动密切。从打马字女士的声明以及叶汉章的文章来看,厦门戒缠足会并非伦敦宣教会独力支撑运作的组织,而是当地英、美传教士与华人教徒共同涉入的事业;对于麦高温所提的英文会名 Heavenly Foot Society,内部也存在着歧见。〕

国都不算是新鲜的论述。① "天足"此一新兴范畴的意义,在于其初现时刻的跨国语境,以及鲜明的基督教义加持。1878年,在一场每半年举行一次的戒缠足会会议里,与会者转录了一份由叶牧师所写的长篇论文《戒缠足论》。这位华人牧师传达了一种被世界审视的不安,这是在麦高温的论述里看不到的:"今观天下,除中国以外,妇女均无缠足,可见上主造人之足形,男女无二致,此古今之通义也。"于是,中国的野蛮,在全球的时间与空间当中,独一无二。叶牧师的论点接着转到身体的功用:"原上帝造人,四肢五官各适其用,男女皆同。"缠足乃是人为造作,就像"巴别塔"一样,狂妄地以为人类的智慧及于上帝。这实在是一种亵渎的行径。②

麦高温还算同情那些为女儿缠足的母亲们所处的文化境遇,相较之下,叶牧师毫不留情地指责她们:"爱人之道,莫先于爱己子女,奈何将己之子女,自五六岁时,则苦其足,牢束紧扎,俨似烙

---

① 我曾在以前的论文("Footbinding as Female Inscription")里讨论过清初文人褚稼轩的一篇文章。那是一篇十分符合反缠足要旨的文章,里面论及一个天然的几何身体(geometric body)如何成为"存有"(being)的课题。就其儒家文化的脉络而言,此一天然身体乃是为了父权家庭而存在。关于帝国论述底下的身体,参见Angela Zito(司徒安),*Of Body and Brush: Grand Sacrifice as Text/Performance in Eighteenth-Century China* (Chicago: University of Chicago Press, 1997)。

② 抱拙子,《厦门戒缠足会》,《近代中国女权运动史料》,第839—840页。如同林维红指出的(主要是征引Virginia Chau的论文),在19世纪70年代初期,中国的基督教社群曾就缠足是否为一无上的罪愆,以及,尚未皈依基督的妇女是否必须放脚等问题,有过几番辩论。1878年的传教士会议,达成一项结论:缠足与否无关教义,信徒的家人应有权自行决定是否放脚,见林维红,《清季的妇女不缠足运动,1894—1911》,第152—153页。关于1869—1870年间刊于《教务杂志》的辩论内容(参与者包括德贞〔J. Dudgeon〕、H. G.、嘉约翰〔J. C. Kerr〕等传教士),参见林秋敏,《近代中国的不缠足运动》,第30—32页;亦见Virginia Chiu-tin Chau, "The Anti-Footbinding Movement in China, 1850—1912," master's thesis, Columbia University, 1966。

逼,气阻不行,若同压踝? ……或观缠足之时,紧扎呼痛,母即酷打其女,强使之痛楚难堪。"若说叶牧师对母亲们不假辞色,他对女儿们就更不客气,将她们说成是"冶容诲淫"的"妖姬",罪在"惹人瞵视"。但他全然没有提到男人的责任或身为共犯的角色。①

依循基督教义的逻辑与修辞,定罪缠足的审判,指向三个层面:缠足是狂妄的文化设计、缠足有违父母的慈爱之心,以及,缠足对上帝所垂爱的男性构成一种性威胁。这个时期对于天足的捍卫,成为日后中国官员、改革者和革命家从世俗角度拥护天足的基调,他们在 1895—1898 年间共同将反缠足声浪推向顶峰。② 此一反缠足声浪的所有基本元素,早在 20 年前叶牧师的文章里,便已预演过了一遍:因中国的狭隘意识而引起国际侧目的焦虑、将天然身体类比为机器的功能主义观点,以及将男性和女性相提并论的主张。③ 最重要的是,女性的地位成为衡量国家整体文明性的标杆。中国若想与西方平起平坐,首先就要达到性别平等,颠覆儒家"男尊女卑"的性别阶层化原则。然而,就算具

① 抱拙子,《厦门戒缠足会》。相反的,改革家梁启超引述了中国传统的反缠足义理,谴责"贱丈夫"这个词汇语出兰陵女子,"苟以恣一日之欲,而敢于冒犯千世之不讳"(《戒缠足会叙》,收入《近代中国女权运动史料》,第 841 页)。

② 1895—1898 年间出现了许多反缠足团体,它们成为反缠足运动中最多人研究的环节,因为这段历史留下的研究材料最为丰富。在本章中,我聚焦在其"史前史",以及包括徐珂在内的民国文人如何解读这段历史(见稍后的讨论)。关于 1895 年的天足会以及 1898—1911 年间成立的地方反缠足团体,这方面的文献记录,几乎都重印收入李又宁与张玉法编《近代中国女权运动史料》,第 480—542、836—909页。相关的诠释则可参见林秋敏、林维红、吕美颐与郑永福、Julie Broadwin、Alison Drucker,以及坂元ひろ子等人的著作。关于立德夫人谈论其反缠足活动以及地方上的反应,参见其精彩的回忆录:The Land of the Blue Gown (London: T. Fisher Unwin, 1902), pp. 305—370。

③ "身体作为机器"的隐喻在传教士的论述中极为常见,它是"(空气、观念等)流通为卫生之本"此一更大叙事方案不可分割的一部分。在天足会举办的教育性质集会中,会员会使用橡胶软管来演示血液循环顺畅的重要性(菊池贵晴,《不缠足運動について》,《历史教育》第五卷第十二期〔1957〕,第 35 页)。

备了这些进步的元素,"天足"论述仍然流露出一种男性成见,因为它不但将缠足女子打为媚惑男人的妖姬,还谴责深受其害的母亲和女儿,认定她们是咎由自取。后来的中国国族主义者在其著述中,更将这些令人不敢恭维的元素"发扬光大"。[①]

究竟是谁终结了缠足? 传教士和外国人吗? 还是本土的改革者呢? 这些问题始终充满着历史争议性,因为对于今日的国族主义派史学家而言,中国的能动性和主权性依然是他们所珍视的目标。[②] 在这里,我提出的初步看法是,"天足"是一个崭新的语言范畴,它的出现乃是受到 19 世纪最后 25 年间出现的新跨国交通的影响;它原来并不属于本土语汇,因为唯有反向思考人们所熟悉的缠足范畴之后,天足才变得可以想象。逐渐地,这种二分对立的逻辑广为人们所接受,天足也成为许多种传统文化里更大

---

① Joan Judge 在其论文中,分析了 1898 年改革运动期间的"兴女学"论述,并指出其中有关女性价值与潜能方面的矛盾讯息("Reforming the Feminine: Female Literacy and the Legacy of 1898," in *Rethinking the 1898 Reform Period : Political and Cultural Change in Late Qing China*, ed. Rebecca E. Karl and Peter Zarrow〔Cambridge, Mass. : Harvard University Asia Center, 2002〕, pp. 158—179)。视女性"纯然为玩物,一心只在乎修容、缠足和穿耳"的观点,在严复、康有为、梁启超等 19 世纪 90 年代和 20 世纪最初十年重要知识分子的著作里,极为常见(严、康、梁等人的文章,参见《近代中国女权运动史料》;前引文摘自 Judge 的论文,第 161 页)。

② 传统历史书写所强调的,在于反缠足运动的外来动因。鲍家麟(Jialin Bao Tao)则撰写了一篇修正论观点的论文,她强烈认为,本土与外来之间是一种立足点平等的合作("The Anti-Footbinding Movement in Late Ch'ing China: Indigenous Development and Western Influence",《近代中国妇女史研究》,第二期〔1994 年 6 月〕,第 141—173 页)。林维红在其讨论地方反缠足团体的先驱研究中,另辟蹊径,强调早期由基督教会发起的运动,以及后来由中国地方精英领导的运动,源于不同的理念和社会动力(《清季的妇女不缠足运动》)。二者均外在于妇女对自身福祉的关心。林秋敏同意这个看法,她指出,传教士的动机是"宗教的",而本土改革家的动机则是"政治的"(《近代中国的不缠足运动》,第 51 页)。另外,高岛航曾进行了一项少见的研究,探讨反缠足运动中的女性基督教传教士的角色,见他的《教会与信者の间で:女性宣教师による缠足解放の试み》,收入森时彦编,《中国近代化の动态构造》(京都:京都大学人文科学研究所,2004)。小野和子老师送我一份这篇论文,特此致谢。

层面缺点的对立命题:性别不平等、父母威权,以及稍后我们将讨论到的,阶级歧视。于是,不论其起源为何,天足(天然未缠之足)仍旧是中国的国族自决,一路从清末萌芽、民国初年,直到今时今日的发展历程里,最为辛酸沉痛的符号象征。

徐珂与汤颐琐:天足的国族主义化

民国初年的中国作家用尽各种方式,试图将反缠足运动的缘起和历史予以"国族化"。在这些文人里,徐珂(1869—1928)对作为一种范畴和一种社会运动的天足的诞生,提出了一个以中国为中心的叙事。在他的《天足考略》及其续篇《知足语》("知足"为双关语:知道满足/天足)里,徐珂以习见的国际目光为开场白:"我国妇女以缠足闻于世,为欧美人诟病久矣。清光绪戊戌〔1898〕,上海士大夫有天足会及不缠足会之设。著书宣讲,劝告遐迩,将使全国妇女,未缠者全其真,已缠者弛其缚,助生理之发育,洗国民之耻辱。"①我们可以看到,他接着就将反缠足组织的建立,扣连到 1898 年的百日维新,并归功于上海的中国学者和官员(士大夫);换言之,在他的叙事里,反缠足运动源自中国男性精英的能动性,只字不提传教士的救世动机或外来的革新力量。

在徐珂看来,中国若要赶上欧、美,就必须消除缠足,因此,反缠足对他而言,是一个迫在眉睫的国族主义方案。尽管徐珂使用了朝代年号这种传统的时间标记方式,但他确实显露出一种对于时间全球化的敏感度,意识到中国必将纳入全球时间的范围。不

---

① 徐珂,《天足考略》,收入徐珂编《天苏阁丛刊》(上海:商务印书馆,1914),第 1a 页。关于 1898 年间如雨后春笋般涌现的不缠足会,详见林维红的《清季的妇女不缠足运动》,该文整理了一份清单,对读者而言相当方便(第 155—156 页)。

过他同样也积极地从传统和本土的范畴里，寻找某些进步的元素。因此他接着道："天足者，天然之足也。天足二字，至是始成名词。抑知吾国古昔自有天足，晚近以来，亦复所在皆有。"后来，到了 1928 年，徐珂找出一个古典词汇来称呼天足："今天下言'天足'，都会城市，几家喻户晓矣。古无所谓天足，曰'素足'也。"①

只是，"素足"向来被知识精英阶层看得过于俗鄙，他们不屑于在所掌控的史册中有所谈论："徒以人民久习专制，富贵贫贱阶级之见，深入人心。原野编氓，非士大夫所习，不及见，或见之而漠不加察，直可谓为不知足耳。且又自居'文明'，于夥多素足之地，恒视为野蛮。……〔徐〕珂愤之，愤富贵贫贱之不平等，至于斯极。"②在徐珂此一开创性的叙事理路里，天足代表了一种理应赞扬、却备受蔑视的庶民文化，而缠足则象征了权贵阶层的腐化和专制。天足于是在修辞上被赋予民主的含义。

徐珂汇编了中国历史上不受重视的天足事迹，从目的和意图来说，这其实是一个国族主义方案。再者，在他的国族主义思想里，国际、国内，以及地方层次的各种阶层差距都不应该存在：中国与欧美没有高下之别，而中国境内的阶级与地位团体也一律平等。因此，《天足考略》无疑是一篇具有革命情怀的文字，只不过徐珂并未全盘抛弃传统文化，而是重新打造一个可堪运用的往昔，包括平民生活里的"素足"。

徐珂的世界意识、政治平等主义，以及身为中国人的自尊心，与同时代其他更知名的改革派人士并无二致，这些人里面

---

① 徐珂，《天足考略》，第 1a—b 页。徐珂，《知足语》，收入徐珂编《天苏阁笔记十三种》，第二卷（香港：中山图书公司，1973），第 139 页。

② 徐珂，《天足考略》，第 1a—b 页；亦参见《知足语》，第 139 页。

也包括了在 1883 年成立"不裹足会"的康有为(1858—1927)。① 徐珂是杭州出生的举人,一方面曾浸淫在科举考试的世界里,另一方面又深受通商口岸文化的影响。他在北京担任过低阶官吏,1899 年辞官离京,最后定居上海;妻子何墨君在上海教书,一双子女则就读于当地新式学校。他的儿子徐新六后来还曾留学英格兰和巴黎。徐珂在上海以写作和编辑为业,在诸多作品里,以《清稗类钞》这部巨作最为著称,里面编写了许多关于清代的独到记事。

就像旧时代的文人一样,徐珂经常流连酒肆园阁,与诸多文坛同好诗词往复,宴饮唱酬。他后来将他在文人雅叙场合里所作的诗词集结出版,从中可以看出当时江南文人的过从活动:共赏文友收藏的古玩奇器或珍稀稿本、赋诗赠别、相互题画,等等。然而,尽管他们冀望重建传统名士的恬静世界,却仍然避不开时局动荡的暴力氛围,这也反应在徐珂的诗集里,例如,他曾赋诗悼念一位遭遇狙击身亡的文友,也曾赋诗慨叹一幅描绘苏州名园古代奇石的画作因"辛亥兵事"而散失。②

徐珂的文友包括了同样旅居上海的苏州人汤颐琐(生卒年不详,1904 年仍活跃于世)。徐珂曾有一幅画作,绘的是天足的苏州美女,汤颐琐为之序,里面谈及他早年接触到 19 世纪 80 年代西方传教士鼓吹天足的一段往事。当汤颐琐接触到天足修辞时,

---

① "不裹足会"是中国人最早的反缠足组织之一,由康有为与同乡区锷良在他们的家乡广东南海所创立,见吕美颐与郑永福,《中国妇女运动》,第 76—77 页;林维红,《清季的妇女不缠足运动》,第 155—156 页。康有为上书光绪皇帝请禁缠足的著名奏章(《请禁妇女裹足折》),收入李又宁与张玉法编,《近代中国女权运动史料》,第 508—510 页。

② 徐珂,《纯飞馆词》,第 31a、34b 页,收入《天苏阁丛刊》。这位遇刺身亡的文友是夏瑞芳(字粹方,1871—1914),他是商务印书馆的创办人之一。

他也跟徐珂一样,心里存着一种中国国族主义的框架。当年他身患重病,求诊于美国医生柏乐文。他的小脚妻子史瀞偕经常为他到医生那里拿药,从而与柏乐文的妻子相熟。有一天,史瀞偕带着年方十三的婢女意兰一同前往。柏夫人看着史氏说道:"缠足束腰,钧之恶俗。如意兰两足天然,不受矫揉造作之苦,诚可儿也。彼固吴产乎? 吾游吴久,凡吴治远近数百里,自女佣外,田家妇无论矣,若渔若樵若卖菜卖花,乃至肩挑背负,妇女皆优为之,辄杂男子力作,为劳动之事。间有男子坐食,女子反习劳不以为怨,虽性质柔顺,亦岂不以天然手足之便利哉?"史瀞偕深然其言,回家后便将这番话转告她的丈夫。①

柏夫人对于女性劳动的评价,预示了19、20世纪之交的中国对于女性生计问题的关注。一些正面概念如女子自立或经济独立等,成为妇女解放的前提,而且也成为吁请重视女子教育最强而有力的论证基础。然而,此一论题却经常先以一种咒骂的口吻出现:女人是社会的寄生虫。在梁启超(1873—1929)发表于1896—1897年间的开创性议论文章《论女学》里,占中国人口半数(二万万)的女性被轻蔑地划归为一群"圆其首而纤其足"的无用之人。梁启超引孟子的话"逸居而无教,则近于禽兽"说道,"自古迄今",女性未尝受过教育,因此快要与禽兽无异了。不过大多数男子也没受过教育,那又怎么说呢? 梁启超也承认这一点,但他又说男子至少还知道引以为耻,而女子是如此地蒙昧,她们并不觉得这有什么好羞耻的。这正是中国积弱的根源:"女子二万万,全属分利,而无一生利者。……故男子以犬

---

① 汤颐琐,《徐仲可天苏阁〈娱晚图〉序》,徐珂《纯飞馆词》附录,收入《天苏阁丛刊》,第22b—23a页。

马奴隶畜之。"①

梁启超是近代中国最能撼动人心的议论家,他常运用煽动力极强的文字来激发读者的行动意念。然而当他这么做的时候,他也灌输了一种侮蔑性的和谬误的女性形象,将她们的传统学习和家户劳动一笔勾销,排除在国族历史之外。不幸的是,梁启超的影响力太大了,他将女性塑造为寄生虫、禽兽和奴隶,此一形象深入人心,成为一种标准化的观点,且延续到今天。就在梁氏关于文化改革的议论出版不久,一幅由天津杨柳青齐健隆画店印制、题名为《女子自强》的年画,便将相同的讯息传散到家户之中。在这幅年画里,一位父亲坐在方桌的一侧,他那纤弱的妻子和一双子女则在另一侧招手。画中的旁白以白话文写就,这也是 1898 年百日维新过后开始流行的做法,这篇旁白说道:"中国有家眷的男子,大半受累的多,诸位知道这毛病在哪里吗? 并不是男子不能赚钱,一男子养着好几口,女子裹了两只小脚,诸事不能用力,坐吃坐穿皆靠着男子,男子怎会不受累呢?"画上的题字则总结道:"中国不强,大病在此。"②

---

① 梁启超,《论女学》,收入《近代中国女权运动史料》,第 549—556 页,引文摘自第 549—550 页。虽然这篇文章经常被单独征引,但它其实是梁启超的长篇论文《变法通议》中的一节。Joan Judge 指出,《论女学》的论点和主旨,后来成为继起的改革派作家论述女学的蓝图(见她的 "Reforming the Feminine",第 170 页)。针对梁启超"女子为奴隶"的观点,或者说,"全体国民为奴隶"("亡国奴")此一更广泛的观点,参见 Rebecca Karl, "'Slavery,' Citizenship, and Gender in Late Qing China's Global Context," in Karl and Zarrow, ed., *Rethinking the 1989 Reform Period*, pp. 212—244。

② 版画《女子自强》,收入王树村,《中国民间年画史图录》(上海:上海人民美术出版社,1991),第 542 页。关于妇女经济独立和阶级平等的主题,同样出现在徐珂的女儿徐新华的纪念文集中。徐新华于 21 岁去世,徐珂将她的短论笔记集结出版,分别为《彤芬室文》与《彤芬室笔记》,收入徐珂的《天苏阁丛刊》。

到了 20 世纪最初十年,这类观念借反缠足运动更在大城小镇中蔓延开来,广为流传;那时,汤颐琐夫妇移居到了上海,意兰却已去世了。对于意兰未能赶上天足蔚为流行的时代,汤颐琐颇觉惋惜:"使得须臾毋死,则吾家亦有一爨婢开风会之先。"汤颐琐还提到,当时他的妻子以 50 岁的年纪,"毅然解其锢蔽而舒其趾焉"。史瀞偕告诉汤颐琐,"回思柏夫人手足便利之言,昔以为然者,至是始有味乎其所以然"。[①] 根据她丈夫的回忆,史瀞偕说这话时心平气和,就事论事,只是我们并不晓得她的脚趾后来变得多"舒畅"。尽管她所谈论的主题乃是一位缠足妇女在意识上的重大转折,我们却看不到她的内心感受和挣扎。她的转变经验是可信的,但汤颐琐却将此一身体过程以一种理性的、直线的框架框住了。史瀞偕的声音借以保存,却不完整。

对史瀞偕而言,身体的天然性不过是个抽象的概念,但其中所牵引的功能推论、便利性,以及一个能从事生产的身体的好处,实在令她印象深刻。她还幻想着,将来可与丈夫归隐田园,发挥放足后的身体机能:"君若有田可耕,吾馌于亩;有山可樵,吾为子束薪;降而一池一荡,吾即采菱藕捕鱼虾,趁墟而出,换酒而归。乐此余年,相忘于世。"在中国工业化的初期阶段里,上海纱厂里有许多女工和童工受尽奴役剥削,而史瀞偕编织想象出来的画面,却是一种夫妇相伴、共服劳务的田园风光,以及乌托邦式的原始经济生活景象,此与充满阴霾的现实世界,形成了强烈的对比反差。[②]

---

① 汤颐琐,《徐仲可天苏阁〈娱晚图〉序》,第 23a 页。
② 汤颐琐,《徐仲可天苏阁〈娱晚图〉序》,第 23a 页。早期的上海棉纱厂建立于 1895 年前后,到了 1919 年,为数 181485 人的上海工厂工人中,几乎有一半都在纱厂中工作,见 Emily Honig, *Sisters and Strangers : Women in the Shanghai Cotton Mills*, *1919—1949* (Stanford, Calif. : Stanford University Press, 1986), p. 23。

汤颐琐的文章所透露的是,在19世纪80年代到20世纪最初十年这段关键时期,身体概念出现了微妙的变化,缠足的文化光环也已逐渐黯淡。它还透露了一点,亦即,天足的价值,已与家庭体面及地方荣耀纠结在一起了。在文章的最后,汤颐琐回到他与徐珂的谈话,后者郑重告诉他:"世人知苏女之美,然仅知城市之弓足,而不知乡妇天足之尤美。此与专制国之官人,但论门第,而不知识拔真才,致使终身沦弃者无异也。"这段话委婉地抨击了帝国的阶级秩序情结。此外,徐珂对于中国的世界位置的体认,也同样明显:"西人有言,女子之美者,在欧洲为西班牙,在亚洲厥惟苏州。以苏女与西班牙女并论,则重在天足可知。苏女天足之美,既为世界所公认,且自昔有之,非近今新学家所提倡也。"(第23b页)

对我们来说,拿西班牙和苏州相比,似乎有点奇特,不过当时中国文人经常将全球、国家和地方层次混在一起谈论,而这几句话确实反映了这种混杂的意识状态。徐珂毫不保留地接受"西方"(通过"西班牙")作为品味与价值仲裁者的权威性。未曾沾染城市习气的天足劳动乡妇,成为体现现代标准的中国美人,这也正是柏乐文夫人品评赞美的标准。尤有甚者,徐珂和汤颐琐在揄扬天足的同时,也将地方历史切割出好的部分与坏的部分,后者包括了帝国的科举制度,因为它支撑了一种层级化的社会秩序。经过这样的切割,便可以放心追求平等、自由和民主等新观念,而不必将传统文化一股脑地都抛弃掉。

徐珂和汤颐琐都是过渡时期的人物。从编年史的角度来说,他们正从19世纪跨越到20世纪;从政治与文化的角度来说,他们目睹了朝代体制的崩解,也看到崭新的共和国在1912年颤颤巍巍地建立起来。然而,当他们在叙述这些时代的变化时,却未显露出撕裂或挣扎的感觉,这一点确实令人印象深刻。虽然他们接受的是传统经学教育,但并没有在政治上或经济上与帝国统治休戚与共。当他们将天足修辞、随着此一修辞而来的功能论身体观以及平等主义,都予以国族化的时候,还能够如此平心静气,正说明旧时代士大夫文化的基础,在当时早已腐蚀剥落了。也就是在这个过程里,缠足的光彩一点一滴地褪去,终至消逝无踪。

"女人好比蛋黄":一个新的地球知识域

在汤颐琐的个人记述里,不论是对他还是他的妻子而言,解放缠足并不是什么需要挣扎的难事。这一点在他的长篇小说《黄绣球》里,同样也看得出来。这部以书中女主角——女杰黄绣球——为题名的章回小说,共分三十回:在 1904 年(或 1905 年)连载于《新小说》杂志,至二十六回中止,到 1906 年(或 1907 年)发行单行本时,再加上后四回完成全书。《新小说》是梁启超于 1902 年在横滨创办的月刊,为中国最早的文艺杂志,极具影响力。《黄绣球》因此也名列晚清进步小说中最著称者之一。这部小说将解放缠足扣连到拯救国族,而且将焦点摆在一位积极发言的女性宣传家,就此而论,它所呈现的,是一种以国族历史为底稿的现代中国新女性特质的原型。①

---

① 根据时萌的说法,《黄绣球》的刊载始于 1905 年《新小说》第二卷,于 1907 年由同一出版者印行单行本(《晚清小说》〔上海:上海古籍出版社,1989〕,第 109 页)。台湾重印本的编者则说了不同的初刊年份和单行本出版年份,分别为 1904 年和 1906 年,见《晚清小说大系》第十五册(台北:广雅书局,1984),第 1 页,写于《黄绣球》本文前的《黄绣球提要》。这样的分歧,可能是因为《新小说》到了第二卷第六号便停止发行了(樽本照雄,《清末小说闲谈》,〔京都:法律文化社,1983〕,(转下页)

　　《黄绣球》的故事发生在一个名为"自由村"的虚构村落,该村坐落在亚细亚洲东半部温带之中,居民大都为"黄氏子孙"。书中男性主人翁为三十几岁的黄通理,他心里想着,村里的风俗习惯与政治风气应该要一一修整过来。他的妻子黄绣球解开了她的缠脚布,然后劝服黄通理,他的改革计划最好从设立一所私办女子学校(女塾)开始。他们并肩作战,与迷信的尼姑、贪腐的清朝官吏,以及耍弄阴谋诡计的族兄黄祸周旋。最后,他们的女校成功运作,并将此一典范输出到邻村,还在村民会议中说服众人独立自治、组织男女民兵(义勇队)。虽然我们对于汤颐琐,除了知道他是徐珂的朋友之外,所知有限,但很显然,《黄绣球》是作者本人进步信念的一种直接表达。

　　从这部小说所展现的全球意识、对于女性意志的赞美,以及对于不论是个人身体的还是国家贸易的无障碍"交通"能力的重视,都可以发现,它提出了一种新的知识域,在其中,解放后的女性位于核心位置。汤颐琐以一种相当新颖的方式来表达他的全球意识,亦即,将地球视为一个球形物体。巨型而抽象的"地球"概念,在此被设想为某种形状具体、色彩鲜艳的微型化物体:案头上的地球仪、西瓜、鸡蛋。黄通理告诉他的妻子,地球上住着五色人种,但只有黄、白两种为主要种族。[①] 尽管黄通理运用"地理"来形容这两大种族之间的斗争,黄绣球却运用"天文"来述说她所

<hr>

　　(接上页)第12页)。胡缨(Ying Hu)对于这部小说的分析,着重在黄绣球(在梦中)见到罗兰夫人的情节,认为这是一个隐喻,象征着中国国族主义与欧洲启蒙时期的普世主义(universalism)的相遇,见她的 *Tales of Translation : Composing the New Woman in China , 1899—1918* (Stanford, Calif. : Stanford University Press, 2000),pp. 153—196。胡缨还指出(第162—169页),晚清小说家把女子教育置于国族主义关怀之下的倾向,可以追溯到梁启超的《论女学》。

① 汤颐琐,《黄绣球》,第23、54页。

体认到的两性平等意义。她一反中国传统讲"天似穹庐、笼盖四野"的"天圆地方"宇宙观,说道:"近来讲天文的,都晓得天是个鸡蛋式,不是什么圆的。地就包在天当中,算是蛋黄,不是另外一块方的,这就天地一气,没有个高卑分得出来。"(第 177 页)在两者之间,他们描绘了一种新的宇宙观和全球政治,其中特别标举出平等的观念以及争生存的现实。竞争也好,抗衡也好,中国都只能借由与其他国家和种族之间的关系来自我定义与定位。

黄绣球的鸡蛋宇宙观也带出了性别平等的宗旨:"女人就好比蛋黄,虽是在里面,被蛋白蛋壳包住,却没有黄,就不会有白有壳。……男人当中的英雄豪杰,任他是做皇帝,也是女人生下来的。所以女人应该比男人格外看重,怎反受男人的压制? 如今讲男女平权平等的话……既然团结在一起,就没有什么轻重厚薄、高低大小、贵贱好坏的话。"(第 177 页)然而,这个关于性别平等的议论,乃是建立在一个吊诡的论据之上:虽然女人在功能上比男人优越,在地位和权利上与男人平等,但她所处的位置依然是在"里面",事实上,还被代表男人的蛋白给包裹着。更何况,女人的价值,仍旧体现在她能够生育这件事情上面。[1] 根据儒家男主外女主内的性别化空间区分,理想女性正是被认定为"内人",也就是说,这种古老的思想有了性别平等学说这个新包装。这种不协调的情况,反映出晚清社会对于应该如何适切地定位女性,感到相当程度的迷惘。

因此,在《黄绣球》里,鸡蛋同时隐喻了"差异但平等"的性别关系、全球性的社会达尔文主义政治,以及哥白尼式的宇宙观。

---

[1] Joan Scott 认为,此一吊诡本来就存在于自由派女性主义之中,见她的 *Only Paradoxes to Offer : French Feminists and the Rights of Man* (Cambridge, Mass. : Harvard University Press, 1996)。

这三个领域的联结本身并不新鲜:儒家的宇宙观,长期以来便已声称个体、社会,以及天体之间的对应关系。尽管如此,地球如鸡蛋的比喻仍然教授了一种新的知识域,因为它要求一种从外在世界向内看的新视野。唯有当中国被缩小,而且置于以全球为范围的国族社群之中,中国才能被看成一个整体,而非零散的部分;就像观看者必须停仃于太空,才能看到地球的球体样貌。换言之,国族的全貌与地球的球形,都是微型化视野的结果。而微型化的前提则在于,观看主体必须脱离客体:向后退开到一定的距离之后再观看客体。

"天文"与"地理"这两门学问都源自这种新的观看方式,也都在 20 世纪前后成为学堂里的热门课目。出生于 1895 年的张秀熟为我们提供了一个例子。他的父亲在家里设立私塾,教授蒙学;从 3 岁到 13 岁这十年之间,张秀熟就与其他男孩在这个私塾里接受教育。据他回忆,他最喜爱的课目,就是历史、地理和天文,童蒙时期背诵下来的课文,即使过了 70 年之久,依然能够朗朗上口。尤其让他眼界大开、印象深刻的,是一本名为《地球韵语》的地理读本。虽然他手上早就没有这本书,但他仍然清楚地记得其作者黄芝的点点滴滴,包括,黄芝拥有举人功名,曾留学日本,归国后写成该书,1903 年时担任张秀熟家乡的高等小学堂的堂长。当年的张秀熟正着迷于《地球韵语》,想到该学堂旁听作者讲授地理,却发现对方教的是《诗经》。[1]

《地球韵语》出版于 1898—1903 年之间,主要为五言和七言韵文。每一首韵文都讲述一个地理范围的自然与人文景观。其中有好几首更强调殖民主义的迫害和民主思想的可

---

[1] 张秀熟,《清末民间儿童读物》,收入《四川文史资料选辑》(成都:四川人民出版社,1979),第二十册,第 180—190 页。

贵,这些也都是张秀熟自幼就背得滚瓜烂熟的,例如"四川省歌""内外蒙古歌""非洲歌"以及"美洲歌"等。这本幼学读物的编纂架构,从讲述帝国都城(京师)开始,接着是五大洲、中国十八行省、内外蒙古、世界各国首都,至中国的通商口岸为止。由这个次序可以看出,作者想要灌输的,是一种正在萌芽的国族意识:以中国的政治中心出发,而以国家主权的沦丧结尾。[①] 这是一个新崛起的全球知识域,明显带着国族主义的调性,它教导人们,地球的人口分属不同的主权国家,而每个国家又以其首都为代表。于是,国族意识的铸造,乃是通过两种相反的理路:一则是跳脱(distancing),也就是从远处观察中国在全球国族社群中的位置;另一则是聚焦(centering),也就是专注于中国领土主权被瓜分和侵夺的具体地方情事。

幼童也对天文着迷。除了《地球韵语》之外,张秀熟最喜爱的读本还有《天文地舆歌括》,内中讲述日月星辰的演化、行星系统、月球朔望、经度纬度、黄道赤道,以及雷、雪、虹等自然天象。它还指出,若从不同的角度看去,地球乃一"扁圆"球体,在椭圆形轨道上,与绕日诸行星各循轨道,分列逐层;地球表面被航海家标测为若干经纬方格;地球外围有大气层环绕,依热力学原理衍生各种气象。[②] 张秀熟并未提到是否在他父亲的塾堂里看过地球仪——他父亲可能无力供应这类辅助教具——但是,通过韵文诗歌的形式,他确实具体而细微地"观看"到了一个地球球体。

关于地球的图绘在20世纪初相当流行。这从1898年出

① 张秀熟,《清末民间儿童读物》,收入《四川文史资料选辑》(成都:四川人民出版社,1979),第二十册,第184—185页。
② 张秀熟,《清末民间儿童读物》,收入《四川文史资料选辑》,第二十册,第187—189页。

刊的《女学报》便可看出端倪。《女学报》是中国第一份女性杂志,其中有一幅插图,画中是一间女子学校里的教室,里面有六个学生聚集在老师讲桌前,看着桌上的地球模型;女教师背后的墙上还悬挂着一幅巨大的亚洲地图。[①] 1902 年在上海发行的《大陆》杂志,封面则画了一只紧抓着地球的飞龙。到了民国时期,地球依旧是一个物神化的物体(a fetishized object),人们用它来标志一种现代化的视野,以及其中蕴含的国族意识。培育了许多女作家、女性职业精英,以及女性运动者的北平女子师范学院,其学生在 1929 年不但成立了一个名为"地球社"的社团,而且还发行了一份名为《地球》的月刊。[②]

地球天体的恒常运行,以及个人身体的气血循环之间,存在着某种关联性,观看地球绘图的人并未忽略这一点。对于"停滞"的女性身体感到厌恶,认为它们跟不上新时代和新宇宙观的心情,助长了"天足"作为语言范畴和社会方案的诉求。"天"这个神奇的字眼召唤出一种现代的感觉,不仅仅是因为"天然"的"天"意味着从矫揉造作的传统文化中释放出来的承诺,也因为"天体"的"天"意味着天体在一个机械宇宙里周天运行的机械规律。若说科学的追求和地球知识域的诞生,反衬出缠足妇女与时代的捍格脱节——或者说,她们被塑造成相对于中国现代自我的传统他

---

① 《女学报》第七号(1898 年 7 月),第 1b 页。这幅插画出自女画家刘靓(可青)的手笔。钱南秀在她的一篇文章中引用了这幅图像,见她的"Revitalizing the Xianyuan (Worthy Ladies) Tradition: Women in the 1898 Reform," *Modern China*, 29, no. 4 (Oct. 2003), p. 420。

② 关于《大陆》杂志的讨论,参见张楠和王忍之编,《辛亥革命前十年间时论选集》(北京:生活·读书·新知三联书店,1978)第一卷,第 967 页;第一卷亦收入《大陆》杂志封面的书影(无页数编号)。"地球社"之名可见于王树槐等编,《海内外图书馆收藏有关妇女研究中文期刊联合目录》(台北:"中央研究院"近代史研究所,1995),第 57 页。

者——那么,所有男性改革者都曾熟读的儒家经典,在新时代里的命运就更尴尬了。黄芝在他的小学堂里不教地理而教《诗经》,我们不知道其中的缘故何在,但从他编写诗歌作为幼学教材一事来看,他对口语文学相当感兴趣;而《诗经》正是一部平民大众的文学,符合现代国族主义强调的民粹情感,正像前面讨论过的徐珂在其"素足"论述中呈现出来的那样。

现代的反缠足论证,还从《易经》之中,找到了用以表达衍生性宇宙概念的语言。因此,一篇发表于1917年、名为《天足说》的文章,开头便说道:"《易》言有天地然后有万物,有万物然后有男女,有男女然后有夫妇。……自汉儒夫为妇纲之说起,而女子从人,以顺为正。"汉儒这种从自然宇宙中退化的结果,是"矫揉造作""失其天真",该文作者认为,这正可以说明何以缠足之风会兴起。①

反缠足运动代表了一种努力,想要从人为"文化"回归到《易经》所描述的"自然"。"女子世界,别有一天。震乎天行之自强;痛乎天步之艰难。此天足会之所由兴焉。"②以"天步"取代"天足",突显了民国初期所在乎的运动、步行和交通方面的价值。再者,稳定的运动速度,也是天行不息的宇宙图像中的重要组成部分。然而,在"天行"与"天步"之间,或者说,在宇宙运行与躯体步行之间,划上等号之后,反而助长了一种将身体视为抽象存在或隐喻场域的观点。一旦妇女的肉体性被抹去了,对于缠足疼痛的描写,便无从入手,而这也正是反缠足论述的通病:《黄绣球》作者

---

① 笑云,《天足说》,《小说丛报》第三卷第八期(1917),第2页。

② 笑云,《天足说》,《小说丛报》第三卷第八期(1917),第2页。与其说作者是在阐述反缠足义理,还不如说他对于"天"与"足"字义的各种发挥来得更感兴趣。他在文章最后还呼吁道,虽然天足会值得钦佩,但改革家更应该关怀那些比女人的脚更严肃的议题。

对于女主角的缠足与解缠经验的处理,便为我们提供了一个绝佳的例证。

妇女能动性:意志克服身体

像这样抹去身体肉身性的描述方式,在汤颐琐描写黄绣球那种近乎全然依凭其自觉与意志的能动性时,至关紧要。黄绣球是个孤儿,自幼受到收养她的婶娘虐待忽视,过着毫无尊严的童年。婶娘为免她嫁不出去,便仔细地为她缠足,丝毫不顾小女孩的叫喊哭泣。童年的悲惨遭遇淬炼出她坚强的毅力,驱使她立下志愿,有朝一日要与男人一同做事,闯出一番成绩(第8—12页)。汤颐琐谨慎地将黄绣球的觉醒,归因到潜藏于她内心的力量,而非外在于她的刺激,她也不是受到那位起先迟疑、后来才支持她的丈夫的影响。重要的是,就在黄绣球解放自己的小脚**之后**,当晚就梦到了法国大革命时期的女豪杰罗兰夫人(Madame Roland)(第16—19页)。黄通理和罗兰夫人提供了指引黄绣球后续行动的"理论基础":后者传授她三本书,再由前者讲解给她听。①

---

① 罗兰夫人(Madame Roland,1754—1793)为吉伦特党(The Girondists)的领袖人物,这位著名的政治家后来被雅各宾党人推上断头台。她是最受清末改革派青睐的外国历史人物之一,参见胡缨,*Tales of Translations*,第153—196页。在《黄绣球》中,罗兰夫人现身后的自我介绍,与《新民丛报》在1902年两期连载推崇这位女杰的长篇传记内容,非常相近,这也暗示着《新民丛报》的影响力(《近世第一女杰罗兰夫人传》,收入李又宁、张玉法编,《近代中国女权运动史料》,第318—331页)。文中提到的三本书,一本是《英雄传》,这是入门的小册子,另一本是翻译的地理读本。第三本也是入门读物,但没说是什么书。汤颐琐对西方的态度反映在黄通理这个角色上,有着一种举棋不定的矛盾心态。黄通理认为属于"白种"的罗兰夫人,乃是纡尊降贵前来指点黄绣球,因为黄绣球属于学问事业无不落后的"黄种"(第23页)。在整部小说里,汤颐琐强烈批判以上海学生为代表的西化势力,认为他们矫枉过正,似乎连"中国人"的认同都不怎么坚持。因此,他对于上海天足会某些成员的心术也有所质疑(第73、76页)。

黄绣球将本名"秀秋"改为"绣球",这是她建立其能动性的开端。当她决心放脚之时,她的丈夫曾警告她,若然解开脚缠,她可能就无法走路,也会被他人嘲笑,不过她非但不在意,还作了如下的宣言:"一个人站在地球上,不能做点事,不能成个人,才怕人笑话;这我放我的脚,与人什么相干? 他来笑我,我不但不怕人笑,还要叫我们村上的女人将来一齐放掉了脚,才称我的心呢! ……一放开来,头两天不方便,到十几天后,自然如飞似跑的走给你看。"(第13—14页)看看,这位意志昂扬的能动者,理想何其雄壮! 讽刺的是,黄绣球的壮志,依循的乃是男性儒家士绅的逻辑,一如《大学》所召示的:修身齐家,提升本村水准("把个村子,做得同锦绣一般"),再使光彩扩及邻村;然后,整个国家就可以转型了。

黄绣球在整个故事里的形象,就像解开自己脚缠一事所呈现出来的,是个想到就做,积极主动的人物。她从容自若,智勇兼备,是位符合新中国想象的女豪杰。从缠脚到放脚的转变,是黄绣球以及同名小说的故事起点。放脚后的黄绣球曾被逮捕入狱,罪名是妖言惑众,混淆性别("女扮男装")。缠脚与放脚被视为社会和政治方面的问题,而非个人或身体的问题(第145—146页)。不过,当她无罪开释之后,小说几乎就没有再提到她的脚。缠足作为一种象征,在小说中极为关键,但是作为一种具体乃至肉体的实践,它在整个故事里,无足轻重。缠脚象征着她在童年时期受到的屈辱,而放脚则意味着她决心成为一个新国民。小说中确然存在着未曾缠过脚的女性,但这是一个象征着新文化的角色:毕去柔女医生,她来自南方,曾在海外习医,游历四方,有着一双"大脚"(第58页;"天足"二字不曾在小说中出现)。① 小说后来还提到,黄绣球坚持她开设的女学堂不收小脚女孩(第213—214页)。最重要的是,缠足是一种转喻,比喻着顽痰滞塞、"气脉难舒"的身体,也象征着中国"体内"的状况,"不把那痰化开来,一霎时痰涎涌塞,死了还无人得知"(第81页)。因此我们也无须讶异,何以这位执着于体内循环顺畅的小说作者,会把绕行地球、散播"文明"的航海探险家和殖民者看成他的英雄:哥伦布(Columbus)、麦哲伦(Magellan),以及利文斯顿(Livingston)(第131—132、224页)。

对小说作者而言,缠足的意义并不在于它是身体体现的现实,而是作为一个外部符号,有其象征主义方面的便利。黄绣球将缠足"解放"之后,她的双脚就不再成为议题:她旅行、思考、行动,单凭意志就可以忽略她那一把已经扭曲变形、像油炸麻花一样不能拉直恢复原状的脚骨带来的困扰。缠足女性身上的双脚,仿佛是件衣服,可随意志更换款式。黄绣球的能动性建筑在她的意志之上,然而她的身体性却凭空消失了。小说虽然着重在她的话语、动机和思路,却不见她的内在性。在这里我们看到这部小说的男性视点。《黄绣球》里的女性声音被封装在此一男性改革者的视点之中,它是一种变调的声音,并非出自她体内的深层呼喊,只是其意志的灵光乍现。

"身体"确实曾在小说中出现,但它跟黄绣球的双脚一样,同样呈现出工具性和象征性的性质。因此,黄通理说了一番大道理:"人有肢体,如同木有桠枝,木虽恶,桠枝没有不生发

---

① 毕医生拥有一双"大脚",是因为她的广东背景,还是留学外国的关系,书中并未点明。换言之,对于这位女医生的天足缘由,小说里保留了某种暧昧性。根据胡缨的解读,这一点反映出汤颐琐"对于一个更大的中国的叙事体认"("Re-Configuring Nei/Wai: Writing the Woman Traveler in the Late Qing," *Late Imperial China*, 18, no. 1〔June 1997〕, pp. 82—83)。

的,人虽不肖,一旦能吃苦立志,也没有不成器的。"(第 132
页)这正是前述汤颐琐妻子史瀄偕所描绘的功能论身体。感
觉和感官身体都被抹消了。作为机器的身体成了一块方便的
招牌,在它的表面可以书写政治论述或口号。招牌是不需要
内在性的。

　　具体地说,《黄绣球》里的身体,通过穿着打扮,就是一块用来
展示人们文化忠诚的招牌。打扮入时、剪短头发、穿着皮鞋的上
海女学生被描述为文化的背叛者,像娼妓般追求时髦,周旋在西
化装扮的浮薄少年之间(第 73—74、76—77 页)。汤颐琐也对所
谓的"新党"改革派感到不满:这些伪君子总穿戴着"日本式帽子
或洋式革履","借着'爱国保种'为口头禅,却一旦要灭他自己的
家门,杀他自己的父母"。(第 80、119 页)"这些人物,就只可陈设
在中国博览会中,供东西各国的人冷嘲热笑了。"(第 80 页)于是,
这些洋派装束、招摇过街的男男女女,成了中国国族耻辱的悲情
象征,而这种国耻悲情常常是由女性身体的一个部分来背负的,
亦即,她们的小脚。

辜鸿铭:"观于人"的屈辱

　　汤颐琐提议公开展览作为一种惩罚方式,这个提议所透露
出来的,不仅仅是他对于全球脉络的体认,亦即,中国就是在全
球脉络里发现了自我的国族定位,同时也意味着,他意识到视
觉性在国际交流里日益显著的重要性。成为视线的对象,是一
种不平等的交换,换来的通常是屈辱的感受。尤其,中国男性
知识精英对于身处国际世界的体认,就是体认到自己成为被注
视的对象。唯有在先进国家受到当地人群的审视之后,男人的

辫子和女人的缠足才变得格外刺眼。因此,毫不令人意外,第一代动员集体力量反对缠足的本土改革者,总是那些曾经远游海外,或是经常跟外国人打交道的人。我们已经谈过叶牧师对于缠足习俗感到尴尬的心情,而他正是英国传教士麦高温的厦门教会同事。更显著的例子则有王韬(1828—1897)和郑观应(1842—1922)。①

因此,这些改革者的反缠足论述拥有一定的优势,因为他们的观点酝酿自中国域外的文化土壤;也就是说,这些中国人站在中国之外,向内望着中国,而当他们这么做的时候,他们也回头望向俯视他们的西方人或日本人。这种观看政治是"国际"的,而视线——实际的和比喻的——则是一种必要的配备,否则无以在全球脉络下想象一个全新的中国认同或族群认同。就像人类唯有在太空中才能看见飘浮于宇宙中的地球一般,现代中国的国族意识,在定义上便已含摄了一个跨国的坐标;它的源头,来自一种由外向内望的凝视。② 其后萌生的叙事,便是能够创生出一种超越国族界限观点的"巨型"叙事。

若说反缠足的修辞源自一种来自域外的优势地位,对于辜鸿铭(1857—1928)这位最著名的缠足"拥护者"所迸发的热情,我们也必须通过相同的跨国脉络才能够理解。辜鸿铭成了一个典型,亦即所谓"莲迷"或"莲癖"的老古董,因为在当代世界里,除了他

---

① 王韬于1867—1870年间旅居英格兰,其间并曾造访法国与俄国;1873年,他在香港创办《循环日报》。郑观应曾为李鸿章办理洋务。参见 Paul A. Cohen, *Between Tradition and Modernity:Wang Tao and Reform in Late Ch'ing China* (Cambridge, Mass.:Harvard University Press, 1987)。

② 关于跨国世界(transnational world)在现代中国国族主义的塑造过程中所扮演的重要角色,参见 Rebecca E. Karl, *Staging the World:Chinese Nationalism at the Turn of the Twentieth Century* (Durham and London:Duke University Press, 2002)。

之外,没有任何一个受过高等教育的人会有这种古怪的品味。辜鸿铭对于小脚的喜爱,与其说是保守,不如说是其国族主义的独特表现,据说他还把缠足称为中国的国粹,更不用说他那尤其独特的外表了。辜鸿铭在北京大学教授英国文学时,教过的一个学生,就这么回忆他:"我们由民国以后来看辜鸿铭,他委实在表面上是一个顽固者!他背后拖着小辫子,身上又穿了乾〔隆〕嘉〔庆〕道〔光〕间长袍马褂,头上又戴着陈旧的破帽,脚上又穿着布靴,统统是肮脏的、龙钟的状态,委实令人讨厌和可笑!"①这种打扮所显露的,是他在清室覆亡之后刻意选择的认同,也就是一般所称的"遗老"。他的国族主义,便是以"缅怀先帝"的形式来表达。

　　几个世代以来的中国学人,不知道是出于疏忽还是恶意中伤,当他们在谈论辜鸿铭的老派品味时,甚少探究其真正的含义:在他们眼里属于不合时宜的旧式装扮和古怪品味,对于辜鸿铭这么一位外来者而言,其实宛如印有正字标记的徽章标记,具有自我标榜其文化道地性的作用。辜鸿铭的批评者也好,仰慕者也好,往往都忽略了一个事实,亦即,辜鸿铭是一位从海外归国的"华侨"——本来是个不折不扣的殖民地臣民——他的"中国身份",并非与生俱来,不仅必须被养成、必须被检验,而且必须被佩挂在衣襟上。辜鸿铭出生于马来亚的槟榔屿,父亲之前的几代祖先都是专业精英,曾在英国殖民统治者麾下任职。辜鸿铭一直不愿多谈他的母亲,因此我们所知有限,只知坊间流传说她是欧洲

---

① 伍国庆编,《文坛怪杰辜鸿铭》(长沙:岳麓书社,1988),第151页。刘禾举了一个显著的例证来说明辜鸿铭的"主权情结"(sovereignty complex),亦即,对于反对改革的慈禧太后,辜氏表现了他的一片赤心,见她的"The Desire for the Sovereign and the Logic of Reciprocity in the Family of Nations," *Diacritics*, 29, no. 4 (1999), pp. 160—169。

人。① 辜鸿铭从 13 岁到 22 岁期间,在欧洲接受教育(主要在英国爱丁堡大学和德国莱比锡大学),从不知自己的"母国"或"母文化"为何,直到 1879—1881 年间,他才狂烈拥抱中国文化和中国的爱国主义观念。辜鸿铭将此一转捩点比作"返祖归宗",使他"再次变成了一个中国人"。②

---

① 骆惠敏(Hui-min Lo)是唯一曾经费心过滤有关辜鸿铭的历史与传说,并重建其幼年成长环境和青年生涯点滴的学者。辜鸿铭的出生地点,据称在英国第二代殖民者布朗(Forbes Scott Brown)所拥有的槟榔屿橡胶园内。布朗将辜鸿铭收为养子,在辜鸿铭 10 岁时将其送到布朗的苏格兰老家读书,后来更资助他留学欧洲(Hui-min Lo, "Ku Hung-ming: Schooling," *Papers on Far Eastern History* 37—38〔1988〕, pp. 46—47)。辜鸿铭的曾祖父是辜礼欢(1826 年殁),曾在英国船长莱特(Captain Francis Light)的舰队于 1786 年 7 月首抵槟榔屿,在比那加角(Point Pennager)登陆时,特地率众到场致意。莱特在同年 8 月占领了槟榔屿,将之更名为"威尔斯王子岛"(Prince Wales Island),随后任命辜礼欢为首任华人"甲必丹"(Kapitan),负责当地华人事务。辜礼欢的一个儿子(辜国材)曾为英国东印度公司要角莱佛士爵士(Sir Stamford Reffles)的助手,于 1819 年随同莱佛士的舰队抵达新加坡,协助英国人殖民该地(见伍国庆编,《文坛怪杰辜鸿铭》,第 46、186—187 页)。骆惠敏指出,周作人是第一个说辜鸿铭的母亲是欧洲人的人。虽然骆惠敏认为此一说法仍待查考,但在其著作中也提到,早期的马来亚殖民社会,是一个不受儒家文化或维多利亚道德观所约束的情欲开放社会,婚外情与非婚生子女的现象,并不罕见。布朗的母亲则是当地马来人或华人(Lo, "Ku Hung-ming: Schooling", pp. 47—48)。

② 1879—1881 年间的两个事件,成为刺激辜鸿铭"认祖归宗"的导火线。第一件是发生在福州的一桩教案。骆惠敏找到一首辜鸿铭的英文诗作,诗中透露,辜氏于 1879 年底首次来到中国的土地时,最先抵达的地方是福建省的福州。在那里,辜鸿铭抛弃他对于欧洲启蒙价值的天真信念,转而成为一位中国国族主义者,就像他在诗中最后一节里所表明的:"我们不需要牧师来帮我们/可是刮光脸的、留胡子的牧师都来了/我们不想听陈腐宗教的啰嗦/只要科学和成长的知识/还要我们大公无私的统治者/将你们扫出我们的国土,一如风卷尘埃。"第二个导火线事件是他与马建忠(1844—1900)的晤谈。马建忠,江苏丹徒人,既是学者也是翻译家,曾留学法国,信奉天主教,1881 年时奉派出访印度,回国时道经新加坡,暂作停留。根据未经证实的说法,辜鸿铭当时正任职于新加坡的英国殖民政府。两人这次传奇性的会面发生在马建忠下榻的海滨旅馆(the Strand Hotel);根据辜鸿铭 40 多年后的回忆,他们当时是以法文交谈,因为马建忠的中文官话并不流利。受到马氏启发后的辜鸿铭,三天后就提出辞呈,准备航向中国,并为此开始蓄起发辫,改穿中国服饰,于是"回到了中国人群之中"(Lo, "Ku Hung-ming: Homecoming, Part 2," *East Asian History* 9〔1995〕, pp. 67, 73, 83—89;该诗引自第 73 (转下页)

辜鸿铭用了"再次"这个词,仿佛是说他在求学欧洲之前,曾有过坚实的中国认同。这其实是一种误导。那时他对于中国语文和文化实践的掌握,都只有初级程度。虽然他在小时候就会说"峇峇人"(the "Babas",译按,即马来亚华裔居民的俗称)通用的厦门方言,但他完全不认得中文字。辜鸿铭是个语言天才,年纪轻轻便已通晓马来语(他的母语)、英语、德语、法语、日语、希腊文和拉丁文,却直到30岁成为湖广总督张之洞的幕僚,担任协办涉外事务的"洋文案"之后,才正式学习汉文。[①] 根据一些传说,张之洞为他聘请名师教授《论语》,以之作为他的初级汉学读本;还有人说他为了精通汉文而背诵艰涩的《康熙字典》。他的学生在几十年后回忆道,辜鸿铭在黑板上写的中文字,常常不是少了就是多了笔画。大家认为他是汉学家,他也自觉当之无愧;有一回,他的仰慕者依传统的致敬方式请他挥毫题字,他不客气地写了,结果把对方吓了一跳,因为他的字,比例感和空间感都让人无法恭维。[②]

事实上,辜鸿铭的养成教育,承袭的是欧洲经典的文化传统:师承卡莱尔(Thomas Carlyle)的他,英文写作水准据称直逼阿诺德(Matthew Arnold)。最令中国读者感到亢奋的是他的一些事

(接上页)页)。亦见温源宁(Wen Yuan-ning),"Ku Hung-Ming," *Tien Hsia Monthly* 4,no. 4(1937/4),收入朱传誉编,《辜鸿铭传记资料》(台北:天一出版社,1979),第二册,第2—3页。在1882年,辜鸿铭参加一个英国探险团,担任翻译员,随团前往云南和缅甸。那时他似乎已能掌握一定程度的广东话和官话,也拥有"阅读中文的一般能力"(Lo,"Homecoming, Part 2",pp. 90—93;亦见伍国庆编,《文坛怪杰辜鸿铭》,第188—189页)。

① 关于辜鸿铭对于马来语和厦门话的掌握,参见Lo,"Ku Hung-ming: Homecoming",part 1,*East Asian History* 6,(1993),p. 167。

② 张之洞为他延请《论语》教师一事,见黄兴涛,《闲话辜鸿铭》(海口:海南出版社,1997),第24、28、40页。《康熙字典》一事,以及学生论辜鸿铭的笔画错误一事,见伍国庆编,《文坛怪杰辜鸿铭》,第173、175页。挥毫题字一事,见朱传誉编,《辜鸿铭传记资料》第一册,第47页。《辜鸿铭文集》(海口:海南出版社,1996)上册的内页里收录了辜鸿铭的"墨宝",据此评判,这些观察者并没有说错。

迹,包括他与托尔斯泰(Tolstoy)的书信往来、他接受毛姆(Somerset Maugham)的访谈,以及他风靡欧洲的学界,德国人甚至还成立了诸如"辜鸿铭研究会"和"辜鸿铭俱乐部"等专门研究他的社团。在一些野史趣闻里,辜鸿铭能够在西方人的文化主场里一挫他们的锐气,令对方刮目相看,对于这一点,中国人总是津津乐道。例如,德文程度高到可以译介歌德(Goethe)到中国的辜鸿铭,据说曾经在欧洲火车上将一份德文报纸倒过来阅读,因为他觉得德国文字太简单了,若不倒着读,实在没什么意思。又据说他的英文本领之大,竟曾把《失乐园》(*Paradise Lost*)倒背了50遍。在这些故事里,本来冒冒失失地嘲弄他的外国人,最后莫不羞愧难当。① 于是,辜鸿铭的西方学养,在国人眼里代表了一种民族骄傲。他对古典中文的捍卫,表现在他反对引进白话文学;这个立场虽受诘难,却说明了一个混种的文化浪子,如何表白他的文化赤忱。北京流传着一句称颂他的话,正足以表现这种国族情结:"庚子赔款以后,若没有一个辜鸿铭支撑国家门面,西方人会把中国人看成连鼻子都不会有的!"②

辜鸿铭的个人经验使他极为敏锐地感受到,在国际社会里,视觉观感如何与国族荣辱联系在一起。胡适这位自由派学者是辜鸿铭的北京大学同事,根据他的转述,辜氏曾说他早年在苏格

---

① 黄兴涛,《闲话辜鸿铭》,第34—38页。另外的版本说辜鸿铭倒读的是英文报纸,见桑柔,《辜鸿铭的幽默》(台北:精美出版社,1985),第43—44页。还有一个同样主题的小故事:辜鸿铭在北京大学的走廊上如果碰到德国籍教授,他会用德文来批评德国,如果碰到的是英国籍或法国籍教授,同样地就以英文或法文修理那位倒霉的外籍同事(伍国庆编,《文坛怪杰辜鸿铭》,第161页)。

② 辜鸿铭对于古文的观点,以《反对中国文学革命》一文最具代表性,该文收入《辜鸿铭文集》下册,第165—170页。这篇文章首见于1919年7月5日的《密勒氏远东评论》(*Millard's Review of the Far East*),也就是引爆新文化运动的五四事件的两个月之后。转述这句带着沉痛意味的颂词的人,是女作家凌叔华,其父与辜鸿铭相熟,两家曾比邻而居(伍国庆编,《文坛怪杰辜鸿铭》,第138页)。

兰生活的时候："每天出门，街上小孩子总跟着我叫喊：'瞧呵，支那人的猪尾巴！'"还有一个故事说道，当辜鸿铭初到英国，在南安普敦（Southampton）下船到了旅馆，一位旅馆女侍看他留着辫子而误以为他是女孩子，曾试图阻止他进入男厕所。日后，仿佛是向欧洲人挑衅似的，辜鸿铭刻意留起辫子，作为一种表明其中国人身份的"徽章标记——近乎一种宗教符号——就如同中国的国旗一般"①。"中国身份"是辜鸿铭有意识地拥抱的认同，是他对于早年受到嘲弄的一种反应；批评辜鸿铭的人，谴责辜氏支持帝制、蓄妾和缠足，却很少探究他的心路历程。本章下一节会再谈到辜鸿铭的极端保守主义，此刻比较要紧的是，对于他如何区别"观人"与"观于人"，我们应该有所认识。

　　辜鸿铭有一次在报上看到一张令他大为光火的照片，当时为清朝末年，照片里是某位官员盛装打扮的样子，其神情踌躇满志。他为此写了一篇短文，里面讲到一段关于外表的往事（也许是杜撰），那是年少时期的他在英国念书时学到的教诲。有一天他目睹一位达官贵人，装束极为华丽，衣衫镶着金边，帽子饰以花冠，坐在一辆气派非凡的马车里。正当他目不暇接时，一名仆人自市场中出来，登车扬鞭而去。后来辜鸿铭向他的房东述说他看到的景象，没想到后者告诉他，那位衣着光鲜的绅士其实是仆人，身穿

---

① "徽章标记……"是辜鸿铭自己说的话，引自骆惠敏的论文。根据骆惠敏的说法，辜鸿铭在 1870 年或 1871 年离开槟榔屿，前往苏格兰求学时，确实留着辫子，但在 1879 年他搭船从爱丁堡返回槟榔屿和中国之前，便已剪掉它了（Lo, "Schooling", pp. 50、62；亦见"Homecoming, Part 1", p. 169）。对于辜鸿铭早年在槟榔屿时是否留着辫子的问题，其他学者不像骆惠敏那么肯定。例如，温源宁说道，辜鸿铭是在新加坡受到马建忠"感召"之后，在 19 世纪 70 年代末与 80 年代初之间的某个时间点，才开始留起辫子，不过温源宁并未透露其资料来源（朱传誉编，《辜鸿铭传记资料》第二册，第 2 页）。辜鸿铭很喜欢告诉人家他在欧洲因为辫子受人嘲弄的小故事，见伍国庆编，《文坛怪杰辜鸿铭》，第 5 页；黄兴涛，《闲话辜鸿铭》，第 17—18 页。

旧衣的那位才是主人:"高贵的人只想观察别人,不想取悦于人,所以衣着朴素。"辜鸿铭在结尾时将这个故事套用到中国的现状:"我们中国风俗,一向贱视优伶,正是因为优伶总是以'取观于人'为日常功夫。"①政客夸炫其相片——或者说,想要取观于人——也就是不知贵贱之分。对于观者与被观者之间的权力不平等,辜鸿铭可说相当敏感,这也是何以他要特别突显二者之间的阶级差异。

辜鸿铭虽然强调隐藏或低调,但我们不必把他的话太过当真,毕竟,他在民国时期的北京城里,因为招摇夸示他的辫子而名扬中外。有人认为,辜鸿铭生来就爱唱反调,喜欢做出违逆潮流的举动,尽管引人挞伐,他却乐在其中。他之所以喜爱小脚,或许有部分就是出自这种心理。不过,对于中国传统文化,包括体现它的优秀女性特质,辜鸿铭的捍卫背后还有一种更深层的国族主义逻辑。在两个重要的面向上,辜鸿铭与那些拥护天足的新文化运动者,其实并无二致:首先,他们都相信,女性地位乃是评判一个国家文明高下的指标;其次,对于单方面成为凝视的对象,其中的屈辱含义,他们都有着深刻的体会。

抗拒注视:理想的女性特质

辜鸿铭在1904年写道,"目前欧洲文明的衰落和退化",在那些西方称之为"社交妇女"——亦即,"健壮的、男人气十足的女人们"——的身上,得到了最好的体现。"在中国,这些好管闲事的外国太太正忙于将中国美妙的小脚女人……改造成像她们一样

---

① 辜鸿铭,《照像》,收入《辜鸿铭文集》上册,第453—454页。亦见黄兴涛,《闲话辜鸿铭》,第216页;桑柔,《辜鸿铭的幽默》,第158—160页。辜鸿铭对于维多利亚时期苏格兰社会讲究派头的势利风气,非常敏感(Lo,"Schooling",p.53)。

健壮的、男人气十足的妇女。"他还罕见地写了一小段为缠足辩护的文字,其中说道,他将缠足看成是女性的自我保护措施:"由于生活环境艰苦,中国妇女不得不裹住脚,自我保护,不至于过度劳作。"①相对于欧洲紊乱的两性关系,中国以男女有别为基调的两性调和,标志着中国文明的优越性。

辜鸿铭认为,中国人理想化的女性,要能无私无我地奉献。完美的女性,应该同时具备活泼愉快和幽闲恬静的特质。② 虽然他并未特别就缠足的例子申论,但根据他的逻辑,缠足可被视为一种身体表述,发扬了中国妇女最美好的品性:柔顺与端庄。就像穿着寒酸的英国仆人反而是主人一般,避免引人注目的中国妇女,其娴静矜持的特质,其实才受到人们的礼赞。换言之,辜鸿铭喜爱缠足,就是因为它代表了一种至高无上、不容置疑的理想化女性特质,也是乱世之中巍然不可侵犯的一方圣土。

辜鸿铭为缠足"辩护"的两条路线——缠足既是一种女性避免劳作过度的自我保护措施,又是一种柔顺品性的展现——其实是自相矛盾的,更何况他的观点实在偏离了他那个时代的现实。不过,这些问题都无关宏旨,我们也无须费力追究它们。研究辜鸿铭的生命史最权威、最透彻的专家,当属历史学者骆惠敏,他注意到,辜氏所成长的殖民拓荒环境,是在"(槟榔屿)岛上荒林一带",当地居民,包括他的父母在内,对于中国或中华文化近乎一无所知,顶多只是知道些充满想象性质的附会传说,以及由受雇的塔米尔人

---

① 辜鸿铭,《日俄战争的道德原因》,收入《辜鸿铭文集》上册,第201页。
② 辜鸿铭,《中国妇女》,收入他的《中国人的精神》,黄兴涛、宋小庆译(海口:海南出版社,1996),第96—98页。辜鸿铭对于"意大利国"的一位"贤妃"的娴雅性情,表达了相同的尊崇,她是平民之女,通过君王设计的品德考验而赢得众人尊敬。辜鸿铭还特地表明,他是从"意大利古文"翻译这位外国贤妇的传记(《意大利国贤妃传》,收入《辜鸿铭文集》下册,第241—244页)。

(Tamils)所演示的关于若干节庆仪式的可疑版本。因此,成年后的辜鸿铭不得不构思出一幅清新质朴、亘古恒存的中国图像,以契合他的政治主张,但也同时享受无限自由。"通过他的文学造诣和独到的想象力,辜鸿铭为自己创造了一幅关于他的同胞及其文明的图像,而这幅图像只'存在'于他那一厢情愿的思维之中。"①

日常生活中的辜鸿铭是个什么样的"爱莲者"呢? 辜鸿铭于1928年辞世,之后没多久,他的同事胡适、周作人以及学生罗家伦等著名的新文化运动健将,共同在20世纪30年代初为他出版了一部纪念文集,里面对于辜鸿铭的"莲癖",只字未提。70年代台湾出版的辜鸿铭逸事,就生动得多了。这些故事谈到他的两帖生活"药剂":一是"兴奋剂",指的是他的小脚妻,据云她是湖南人;另一则是"安眠药",指的是他的天足妾,她是日本人。辜鸿铭每当写文章遭遇瓶颈,就会召唤妻子到他身旁,让他捏着她的"小羊蹄"〔译按,辜氏自称是"捏佛手"〕。据说辜鸿铭还口诵"七字真言",认为这是掌握缠足神秘美妙之处的窍门:"瘦、小、尖、弯、香、软、正"。另一则趣闻则提到,欣赏小脚的乐趣,在他的眼里就像是品尝臭豆腐、臭鸭蛋这类令外国人望之却步的中国美食。②

---

① Lo, "Homecoming〔Part 1〕", p. 176;"Homecoming, Part 2", p. 90.

② 胡适、周作人、罗家伦,以及一群辜鸿铭的学生所写的纪念文章,收入伍国庆编,《文坛怪杰辜鸿铭》。有关辜鸿铭妻妾的故事,首见于陈彰撰写的辜鸿铭评传,见古今谈杂志社编,《古今名人传记》(台北:古今谈杂志社,1972),第109—117页。亦见黄兴涛,《闲话辜鸿铭》,第180页。辜鸿铭的女儿并未缠足,而且还喜欢跟辜鸿铭的学生一块跳舞,见伍国庆编,《文坛怪杰辜鸿铭》,第153页;亦见桑柔,《辜鸿铭的幽默》,第248页。并不令人意外的是,这些逗趣的小故事广泛出现在侧写辜鸿铭这位"名人"的传记著作里,例如,参见桑柔,《辜鸿铭的幽默》,第79—84页;朱传誉编,《辜鸿铭传记资料》第二册,第8—9页。辜鸿铭品评小脚的"七字真言"以及臭蛋的说法,可见于伍国庆编,《文坛怪杰辜鸿铭》,第36页;及朱传誉编,《辜鸿铭传记资料》第一册,第17、78页。这七字诀其实源于一位"莲迷"前辈——亦即,清朝的方绚——的著作;我们会在本书第三章讨论到这号人物。

　　尽管辜鸿铭喜爱小脚的声名(或恶名)远播,但我们很讶异地发现,他本人并未在著作里多谈他的这个癖好,与他同时代的旧识也没人提到这一点,就算后来有人谈到他的"莲癖",但是谈来谈去的,就是那么几则逸事,翻不出新鲜花样。因此,与其试图将辜鸿铭这个人与他的传闻分开,对我们更有助益的,应该是把焦点摆在那将辜鸿铭"传奇化"的两种相互纠葛的过程:他自己对"传统中国"的理想化,以及大众对其理想化的叹为观止。人们谈到辜鸿铭对小脚的癖好时,总是连同其他传闻中也受到他辩护的文化项目一并谈起,例如蓄妾、廷杖、溺婴、八股文、吸食鸦片、随地吐痰等——百年来,西方传教士便是标举这些项目来定义中国的落后野蛮。[①] 虽然大多数中国读者对他所捍卫的这些"恶俗"感到反胃,却乐于传颂他的故事,因为,居然有这么一个人,凭着一股唐吉诃德式的傻劲,放声向世人反唇相讥:你们视为中国之耻的,我们视为中国之光。

　　一位生而为英国殖民臣属的买办后裔,毕生从事的,竟然是向帝国主义呛声,这就是辜鸿铭的反讽性。他的批判是如此地彻底,以致必须打造并膜拜一尊殖民暴力入侵之前的完美中国。此一激进态度所反映的是,他有意夸大中国与外在世界之间的距离:因此,中国不该受到西方启蒙准则的妄加评判,而应回归中国自身对于女性特质、正义和人性价值的定义。这种特意拉大距离

---

① 这份封建习俗清单中的前三个项目,引自黄兴涛的《闲话辜鸿铭》(第81—84页)。在桑柔的《辜鸿铭的幽默》中,这份清单更长(第247页)。传教士对中国"恶俗"的论述,可以参见一份典型的总结型叙述:马提依医生(Dr. J. -J. Matignon)的《中国的迷信、犯罪与灾难》(*Superstition, crime, et misére en Chine : souvenirs de biologie sociale*〔Lyon: A Storck & Cie, 1899〕)。马提依医生为清末法国驻华医官,其所指称的"灾难"清单,可见于本书图二的文字说明。关于这部书,Steffani Pfeiffer不但送了一本给我,而且还提供给我相当高明的见解,特此致谢。

的做法,出自一种国族主义驱力,就这一点而论,他与我们讨论过的徐珂与汤颐琐等改革者并无二致,因为同样的驱力也令他们热切追求与西方平起平坐的地位,并在其直线式的国族史观里,埋藏"迎头赶上"的修辞工夫。

辜鸿铭显然不是个拥护女性解放的女权主义者;但从捍卫中华文化的角度来看,他是个国族主义者,甚至是个爱国主义者。他所理想化的中国女性,其实是用以比喻主权在握的中国,唯其如此,才能抵抗外国人的视线以及他们的观看方式。确实,比起郑观应或梁启超,辜鸿铭是个更为彻底的国族主义者,因为他拒绝把西方的所谓进步与文明拿来用作衡量中国的标准。他自己就能够以德语、法语或英语跟西方人抬杠,放言高论,宣称他们的语言过于浅薄狭隘。如果在 20 世纪头二十年里,只剩下这么一个古怪人物出面为缠足辩护,那么我们就只能说,缠足此一行为不但已不再是件光荣的事,甚至连背后支撑它的文化体系亦已开始瓦解。从这里,我们看到了天足运动的胜利,那是超过四分之一世纪之前,麦高温牧师在厦门开启的运动——巧的是,辜鸿铭的祖籍,正是厦门。

总之,在 19 世纪 90 年代到 20 世纪头十年此一现代史上极具关键性的过渡时期里,作为语言范畴的天足成为一个通用语汇。在西方列强的眈视之下,多民族构成的清帝国意欲将自身翻修成为一个现代的民族国家;在这种情况下,中国文化的立足基础逐渐崩落,成为言人人殊的争议课题。在这个不确定的年代,天足论述提供了道德上和本体论上的确定性。它之所以能如此,部分是由于它的"肯定—否定"逻辑:唯有在颠覆了本土的缠足实践之后,崭新的天足概念才变得可以想象。也因此,天足的修辞力量，既是破坏性的，也是建设性的。

天足论述的建设性力量，最能彰显在其参与推动的进步史观里：现代性即为对传统的否定。天足论述所产生的，不仅是对于身体的新评价，它还孕育了观看世界——因而也是自我存在于世界——的新方式。通过特殊的语汇，天足运动传布了一种启蒙知识域：此一知识域的基础，乃是建立在对于个体体内循环、社会身体流动，以及地球表面交通均能通畅运行的信念。就像这样，它引进了一种强调视觉性的全球意识、一种建筑在强健体魄之上的国族主义，以及一种观照性别平等的社会视野。

不过，建立"新的"，意味着需要贬抑或驱逐"旧的"。天足论述以其破坏威力，如雷霆压境，所到之处，另类声音片瓦难存，我们充其量只能拾取零落的残砾——黄绣球的顽强身体、史瀞偕的田园向往、辜鸿铭的反殖民保守主义——它们处在不属于它们的时空场景里，显得格外突兀。天足论述威力的发挥，有赖于两种相辅相成的机制："封装"与"示众"。但人们甚少针对它们进行分析。封装策略的运作方式，一如我们已在本章所讨论过的，在于将那些与天足论述不搭调的见解或声音，予以最小化。天足论述能够微型化其他有关身体和世界的观点，就此威力而言，天足已是全球国族巨型历史不可或缺的一部分。

其次，"示众"策略的运作，则是将缠足女性置放在单边凝视之下，借以羞辱她。在本章中，我们已经看到，此一视觉逻辑如何深植在"观于人"的屈辱，一如辜鸿铭曾经敏锐地感受到的，而这也是每当中国及其人民承受着传教士和外国人居高临下的目光时，所承受的屈辱。到了民国初年，缠足已经巨细靡遗地被摄影、被剖析，从而被展示和被指控为中国的国耻。（在下一章，我们将仔细探讨中国改革者如何在反缠足集会中运用相同的示众策略，仿佛通过公开羞辱女性,便可使她们屈从。)

本章的讨论主题,在于探讨"天足"的修辞与论述如何导致缠足光环的熄灭。包括梁启超、徐珂、汤颐琐在内的众多文人——在一定程度上甚至还包括了辜鸿铭——不加怀疑地接受了天足知识域,这个事实意味着,到了20世纪20年代之前,缠足便已丧失了它的所有文化尊贵性或正当性。然而,在社会实践与个人感受的层次上,启蒙知识域条理分明的特性瓦解了。当人们到大礼堂聆听反缠足演说,或驻足观看街边张贴的宣传画报时,他们只撷取了某些符合其生活观念的部分真理,人们很少会把整个巨型叙事生吞,他们懂得把它剪裁——也可以说是把国族叙事微型化。因此,若要针对反缠足运动进行更丰富的评析,那么,我们就必须一并考虑,从20世纪伊始到30年代期间,此一运动在地方上具体运作的状况。所以,让我们转到下一章吧!

第二章 被掀露的身体：放足运动的实行（1900年代至1930年代）

　　天足运动到了1898年，已成为国家改革的急务之一。这一年，改革者康有为向光绪皇帝呈上一份慷慨激昂的奏折，吁请他即刻下令禁止缠足，因为缠足已经使得中国在国际舞台上缺乏竞争力。① 有位沈女士受到这波批判浪潮的鼓舞，提笔写了一封信给《女学报》的主编薛绍徽（1855—1911），以过来人的心情痛陈缠足之害。薛绍徽是受过传统古典教育的乡绅闺秀，也是上海女学堂的八位创办者之一。创办女学堂的构想，主要来自《论女学》作者梁启超以及上海电报局总办经元善。其他创办人还包括了郑观应以及康有为胞弟康广仁，他们同样都是反缠足运动的先声。薛绍徽的丈夫陈寿彭以及夫兄陈季同，均为福州船政学堂的毕业生，他们再加上陈季同的法国妻子，都是清末引进新学的先驱者。② 薛绍徽本人积极从事女子教育改革，她的家人、同事又都

① 康有为，《请禁妇女裹足折》，李又宁与张玉法编，《近代中国女权运动史料》（台北：传记文学出版社，1975），第508—510页。康有为从五方面谴责缠足：缠足就像是施加于无辜女子身上的一种肉体刑罚（肉刑）；缠足有违父母对子女的慈爱之心；缠足使女子脚骨受损，体弱多病；中国因缠足而"弱种流传"，连带使得中国男子的体格羸弱，无以为兵；此外，缠足贻笑国际，因为在外国人眼中，它乃是一种野蛮风俗。很明显的，康有为对于成为国际社会注目揶揄的对象一事，感到相当困窘不安。在这篇奏折的最后，他预言，禁止缠足之后，"外人野蛮之讥，可以销释"（第510页）。

② 薛绍徽的丈夫为陈寿彭（1857—约1928），他与哥哥陈秀同（1851—1907）都是《求是报》此一维新时期刊物的创办人和主编。陈秀同的妻子为法国人，取了（转下页）

有着西学的背景，因此，当沈女士写信给她的时候，极可能期待获
得她的共鸣，并肩挞伐缠足。

薛绍徽："非马非驴"

不过，薛绍徽却另有一番看法。对于沈女士痛陈缠足之害的
来信，薛绍徽的回应显示，她的态度与启蒙观点大相径庭，这不论
在当时还是今日，都属难能可贵。她劈头便说，"用意虽属可嘉，
惟所言未免过当"。她接着颠覆了反缠足运动的两个流行论点：
缠足没有传统根据，以及缠足女子为祸水红颜。薛绍徽循着考据
学者惯用的方式，引经据典地说了一堆关于缠足的典故，以此论
说缠足自古已有（可惜薛的结论其实与历史事实不符）。[①]

薛绍徽反驳天足论调的目的，并不像辜鸿铭那样是捍卫缠足
传统，而是导引出一项极为重要，却备受巨型史观忽略的向度：内

（接上页）一个中文名字，叫作"赖妈懿"。倡议女学堂的会议在 1897 年 12 月 6 日
召开，女学堂正式成立则在 1898 年 5 月间，一共办了两年，招收了 70 名女学
生。《女学报》创刊于 1898 年 7 月 24 日，而在 1898 年 10 月 29 日发刊后，便告停
刊，总计印行了 12 期，不过留存下来的只有 8 期而已。参见钱南秀的论文
"Revitalizing the Xianyuan (Worthy Ladies) Tradition," *Modern China* 29, no. 4
(Oct. 2003)：399—454。并请参见她的《清季女作家薛绍徽及其外国列女传》，收
入张宏生编，《明清文学与性别研究》（南京：江苏古籍出版社，2002），第 932—956
页。承蒙钱南秀慷慨提供她的文稿和薛绍徽著作影本，特此致谢。

① 薛绍徽，《复沈女士书》，《黛韵楼文集》卷下，第 20b—21a 页，收入薛绍徽，《黛韵楼
遗集》（福建：陈氏家刊版，1914）。经由钱南秀的指点，我才注意到薛绍徽的这封
信。沈女士的原信已佚失。钱南秀告诉我（2002），虽然薛绍徽回复沈女士的这封
信，并未刊载在现存的八期《女学报》之中，但她认为它很可能会出现在逸失的那
四期之中。薛绍徽在信中两度使用了类似的字句来批评康有为的请禁缠足之奏折。
她对于"红颜祸水"论调的驳斥，也直接反击了永嘉祥的议论；在 1898 年由天足会
举办的征文比赛里，永嘉祥的论文被评选为第一名（见李又宁与张玉法编，《近代
中国女权运动史料》，第 510—513 页）。因此，薛绍徽的信可能于 1898 年下半年
中刊出。就像过去的男性考据学者一般，薛绍徽误将诗词典故当作社会实践。我
们将在第四章进一步讨论考据学者的解读问题。

在于女性身体的主观感受。她首先就康有为对于缠足有违父母慈爱之心的批评，展开她的驳议："至若〔父母之〕仁爱，无伤于穿耳，岂父母之不慈？闺房〔行缠之乐〕有甚于画眉，匪男人之轻薄。"薛绍徽用含蓄而婉转的措辞，抒发了一种罕见的、前所未闻的女性观点，指出缠足实有助于闺房之乐。

她进一步说明，缠足妇女可以"全凭十指，压针线于连年，黾勉同心，课米盐于中馈"，从而对家庭与国家作出贡献。这看起来仿佛是传统妇道观的再现，不过薛绍徽还强调一点，妇女之"自强"扎根于教育，亦即，其"诗书"方面的学习。[①] 她的看法是，缠足是个人的琐碎小事；一个女人是否缠足，与她的人生价值和国族兴衰扯不上丝毫关系。

薛绍徽最后强调："彼异端之女与邪说之徒，胡不思，西国细腰是好，饥死几希；东瀛黑齿犹存，养生奚碍乎？"虽然在当时，全球性的比较观点已然相当普遍，不过薛绍徽说这段话的逻辑，并非为了中外对比。她无意套用"我们固然有自己的恶俗，但他们也好不到哪去"这类常见的相对论调，而是想要说明文化——即布尔迪厄（Pierre Bourdieu）所称的"习性"（habitus，或译"惯习"）——在维系有意义的日常生活世界时，具有何等强大的力量。习俗的沉淀积累，使得外人眼中难以忍受的恶俗，在当地人的世界里，是桩再自然不过的社会常规。

---

① 薛绍徽试图重建现代脉络下的"才女"传统。她采用了"女德"与"妇道"等儒家术语，但彻底翻新了女子教育的内容。针对上海女学堂的课程安排，她倾向于结合"尊孔"与西方语文及科学。梁启超曾想聘请康爱德医生和石美玉医生担任女学堂的教习，但被这两位女士拒绝了，她们甚至还写了一封英文公开信，批评该学堂过度尊孔的取向。见钱南秀，"Revitalizing"；关于康爱德，参见胡缨，"Naming the First 'New Woman,'" in Rebecca E. Karl and Perer Zarrow, eds., *Rethinking the 1898 Reform Period: Political and Cultural Change in Late Qing China* (Cambridge, Mass.: Harvard University Asia Center, 2002), pp. 180—211。

薛绍徽并不觉得唯小脚是美,更无意对这习惯积极辩护。从字里行间看来,她其实觉得它既过时又碍事:"'双钩莲瓣'纵教细小可怜,而几寸'弓弯'诚见蹒跚不进。"只是,在这个她所目睹的过渡时期里,"升沉嗜好,似别咸酸,宛转时趋,各随妆束。是缠之固属无妨,即不缠亦何不可耶?"薛绍徽的包容态度,源自她对于身体顽强性的认识:"如谓既缠者俱宜一齐放却,换骨无丹,断头莫续,必欲矫情镇物,势成非马非驴,安能易俗移风?"[1]

薛绍徽既视缠足为妇女无关紧要的琐事,又视身体为攸关妇女本质的部分,乍看之下,这个态度似乎显得颇为矛盾。一方面薛开明地认识到,妇女身体的外形无关乎她读书论数的能力;她作为一个人和公民的价值,大部分取决于她的教育、心智和意志。同时,薛绍徽对于似箭光阴的单向性,却又展现出一种罕见的理解态度;她体认到,逝者如斯、一去不回的时间过

---

[1] 薛绍徽有关品味变化倏来忽往的评语,反映了过渡时期审美标准的暧昧不定。在新时代里,缠足早已被咒骂为民族耻辱,但即使过了数十年,许多妇女依然认定缠足才是美丽的,而不缠只不过具有便利性罢了。1888 年出生于山东的传教士之女蒲爱德也曾在著作中表达了此一态度(A China Childhood 〔San Francisco:Chinese Materials Center, Inc. , 1978〕, pp. 89—90)。赛珍珠(Pearl Buck)在她的首部小说《东风·西风》(East Wind : West Wind)里,描写了一位名唤桂兰的乡绅之女,如何在审美标准逆转的时代夹缝里挣扎的心路历程。当桂兰那位受过西式教育的丈夫,拿了一张"丑陋"小脚的 X 光图片给她看时,她的心情大受打击,不过最后还是因为想讨好丈夫而同意放脚(East Wind : West Wind 〔London:Methuen & Co. , Ltd, 1934;1930 年初版〕, pp. 47—48,67—76)。历史学者杨念群在讨论生物医学论述引进中国的情况时,也用了同一则故事为分析题材。他的材料来自一篇译自德国杂志的故事,该故事于 1927 年刊载于《妇女杂志》(第十三卷第三号,第 1—6 页)。在杨念群的论文里,桂兰的故事被视为一桩发生在普通家庭中的真实事件(《从科学话语到国家控制——对女子缠足由"美"变"丑"的多元分析》,《北京档案史料》4〔2001〕:248—251)。亦请参阅 Howard Levy 于 1960—1961 年间在中国台湾访谈的妇女所作评论,散见于他的 Chinese Footbinding : The History of a Curious Erotic Custom (台北:南天书局,1984),第 246、267、278 页。针对中国近代女性美的标准的变化,杨兴梅与罗志田曾有精辟的分析,见他们的《近代中国人对女性小脚美的否定》,发表于"健与美的历史"研讨会,"中央研究院"历史语言研究所主办,台北,1999 年 6 月 11—12 日。

程，决定了物质身体的局限性。甚少出现在男性反缠足运动者口中的这种声音，正是薛绍徽的女性感性表现。对身体的敏锐使她得以超越"天足好／缠足恶"这种蕴涵道德评价的语法。她非但不以道德立场来评断别人应如何处置他们的身体，而且还如此相劝：放过女人，让她们随其所好吧！可惜她这种宽容态度，在百日维新以后蜂拥而来的天足运动中，被急于求成的改革派忘得一干二净。

从"天足"到"放足"

对于文化——或者具体说，一种代代相传的身体取向和生活方式——所具有的惯性力量，薛绍徽展现了相当的理解，问题是，围绕在她周遭的是一股方兴未艾的革命浪潮，她的理解于是显得格格不入。20 世纪最初十年中，帝制已进入弥留阶段，受到时代氛围感召的改革者和革命者，渴望在顷刻之间彻底翻修传统旧俗，因此，"解放"缠足在他们眼里，攸关国族的生死存亡。[①]　若说天足是

---

① 早期由男性地方精英所从事的反缠足活动，集中在广东、江苏和湖南这三个改革气氛较为浓厚的省份。只有湖南的不缠足会（1897）直接受到官方（按察使黄遵宪）的支持。见林秋敏，《近代中国的不缠足运动》，"国立"政治大学硕士论文（1990），第 52—58 页。在 19 和 20 世纪之交，中国人发起的反缠足团体纷纷在地方城镇出现。林维红在一篇论文中排列了各地天足会团体的成立时间，并指出 1898 年为天足会发展的高峰期。她还注意到，组织这些团体的，主要是地方上的极少数官绅，他们为了逢迎上意而表态放足，因此，就终结缠足的实际成效而言，这些团体其实乏善可陈。地方性的官方和准官方反缠足组织得不到地方精英的支持，社会基础薄弱，这是由于当时的地方士绅绝大多数属于立场保守的一群，倾向于维系固有传统（《清季的妇女不缠足运动〔1894—1911〕》，《"国立"台湾大学历史学系学报》16〔1991〕，第 177—178 页）。相对的，吕美颐和郑永福则认为，地方天足运动在戊戌政变和义和团事件期间，遭遇挫败，到了 1901—1905 年间，反缠足活动才又恢复活络（《中国妇女运动〔1840—1921〕》〔开封：河南人民大学出版社，1990〕，第 162—163 页）。

一种抽象朦胧的理论言说,那么,放足便是一种务实的、落实于地方的社会议程。为达此一目标,就必须面对和消弭可能的阻力;构成阻力的,不仅有妇女的思维惯性,还有她们的身体顽强性。如同我们将看到的,诞生于此一对阵过程中的,不仅是关于女性身体的新观点和新知识,还有更重要的新的女性主体性。

19世纪90年代末至20世纪最初十年,反缠足团体大量涌现。它们的活动和目标大致分为两大类。首先是一种家父长之间的约定,亦即,反缠足团体成员立约不为女儿缠足,也不娶小脚媳妇。他们认为,移风易俗,身为家长和社区领袖的他们,责无旁贷。其次,随着时间的推移,反缠足运动把焦点扩展到他者导向的教育与宣传工作,此时,妇女无分老幼,都成为紧密宣传活动的目标群体。要将放足的讯息向公众传播,至关紧要的就是传统的文字宣传管道。因此,在华北,铁路沿线的市镇街头和城墙上,张贴着政府的告示;根据天足会的报告,截至1904年,该会在上海、成都和西安,便已发送了十万份的文宣传单;反缠足团体并赞助了许多次的征文比赛。① 以上这些,再加上反缠足组织的活动快讯与年度报告,有如潮水般涌入文字市场,使得有关缠足的文献迅速累积,无比丰富,而且,里面所谈论到的,许多是过去不曾见诸笔端的内容。

长久以来,儒家常将视觉表述扣连到妇女读者——图版或插

---

① 关于1904年间流通的反缠足文宣品标题和价格,见李又宁与张玉法编,《近代中国女权运动史料》,第872—873页。关于征文比赛,见第840—841页。亦见吕美颐与郑永福,《中国妇女运动》,第163—164页。天足会有一回在汉口举办了宣扬天足理念的演说会,在该次集会里,立德夫人向受邀参加的中国官员散发了2000份左右的宣传册子和传单,期望他们能使这些文宣品广为流传(Little, *The Land of the Blue Gown* 〔London: T. Fisher Unwin, 1902〕, p. 306)。

图基本上是针对文盲与妇女——许多反缠足文宣品也依循着这个传统而诉诸图示,其效果或许更胜于长篇大论的文字,而散发这些视觉图像的反缠足团体,也就成为促使认知变迁的能动者。缠足的视觉呈现,就算整整齐齐地穿着鞋子,在中国人眼里,也极具震撼性;裸露小脚更不用说,即使在19世纪以前的中国春宫图里,这样的画面,尚且属于一种文化禁忌。然而,在西方的显像科技如摄影机以及稍后的X光机引进中国之后,这个视觉上的禁区,几乎在一夜之间即告土崩瓦解。19世纪60年代,上海的商业摄影师以付费或逼迫的方式,要求贫穷妇女卸除她们的裹脚布供他们拍摄,由此产生了第一批缠足裸足的影像。钻研中国与欧洲早期摄影的历史学者提里耶指出,这类交易和相片都被认为有伤风化。尽管如此——又或许正因如此——到了1865年,观光客在上海、横滨或者巴黎等地购买的相片册子里,常常收入了至少一张有关中国"恶俗"(吸鸦片、缠足、处决)的照片。直到20世纪一二十年代,展示裸足的照片影像,尽管数量不多,还是以呈现某种源远流长的"中国风俗"之姿,在市面上流通。①

　　传教士医生们为医学期刊撰写的专业论文里,也出现了几乎一模一样的裸足影像。研究截肢和人体构造的开业医生和外科

---

① 提里耶写道:"解开裹脚布供摄影师拍照的模特儿……均属贫寒妇女,她们成为摄影对象,与市场供需要求有关。实际上,这类相片的拍摄数量极为稀少,这个事实相当程度反映了此一西方好奇的不得体。"(Régine Thiriez, "Photography and Portraiture in Nineteenth-Century China," *East Asian History* 17/18(1999):77—102;引文摘自第97页,亦见第93页。)这些照片聚焦在双足,通常以一脚缠、另一脚不缠的画面呈现。在19世纪90年代之前,每个商业摄影师都有一些与缠足有关的照片,搭配其他"中国风俗"主题如"人力车""扁担""三百六十行"等的照片,供顾客挑选。在上海,至少有一家照相馆有两片大型橱窗陈列商品,因此路过的中国人也有机会看到某些这类摄影作品。关于这一点以及其他有关相片册子、商业摄影师及其顾客的情形,我的掌握来自与提里耶的私下讨论(2003年2月)。感谢提里耶博士不仅拨冗回复我的提问,还慷慨提供给我她的材料和专业学识。

医生,先是通过绘图的方式,后来则借重一般照片和 X 光照片,来辅助说明其研究成果(见图三)①。不论是商业照片还是医学报告,它们的流通范围,基本上以西方读者为主。不过,影像自有其社会生命,总会以意想不到的方式引起回响,不一定需要直接接触。在中国知识分子的案头上,大概不会出现当作纪念品贩售的相册,但他们确实感到了耻辱。康有为在他的 1898 年劝禁缠足奏折里就提到:"外人拍影传笑,讥为野蛮久矣! 而最骇笑取辱者,莫如妇女裹足一事,臣窃深耻之。"②

最讽刺的是,率先运用这些不光彩影像,使之在 19 和 20 世纪之交的中国大众之中广为流传的,反而是那些反缠足运动斗士。③ 在那个年代里,中国观看者的目光限制已经大为放宽。过去不被观看和不宜观看的,如今成为日常景象;女性身体,像反脱的外衣一样被往外翻露。就像提里耶所察觉到

---

① J. Preston Maxwell 的论文为最早运用缠足 X 光照片与普通照片的医学报告之一 ("On the Evils of Chinese Foot-Binding," *The China Medical Journal* 30, no. 6 〔Nov. 1916〕:393—396)。Maxwell 医生在福建南部的永春地区行医。F. M. Al-Akl 在其医学报告中亦附有小脚裸足 X 光图绘与照片("Bound Feet in China," *American Journal of Surgery*, New Series 18, no. 3 〔Dec. 1932〕:545—550)。此外,加州大学放射系(the Department of Radiology, the University of Califomia)于 1920 年和 1922 年拍摄的缠足 X 光片,均重制收入 Ilza Veith, "The History of Medicine Dolls and Foot-bingding in China," *Clio Medica* 14, no. 3/4 (1980):255—267。

② 康有为,《请禁妇女裹足折》,李又宁与张玉法编,《近代中国女权运动史料》,第 508 页。

③ 许多反缠足文宣品都借助视觉揭露的技法。1904 年的天足会年度报告便指出,一张以"透骨新法"绘制的海报曾遍贴于北京城内外一带(李又宁与张玉法编,《近代中国女权运动史料》,第 872 页)。关于 X 光模式的透视图如何成为一种社会批判的工具,见我的"The Subject of Pain",收入 *Dynastic Crisis and Cultural Innovation: From the Late Ming to the Late Qing and Beyond*, ed. David Der-wei Wang and Shang Wei. (Cambridge, Ma.: Harvard University Asia Center, 2005)。另外,有一个名为"天足画报社"的团体曾在 1912 年刊登广告,见林秋敏,《近代中国的妇女不缠足运动》,第 96 页。

的，在中国女性的肖像照片中，出现了一种展露身体的趋向：
"随着 19 世纪即将结束，新世纪曙光乍现之际，〔拍照的〕布景
与姿势，也逐渐大胆起来。"①一旦原来被认为带有煽惑意味
的姿势变得稀松平常，就再向尺度挑战，于是出现裸露更多的
影像。同样的，从 20 世纪伊始至 20 年代，反缠足团体散布的
有关女性脚部的视觉新知，展现了更加露骨写实的影像内容，
从而改写了"暴露"的定义和尺度。

　　由于反缠足运动主要靠放足大会等公开仪式来推动，这类社
会运动因此成为知识传播站，在传递关于缠足的生理学新知方面，
成绩斐然。这些集会多选在教堂、学校、政府机关和运动场举行，
其表现内容，具有高度的戏剧性。它们的运作方式，是将女性身体
展示于舞台中央，有时辅以道具，有时则否。由于天然未缠的双足
并不特别引人注目，也不具震撼效果，因此，为了挑起人们的行动
意念，放足运动诉诸天足的反面景观——亦即，缠足——只是如
今所呈现的缠足，乃是剥除遮蔽的小脚原貌，不然就是以写实或
夸张的手法，特制小脚模型，供人观看。上海天足会（1895 年成
立）举行的相关集会，便曾使用这类道具和视觉器材，包括木制或
石膏制的小脚模型，与图四相仿，从该模型可以看到整齐排列的
内折四趾，趾甲上并涂以白漆。② 主办者仿佛认为，只要人们愈清
楚原先被当成禁忌的裸足究竟是怎么一回事，他们就愈能想象和
同情女性为此所忍受的痛楚，也就自然乐意接受更可爱的天足。

---

① Thiriez, "Photography and Portraiture," p. 97.
② 天足会的集会虽然以演说为主，但也举行各类仪式活动以提高观众的参与感。例
　如，1904 年在上海举行的一场集会里，在会议结束之前，主办者在讲台上摆设了若
　干种式样的鞋子模型，然后邀请与会女士将该会所发之红纸片投放在中意的鞋式
　之内，借以"票选"出最受欢迎的式样。上海中国天足会，《天足会报》一（1907 年
　夏），第 17 页。

"光复故物"的蔡爱花

在 20 世纪的最初十年里,地方学堂开始以"放足"为主题举办集会,至此,天足的概念进入生活世界,逐渐成为日常语汇的一部分。1904 年,位于浙江省吴兴县近郊富庶的埭溪镇的发蒙学堂,便曾为了庆祝一名女学生的放足行动,办了一场盛大的"放足纪念会"。关于这种公开集会的新颖性,《警钟日报》上的两篇报道提供了炫目的一瞥,也使我们看到,主事者如何动员女性,使她们同时担任展示客体和演说主体的角色,而女性与男性反缠足者的策略和关怀之间,又存在着什么样的鸿沟。

该报记者叙述了该次集会的缘由:

> 发蒙学堂女学生蔡爱花,自今春入学以来,其受教育不及一载,颇有文明思想。本月初五日,该学堂开第九次童子学会时,当由许则华、林梦魂、蔡绿农先后演说,痛陈缠足之害。至本月望,承黎里不缠足会会长倪慕欧女士寄赠靴鞋样各一,并陈设放足之法,于是该生大有所观感,决意立志放足。即于是日为始,却值此日又是逢五,正是发蒙学堂旬假之期,故于下午开第十次童子学会后,即借此会场开纪念会,并由蔡绿农赠以"光复故物"四字云。①

按推测,这四个字理应书写在横幅布幔或直幅卷轴之上。

在中文的语境里,"光复故物"一词给人的感觉颇为新奇古怪。

---

① 《警钟日报》,1904 年 12 月 30 日、31 日,收入李又宁与张玉法编,《近代中国女权运动史料》,第 881—882 页。记者拟定的标题《放足纪念会》,强调了该次集会的仪式性质,而且这是在蔡爱花放足的事实发生之后,才特别布置的典礼。

稍后我们会就其蕴含的创造女性发言主体的意义进行剖析;在此,
且先让我们强调一点,亦即,此一词句所反映出来的,乃是男性反
缠足者念兹在兹的重点观念。在会中,具有改革思想的(男性)教
师和记者们的行动,着重在演说缠足之害、创作歌词和撰写文章;
在他们的启蒙方案里,这些行动至为关键,缺一不可。记者反复使
用"痛陈"一词传达了他们的迫切心理,这使命感驱使他们大声疾
呼,义无反顾。相对的,担任黎里不缠足会会长的倪夫人则展现出
一种身为女性的理解;就像薛绍徽一样,她对于妇女在放足实务上
将遭遇到的种种麻烦,表现出了感同身受的态度。她不但解说("陈
设")放足的实务,而且还搭配了相应的鞋样。换言之,揭露、演说,以
及讲解("陈"),共同构成反缠足的行动模式,就这一点来说,男性和
女性运动斗士并无二致。不过,对于当事女孩的物质需要,女性反缠
足者表现出更具体的关心,因为她们了解,双脚的照护和维持问题,
并不因"解放"之后就可以免除。此一女性视点可以对照于男性斗士
的视点:他们不是像蔡绿农那样,将女性身体视为某种外在物件,既
可能"失去",也可被"光复",要不然就是像汤颐琐那样,将之视为某
种器械,可以凭借意志予以操弄。倪夫人的婚前本名为王寿芝,在反
缠足团体的创始者里,她是少数的中国女性之一。①

————————————

① 根据林维红的研究,由妇女成立的反缠足团体有四:1895 年上海天足会;1903 年
   杭州放足会;1903 年浏阳不缠足会;1904 年黎里不缠足会(《清季的妇女不缠足运
   动》,第 167 页)。黎里不缠足会设在一座私立学堂(求我蒙塾)之内。倪夫人的宣
   言收入李又宁与张玉法编,《近代中国女权运动史料》,第 867—869 页。反缠足运
   动提供了精英女性一个发表演说和演练领导技能的"论坛"。高白叔夫人在杭州
   的演说可见于林维红,《清季的妇女不缠足运动》第 147 页。关于女性演说的一般
   情况,可参考 1901 年薛锦琴在上海张园的演说,见 Amy D. Dooling and Kristina
   M. Torgeson, *Writing Women in Modern China : An Anthology of Women's
   Literature from the Early Twentieth Century* (New York: Columbia University
   Press, 1998),第 84 页,亦参见第 9 页。也可参考 1911 年成立的"妇女宣讲会"(李
   又宁与张玉法编,《近代中国女权运动史料》,第 971—973 页,1535)。

　　刊载于 1904 年 12 月 31 日《警钟日报》上的报道,采取了一种结构化的写法,格式精确如科学实验报告,将整个大会内容细分为三项主题:(一)〔蔡爱花决定放足之〕原因;(二)演说;(三)唱歌。在谈蔡爱花的放足动机之前,我们不妨先看看该次集会的夸张调性:

　　　　(二)演说:第一由会主蔡爱花痛陈缠足之苦之害,已有鉴此,特于今日为始,决计解缠等语。第二教习许则华登坛演说,乐极欲狂,先致贺会主并劝在座诸女学生继起解缠,以期相互竞争,光复故体,并劝会主勿以天足自骄,当哀怜同群,转相劝解,以冀普度众生,同出火坑,而登极乐世界等语。第三总教习蔡绿农上坛亦先道贺,且竭力嘉奖会主,以期不放足者生羡慕心,并示诸男学生以后切不可娶小足妇为妻,演毕喜形于色。(第 882—883 页)

许则华和蔡绿农这两位教习仿佛都着了魔。这种常见于基督教受洗仪式或证道大会的夸大情绪表现,竟然出现在世俗的学校场景:虽无布道情节,却有相继演讲的场面;虽无圣诗吟唱,却有颂赞放足喜乐的歌曲。虽然蔡爱花并非向上苍告解她的罪愆,但指证了一项施加在她身上的罪行。相较于铺陈该次集会的基督教调性和皈依叙事,记者在报道中不断使用佛教字词,感觉难免有些突兀。"登坛"和"演说"借自佛教仪式;蔡爱花的"会主"头衔,听起来像是佛教团体的护法;她被赋予的"普度众生"以"同登极乐世界"的使命,则正是菩萨慈悲心的践行。

　　的确,像这样为了一位年轻女子的身体状态而举行的公开集会,是如此陌生的一种场景;外来的基督教典仪,尽管丰富了仪式性活动,但毕竟给人感觉少了些什么,于是,佛教的词汇与概念上场,借以强化人们的熟悉感。集会在结束之前,还进行了第三阶段的心灵启迪仪式,这回借用的,则是糅合了帝制语法的现代政治集会戏码:"(三)唱歌:教习许则华率全班男女学生十余人及外客总教习等,高唱放脚乐三复。歌毕,许则华高呼蔡爱花万岁!埭溪女界万岁!中国女子前途万岁!万岁!万万岁!散会。"(第883页)不久前才被比喻为菩萨的蔡爱花,此刻又仿佛化身为新中国的女神,接受众人欢呼致敬。

对于这位出身"野蛮家庭",但又接受兄长(即总教习蔡绿农)"文明教育"洗礼的蔡爱花,我们很希望能多了解一些。记者在"(一)原因"的子标题之下,花了一大段篇幅来述叙蔡爱花如何走向此一重要的放足时刻,只是内容空洞,乏善可陈。根据这段文字,多年来,蔡爱花在哥哥蔡绿农的影响之下,早已有"天足思想",但由于"决断心未强,惧为先倡",始终摇摆不定,未能解放。直到有一回,蔡爱花出席了"童子学会"开会典礼,这个情形才出现关键性的变化。在该次集会中,许则华等人登台演说,"痛论缠足之种种有害",许并谓缠足乃是一种"倡优其形而不知耻"的行径;蔡爱花聆听之后,"大有感动",其后数日,她哥哥和许则华更对她"竭力鼓吹,以坚其志"。临门一脚则来自倪夫人赠送的"靴鞋样各一副",至此,蔡爱花"放足之志乃决",也才有了如今的"放足纪念会",由她登台现身说法,向同学们陈述缠足的痛苦与害处(第882页)。

透过报道,我们看到了蔡爱花从萌生天足意识到犹豫不定,最终以意志和行动战胜心魔的过程,通篇叙事让人联想到基督教的证道词,一路细数信道者从蒙昧迈向救赎的心路历程。蔡爱花之皈依天足圣堂,被视为个人决心和旁人劝导的结果——只是没有来自神的启示罢了。然而,读者并不清楚她内心的挣扎、苦痛和欢愉感受。据报道,她曾上台演说,只是说得并不多。虽然她被视为拥有能动性的发言主体,但是在台上的她,其实看起来更像被当成某种景观布置,甚至是用以展现埭溪女界新文明的"证物一号"。

刚才,蔡爱花的放足被形容成"光复故物"——寻回"失去的物件"和"失去的身体"。现在还有第三种关于"光复"的说法:她被记者赞扬为埭溪的"光复天足之哥仑波(哥伦布)"(第882页)。就像我们在《黄绣球》里也曾看到过的,清末改革者极为推崇哥伦布,视这位航行在当时尚不知名的海洋上,"发现"了新大陆的航海家为大英雄。"光复某物的哥伦布"此一说法,若非蕴含了某种混杂的喻义,就是一种互相矛盾的命题。这个奇特的比方泄露了"天足"这个概念的本体暧昧:天足既是一种新的创造,又是一种对于先前状态的改良。这三种不同的"光复"说法,其实是建立在两种相反的女性身体观之上。称蔡爱花为"光复天足"的埭溪哥仑布,也就是将女性身体视为一个柔软的面团或黏土,可随个人意志改变。天足意指一种未缠的原初状态。个体在时空中留下的步迹——她的脚是几岁起缠、是缠过再放还是从未缠裹——都无从稽考了。此一视天足为哥伦布功业的观点,于是建筑在抹消时间和历史的基础之上。

另外两种"光复"——天足作为失而复得的身体或物件——虽然赋予女性身体一种历史性,但仍坚称此一历史中的身体已经损坏或失去,要通过女性的意志才能将她们"天然"的身体找回来。因此,这三种说法全都肯定了妇女的意志具有克服其身体物质局限的卓越能力。尤有甚者,以"光复"问题表达解放缠足问题之后,男性改革者就可以运用国族主义的词汇,将女性身体等同于失去的疆土或主权。如此一来,女性身体便被放在救国方案的核心位置,但这只是一个外在于她的身体体验领域的比喻。

皈依叙事抹消身体物质性的同时,女孩们心中的冲突也更形尖锐,一方面,她们面对了一个新的权威结构,由男性(偶有女性)教师和运动者为代表,另一方面,实际管控她们生活世界的,仍然是坚守固有风俗的母亲和祖母等女性长辈们。蔡爱花从学校大会回到家之后,不知会发生什么事情:她母亲会骂她吗? 会把她的脚缠得更紧吗? 蔡爱花有了公开演说的经验之后(她究竟说了什么话呢?),意志大概更坚决了,然则,她会捍卫她那好不容易"光复"的身体吗? 她会因为父母的意思和兄长的意思相左而产生挣扎吗? 她会放了又缠,缠了又放吗? 还有其他无数女性,她们的身体成为国族历史的平台,她们的隐私被公开展示,为了与她们相遇,我们即将离开埭溪,但是我们仍然渴望知道,在那关键的日子里,蔡爱花曾说了些什么话。

放脚乐

许则华率领学生们高唱的"放脚歌",作者是蔡爱花的哥哥蔡绿农。或许是想到他妹妹的状况,他写这首歌的重点,并不在于讴歌天足此一未受质疑的天然状态,而是着墨在放足的实际程序:

> 放脚乐,乐如何? 请君听我放脚歌。
>
> 棉花塞脚缝,走路要平过。
>
> 酸醋同水洗,裹脚勿要多。
>
> 七日剪一尺,一月细功夫。
>
> 夜间赤脚睡,血脉好调和。
>
> 放了一只脚,就勿怕风波。
>
> 放脚乐,乐如何? 请君同唱放脚歌。(第 883 页)

尽管我们并未被告知蔡爱花的年纪,不过从她入学不满一年来看,她不太可能超过十岁,换言之,她的脚应该还处在初缠的阶段。因此,教导一些简单的放足步骤,例如缓减弯足压力、加强血液循环等,可能就够了。① 像她这样的幼女,只需确切遵循每一个放足步骤即可;一旦她们决心解缠,就算无法完全恢复双脚的形状,还是可能"光复"它们的功能。

然而,年纪较长的妇女必须与更顽抗的身体奋战。对她们来说,放足绝非一次性的程序,而是一种持续性的身体状态,就这一点而言,放足与缠足在本质上并无二致:没有大功告成的一天,永不停歇地处于进行时当中。有一份由苏州放足会印制的传单,专为成年和老年妇女而作,里面的内容呈现了一幅写实的图像,让我们知道放脚可能会遭遇到的种种关卡。这份传单由 20 位"都是从小缠脚,新近始放"的女士署名,全文以第一人称写作,详道她们亲身试过的五种"放脚之法子":(一) 做宽大之鞋袜;(二) 去脚带之法子;(三) 放直脚指头、脚心之法子;(四) 放脚时,脚上皮肤裂痛或鸡眼痛之治法;(五) 去裹面高底之法子。②

---

① 像这样为年轻女孩和年长妇女而写的一份放足指南——名为《放足良法》——收入中国天足会刊印之《天足会年报》(上海:美华书局,1908),第 12—13 页。绍兴的"放脚会"强调,缠足女子一旦放了脚,就不可再穿着尖头鞋,而应改穿圆头鞋以向世人宣告她们的"文明状态"(第 15 页)。
② 《苏州放足会演说放足之法子》,第 71—77 页。在苏州以外的地区,这些说明详尽的放足方法也广为流传。例如,1905 年 8 月 19 日、23 日的《顺天时报》即以《演说放足之法子》的标题连载了这份传单,内容稍有删节,亦无 20 位女士的署名和苏州放足会的地址,见李又宁与张玉法编《近代中国女权运动史料》,第 535—537 页。不过,《顺天时报》上的报道在结束之前增加了一段劝谕文字,为《天足会报》版本所无:"外国女人,皆不缠脚,故身体强固,百事能为。我等既误于前,急宜补救于后,放之! 放之! 勿迟! 勿迟!"(第 537 页)最晚直到 1928 年,这些放足方法仍以极为简要的版本出现在《益世报》(1928 年 8 月 14 日),引自《采菲录续编》,第 32—33 页。

　　这 20 位女士提供的具体方法和实务说明,只能出于曾经身历缠足的妇女之手。例如,她们建议制作一系列鞋袜,每一双要比原来的长半寸、宽二至三分。做鞋底则要比鞋面宽一至二分,穿在脚上才得平稳(第 72 页)。为缠足准备的鞋子不会这么做,因为这只会使脚显得更大。去除绑脚带的方法,同样基于逐步逆转的原则,只要把原已熟稔的缠足步骤倒过来就是了。切勿立即抛去脚带不缠,因为血管里的血流量暴增的话,将造成脚部肿痛。将二三尺长的短布松松地缠绕在弯折的四趾上,绕个一两圈,多出来的部分暂且就先绕在脚跟部位。以前呢,为了拥有一双小脚,缠绕脚趾的正确方式是从脚指头绕到脚底,所以,左脚要由外向内顺时钟方向缠绕("顺绕"),右脚则反之("反绕")。如今因为目的是解除缠足,松缠的脚带便需反其道而行:右脚顺绕,左脚反绕。半年之后,就可以不用脚带了(第 72—73 页)。

　　去除"裹高底"的方法,(对我们来说)同样透露了缠脚的隐藏机制,因为它指导了缠足者如何解放。"裹高底"乃是三角形的木头底座,缠足妇女将之垫在鞋跟部位。高底不只使得脚部因为托高而显得更小,还有助于更平均地分散身体的重量,让缠足者感觉较为踏实舒适。苏州女士们建议以厚纸板做成与既有高底同厚的替代物。由于纸质较木质为柔,"越踏越实,越实越薄",待踏薄了,再依此变薄的厚度另制新的厚纸板高底替换。随着脚弓逐渐变平,终将无需再用厚纸高底了(第 74—75 页)。[1] 像这般巨

---

[1] 在我的 *Every Step a Lotus: Shoes for Bound Feet* (Berkeley: University of California Press, 2001),收入了一幅"裹高底"的照片(第 102 页)。有关中国台湾放足运动,一篇内容详尽的民族志研究,也描述了类似的放足程序:重点在于逐渐降低鞋跟的高度,如此,足掌才可变得较为平坦。在台湾,还有一种特制的放足用鞋,木质鞋跟露在外面,鞋尖也比较圆。当弓底变得平坦些,就将鞋跟锯下一小截,到最后,就可以换穿平底鞋了。洪敏麟,《缠脚与台湾的天然足运动》,(转下页)

细靡遗的文字说明，不曾见诸缠足文化正在发展的时代里，因为缠足的方法，主要是依靠口述和身教的代代相传。文字化的放足方法（以及间接推得的缠足方法）的出现，标志着一套关于女性身体的知识以及在国内流传这套知识的管道的诞生。

苏州放足会诸女士的细腻周到，也表现在她们建议年纪较长的放足者使用外国药膏"黄花士令"（黄凡士林）；此药膏可以有效缓解放足过程中因触动鸡眼和老茧所引起的疼痛。若是不便从外国药房购得此药膏，亦可使用"生羊骨中间之油"代替，"擦之亦好"（第74页）。最后，她们还邀请所有希望得到更详细解说的女士，或是身体正因放足感到不适者，可于该会的咨询时间，即每月15日下午3点之后，亲临苏州城葑门内的十泉街五龙堂巷王宅。埠外人士，亦欢迎来信询问（第76页）。虽然苏州女士们也广邀其他"同志"分享自己的放足方法，不过她们已经保证，只要使用她们在此提供的放足方法，"不论老年人少年人，任凭脚小，未有不能放者"；成功的案例当中，甚至包括了一名七八十岁的老太太。"放了脚之安乐便当，像盲人有了眼睛一样，不是笔墨所能写出来，亦不是不曾放脚的人，能够意想得到。"（第75页）

将放足的"安乐便当"比喻为眼盲奇迹似的痊愈（"像盲人有了眼睛一样"），与该传单前面细腻的解说，恰好形成强烈的反差。① 在传

（接上页）《台湾文献》第二十七卷第三期（1976年9月），第148、156页。在 *Every Step a Lotus* 里，我曾误认为这类鞋子是为了适应缠足过程而准备的训练鞋（第62页）。

① 麦高温牧师讲述了一则有关皈依的小故事，其叙事结构同样杂糅了基督教式的神迹经验和个人的努力。有一名缠了40年脚的女教徒决定放足。"中国的男男女女做梦没想到过，大自然（Nature）具有一种不可思议的神奇力量：经过她的神奇手指轻拂，那双可怜变形的脚，便重回上帝原来设计的天然形状。这个神奇的力量已然施加在一位加入戒缠足会的基督教女教友身上，正足以昭示出妇女们的念头和医生们的科学推论全都是错误的。"（*How England Saved China*〔London：T. Fisher Unwin, 1913〕，第80页；整个故事见于第80—86页。）

单里,苏州女士们详尽指导放足妇女如何可以克服骨骼血肉的身体物质性,通过这个方式,她们对"缠足的可逆性"提出了有力的论证;借由解说五种方法的每一道步骤和细节,她们使人明白,只要有恒心和决心,又不在乎多忍耐一些痛楚的话,假以时日,每位妇女都可以成功放足。不过,苏州女士们很清楚,"身体"不是一块黏土,或者某种虽然失去但又可被"光复"的物件(或视力)。或许就是基于这个原因,她们并未形容放足后蹒跚和扭曲的双足,然而,经年累月缠足的妇女们,放足之后,充其量只能获致这样的成果。在她们的放足说明里所夹藏的"奇迹般重生"的希望,正凸显了此一事实:年长妇女的放足,将是一段非常困难、痛苦,而且不会完全成功的过程。

阎锡山与山西反缠足运动

可惜这个事实对于地方上执行放足实务的官僚们,并无任何意义。1912 年,民国肇建,新国家虽然尚处于割据局面,却已经企图改造其公民的身体,并且赋予终结缠足更强大的动力。孙中山早在 1912 年便公告了一道禁止缠足的命令,但他的共和政府实在过于短命,因此这道命令始终未曾落实。[①] 尽管如此,在一些濒于自治的省份里,以文明开化为己任的政权曾经致力于革新风俗,并视此为现代化政体的根基。于是,反缠足运动不仅与地方政治相互纠结,而且还反过来成为一种载体,使人民得以借此质疑国家权力对他们的侵犯,并在此过程中阐明了他们的个人隐

---

① 这份文告可见于《采菲录续编》,第 39 页。关于动员和训练人民的身体以应共和,见 Andrew Morris, *Marrow of the Nation : A History of Sport and Physical Culture in Republican China* (Berkeley: University of California Press, 2004)。

私界限。

在山西省我们便率先看到了这样的发展。阎锡山（1883—1960）这位军阀长期掌控山西，他在 1917 年发动了全省性的消除缠足行动，并持续至 1922 年。[①] 对阎锡山来说，光是倚靠教育和劝导的手段，并不济事，因此，他挥动国家权力，不但明令禁止缠足，强化警察的执法能力，而且还派遣查脚员挨家挨户执行这项禁令。虽然阎锡山对于缠足的看法，与沿海地区的天足会等团体相去不远，不过，由于他拥有动用国家权力的能力，就算这权力有其限制，也仍足以使整个反缠足运动的样貌产生变化。这一点，再加上政绩意识强烈的阎锡山遗留下了相当数量的命令、告示和文告汇编，使得山西此一个案的检视，尤具揭示性。

1912—1914 年间，阎锡山在他的家乡五台县组织了一个名为"保安社"的民兵团体，后来他便以此为原型，在省内各县成立类似组织。"保安社"有两个多少互相抵触的任务：维持公共秩序和带动社会改革。村长和地方领袖被赋予家户检查的权力；家中妇女如果拒绝放足，该户人家将受到罚款的处分。他们在查验缠足时，都带着一位女性随行，以便缠足妇女脱袜受检。滹沱河北面的村庄并没有生事，但是南面的村庄不但反对，甚至还以武力抗拒，直到遭受"保安社"镇压才放弃抵抗。[②]

阎锡山并未因此而灰心。1917 年，阎氏以山西督军兼任省长，正式掌握该省行政权。在其推行的"六政"运动（1917—1922）里，消灭缠足成为全省性的目标。他以正面表述的方式指出这六

[①] 在清室覆亡之前的十年里，四川省政府当局也曾鼓吹放足，但其取向以劝说为主，并未动用或威胁动用国家权力进行检查和惩罚。参见杨兴梅与罗志田，《近代中国人对女性小脚美的否定》，第 3、14、21 页。

[②] 林秋敏，《阎锡山与山西天足运动》，《国史馆馆刊》复刊第十八期（1995 年 6 月），第 130 页。

项当急之政务:水利、养蚕、种树、禁烟、天足和剪发。到了 1918
年,又加上了种棉、造林和畜牧等"民生三事"。阎锡山在宣言里,
延续了 1898 年维新时期以来便已盛行的国家改革方略,认为妇
女缠足造成了财政上的沉重负担:"晋民贫苦极矣! 贫苦之源,起
于生者寡而食者众。……全省人口一千万,女子约居半数,多为
不事生产之人。"反对缠足主要是出于经济原因,后来缠足更与吸
鸦片("吃烟")和赌博一同被列为"民生三害"。①

相对的,强制要求男人剪发,则是因为男子发辫具有明显的
政治象征性。虽然清朝政权于 1645 年颁布"剃发令"要求汉族所
有男性遵循满人发式时,曾遭到汉人激烈的武力抵抗,不过,经历
了将近三个世纪之后,蓄辫早已习惯成自然,即使清室覆亡了,许
多男子仍旧保留着他们的辫子。阎锡山就曾在 1919 年间怒斥某
县一名蓄辫的小学教师"辫绳下垂,尤为骇异!"他不只下令男子
剪辫,而且还要求理极短的平头,或是光头;在他眼里,即使蓄留
"二三寸短发",也启人疑窦,因为辫子与旧秩序之间的连接性实
在深入人心,一头乱发就仿佛是准备蓄起辫子、运动复辟似的。
这项命令首先施行于官界、学界和商界,1918 年 5 月时宣告成
功,并将适用范围扩大到"普通人民"。②

缠足的象征意义跟辫子一样明显。虽然妇女缠足并不构成
政治威胁,却标志着国族的耻辱。毕业于日本东京振武学堂的阎

---

① 阎锡山编,《山西六政三事汇编》(大原:山西村政处,1929),《宣言》,第 1a、2a—b 页。关
于"三害"的内容,见卷三,第 3b 页。"女子约占人口半数"只是一种修辞学上的用法。
阎锡山在 1919 年的一场演讲里,引述一份人口调查资料,提到山西男女人口比例约为
7:5。他将女性人口短少的现象部分归咎于缠足(《治晋政务全书初编》[台北:阎伯川
先生遗稿整理委员会,1960],第 721 页)。
② "骇异"一语,引自阎锡山,《山西六政三事汇编》,卷三,第 4a 页。"普通人民"一词出
自卷一,第 4b 页。

锡山,早已内化了晚清以来产生天足范畴的全球知识域。"妇女缠足危害甚大,不独有碍行动,且毁坏其肢体。不但世界万国无此恶习,即前清旗人皇室,亦皆天足;且汉人缠足之风,莫甚于山西,是以山西人口愈少,人体愈弱,人民愈穷。"这是他在 1918 年颁布的《禁止缠足告示》的开场白。在这份告示里,他警告人民,为了禁止缠足,他即将实施一项新的罚锾措施。省政府印制了超过十万份告示,分送各县张贴。[①]

次年,在一次对中学生讲话的场合里,阎锡山描述了世界、中国,以及山西之间所存在的一种时间差:"天下国家数十与中国同,皆无缠足之风,以致中国贻世界之讥诮,为莫大之耻。中国占世界之一部分,而山西又占中国之一小部分,各省缠足之风早已退除殆尽,而山西不思所以自拔,尚何以立于大地之上?"[②]阎锡山认为山西是仅存的落后省份,尽管他的说法与实际情况有所出入,但这正传达出他想要急起直追的决心。他将"文明"和"进步"这类国族叙事套用在山西,当他强调中国已区分为进步的、"天足的"沿海城市,以及落后的、"缠足的"内陆地区时,他所使用的,是典型的国族主义式修辞。

阎锡山采取由上而下的社会变迁途径。行政上,他从省城太原派发告示和派遣督导人员;在地方层级,他仰赖业已启蒙的官员、学生和教师,或以身作则,或执行禁令。由于山西识字

---

① 《禁止缠足告示》,收入阎锡山,《治晋政务全书初编》,第 1523 页。此处所引的文字,仿佛是阎锡山反复吟诵的咒语,在他的许多命令和告示里,他都会加上这么一段。例如,见他下达省城(太原)警务处的命令(《山西六政三事汇编》,卷三,第 78b 页)。这篇告示并未注明日期,不过参照其他命令的日期加以研判的话,我认为其公告日期应该在 1918 年 4 月以前。"十万份"这个数字引自《山西六政三事汇编》初版,卷一,第 4b 页。
② 阎锡山,《治晋政务全书初编》,第 721 页。

率偏低，因此，在阎锡山心目中，演讲才是教育和动员民众的最佳途径。他指派宣讲员定期从省城至各地解说省政府的政策与规定。此外，在 1919 年冬，趁省城"高等小学以上各学校"计约三万名学生准备寒假回乡过年之际，阎锡山"委任"他们向人民宣讲劝导实行天足等《人民须知》所要求的各项事务。他劝谕回乡学生们联合家乡的知识阶层，包括过去的毕业生和"前清之举贡廪附"，共组巡回演讲团，他也会命令地方官员协助安排演讲事宜。①

　　阎锡山的草根动员，等于是将地球知识域传播到这个西北内陆省份最偏远的村落里。经过这种种动员活动，天足与男子剪发成为最急迫的公共事务。个人外观的政治含义建立在一种现代的身体概念上，一方面将身体区隔为外显形式和内在精神，同时又强调个人身体和社会整体之间的关联。就像阎锡山在一次演说中，对"参众两院初选当选人"所说的："至于剪发之事，虽属个人身体上之形式，无关轻重，然人民之观念，未尝不借此为转移。"②

　　直至 1918 年 5 月，也就是阎锡山颁布《各县设立天足会简章》之后八个月，全省 105 个县均已成立天足会，会员数目总计超

① 阎锡山，《治晋政务全书初编》，第 717—724 页。《人民须知》是一本以教育平民百姓为宗旨的基本读物，并由识字者向不识字者宣讲。该书以口语文体写成，内容包含了人民应"戒"事项(戒缠足、戒溺女、戒早婚)，以及有关世界地理、世界人种、不平等条约的讲解文字。其修订版可见于山西村政处编，《山西村政汇编》(太原：山西村政处，1928)，附录。在第二印的序文(日期署为 1919 年 1 月)里，阎锡山提到，这个读本总共印刷了 270 万册(《人民须知》，《序》，无页码)。

② 阎锡山劝谕这些议员们，回到本乡之后，即"促进文明与进化"。"吾晋人士，其忍视中华民族为印度波兰之续，而不思为之提拔乎？"(《治晋政务全书初编》，第 1521—1523 页。)阎锡山的告示和演说里，经常出现身体外观导引内心信念的说法："诚以就形式之改移，定人心之趋向。"(《山西六政三事汇编》，《宣言》，第 2b 页。)

过 2 万人。这个惊人的会员人数和成长速度,与各县公务员和村干部均有充当会员之义务有关,他们若违反规定,将遭受停职处分。至于平民,男子年满 20 岁均可加入天足会。会员的主要责任包括捐助会务经费和劝导人民改变缠足观念。他们也应以身作则,要求家属厉行放足,奉行天足会理念。① 遍设天足会可能只意味着一件事:缠足这习惯仍然在全省各县风行。

缠足罪责化

甚至早在推行"六政"运动之前的 1916 年底,阎锡山便已召集地方领袖和男学生协助他执行《严禁缠足条例》。这项条例在概念和内容上,都显示了一种对于繁琐地方风习的敏感,这是在全国性的法令中所看不到的。自该条例施行之日(即公告之日)起,年幼女孩不得开始缠足(新缠),15 岁以下缠足未放的女子"一律解放",15 岁以上者,其鞋不得饰以弓形"木底"(见图五、七E)。条例施行一个月之后,如仍发现新缠幼女,科其家长 3 元以上、30 元以下之罚金;商人如果继续制造、贩卖木底,亦处以同等级的罚镪。施行 3 个月之后,15 岁以下女子仍然缠足未放者,或是 15 岁以上女子仍饰以木底者,科以 2 元以上、20 元以下之罚金。施行 6 个月之后,为缠足女子作媒者,或新嫁娘仍饰以木底经人告发者,科以 3 元以上、30 元以下之罚金。各县知事为负责执行该条例的机关;若县内设有警察厅(署),则由警察厅(署)执

① 《各县设立天足会简章》,1917 年 9 月 25 日,收入《山西六政三事汇编》,卷二,第 56b—57b 页;参见《山西村政汇编》,卷一,第 39b—40b 页。这里的会员数目引自阎锡山向总统的汇报,见《山西六政三事汇编》,卷一,第 4b 页。

行。[①]　于是，"缠足"不但被具体化，被等同于木底这道具，更成为一种明令禁止的罪责。

《严禁缠足条例》施行两年来，阎锡山收到报告，已有 50 余县，也就是全省半数之县内，15 岁以下之缠足女子均已放足。为使放足政策更具立竿见影的结果，他颁布了《禁止缠足告示》，将放足年龄下修至 10 岁以下。放足政策的成效，关系到阎锡山省长职位(以及个人)的威望，因此他在这份告示中郑重宣布，他将在当年 7 月派员到各县督察，若在县内查到仍有幼女缠足，除将责罚其家长和村长之外，还将惩处失职的县长(县知事)。[②]

从规约条文和罚锾级别的制定可以看出，阎锡山对于促成缠足风行的个人和文化因素，有着相当敏锐的理解。他了解到，女性身体并非柔软的面团。因此，在他的禁令里，年长女性得以免除解放缠足的痛苦，不过她们也不再被允许延续小脚的文化尊荣，因为法令规定她们不得再穿着饰以木底的弓鞋，后来，连以铜圈装饰鞋子都不可以。弓底是山西女绣鞋的显著特征，用以衬托跖骨弯曲的弧度，使脚部看起来更加小巧。早在 20 世纪初的沿海都市里，妇女已逐渐放松足弓，却不必然放弃缠足，受到她们青睐的是一种新款的鞋子，鞋内垫着的木底，坡度远比旧款木底平缓。鞋店售有这种鞋子，称做"坤鞋"，某些坤鞋还标榜以布材或皮材制作全平的鞋底(见图六、七)。这种鞋子标志着缠足没落之

---

① 《修正严禁缠足条例》,《山西六政三事汇编》,卷二,第 55b—56a 页;《山西村政汇编》,卷一,第 42b—43a 页。这个条例的颁布日期在这两部编中略有出入:前者说是 1916 年 11 月 29 日,后者则说是同年的 12 月 27 日。同一部法令(但仅名之为《严禁缠足条例》)亦收入《治晋政务全书初编》,第 1503—1504 页。早在 1899 年上海天足会年会的一份发言记录中,便已有人建议课以缠足之捐,加捐金额则根据缠之大小成反比递增:脚愈小者,捐税愈重(《天足会纪事》,李又宁与张玉法编,《近代中国女权运动史料》,第 854—856 页)。
② 《治晋政务全书初编》,第 1523—1524 页。

始。① 只要回想一下前述苏州女士们提供的放足指南,我们就可以了解,完全放平弯趾和足弓是件多么困难的事情。弓底弧度较平缓的坤鞋,对于放脚和"半缠脚"的妇女而言,是一种较为舒适便利的鞋子。

不过,在民国初年的山西,高弓的脚背以及相随的足心凹缝,依然受到重视。1918年,余吾镇妇女开始制备"改良坤鞋",它们被誉为改革的标记。阎锡山为了重塑文化规范,更下令全省所有戏班不得踩跷模拟缠足步姿。② 把矛头对准戏台上和日常生活中易使人心生幻觉的装扮,显示出他对于缠足的文化光环和性吸引力,具有一种非比寻常的理解。同样的,他在禁令中特别规范媒人,显示他也相信,婚姻作为专制女性习俗的体制,有其不容忽视的影响力。③

----

① 禁止制造和贩卖木底和铜圈等缠足饰品的命令(1918年3月),见《山西六政三事汇编》,卷三,第78a页;《治晋政务全书初编》,第1512页。有些坤鞋,尤其是鞋店贩售者,会饰以木底。一旦弓形不流行了,原来用以支撑的木底也不再需要,而普遍改用皮质或棉质鞋底了。有些坤鞋也为家庭手工制作。直到20世纪30年代,各种鞋式还相当流行。其中一种即为"皂鞋",以一整块(而非两块)鞋面制作而成(《采菲精华录》,第93、113页)。我的 Every Step a Lotus 里(第85页),收入一幅相片,显示坊间贩售的一组弓形木底,这种木底便在阎锡山禁止之列。

② 《山西六政三事汇编》,卷三,第78b—79a页;余吾镇位于屯留县。一名议员初选当选人在其致阎锡山的信函中说道:"古代武装之女英雄,必乔(跷)饰纤足,意若非此不足为女英雄之代表者! 遂令观者愚民,崇拜此英雄者,亦并崇拜其纤足。抑思古代女英雄,既有武勇,岂犹有此小足? 此等怪象,皆系好事者为之,不惟不足为古代女英雄之写真,且适以贻于女英雄!"阎锡山遂训令省城天足会制作新戏曲,只是对于旧戏班演员而言,新戏实在过于困难(《山西六政三事汇编》,卷三,第80a—b页;《治晋政务全书初编》,第1514页)。在北京,男演员扮演女角色,通常以踩跷表示缠足,而且衍生了许多与跷的台上使用和台下收藏有关的禁忌。1902年后的数十年里,京剧演员逐渐废弃"踩跷",反映出缠足此一社会实践的没落。关于这段有趣的历史,见黄育馥,《京剧·跷和中国的性别关系(1902—1937)》(北京:生活·读书·新知三联书店,1998)。

③ 在潞安地区(位于山西省南部长治市一带,明、清时代设有潞安州)的媒配婚姻,男方以姑娘"头齐脚小"为重点,女方则以婿家资产殷实为重点(王家驹,《潞安地区婚丧制度在辛亥革命前后的变革》,《山西文史资料》〔太原:文史资料研究委员会,1984〕,第七辑,第104页)。

　　缠足的罪责化产生若干非预期的后果。首先，它建立了一种成年女性的法定能动性。因为根据规定，15 岁以上而仍穿着木底弓鞋的女子，"本人"或其"家长"将被处以罚金；虽然我们并不清楚有多少妇女"本人"曾经受罚，也无法确切地知道谁具有判定是否违规的权力，其判定又是基于什么样的标准。不过，缠足妇女"本人"被认为要对自己的行为负责、受罚，未尝不算是妇女解放运动的里程碑。可惜的是，此一女性能动性受到其生成条件所限定。只有通过社会监视，这项禁令才得以执行，就像阎锡山在其古怪字句中所表明的："经人告发或察觉属实者。"这个"或"字使人难以判别谁应负举发之责，究竟是被举发之女子的街坊邻居（"人"），还是政府委派之检查员。不论是何种情况，她的能动性之所以成为可能，先决条件正是这两种经常处于竞争状态的权威一前一后的高度监察。

　　缠足禁令的另一个非预期结果是，在论述的层次上，它们有助于定义"缠足"的范围。虽然阎锡山使用"天足"这个词汇来指称他的政策和目标，但是他毕竟跟清末传教士不一样，并不关心天然双足的本体论地位为何。行政官员以成果为思维导向，他们的主要关怀，其实只是放足。阎锡山的务实主义或许可以说明他那句自相矛盾的说法："改放天足。"[1]许多妇女处于新旧时尚体制的夹缝之中，放足经验对她们来说，乃是一种终身的过渡状态：既非天足，亦非缠足。然而，在国家眼里，放足政策牵涉到的是双足缠裹的程度，依年龄和装饰而有所区分。对于 15 岁（或 10 岁）以下的女子，以裹脚布缠绕双足即构成缠足。对于较年长的女子，界定缠足的，不再是那条裹脚布，而改以木底为准。施予惩罚

---

[1]《山西六政三事汇编》，卷三，第 79b 页。

需要毫不含混的具体判准;重点不在于个人双脚的尺寸或生理状态,而在于如何以标准化的方式估算外表装束,因为外表既已可见,对于在乎绩效的官吏来说,自然也就可供计算和报告了。

国家对付父老

这些禁令的贯彻,取决于国家是否具备检查妇女双足——亦即,名副其实地"凝视"妇女——的能力。县长(知事)和新设置的区长,负有"察见"和查报该县、区内之缠足妇女人数之责;这些资料则由稽核人员查核,"以眼见为准",并确认各县、区的缠足人口比例。① 这项政令实施以来,由于引发诸多弊病和民怨,阎锡山不得不再下达各种遏止滥权的指令。1918 年 3 月,阎锡山训令各县、区长,往后各项缠足查验,只得于"日出后、日入前"为之。另外,查验之前,须由各该街村干部"通知本人,或在院内,或唤至门口,按名查看"。唯有县长才有权对违令者照章惩处,以下各级官吏无权径自开罚。② 我们可以想见,在这些修正训令之前的情况,执有国家权力的地方官吏对村民百姓的生活,是一种什么样的潜在胁迫:入夜后仍擅闯民宅、逗留屋内、骚扰居家、调戏民女、借机敲诈勒索等。不过,为了确保地方谅解而在户外进行查验的权宜之计,却讽刺地导致妇女必须在较为公开的场所受检的羞辱。何况,尽管三令五申,仍有蜚短流长,说道查脚员假公济私,借机"摸弄"妇女。③

---

① 《天足调查表》与《天足报告表》,《山西六政三事汇编》,卷五,第 37a—38a 页。
② 《训令各县区长劝导天足,毋得径入民舍及自行处罚文》,1919 年 3 月 13 日,收入《山西村政汇编》,卷二,第 47a 页。
③ 《采菲录》,第 275 页。

1919 年 3 月，阎锡山要求各县雇请女性查脚员（稽查员），所需经费，准由禁缠足条例罚款项下支应。毕竟，连他也自嘲道："警察官吏而干涉及妇女，究非政体所宜。"[1]同年底，《女稽查员服务规则》正式公布，根据该规则，理想的女稽查员资格为20 岁以上之中学毕业生；不过，合乎此项学历资格者甚少，因此，只要是"品行端正、勤苦耐劳"之妇女，且系"天足或已解放（缠足）者"，皆可充任。她的薪水及下乡旅费由各县支付。女稽查员的职责为稽查违反缠足禁令者，并向县署通报；她们无权擅自处罚。[2]

查脚在某种意义上，成为人民与国家的竞技场，双方就人民的隐私范围进行抗争或妥协。从后来订定的查脚员行为与执法规范可以看出，人民与官吏之间可能因查脚而出现暴力冲突，而且，查脚员的职务也存在着相当的风险。根据阎锡山的规定，女稽查员下乡时，可带巡警一名；巡警的职责在于"保护"女稽查员，他只能停留在被查各户之门外，不得擅入民宅，更不得讹索求贿。同时，村民也需防范女稽查员，因此《女稽查员服务规则》规定她不准在人家逗留，也不准"干涉"衣服式样及其他装饰。开始检查之前，她"须会知街村长副或闾长一同前往"。[3]

改换查脚员的性别身份并未减缓对立气氛，甚至可能使

---

[1] 雇请女稽查员的规定，引自 1919 年 3 月 19 日的命令，收入《山西村政汇编》，卷二，第 47b 页。关于妇女身体与"政体"不宜有所交集的谈话，见《治晋政务全书初编》，第 720 页。

[2] 《山西六政三事汇编》，卷二，第 57b 页。

[3] 《委派女稽查员规则》及《女稽查员服务规则》，这两项规则均于 1919 年 11 月 22 日公布，收入《山西六政三事汇编》，卷二，第 57b—58b 页；《治晋政务全书初编》，第 1507 页；《山西村政汇编》，卷一，第 41a—b 页。

地方父老们更为恼火。为了反缠足而对人民施以羞辱性的检查和繁苛的罚锾,在他们看来,实是国家多管闲事的无聊措施。阎锡山在一次讲话中,提及街头巷议对反缠足禁令的直觉反应:"此琐事何害于政治,而官厅必严重干涉之耶?""琐事"一词所隐含的,是一种"身体私密"的概念,亦即,人民预设他们的身体理应属于国家的权限之外。人民画了一条清楚的界线,区别个人与政府的领域。两年后,放足热潮已过,谣言四起,说道:"妇女缠足,官厅已经不管了。"很明显的,这句话从修辞学的角度来看,同样意味着官方权力与人民隐私之间的相互对立性。①

根据阎锡山的逻辑,妇女若不解除她们的裹脚布,山西将成中国的笑柄,而中国也会在世界上丢尽脸面。大多数人必然不太明白个中道理。将他们的日常生活衔接到国族和世界,对于他们来说,实在是遥不可及。人们无法从阎锡山的巨型视点反照自己习以为常的理念和行为,唯有从五花八门的流言之中,梳理出政府之所以侵扰他们的"真正"原因。例如,民间谣传,一旦妇女不再裹脚,阎锡山就会征召她们入伍,派她们去打仗。其他谣言还反映了更直接的恐惧:老儒耆绅担忧终止缠足将会败坏道德风气,摧毁妇女的柔顺品性("不好管束"),结果使她们嫁不出去("不好出聘")。在山西南部的若干邻近县份里,乡民纷纷为十三四岁的女儿找婆家,因为他们听到一个流言,说查脚员仅查女儿,而不查媳妇("禁女不

---

① 这两段提到"官厅"的话,均转引自阎锡山。前者为1919年元月的演讲稿,收入《治晋政务全书初编》,第719页。后者为1921年的告示,收入前引书,第1525页;亦见于《山西村政汇编》,卷五,第36a页。

禁妇”)。①

　　此一流言可能源出于晋南的潞城县,因为该县的女稽查员
“仅查闺女,一经出嫁,概置不问”。有许多家长觉得这个说法可
信,反映出他们对于女儿待字闺中所处的尴尬地位,隐隐感到不
安。他们满心期望,只要为女儿找到婆家,国家就无法干涉她的
身体了。人们原已普遍担心女子不缠足就嫁不出去,如今,对于
未嫁女儿“妾身未明”的飘摇处境,这项传言犹如雪上加霜。强制
放足因而形同对家父长管辖媳妇的权力所发动的一项攻击。“早
婚”此一早被阎锡山昭告务必革除的传统习俗,于是成为人民抗
拒政府侵犯其私领域生活的一种表现。②

　　虽然我们没有各县的收支账目,不过零碎证据显示,许多
地方父老干脆就摊付罚金,省得国家找他们麻烦。反正,就如
同阎锡山自己简单扼要的说明:“当兵、纳税、受教育,为人民
之三大义务,不可不知!”因此,“人民”早就得应付各式各样
的苛捐杂税,不差这么一笔捐税似的罚款。1918年7月为
止,缠足罚款大量涌入。原则上,各县天足会可得这笔收入的
十分之三,其余则充作县立女子学校的经费(若无女子学校,

────────────

① 关于“征作女兵”的流言以及对于“女德败坏”的恐惧,转引自阎锡山在1919年对
学生的一场演讲稿里,收入《治晋政务全书初编》,第720页;亦见第715—716页。
地方乡绅“狃于积习”的保守性格,最令阎锡山气馁,这可从他一再颁布的类似告
示中看出:训令寿阳县者,见《山西村政汇编》(卷二,第49a页),训令大同县者,
见《山西六政三事汇编》(卷三,第81a—b页)。关于“查女不查妇”的谣言,可见于
两份令文:一为1923年训令壶关县者,另一则为1926年训令潞城县者,二者皆收
入《山西村政汇编》,卷二,第48b—49b页,以及《治晋政务全书初编》,第1519—
1520页。壶关县民的抗拒尤其强烈,阎锡山在1918年训令该县采取“始以布告,
继以劝导,终则强迫”的步骤(《山西六政三事汇编》(卷三,第80b页),不过,最晚
在1923年,阎锡山依然慨叹道,效果微乎其微。
② 关于阎锡山禁止早婚的论点,其中一例可见于他的《修正人民须知》,第166页,收
入《山西村政汇编》附编。

则拨入男子学校)。[1] 不过，阎锡山抱怨道，各县呈送的缠足罚金清册中，仅列收入，而常常未能详载支出明细。所以，他下令各县另造新式的四柱清册，表列"旧管"（前期余额）、"新收"（收入）、"开除"（支出，需粘附收据），以及"实在"（结余）等四项账目收支情形。往后每两个月，各县需造送四柱清册一本至省府，以备核实存查。[2] 于是，至少在书面上，放足运动创造了一种由各县首长支配的自给自足经济模式。

从父老的角度来看，缠足罚金是由过分狂热的省长加上贪腐的地方乡绅共同造成的压榨。榨取所得又供应了后续的检查和更多的罚锾，掌控天足会和学校的官吏和地方乡绅则得以中饱私囊。滥权滥罚的情形极为严重，以致阎锡山必须在 1920 年 7 月训令各县，停止发放天足会的所有津贴，原款项移作女稽查员的薪资差旅经费；这项命令实际上等于是解散了天足会。他承认，"近查各县天足会，徒具虚名者实居多数"。在平陆县，由于缠足罚款收入"过巨"，阎锡山训斥道："行政上之处罚，原以启其儆戒之心，与司法上之制裁不同。"有鉴于受罚民众数量庞大，他建议该县不必对所有违规者都处以最高罚金。在寿阳县，阎锡山发现该县主管下乡时，多任意派用"本村妇女"充当稽查员，并以缠足罚金的四成，"擅自提赏"。[3] 在下一章我们会讨论到一篇名为《小足捐》的短篇讽刺小说，该文作者所预言的种种弊端，俨然

---

① 人民之三大义务，以及罚款按 3∶7 的比例提充天足会和女学校经费，分别见于《治晋政务全书初编》第 993 页以及第 1524 页。

② 《山西六政三事汇编》，卷三，第 79b—80a 页。

③ 阎锡山对天足会运作情形的不满，见《山西村政汇编》，卷二，第 48b 页；《治晋政务全书初编》，第 1518 页。关于平陆县的弊端，见《山西六政三事汇编》，卷三，第 84a 页。关于寿阳县的弊端，见《治晋政务全书初编》，第 1520—1521 页；《山西村政汇编》，卷二，第 49a 页。

在山西一些地区成为现实。

性别重于阶级：无法同一的女界

即使雇用了女性查脚员，阎锡山的反缠足运动在本质上仍为一种"男性对男性"的设计。整个运动的领导者和主要成员都是男性，例如，在他所提议设立的各县"不娶缠足妇女会"里，所有男学生都自动成为会员。[①] 再者，就像我们已讨论过的，天足会的组成，很明显地同样以男子为主。阎锡山的策略是动员男学生、教师、官员和地方乡绅，赋予他们相当的责任，期望他们以家父长的身份改变妇女的行为，因为他们同属"社会中之上等人家"，对于革除社会陋习，理当"先为提倡"。[②] 也就是说，阎锡山抱持的，是一种"精英主义式"的改革理念，寄希望于男性精英之年长者与年轻者共同组成的梦幻联盟。

然而，实际的情况却是，保守的乡绅通常构成了最顽强的抗拒力量，他们散播谣言，挑起人们对于女子放足难觅婚配的恐惧。官员们的情况也只稍微好些。阎锡山在 1918 年向地方

[①]《全省学生不娶缠足妇女会简章》(1918 年 8 月 29 日)，收入《山西村政汇编》，卷一，第 40b—41a 页；《治晋政务全书初编》，第 1506—1507 页；此一简章并未收入《山西六政三事汇编》。在同一天，阎锡山还发布了一项令文，训示各县政府和学校干部组织"体育会"，以与"不娶缠足妇女会"配合(《山西村政汇编》，卷二，第 46b 页；《治晋政务全书初编》，第 1513 页)。在柯基生医生的私人收藏之中，有一枚标示"山西省介休县不娶缠足妇女会"会员身份的纸质胸章，正面书写了"不娶缠足妇女"字样，背面则写着会员姓名(任书铭)和日期(民国八年，1919)。这枚胸章的照片可见于柯医生的著作《千载金莲风华》(台北："国立"历史博物馆，2003)，第 139 页。该书亦展示了一份山西省政府发出的"放足宣导员"委任令，日期为民国七年(1918)(第 139 页)；另外还有开给一位不愿放足的李姓妇人的罚金收据，在这张 1933 年开出的收据单上，注明她的教育程度为"未受过"(第 140 页)。

[②]《治晋政务全书初编》，第 719 页。

官员发出警告,他发现有人以"空文"搪塞,敷衍粉饰。次年,他在各县天足工作的年度考核里,分别奖惩了24名县长,其中,有15名县长记功,包括二名记大功;9名县长记过,包括一名记大过。[①] 这个结果与阎锡山的期盼大相径庭:天足运动变成了男子的战场,一方是改革导向的力量,以城市青年为主体,另一方则是根深蒂固的保守力量,以地方乡绅和阳奉阴违的官吏为主体。

有些妇女确实加入了天足会;在襄陵县,有6名男子推荐5名女子为天足会会员,因为她们具备非凡的奉献精神("办事异常出力,劝诫人数甚多")。他们分别受到奖励:推荐的男子们获颁匾额,受推荐的女子则获颁奖杯。在繁峙县,县长的妻子与女儿巡回各村检查和劝说妇女放足,阎锡山亦特颁奖杯以资嘉勉。[②] 尽管奖励有性别差异,这些获奖的女子还是跟精英男子一样,拥有特别封赐的社会地位。反缠足运动于是创造了两种正面对立的女性主体位置。或许这并不是刻意造成的,因为招募女性帮手并不在阎锡山的原始构想里。但是由于女稽查员和县长女眷的参与,山西女界也分成两边:一边是受过教育和享有特权地位者,接受国家赋予的反缠足任务;另一边则是不识字的村妇,她们抗拒着前者形同侵犯的任务。

相较于运动层面的广泛性,以及相应而生的庞大文件档案,令人惊讶的是,不论是在支持者还是在抗拒者的阵营里,有关妇女自身的感受和体验的记述,都是如此贫乏。"痛楚"此一主观的

---

① 《山西六政三事汇编》,卷三,第83a—b页;关于"空文"的警告,见《山西六政三事汇编》,卷三,第79a页。

② 奖励襄陵县天足会男女以及繁峙县长妻女之事,分见《山西六政三事汇编》,卷三,第80a、82a页。

身体经验,说也奇怪,竟不见于阎锡山的反缠足修辞。他所着墨的,主要还是以羞耻为基调的论述。在 1919 年 12 月颁布的一份告示里,阎锡山罕见地以 16 岁以上妇女为讲话对象,在其中,他以家父长的父权语气训诫他的子民。他称呼自己为"本省长",劝告道:"你们妇女,不论老的少的,都该赶紧放开〔缠脚布〕才是!"他的口吻有如严厉的父亲:"现在听说:十岁上下的女子,不缠的,或已经放开的,都不少了;就是十六岁以上的妇女,外边虽不穿高底鞋,里边依然缠的布条。像这种样子,真是不知自爱! 既伤自己肢体,又惹他人小看,这为的什么?"①

羞耻论述的大前提,乃是一双双评判女人的"社会之眼",但这个论述也承认女人的个人意愿占有一定的分量。在阎锡山热切的劝说里,他近乎天真地认为妇女的放足意志具备某种神奇力量。例如,他告诉年长妇女,只要"去了布条,过几天后,筋骨舒展,气血流通,更觉方便得很!"②事实上,在相关法令里,他对于年长妇女的身体顽强性,展现出更多的理解。

阎锡山以他的一番忠告作为这份告示的结语:"今天出这张告示,再详细劝说你们,实是可怜你们妇女无知。你们赶快把旧日恶习都除了,才不亏负我这番心哩! 自今以后,如还要缠裹,教女稽查员查出来,一定要重罚你们! 到那时,后悔也迟了!"③按他话里的意思,接受天足观念的女孩显然表现出成人风范,而抗拒放足的年长妇女反倒表现了孩童般的幼稚。将缠足妇女视为儿童的态度,也展现在阎锡山为她们设计的奖励方式。运动刚开始的时候,阎锡山印制了"彩画"十余万张作为奖品,赠予放足妇

---

① 《治晋政务全书初编》,第 1524—1525 页。
② 《治晋政务全书初编》,第 1524—1525 页。
③ 《治晋政务全书初编》,第 1524—1525 页。

女。后来在 1918 年，他训令各县，呈报所属各村镇里最先放足的妇女名册，将由省府致赠她们"美术奖品"，以资鼓励。[1] 在此，相对于致赠匾额给男子以为奖励的情况，女性获赠的乃是视觉性的奖品，这种将女性与视觉连结起来的做法，透露了一种想象的性别层级。女性，以及儿童，被认定为尤其适合接收声音与图像的讯息。当国家想要将他们重新塑造成现代公民时，他们反而被更紧地禁锢在一种低阶的女性场域里。

在表面上，女查脚员乃是执行文明教化方案的一员，但在实际的权威和权力上，她们根本无法与男性领导者相提并论。我们偶尔也会看到，有些女查脚员不但曾经接受教育，也能自力更生。例如，繁峙县于 1918 年聘雇女性小学教师"督责"省府派任的宣讲员和村长，协力劝导缠足妇女。1919 年初，省城的师范、公立和尚志等三所女学校的女学生，被要求于星期日轮流检查妇女双足。[2] 然而，就大多数女查脚员而言，她们是当地妇女，有的识字，有的不识字。我们不知道她们对于天足知识域的认同程度有多高。不论是哪一种情形，她们的任务是否成功，并不取决于她们劝服其他妇女的能力，而取决于县官科以罚金的决心，以及家父长缴纳罚金的能力。夹处在两种男性权威中间的她们，不过是国家与地方社会对决阵势里的一颗棋子罢了。

国家权力此一侵入人民卧房之内的举措，不但前所未有，而且更具逾越性，因为侵犯的主要执行者及其侵犯的对象，都是妇女。招募受过教育的妇女充当国家权力代理人，等于是预先排除了跨越阶级界线的女性同盟或姐妹群体发展的可能性。

---

[1]《山西六政三事汇编》，卷一，第 4b 页、卷三，第 79b 页。

[2]《山西六政三事汇编》，卷三，第 81b—82a 页。繁峙县招聘女教师一事，见于卷三，第 79a—b 页。

即使当她们共处庭院之中,相互凝望或对骂,化身启蒙方案的那些女人,是无法与备受羞辱的年长妇女属于同一时代的。当初传教士们在"文明化"中国此一异教国度所展现出来的不平等权力态势,时至今日,已然递移成为一群中国女人对另一群中国女人的态势。无怪乎后者对前者心怀抗拒,而且,她们不但固守着风俗行为,如今更将这些风俗视为"她们的"传统,自珍之情,犹胜往昔。

在一份刊印于 1929 年前后,由周颂尧这位男性改革派作家所作的反缠足宣传小册子里,记载了一则轶事,生动地描写了知识妇女与她们想要"解放"的文盲妇女之间的对立关系。有一位江西务实女校的教师,名唤廖国芳,她曾与数位妇女协会的同志一起下乡劝农村妇女放足。她们招惹来不绝于耳的咒骂声:"娘的脚,关系甚么事? 娘老了,又不想卖样子。当女学生管他脚长脚短吗?"[1]这位缠足妇女的自负自信,显示在她的自称用语"娘"。表面上只说是"娘",但更贴切的意思是"**你的娘**",这个字眼传达出她的长者身份和地位优越感,这是家庭体系赋予她的自我感觉。对她来说,她跟同样小脚的娼妓或优伶大不一样,后者由于失去亲族安全网的支撑,不得不靠着吸引他人的视线、出卖自己的色相("卖样子")以谋求生计,相对的,她已经通过传统的方式——生育儿子和侍奉公婆——赢得了保障和权力。就此而

---

[1] 周颂尧,《缠足》(出版年代资料不详),第 20—21 页。由于女查脚员以及缠足妇女的主体位置反差过大,关于她们萌生友谊的故事,乃成为小说家的题材。例如,在《采菲录》这部 1936 年起印行的文集里,就有一则故事,述说一位通县出身的孟女士,如何与天足会的一名女查脚员相识相知的过程。后者不但同情她无法放足的情状,还与之成为密友,后来更进而结为"异姓姐妹"(《采菲录续编》,第 59 页)。我们不易断定这则故事是否真的为女性手笔,还是男性的拟作。关于这部文集中收录的女性见证文字所存在的问题,参见第三章。

言,城里来的教师完全不比她高明。因此可见,知识妇女与缠足妇女在主体位置上所呈现的鸿沟,其根源便在于提供妇女成功管道的两种权威结构——新式学校和旧式家庭——之间的冲突。

算总账

在 1918—1920 年里,阎锡山颁布了无数的命令和告示,训勉各县认真办理反缠足事务。确实,看过他任内颁布的连篇累牍的法规、命令和文告之后,没有人会怀疑他的忧勤惕厉;我们在此所讨论到的文件,也只占了其中的一小部分。1920 年,阎锡山收到的报告指出,几乎所有 15 岁以下女子均已不再缠足,他乐观地以为是时候强迫年纪较大的妇女放足了;可以想见她们的抗拒最为强烈。有些官员会对年长妇女处以罚金,不过几乎没有人会费力气去劝说她们改变习惯。[①] 即使在女孩的部分,所谓的成效,多半也只是空欢喜一场。1921 年间,有人谣传说政府已不再管妇女是否缠足了,结果,在许多县份里,听信谣言的女孩们,又纷纷把双脚缠了起来。阎锡山尽管焦急,但也只能一再激励他的下属提高士气;此时若是半途而废,无异宣告早先的苦心经营,不过是白忙一场。

然而,政府派遣查脚员和科处罚金的作为,不可能永久维持下去,何况当初的确也没打算以此作为长久之计。一旦压力

---

① 年长妇女的抗拒,反映在阎锡山于 1920 年 5 月 25 日对各县政府下达的指示。他训令后者注重劝导年长妇女解除裹脚布,以期于该年年底之前肃清缠足(《山西六政三事汇编》,卷三,第 83b—84a 页)。根据稍早之前的一道命令(1919 年 12 月 20日),放足焦点已然转移到 16 岁以上妇女,见《山西六政三事汇编》卷三,第 82b页;亦见其附录文告,该文为阎锡山直接劝谕妇女的演讲稿,收入《治晋政务全书初编》,第 1524—1525 页。

消退,县政府有关县内女孩复缠的报告就又出现了。[1] 就像是数十年之后毛泽东发动的群众运动一般,阎锡山的放足运动,大张旗鼓地发动,却在 20 世纪 20 年代初逐渐偃旗息鼓,即使那时在各乡镇的灯杆和城墙上,依旧悬挂着褪色的标语和布告。阎锡山在 20 年代末期,甚至 1932 年后继续主政山西的岁月里,坚持在后续的村政改革方案里纳入反缠足纲要,只是,每个改革者的热情,卷土重来的宣示,都难逃"再而衰"的命运,因为它提醒人们,过去承诺过的新气象并未达成,改革的结局终究是镜花水月罢了。

普查报告显示,放足运动似乎获得了一定的成效:在 1928 年,缠足妇女占全省妇女人口的比例为 17.8%。到了 1934 年,这个比例再降为 8.63%,也就是只剩下 435497 的妇女仍有缠足。不过,1932—1933 年间的一份统计报告指出,年纪不超过 30 岁而有缠足的妇女人数,仍有将近 100 万(15 岁以下者,超过 323000 人;16—30 岁者,超过 625000 人)。[2] 在这里,"缠足"的定义并不明确。更何况,在缺乏每个村子的长期统计资料的情况之下,我们实在很难判定这些数字的可靠性,也难以理解这种横跨数年的任意比较有何意义。尽管如此,阎锡山的反缠足运动确实可能使得缠足幼女的人数减少了,城市区域尤其明显:1937 年的日本侵华行动所引发的动荡局势,则产生了更具威吓性的遏阻作用。缠

---

[1] 《治晋政务全书初编》,第 1518 页。阎锡山于 1923 年、1924 年、1926 年再就此事训令各县,其告示分别见于《山西村政汇编》,卷二,第 48b—49b 页;以及《治晋政务全书初编》,第 1519—1521 页。

[2] 这里的百分比数字引自林秋敏,《阎锡山与山西天足运动》,第 141—142 页。1932—1933 年的数字资料则引自杨兴梅,《南京国民政府禁止妇女缠足的努力与成效》,《历史研究》三(1998),第 125 页。亦见永尾龙造,《支那民俗志》(东京:国书刊行会,1973)第三卷,第 824 页。

足不利于逃避士兵的攻击暴行,这一点说服了许多母亲,她们再也不可以缠住女儿的脚了。

然而,不论是在山西还是别的地方,天足的修辞与年长妇女无关,她们的身体早已适应了数十年来的缠裹。对她们而言,缠足就是一种"天然"的状态,因为这正是她们日常的、体现的现实。在查脚员面前,她们可能会因一时的惊恐而解除缠脚布,但不管是怎样的行政命令或罚则,都无法使她们的双脚恢复到天足的"天然"状态。国家强制推行的放足运动,在年长妇女眼里,不过是一场做做样子的把戏:若非鸡同鸭讲,就是虚构故事。

荒诞剧场

根除缠足最稳扎稳打的方法,从合乎逻辑的角度来看,应是先阻止小女孩缠足。基于年长妇女的身体顽强性以及她们对骚扰的抗拒,放过她们这一群人乃是合情合理的选择。数十年后,缠足自然就会凋零殆尽。① 然而,20 世纪的放足运动,因为运动之初的两个先决条件,它无法好整以暇地等待此一长久之计开花结果。救亡图存的国族迫切性,以及男性改革者因感受到国际目光的讥笑而产生的个人羞辱感,迫使他们寻求立竿见影的成效,就算只具象征性也行。运动采取的视觉展示策略,反过来又促使改革者找出愈来愈具耸动性的新道具和标语;反缠足集会本来只在室

---

① 康熙皇帝在其 1664 年的禁缠足谕令里,只针对 1662 年之后出生的女孩。他并没有要求年长妇女放足。这项禁令在 1667 年或 1668 年便已撤销。禁令之所以无法贯彻,乃是由于政治因素:极其讽刺的是,缠足禁令反而使得缠足因为标识了汉族认同而更受汉人欢迎。见我的"The Body as Attire: The Shifting Meanings of Footbinding in Seventeen-Century China," *Journal of Women's History* 8, no. 4 (Winter 1997):8—27。

内场所进行，但自 1927 年国民政府在南京成立之后，这类集会更扩大至各省市的操场或党部举办。① "女孩子不再缠足"，就像"天足"一样，缺乏戏剧效果，没什么看头；相形之下，交织着血汗泪的"放足"——亦即，解除年长妇女的裹脚布——则不然，保证具有无穷尽的娱乐功效。

　　的确，自从放足运动在 20 世纪 20 年代末期和 30 年代成为例行活动之后，寻求象征性的胜利，便已成为它的主要内涵；表演本身就是目的。与其说缠足和放足是两个相反的极端，不如说是光谱上的不同色层，妇女的身体变化本来就不易归类，加上因政令缠了又放、放了又缠，脚部的萎缩与肿胀状况，不是"非缠即放"这样的二分法所能涵盖。但是这暧昧的实情很难在放足大会简单说明。于是，外在于身体的物件——施行缠足之物质必需品——便成了缠足及放足的象征。在阎锡山主政下的山西，弓形木底就扮演这样的角色。在其他地方，裹脚布条此一与妇女肌肤最亲密的纺织品，则被悬挂在公共空间里，它们的飘动也因而宣告了缠足时代的终结。②

---

① 例如，在 1927 年 4 月 19 日，汉口举办了一场"放足运动大会"；兰州在 5 月间也办了一场。杭州则在同年稍后办了一场"西湖女子运动大会"。见《采菲录续编》（第 28—31 页）所引述之《申报》的报道。Andrew Morris（私下讨论，1998 年 9 月）指出，汉口放足大会的组织架构类似于运动会，由特定部门（"股"）分头负责宣传、总务和出版等事务。

② 不论是对于文明化政权还是妇女本身而言，裹脚布都具有象征性的含义。1899 年，檀香山华埠爆发黑死病瘟疫。美国当局在放火焚烧华埠之前，先下令华妇解除她们的裹脚布予以烧毁（Rebecca E. Karl, *Staging the World : Chinese Nationalism at the Turn of the Twentieth Century* [Durham and London: Duke University Press, 2002], p. 78）。妇女们以简单的织布机纺织她们的裹脚布。宝森在其针对云南乡村所做的研究报告里说道，即使机器织布早已取代家庭手工织布，"在我 1996 年访问过的一个村庄里，我发现，该村仅存的手织品，竟是老年妇女们用来绑小脚的薄长裹脚棉布"（*Chinese Women and Rural Development : Sixty Years of Change in Lu Village*, Yunnan [Lanham, Md. : Rowman & Littlefield, Inc., 2002], p. 71）。柯基生医生指出，在台湾也有类似的状况（私下讨论，1999 年 6 月）。

公开陈列裹脚布作为放足运动策略的始作俑者,乃是陕西省民政厅长邓长耀。1928 年,奉命执行放足政策的邓长耀,仿效孙中山"从训政到宪政"的政治方案,同样拟定了一个三阶段的放足计划:劝导、强迫、罚办。[1] 在"劝导"期间,于省城设立天足总会,各县设立天足分会。由天足总、分会派遣劝导员至城乡各小学,并令男学生佩戴一布条,上书"不与缠足女子结婚"字样。其次,在"强迫"期间,派遣稽查员,挨村挨户稽查,鸣锣造册,强迫妇女解放缠足,并将已卸除之旧裹脚布收回储存于县署。30 岁以下的妇女若拒绝放足,将处以罚金,其家长并得科以拘留之刑罚。

成千上万的旧裹脚布堆积在县府庄严的办公厅里,这个景象即使不令人捧腹,也使人莞尔,邓长耀于是迅速地成为全国性的知名人物。《申报》上的一篇报道说,邓长耀和他的属下外出访视时,只要见到裹脚带,就直接没收,存放在民政厅的一个房间里,并很快就没收了数千条之多。他开办了一个"脚带会",公开陈列这些裹脚带,还广邀官员和"人民"参观,"见者莫不掩鼻而笑"。邓长耀又亲自带领一个"赤腿小脚游行队",到各乡邑唱歌演说,劝说缠足之害。报道中并未说明"赤腿"的是哪些人。他曾悬赏征集裹脚带,每百条赏"大洋五元";据指出,一个月左右,他便已征集到超过 25400 条裹脚带。类似的宣传标语和展示裹脚带的行动,还引起别省官厅效尤。例如,在江西省,官员把没收而来的鞋带堆埋于城中山丘,竖立一碑,上书"小足鞋

---

[1] 后来将第二、三期合并为一期,见林秋敏,《近代中国的不缠足运动》,第 127 页。邓长耀为冯玉祥的心腹大将,1928 年改派至河南省,担任新设立的"放足处"处长,并把那一套以没收和展示裹脚布为主轴的放足策略也搬到了河南。见杨兴梅,《南京国民政府禁止妇女缠足的努力与成效》,第 126—127 页;洪认清,《民国时期的劝禁缠足运动》,《民国春秋》六(1996),第 19 页。

带冢",向公众展示。①

　　反缠足运动官僚化的结果,将两种本来不搭调的元素摆放在同一个论述空间里:男性的政体与女性的臭体。这种不协调的状况反映出国家权力过度膨胀所衍生的滑稽剧戏码,反而使人对于受到骚扰的缠足妇女深表同情。因此,关于这些展示会的记述,多半将之描写为荒诞不经的无厘头闹剧。《申报》的报道将邓长耀的放足大会呈现为娱乐剧场:"大规模之'亲民大会'于〔民国〕十六年十一月中旬举行,会场在民政厅。最奇特之会场布置,大门内两廊陈列裹脚布,修短阔狭,参差不一,条条下垂,一若百货商店所陈列之围巾然。而裹脚布中赤有血迹斑斓而未及洗净者。二门高悬红绣小脚鞋数百双,尖如角黍,煞是好看。"大厅里陈列着"放足歌曲"传单,厅后搭设一"大席棚,棚中搭一台,以备化装讲演"。② 在一个过度渲染视觉耸动性的时代里,即令血迹斑斓的裹脚布也无法引起人们的愤慨了。反之,它们让记者联想到的,是百货商店里精心陈列的商品,仿佛在向买家的荷包招手似的。

　　同样的,人们对于邓长耀的表演的解读,也出乎他的本意。"是日邓登台为滑稽突梯之讲演。讲时曾以手持之裹脚布小脚鞋,嗅之以鼻,作欲呕状,令人笑不可抑。适有数闺媛入会场,均三寸金莲,邓氏拥之登台,向群众演讲放足之利益后,亲为解其裹布,群众鼓掌如雷。当群众聆讲后,要求邓夫人登台,俾验其是否

---

① 关于"赤腿小脚游行队",见《陕西严禁女子缠足之趣闻》,《申报》,1928 年 2 月 22 日;引自林秋敏,《近代中国的不缠足运动》,第 128 页。《采菲录续编》(第 26—27 页)里的记载略有不同:该游行队的名称为"赤脚小脚",并指《申报》报道的年代为 1927 年。关于"鞋带冢",见《采菲录续编》,第 2、31、281 页;25 400 这个数字出自第 29 页。
② 《采菲录续编》,第 27 页。

大脚。邓夫人即坦然登台,翘其两足,任群众之检验,台下欢声腾溢,响遏行云。"[1]邓长耀的表演显然获得满堂彩。至于由他帮闺媛女士们解除裹脚布的举动,再加上邓夫人的自我展现,何以会被认为可以说服更多妇女跟着放足,感觉上就不是那么清楚了。台下群众说不定有人会觉得,他们正在观赏的,就像是庙会里的一段玩耍节目呢!

反缠足运动从自发性的传教士运动开始,发展到地方改革者的努力,再到例行化的国家官僚作业,到了 20 世纪 30 年代,这个运动已经普遍予人一种衰竭感。揭露女性承受的磨难和耻辱的策略,也已兜了一圈,又回到原点:揭露策略依然带来嘲讽和讪笑,只是如今嘲笑的对象,成了那些男性官僚。据说,由于县长奉命按月上缴一定数额的裹脚布,以示放足绩效,于是,许多县长便从坊间购买全新的裹脚布,怂恿妇女以其污臭旧品交换新品,以此敷衍上级。[2] 因为在 20 世纪 30 年代,裹脚布成了缠足的象征,本来是为了结束缠足而下的工夫,反而变成替换缠足必需品的措施。那么,对于这些由县官源源不绝免费供应的又新又干净的裹脚布,妇女们会用它们来做什么呢? 反缠足运动在实际上不就反而延续和促进了缠足之风吗?

放足运动末期这种奇妙的意义逆转和变化,具体而微地刻画在一则小故事里。这则故事收录于 1938 年刊行的《采菲录第四编》,主人翁是一"爱莲侨生",故事叙述他如何因为醉心缠足,特意回国寻觅他梦寐以求的小脚妻子。然而,在缠足已然丧失文化体面感的年代里,"金莲日稀",几乎找不到可供"拣选"的"妙品"。年轻女子缠足者少之又少,至于无视于潮流,仍然坚持缠足者,多

---

[1] 《采菲录续编》,第 28 页。
[2] 《采菲录续编》,第 52 页。

属守旧妇女,自不肯任人端详其小脚,即使想要一睹其弓鞋照片,亦不可得。正当准备黯然返回侨居地之际,他听说官方的放足运动正严厉稽查缠足,于是想办法加入了查脚员的行列,偷偷记下所有缠足未解的美女资料。然后又私自以复查的名义,寻访这些合乎他择偶条件的女子,假意视察她们是否开始放足,实则趁机查看其裸足肌肤的光滑洁净程度。然后"按图索骥",终于让他"如愿以偿",娶到了一位令他满意的小脚妻子。有人批评他言行不符,假公济私,对此,他的辩解是:"我将借此促成她解放耳!"他依她的小脚制作一个模型,再找鞋匠依模型特制皮鞋,名之曰"解放"鞋:以金色软皮按传统弓鞋体式制成,鞋面镂空,鞋内衬以红绒。他令妻子解开裹脚布,赤足穿着这双特制皮鞋。[1]

这则关于恋足癖的奇特故事,其诙谐趣味来自主人翁的恣意妄行和优柔反复。这不仅是言行相悖或行不顾言的问题,即使是"言"本身也有着双重诠释。对这个"爱莲侨生"而言,"解放"妇女意谓将她自(宣称解放她的)放足政权拯救出来,而他却又以他特制的金色软皮弓鞋束缚着她。在这则故事出现之前不到一个世纪,晚清志士正因受到欧美人士轻蔑眼神的打量而开始热衷放足,然而,到了 20 世纪 30 年代,通商口岸的阅读大众却转而将西方幻想成一个化外异域:孕育出使辜鸿铭相形见绌的终极莲迷之乡。明明是缠足赏玩家,却伪装成放足稽查员,这种拟态的吊诡说明了外部与内部之间,或者说表象与实际之间存在着一种断

---

[1] 《采菲录第四编》,第 251—252 页。这则故事里所用的"解放"(liberation)一词,与此前放足论述中所用之"解放"(解〔除裹脚布以释〕放〔双足〕),在语义上有所不同。关于 20 世纪二三十年代早期共产党的论述里,就"解放"一词所产生的论辩,见 Harriet Evans, "The Language of Liberation: Gender and *Jiefang* in Early Chinese Communist Party Discourse," *Intersection: Gender, History, and Culture in the Asian Context*, inaugural issue (Sept. 1998): 1—20。

裂。在下一章里,我们将指出,隐藏在缠足历史的终结过程里的,正是这种意义的断裂与往复。

反缠足运动,包括它的天足修辞与组织化的放足实务,就其所宣称的启蒙目标而言,确然获得了相当成效。通过传播有关缠足的新图像和新知识,这个运动消除了此一风俗早已被过度绘声绘影描述的神秘性。现代中国国族主义和女性主义的基本前提——进步的必然性和个体的自主性——是在清室覆亡之前数十年间的反缠足论述中逐步成型的。到了民国初年,尤其是 20 世纪 20 年代,放足运动成为最先将一种启蒙知识域(an enlightenment episteme)推展到像山西这样的内陆省份乡间的组织化改革努力之一。

以往在学术界里,反缠足运动莫不被颂赞为中国妇女解放历程的里程碑,不过,对于这份乐观,我在研究结论里,倒是仍有所保留。① 界定和表列放足运动的"成功",有其内在困难,这是我的第一层保留。天足修辞以及随之而来有关奇迹式改造身体的叙事,意味着道德的和本体论的确定性。然而,在统计数据的人为精确性背后,其实没有任何客观的、放诸四海而皆准的指标可以测量作为一种成功、恒久状态的放足。就拿官员们念兹在兹的放足人数的层次来说,"成功"是不是指有某个百分比的女子在查

---

① 在一片近乎全面颂扬反缠足运动成就的论述文章里,出现了两篇唱反调的例外,格外引人注意。首先,林维红在她的先驱研究《清季的妇女不缠足运动》里,从地方层次剖析了晚清的反缠足团体,并指出,由于面临保守乡绅的强烈反弹,这些团体的实际效果是颇值得怀疑的。她也批判这些团体所抱持的男性偏见,还致力于寻找当时精英妇女的参与记载。其次,杨兴梅(《南京国民政府禁止妇女缠足的努力与成效》)在其针对南京国民政权反缠足努力的评估研究中,特别强调那些令妇女们觉得缠足是合理选择的诱因结构。这是一项重要的典范转移。

脚员大驾光临的那一天,解除了她们的裹脚布呢? 还是说,"成功"指的是年长妇女在一段较长期的时间里,不再紧紧缠裹她们的脚呢? 若再谈到个人的层次,这种含混性就更明显了。如果一位放足妇女在经过几个月之后,却因为不舒服或改变心意而又重新紧缠她的双足的话,我们要怎么定位这种情形呢? 如果弓形脚底变得较为平伸,但四趾仍维持内折的话,算是缠足还是放足呢?

　　这类含混性所反映的,不仅是语义问题,更揭示了一开始就使得反缠足运动深陷泥沼的权力不平等问题。"天足"和"放足"都是基于一种优势地位而产生的"巨型"范畴,其表述无关乎妇女体现生命所存在的关怀与律动。"天足"依其定义,是一种她们已然失去的原始状态,因此天足范畴等于是宣告她们永世不得翻身,只能祈求奇迹出现;而"放足"则将她们摆在被动承受的位置。难怪缠足妇女——不论年幼或年长——都不从这些观点思考。当运动盛极而衰之后,她们照旧添购或制作平底坤鞋,而且,坤鞋的缀饰尽管仍维持传统花样,却搭配上桃红、洋红、宝蓝这些只有进口化学染料才调制得出来的流行色泽。

　　反缠足运动最鲜明的缺陷,乃是该运动对待缠足女子时所表现出来的那种敌视女性的态度。清末民初最主要的男性思想家们,莫不认定缠足女子为戕害国族发展的废物和祸水,反缠足运动则延续此一思路,若非视之如幼稚童蒙,就是在公开场合掀露其身体,恣意嘲笑或查验,以逞羞辱。羞辱的根源并不在于权力滥用或行政瑕疵,而是深植于促使"放足"成为当务之急的国耻心态。更何况,公开羞辱式的运动策略,本身就是吊诡的:其初衷虽然是希望借此展示女性遭受缠足折磨的景观,唤醒人们,令人们在思想与行为上产生变化,然而在实际上,这种做法反而更加鼓励人们将"女性"联想到"被动"和"受害"。散播女性苦难叙事的人,不论他们是男性国族主义改革者,还是站在男性主体位置的城市知识妇女,则占据了权力的制高点。于是,一个女人在解放别人过程当中所争取到的自尊与自由,与另外一些女人被逼承受的羞耻与束缚,其实有着必然的关系。

第三章 "缠足如古董": 不合时宜的爱莲者(1930年代至1941年)

　　回顾反缠足运动,它最显著的成就在于,通过影像和文字表述,创造和传播了有关缠足/天足的新知识。人们之所以想"回顾"——也就是回首往事——首先要有一种"缠足已经过时"的认知。这过时感使一部完整的、画上休止符的缠足历史成为可能。缠足成了过去式的最佳明证,是出现在20世纪30年代通商口岸一系列以《采菲录》为名的百科全书式编纂,其中涵盖了有史以来所有与缠足相关的资料。《采菲录》诸编是姚灵犀(1899—约1961)的心血结晶,他是出生于江苏丹徒的文人,曾辗转在各地政厅担任闲职,后来定居在天津的英租界。① "采菲录"原为天津的娱乐小报《天风报》副刊里的一个专栏名称;该专栏连载于1933—1934年,内容以刊载前人谈论缠足的文献,以及姚灵犀本人和友人、读者们的相关撰述文字为主。

---

① 姚灵犀一家人在天津的住址为英租界孟买道义庆里58号。Ruth Rogaski告诉我(2000年12月间的私下讨论),这一带的居民主要是中低阶层的华人。我们对于姚灵犀(笔名训祺、君素)的生平所知有限,现有文献提到的,大抵不出他在《采菲录》里提到过的讯息。不过,我有幸检阅台湾柯基生医生私人收藏的姚灵犀诗文书信手稿。关于姚灵犀的资料,柯医生的收藏无人能出其右。从这些手稿来看,中华人民共和国成立后,姚灵犀依然活跃于文坛,并曾写过庆祝"三八"妇女节和"五一"劳动节等诗作。根据他的朋友徐振五写于1961年的一首诗,姚灵犀出生于己亥(1899)11月30日。姚灵犀的最后一首诗作,写就于1959年。在此我要特别感谢柯医生慷慨借阅他的收藏。

　　这些文章经姚灵犀选编为五部集子，陆续于 1934—1941 年间出版。第六部也在 1941 年印行，不过这是一部精选集，摘选了前几部里值得重刊的作品。① 因此，这些文章中较受欢迎的数篇，等于穿梭了好几个回路：从原出处到小报，从小报到书籍，书籍到"精华录"，从印刷文字到口耳传播，然后再回到文字。这般迂回曲折、反复征引的结果，成就了可谓"汗牛充栋"的庞然大物，打印在六册约莫两千页纸张上的字数，超过百万。就算没有因为战争而告中止，它可能也会因为材料枯竭、无以为继而结束。也就是说，到了 20 世纪 40 年代，关于缠足，再也没有任何资料是值得铺陈，或是人们还未有所知的。

　　虽说里面所收入的文章，其性质从学术、科学到自传，从艳情到诙谐都有，不过，《采菲录》给人的感觉，散发着浓厚的色情意味：男人为了男性欢愉和商业利益，不惜向读者披露女人的身体。姚灵犀并不讳言他的盈利动机，而且如我们将看到的，对于某些内容露骨的性描写，他同样直言不讳。然而，这部"色情作品"的态度，相当认真严肃，否则也不会以网罗文献和广搜知识为目标。像这般的穷尽收集和记录，等于是建筑一个自成一格的空间，在里面，分歧杂乱的零散资料，得以经整理、编排和上架而形成一个完整的知识领域。

---

① 《天风报》刊行于 1930—1938 年间，《天风画报》则刊行于 1938—1939 年间。感谢关文斌帮忙找出包括这一则在内有关天津的材料。姚灵犀原计划出版上、下两册《采菲精华录》，不过下册始终未曾付梓。我尚未发现销售量方面的资料。《采菲录（初编）》（1934）定价国币一元五角，大约是一般书价的十倍；虽然价格不菲，却相当畅销，并于 1936 年元月再版（再印），而且，《初编》再版后一个月，《采菲录续编》（1936）即已出版，定价一元五角；接着出版的还有《采菲录第三编》（1936），定价一元二角；《采菲录第四编》（1938），定价一元五角；《采菲新编》（1941），定价三元八角；以及《采菲精华录》（1941），定价三元五角。

姚灵犀与友人:收藏"凋零"

《采菲录》是座宝山,入得其中的学者,没有空手而回的;Howard Levy 即为最典型的例子。他们会摘取里面的若干记录,当成是缠足史实某个面向——缠足的地区分布、逐渐没落的情形,或是缠足女性的体验——的文献证据。不过,对于这样一部刻意以集大成为目标的文本,我们不应任意断章取义地引用。《采菲录》所承载的真实讯息,乃是嵌合于其极具百科全书架势与系列感的形式中,这个形式的构筑,则又是经由反复的文本模仿、回收和发明过程而产生的结果。[①]

纵观其连载化、片断化的资料形式,以及为了编纂续集而公开征稿的做法,《采菲录》都近似传统的丛书集成或事类辑要。然而,编者与作者的社会位置、他们的怀旧情怀,以及他们生产的知识性质,却不折不扣是通商口岸这种现代都市文化的产物。《采菲录》的世界,因而充满了矛盾性,但对姚灵犀和他的朋友来说,这显然并不是什么大不了的问题。

话虽如此,他们对于自己的爱莲嗜好,却着实觉得难以启齿。自从 19 世纪 90 年代反缠足团体蓬勃发展之后,已然过了30 个年头,到了 20 世纪 30 年代,谴责缠足早已成为沿海都市知识阶层的规范性共识。在一个拒认年代(an age of disavowal)里,作为缠足及相关物品的赏玩家,是件不便明说的尴尬事。

---

① 《采菲录》各编的单元,大致包含如下类别:"序文""题词""对于《采菲录》之我见""考证""丛钞""韵语""品评""专著""撮录""杂俎""劝戒""琐记""谐作""附载"等。这个分类缺乏明显的逻辑,各单元出现的顺序也不固定。因此,就其格式而言,《采菲录》与传统的丛钞或笔记相似,都依取得的材料进行增删编纂。

姚灵犀以及同道友人，非常明白他们的癖好有多么荒唐可笑，也知道根本无法自我辩解。只不过，他们还是姑且一试。

其中最精彩的辩词，出自湖南文人兼小说家陶报癖的手笔；这个人据说在 1927 年时，因得知共产党攻占他的家乡长沙，并下令解放缠足之后，惊吓过度而死亡。陶报癖是一位死忠派莲迷，留下不少名言："〔陶先生曾表示〕缠足如古董，吾人虽万无定造古董之理，但现有者而加以欣赏，似无不可。"（采初：第 356 页）他对"欣赏导致提倡"的反驳，等于是再度强调，缠足的文化体面性一去不复返，已成定局。① 陶报癖的仰慕者邹英解释道："有人对此问题稍有论列，即贻提倡之讥。其实即欲提倡，亦无法提倡。舍难就易，人之恒情。吃痛苦而又不摩登，世无此傻女子。故缠足习俗之根本革除，乃自然之趋势。"（采初：第 355 页；采续：第 289 页）

邹英住在上海，后来成为姚灵犀的副主编；他自称是现代历史进程的观察者，体认到时代趋势之不可逆阻。② 我们无须猜想他的这番话是出于真心，还是言不由衷。在 20 世纪 30 年代，通商口岸的读者认定缠足象征着落后，提起来就语带轻蔑。邹英与陶报癖拒认缠足的态度，也反映在姚灵犀为他的编纂作品选定的书名。"采菲"是一个巧妙的双关语，这个词汇至少可以有两种解读，二者皆扣连到一种针对缠足的直率看法。"采菲"一词，出

① 陶报癖娴熟多种文类，著作颇丰。他有一篇谈论缠足赏玩文化的文章，从中可以看出他对各地缠足风格和习俗相当熟悉（采初：第 127—134 页）。亦见他的诗歌作品，这些可能是朋友之间的饮酒戏作（采初：第 100—109、116 页；采四：第 82 页之后）。据说他写了"百万余言"的《莲史》，但在他死后，手稿就被妻子烧掉了（采初：第 290—291、355—356 页；采三：第 185—188 页）。他也写过一篇书评文章，名为《前清的小说月刊》，收入 1922 年出刊的《游戏世界》杂志。
② 邹英是朱承与的笔名。在《采菲录》团队之中，他是撑到最后的成员，1949 年后，继续留在上海。退休时，他是一位店铺店员。遗憾的是，他已于 2001 年过世，我因而失去了访谈他的机会。感谢杨绍荣先生告诉我有关邹英的生平。

自《诗经》：

采葑采菲

无以下体

在释经传统中，一般对这句诗的译解如下："勿以其根（下体）之恶而弃其茎之美。"换言之，即使看似一无是处的身体，亦有其优点。姚灵犀于是搬出这套诠释：尽管缠足确为"妇女下体之瑕疵"，但我们不应该因而诋毁女性的身体，对于这个课题，也不应该避而不谈。（采续：iii-iv）同时，姚灵犀与他的小报读者都心领神会到，"下体"更直截了当是阴部的代名词。不管《诗经》的原意若何，他们对下一句可以解成为："千万不可小看女性的私处。"①

姚灵犀与陶报癖这些赏玩家将缠足形容为逐渐消失的残景——虽说残景，但它不是某种虚幻魅影，而是具体实实在在的存在。《采菲录》里反复出现的一种表述，生动地传达出生活在过渡时代的感伤："俯仰之间，已成陈迹。后之视今，亦犹今之视昔矣。"（采初：第161页；采续：第370页）按照他们的说法，他们对于金莲的迷恋，既不是为了复兴一项濒临灭绝的风俗，也不是打算逆抗历史的潮流，而只是想要为后世之人，留下一些文字和图像的雪泥鸿爪。爱莲者们还认为，这些印记必须从历史客观的角

---

① "采菲"一句出自《诗经》里的《邶风·谷风》。Arthur Waley 如此英译此一诗句："He who plucks greens, plucks cabbage/Does not judge by the lower parts."(*The Book of Songs*, trans. Arthur Waley〔New York：Grove Press, 1996〕, p. 30.)历来学者普遍认为，这首诗歌表达了弃妇的哀怨。不过，这两种蔬菜较受重视或轻视的部分，究竟是根还是叶，他们的意见并不一致。有关王夫之的文本解读和评论，见金启华译，《诗经全译》（江苏：江苏古籍出版社，1996），第76—79页。"下体"解做阴部，提倡者为李渔，见他的《闲情偶寄》（上海：上海古籍出版社，2000），第146页；亦见周作人的引述，见舒芜，《女性的发现》（北京：文化艺术出版社，1990），第240页。方绚和李渔都操弄了"采菲"一词的暧昧意义，游戏于猥亵性和经学正统加持的神圣性之间。

度详细检视;每个时代的风俗,也应当放在当时的主流价值脉络之下,方能给予适当评价。

赏玩家一心想要扮演民俗学者采风的角色,这对他们来说,更是时不我待的当务之急。他们也使用了20世纪30年代盛行的民俗学(ethnography)运动语汇:"〔姚〕灵犀是要趁着缠足的妇女,未死尽亡绝之前,作出一种'风俗史'。若以为《采菲录》是提倡缠足,那么,研究古史,就是想做皇帝了;贩卖夜壶,就是喜欢喝尿了!"(采初:第7页)皇帝统治的时代过去了;缠足已然凋零,行将消逝。既然同为帝制岁月的陈迹,它们也就顺理成章地并列为思古怀旧的对象。夜壶? 那不过是个不伦不类的比方。

民俗新知的生产

打着保存风俗史料的旗号,《采菲录》的编辑团队向全国读者征求忆往文字、访谈录、调查报告、照片、图画,以及弃置不用的小脚鞋。他们所寻访的,是一种经验性的知识,而他们最欢迎的记录仪器,则是照相机。姚灵犀和邹英一再劝说读者拍摄清晰的小脚照片,或寄送这类明信片,如果都做不到,也可绘图以代(采四:第200页)。一名读者认为这种积极研究的精神,乃是一项值得效法的西方文化特质:"曩阅西人治中国风俗史之专著,率将吾国妇女纤趾之**真相,赤裸裸**的以照相机摄取(或绘图)附刊书内:有正面者有侧面者;有足指足心足踵扬起摄之者,俾读者窥其全豹者。"(采初:第354页;我的强调。)比起文字,相片和绘图被看成是更周全的记录方法,因为就像X光机一样,它们以写实的手法,揭露了内部的"真相"。

西人不仅留下了各种视觉角度的影像,甚至对缠足生活整个时间序列都有所记录:"有方缠脚布时摄之者;有已缠脚布正在着鞋时摄之者,有藕覆绣履一律着好,整个摄之者;至于缠脚布及各种绣鞋,亦有分门别类之照片。……此虽基于西人之好奇心切,要其对于一事一物,研究精神之奋勇,吾人不能不输其一筹。"(采初:第354—355页)由此而论,西方人所独到的,并不是他们的显像仪器,而是他们锲而不舍的穷究精神,以及无所不看的全视之眼。

姚灵犀把这项呼吁放在心上,后来就在《采菲精华录》(1941)中新增了40幅照片(摄影者应该是中国人)。其中有一些是综合性的研究,显示了鞋底、鞋跟和鞋身形状,因时因地而呈现出来的差异。表面看来,这标示着从20世纪20年代后期起,客观实证的科学主义确实已成主流。不过,大多数的赏玩家似乎志不在此。[1] 例如,不少以"科学观点"讨论小脚美学或跷足物理学的文章,若非游戏之作,也总带着些谐仿的味道(采四:第54—63页;采续:第103页)。很明显地,读者无须崇尚科学,就可以痛快地欣赏小脚名妓的写真。

不过,若干赏玩家确实是实证科学主义的信徒,胡燕贤即为个中翘楚。《采菲录》里常可看到他的文章,其中不少是图文并茂的综合性研究;他的测量和制表,令人咋舌,每每显露出惊人的精确性。胡燕贤是北京人士,在一份表格里,他记录

---

[1] 关于20世纪20年代实证科学主义的大获全胜,见D. W. Y. Kwok, *Scientism in Chinese Thought*, *1900—1950* (New Haven: Yale University Press, 1962); Charlotte Furth, *Ting Wen-chiang: Science and China's New Culture* (Cambridge, Ma.: Harvard University Press, 1970);以及Prasenjit Duara, *Rescuing History from the Nation: Questioning Narratives of Modern China* (Chicago: University of Chicago Press, 1995), p. 93. 亦参见《采菲录》的警告:"自己的两双眼还靠不住,何况旁的事物呢?"(采初:第9—10页)

了制作"天足旗鞋"的 20 个步骤，以及相关的裁缝程序；"天足旗鞋"是指流行于不缠足的满洲女子和汉军女子之间的鞋式（采初：第 206—209 页；第 229—230 页）。他还针对其他题目，更加不厌其详地将各种细节资料公之于世：脚部各部位的长度（包括未缠与紧缠状态的比较），制成一个包含 32 行 5 列的表格；鞋子的构造，包括了 14 个部位，以图绘、图标和注解的方式表示之（见图六）；一百年来鞋底的六个演变阶段，其解说辅以两组图绘，一组为断面图，另一组为俯视图（见图五）；以及，袜子的设计和样式（见图八；采初：第 221—229 页）。假如胡燕贤的本意，是希望以这种过分详尽的记录方式，作为一种对实证主义的反讽的话，这个策略恐怕并未奏效，因为要做到像他这样毫分缕析的测量图绘，实在太过吃力，因此他给人的印象，是不折不扣的科学测量服膺者，要为缠足从里到外留下全方位记录。

分析到此，我们可以开始领会到，即使这些爱莲者宣称他们只想记录一个行将消逝的风俗，他们实际上却是在《采菲录》上一页页地创生新的知识。缠足在进入终结阶段之前，从未被如此巨细靡遗地摄影和测量。科学的写实主义取代了文学想象，成为缠足真相的指南针。这些赏玩家抱持的认识论，以及他们的记录工具和媒介，全都属于现代的产物。不论是否辅以图像资料，文字讯息经过印刷刊行，本身就已极具感染力，尤其在现代运输系统发达的时代里，这些讯息得以流通于各商埠的小报版面和大量生产的书籍中，更可能使得它们与人们的日常生活之间，产生千丝万缕的纠葛。

在过渡年代里，人们从切身经历中得到的缠足知识，愈来愈稀少，《采菲录》各编于是成为实务教材和指南。连续出版几编之后的数年里,读者开始实地走访书中描写的城市或地区,有的人还随身携带此书,就像今日的观光客手持旅游指南一般。他们甚至开始将游历心得投稿至《采菲录》。一名读者坦承,他对缠足的了解,完全得自姚灵犀的专栏。他后来移居天津,那里正好也是姚灵犀居住的城市。他查访了当地的妓院,写下他见到两名缠足妓女的经过,寄至姚灵犀主持的小报。后者随后就去拜访二女,并写了几首诗纪念这段"艳遇",稍后出版的《采菲录》也记载了这段故事的来龙去脉(采四:第313—316页)。①

为了强化"文本—生活—文本"之间的连结,姚灵犀于1938年成立了"访莲社",并拟定一份社约:"凡读《采菲录》而感兴趣者,皆为同好",尤其欢迎"擅于绘画摄影雕塑之同好者加入"(我们可以注意到他们对视觉性的强调)。如果发现"诗词文字,有关采菲资料者,或本人之文言作品",姚灵犀将于审订后,交由《天风画报》刊出,集成编入《采菲录》。"与莲足接触之情形"的意见、感想或研究,都极有价值。他对"绣鞋罗袜藕覆"等一切"妇女下体饰物",不论其为实物还是摄影,也都很感兴趣。如系实物,他愿意付费使用,"愿割爱者,亦可商价由社购买"。如系相片,可由社友付费翻印复制。弓足和天足的良好照片,也都欢迎。社约之后并附上详细的寄件说明,包括姚灵犀在天津和邹英在上海的收信地址。他们每个月都会"油印新社友通讯处,分别传知"(采四:第201—203页)。

对于社友的期许,不仅在于传播消息,还希望他们能一起收

---

① 每一册《采菲录》都像是一种"引述回路"(loops of quotations),让人想到本雅明(Walter Benjamin)所说的,"语录"(collection of quotations)阐明了语言的无尽的、再生的连载性(seriality)。见 Susan Stewart, *On Longing : Narratives of the Miniature, the Gigantic, the Souvenir, the Collection* (Durham and London: Duke University Press, 1993), p. 156。

集资讯:"如有缠足妇女愿为展观者,可介绍为之摄影;如于北里中见有纤足之妓,应随时将其姓名、行辈、年岁、籍贯、班名、住址等,详示本社,以便调查。"(采四:第202页)虽然姚灵犀和邹英并未言明读者的性别,不过,很明显的,姚灵犀和邹英心中设想的读者,全都是男性;只是我们并不清楚有多少人加入访莲社。如同一份刊物的"凡例",这份社约简单扼要地表明了《采菲录》的编辑立场和取舍偏好。①

访莲社扮演了缠足资讯和物品交流中心的角色,但是如此一来,姚灵犀早先信誓旦旦的声明——"欣赏不等于提倡"——也愈来愈站不住脚。他或许真的没有诱使现代女孩开始缠足,但是持续活化相关知识和讯息的结果,至少促进了赏玩小脚的文化和风气。② 此一赏玩文化,即使运用了调查科学和民俗学的现代语言,在本质上和修辞上依然带有浓浓的怀旧气息。姚

---

① 《采菲录》的专栏和选编,随着时间的推移,重点亦有所改变。起初,较多的篇幅用于传统文献的汇编,以及科学性的调查,里面刊载的文章也有较高的水准。不过,可以理解的是,优质材料终将穷尽,滥竽充数在所难免,后来收入的文字,就其调性和内容而言,愈见浮泛,而且,也有愈来愈多的第一人称叙事,里面常常充斥着性描写。访莲社的成立,可视为编辑者的努力,一方面可以扩大读者群,另一方面也想要借此提升来稿品质。根据访莲社的一份启事,该社欢迎"现仍缠裹或已解缠的妇女"("过渡时代的女同志")借来信询问有关"莲足内部之整形或外部之修饰"方面的问题,并且说道,有位名为陈静筠女士的专家,将会专函答复(采四:第366页)。至于是否真有妇女去信询问,我们并不清楚。

② 姚灵犀委婉地表示,不少年轻读者确然因为他的专栏而心生缠足的念头(采四:第343页)。其中包括一名久病不愈的男学生,希望缠足以产生护身符的作用("厌胜"),向姚灵犀请求软骨药方,姚未答应,但约见对方,姚并请一位医生朋友同往,不过该生并未赴约(采初:第220页)。另一个例子是一名15岁大的女孩,她写信给姚灵犀,请教能够使双足在最短时间内缠小的速成方法,以宽慰她那位在异乡工作、即将返回的守旧父亲。姚灵犀原本怀疑这封信是恶作剧,后来又接到来函,为信中内容所说服,相信确为女孩手笔,于是将女孩的问题转介给他的朋友,以求集思广益之效,他后来也把相关信件和友人函复都刊载出来了(采初:第356—361页)。这是有关女性声音的一个极端例子,在此,她的文本被认定是真实的,但她的请求在本质上,在拒认年代里显得如此捍格突兀,以致令人怀疑。关于《采菲录》里一系列的女性声音,以及其中的真实性问题,在本章后面还会有所讨论。

灵犀所认同的,并不是积极前瞻的现代性推动者,而是已经淡出文化舞台的旧式文人。也因此,他以"社约"形式宣告访莲社的成立,并非偶然之举。这种文类在晚明时期极为流行,在当时,吟风咏月的骚人墨客,或是风流倜傥的复社名士,都有相邀结社的作风。

包括姚灵犀、陶报癖、邹英和胡燕贤在内,这些赏玩家都经过相当程度旧式教育的洗礼,有足够的能力自我装扮成风流才子。姚灵犀赖以名垂文学史的,并不是《采菲录》,而是《金瓶梅》研究〔译按,姚著《瓶外卮言》(1940)被奉为中国第一部"金学研究"专著〕。不过,采菲同仁最基本的身份,是再现代不过的新文化报人。即便陶报癖这个金莲世界的老前辈,亦自名为"报癖",亦即,"沉迷报纸"的人。固然可以说,他们都属于夹在新旧文化当中的"过渡人物",不过与早数十年前晚清的"过渡作家"如汤颐琐和徐珂相比,这群赏玩家在姿态上有绝大的分歧:他们冀望通过回顾的途径,而非前瞻,来把握当下一刻。在新浪潮的冲击下,旧风习老事物都一个接一个消失得无影无踪。寄情金莲,为的不是要力挽狂澜,而只是驻足品味俯仰之间将成陈迹的点滴。这种怀旧心态,其实正是他们现代性的最佳表现。

这群采菲文人缺乏自省剔励,与"五四"及国难时期以天下为己任的知识分子全然两样。他们既欣赏缠足,又不以为然;科学测量也好,文学渲染也罢,他们都不反对;他们所抱持的,就是诸如这般无可无不可的态度,却又看不出有什么不协调之处。他们的金莲世界里并没有矛盾,只有不成体系的零散知识,还有令人心醉的断肢残体。他们的肩膀上,无须顶住"黑暗的闸门",只有无限快感和欢娱。他们没有认同危机的焦虑,只有宿醉和睡眠不足。光就表面来看,这群征集、供应和传播有关女子小脚知识的人,似乎是现代中国最为快活的男人。

拟仿的怀旧:旧文人、新玩家

赏玩家的游戏心态,不应被误解为漫无目的。自从 1905 年科举考试废除之后,显然有一群男性文人普遍将"游戏"当作一种生活方式和写作模式。废科举诚然在象征和实质意义上都是划时代的大事,儒家文化的权威,从此一去不复返。它正式宣告,掌握古文和熟稔经传的能力,不再是取得政治权力的晋升之阶,这个发展,一方面形成了真空和断层,另一方面也带来了新的机会元素,包括作为娱乐以及为了娱乐的书写。"游戏"或"消闲"再也不能等闲视之。① 过去,学术界对于废科举效应的探讨,侧重的面向在于规范帝制中国生活的道统一旦被扫除之后,牵动了什么样的焦虑感。通过"游戏"重构新规则的积极意义,却往往受到忽略。

在中国现代史册里,众所公认的重大转折,都是政治事件:从 1898 年戊戌变法到 1911 年辛亥革命;从五四爱国运动到北伐。至于个人的、感情的和感官的层面,则完全一笔勾销。假如暂时跳脱国族主义改革者和革命家所铺排的政治世

---

① 在晚清小说的世界里,"游戏"与"消闲"的风格模式,不但位居主流地位,更是发行于苏州的《礼拜六》周刊的编辑宗旨。《礼拜六》这个名称乃是仿照美国《星期六晚邮报》(*The Saturday Evening Post*),它常被视为"鸳鸯蝴蝶派"小说的大本营,这类小说是一种流行的都会娱乐形式。另一位小说作家、自称"游戏主人"的李宝嘉(1867—1906),于 1897 年创办《游戏报》。同年,还有一位重量级的小说家吴沃尧(1866—1910)也创办了《消闲报》。见樽本照雄,《清末小说闲谈》(京都:法律文化社,1983),第 5—8、252 页。

界,凝神细听的话,我们将会注意到,在姚灵犀等人的世界里,竟然还有一种我们极为陌生的慢节奏与副旋律。这是一个被正史遗忘的世界,在里面的,是男性私密的娱兴、无助于主流理论构筑的片断知识、专注于细枝末节的自我耽溺,以及一股无关国计民生的热情。这群流连金莲世界的男人,与其说他们拒抗国族历史,倒不如说是相忘于江湖。不过,当他们把玩缠足之同时,也"游戏"了现代马不停蹄的时间感觉,如此一来,他们等于是在国族历史紧迫的步伐之外,为自己开拓一块宁静私密的乐土。[1]

赏玩小脚涉及两种怀旧性的时间回归(regression in time)：其一是对于个人童年的补偿心理,我们稍后会再讨论这一点;其二则是对于拥有男性特权的旧式文人的谐仿。自从废除科举之后,培养旧式文人的土壤随之消失;旧式文人在小脚赏玩家的心目中,真正成了"典型在夙昔"。更惨的是,王朝体制灰飞烟灭,旧式文人成了空壳子皇室的"遗老"：他们本应服侍的皇帝,以及他们曾经宣誓效忠的王朝体制,已不复存在。同属不合时宜的过来人,效忠前朝的遗老与缠足妇女的处境颇为类似,堪称同病相怜,这个现象也许有助于解释他们对她们的认同。穿破长衫的腐儒和蹒跚而行的小脚妇人,在民国初年的大街小巷,仍然具体可见;只要这些"历史文物"在街市上或报刊杂志上出现,都难免会有人指指点点。不过,慢慢地,个别生命总会一一殒逝,整个体制终将划上句点。在这之前,他们宛如"时代游魂"的身体,成了现代人嘲笑、挪揄和同情的对象。

《采菲录》里出现的爱莲同仁并不是一个同质性的组合。他

---

[1] 正如Susan Stewart提醒我们的,"微型"(miniature)与对童年的怀旧乡愁有关。体积小的东西也让人觉得易于驯化和操弄(*On Longing*, p.69)。

们的世代差异,可以通过他们与远去的旧文人世界之间的距离来
衡量。陶报癖属于较年长的一代,他扮演着一个关键性的角色,
衔接了 19 世纪末的"新小说",以及 20 世纪 30 年代通商口岸盛
行的画报风潮。从陶报癖及其同时代文人的文学生涯中,我们可
以看到,"小说"如何成为古典小说、晚清小说和现代报刊等分歧
文类的共同元素。①

陶报癖(1927 年卒)是一种新文类——刊载于杂志的小说,
多半以连载形式出现——的创作者兼评论家;此一文类承袭了旧
日赋予八股文的文化声望。在一篇名为《小足捐》的短篇故事里,
陶报癖开启了视缠足如古董的赏玩文化,后来亦为"采菲"团队所
追随。小说的时代背景设在 1904 年,亦即,废除科举考试的前一
年;故事初刊于 1907 年的《月月小说》,这本杂志的内容,以原创
的短篇故事和翻译的侦探故事为主。陶报癖的小说以文言散文
写成,里面充斥着传统的官场术语,故事主人翁为一名六十开外
的老巡检,这是一个猥狯可怜的角色,花钱买了一个候补官衔,但
多年来始终无法获授实缺。他的外表,反映了帝制中国末期的病
容:"骨格饱受辛苦,容貌黄瘠,步履蹒跚,精神极委顿。细审之,
似癖嗜鸦片,又似色欲过度。"②

故事开始,老巡检循例禀见上司某道员,伺机钻营,不过

---

① 晚清小说是一种巨型文类,里面也包含了戏剧和诗歌,它与传统小说文类的差别,
主要在于其文稿付梓面市后,在书报摊上销售的速度(康来新,《晚清小说理论研
究》〔台北:大安出版社,1986〕,第 239—256 页)。王德威认为,晚清时期乃是中国
"文学现代"的开端(*Fin-de-Siecle Splendor : Repressed Modernities of Late Qing
Fiction*, *1849—1911*〔Stanford, Calif. ; Stanford University Press, 1997〕)。
② 陶安化(即陶报癖),《小足捐》,《月月小说》第一年第六号(1907 年 2 月),第 177—
186 页;引文摘自第 177 页。《月月小说》杂志创刊于 1906 年 9 月,1908 年 12 月停
刊。陶报癖的这篇短篇小说刊载于 1907 年 2 月,当时的杂志主编为吴沃尧(见樽
本照雄,《清末小说闲谈》,第 13 页)。陶报癖本籍湖南安化,便以"安化"为笔名。

道员正在发愁:近年来,朝廷因为庚子赔款和训练新军的巨额开销,负担甚重,要求各省共体时艰,摊款应急,影响所及,地方财政亦感支绌窘迫。老巡检为了讨好上司,回家后绞尽脑汁,想要拟出一个筹款妙计。他在搜索枯肠、计无所出之余,蹒跚踱步进入内室,看到小妾正坐在床沿,低头若有所思。"其筹虑家政困难欤?其勤习针黹事业欤?否否,彼盖料理其如蚕自缚之小金莲,借以献媚于此老头子之前,为此老头子之玩具。"(第179—180页)仿佛附和反缠足运动口号似的,这段话述说了缠足如何将本来应从事生产的女子,化为男人的性玩物。在这则故事里,陶报癖从头到尾都不曾对爱莲者表示一丝丝同情。

小妾的双足激发了老巡检的灵感。他立即召来两名家丁伺候笔墨,随即拟就一道奏章,公文格式,样样俱全。他所构思的,是一个完美的征税计划:"缠足之害,世所共知,历代相沿,一时颇难尽禁。不如倡立小足捐,使其不禁自禁,则国家得此一时之利益,妇女免受无妄之灾殃。……凡妇女足小二寸余者,每日收捐五十文,按寸以十文递减。若大至六寸者,即行免捐。"[1]道员看了他的章程,大加赞赏,将之转呈上级批示。

不过,对于这个方案,上级长官颇不以为然,认为此事既贻笑大方,又不可强力推行,还有招致社会动荡的风险。要派谁按户稽查度量呢?如果原已仇视传教士的人们,误以为这是教会中人欺压中国,强令改变中国百姓生活的又一例证,以

---

[1] 根据这个税捐构想,"六寸"成为判定是否缠过脚的标准。"小足捐"的构想来自一篇名为《天足会陈词》的文章,刊载于《万国公报》1900年(光绪二十六年)正月号;该文亦收入李又宁与张玉法合编的《近代中国女权运动史料》(台北:传记文学出版社,1975),第854—856页。

致酿成事端巨祸时,要怎么办呢? 老巡检仍不死心,想要寻求同僚的支持:"此等捐项,足以改良恶俗,启发新机,国计民生,交相裨益,竟决然不能开办耶?"一名同僚回应道:"君欲谋裙下风流差事乎? 未知如夫人之纤纤莲瓣,肯否先放? 不然,君既得风流差事,中饱自由,断难免先捐风流款也。"(第183—185页)①

小说里的爱莲者是个丑角人物,腐败又老朽。他的欲望对象也以落伍可笑的形象出现,是一个旧时代的陈迹。陶报癖身为缠足赏玩家,却并未在这则故事里美言缠足,而只传达了一个讯息:放过女人吧! 缠足有如古董,既已不合时宜,它的存在,来日无多,很快就会消失。过度扰民的国家机器和需索无厌的官员们,同样也在陶报癖的讥讽之列。②

在帝制时代行将就木的20世纪头十年里,缠足文化与科举制度之间的内在关联性,也愈见清晰。《小足捐》以及本书第一章

---

① 正如小说情节模拟了现实生活一般,现实生活有时也与小说故事若合符节。根据姚灵犀的记载(采四,第155、171页),显然有一名徐姓湖北候补官员(听鼓鄂省)曾经拟了一篇"条陈",建议开征小足捐,论寸计捐,一如陶报癖小说里所描述的。但未知陶、徐二人的说法孰先孰后。〔译按,姚灵犀在记载里所说的"徐姓候补官员"即被誉为中国近代兵工业先驱的徐建寅(字仲虎,1845—1901),他曾与傅兰雅合译《电学》《兵学》等西书,历任山东机器局总办、福建船政提调等清末工业机关的职务,也曾以参赞身份出使德国,后为张之洞招揽,赴湖北担任汉阳钢药厂总办、炼钢厂总办候补道,1901年3月间实验无烟火药时,发生意外,当场殉职。1899年冬,天足会在上海工部局练兵堂召开大会,包括徐建寅在内的中外官绅名流150人获邀参加,席间徐建寅曾有开征小足捐的议论,其讲辞经《万国公报》编辑蔡尔康删节后刊登,即前注所说的《天足会陈词》一文,而陶报癖写《小足捐》,便是讽刺徐建寅的这篇陈词。至于姚灵犀说徐建寅曾撰写奏章性质的开捐禁缠足"条陈",而非会议发言性质的"陈词",或属误会。〕

② 以此而论,《小足捐》可归于晚清的谴责小说一类,对于气数将尽的晚清官场丑态,极尽揭露嘲讽之能事。这个文学类型在20世纪头十年特别突出,代表性的作品包括了几部知名度更高、篇幅更长的小说,如李宝嘉的《官场现形记》(1903—? 连载)、刘鹗的《老残游记》(1903—1904连载;1906—1907续载),以及吴沃尧(趼人)的《二十年目睹之怪现状》(1903连载;1906—1910续载)。

讨论过的《黄绣球》,都把缠足视为僵化体制的残余,一如八股文,以繁文末节包装言不及义的冗赘。繁琐的形式,遮蔽了内在的空洞、缺乏内涵和用处。① 清朝覆亡之后,将这两种前朝遗物相提并论的情况,愈来愈明显。《采菲录》里就出现一些当时流行的打趣比方:"女子之一双好小脚,譬诸文士之得意文章,未有不欲在人前卖弄者也。"(采续:第240页)还有一副对联,传说作于同治中兴时期,如此形容男人在帝制时代的顶尖成就和特权:"看如夫人裹脚;赐同进士出身。"(采续:第79、311页)文字与小脚的关联性是如此紧密,据说遗老文人叶德辉读书写作时,总爱握着姬妾的小脚(采四:第294页)。

帝制结束后,习惯享受种种荣华富贵的文人官员,如今成为怀旧性的羡慕或蔑视对象。态度的不同,取决于人们的政治立场,但是不论是哪一种态度,逝去的缠足风华,以及迷恋缠足的旧式文人,共同成为男性特权的象征。所以,尽管陶报癖嘲弄了候补官员,他自己最喜欢的消闲活动,却是有如旧式文人般的宴饮酬唱:一群朋友饮酒吟诗作乐,或定题(例如鞋带),或定体,或定韵,轮流唱和(采初:第100—118页)。这种玩乐形式,让人回想起上海的徐珂和汤颐琐的世界。乍看之下,拥护天足的徐珂和汤颐琐,恰与陶报癖相反。然而,有意思的是,陶报癖的《小足捐》,就语言和立意而言,都呼应了汤颐琐的《黄绣球》:这两个改革主义的故事,均借女足批判官

---

① 我在一篇稍早的论文里("Bondage in Time:Footbinding and Fashion Theory," *Fashion Theory:The Journal of Dress*, *Body & Culture* 1, no.1〔March 1997〕:3—28)曾指出,像这种形式与内容——或者说,再现与内在真实——之间的分离,肇因于一种现代的观看形上学。Timothy Mitchell认为,这种分离正是"殖民权力"发挥作用的主要模式(*Colonising Egypt*〔Berkeley:University of California Press, 1991〕)。

场。此外，对于官场文化的虚荣，以及官样文章的言不及义，陶报癖和汤颐琐也都展现了相似的熟悉度。事实上，这些"小说"作者来自相近的文化与文本世界，都擅于模拟传统文官百态。像这样精心模仿的姿态，标志着他们不折不扣地已然进入了现代。

"天足"与"缠足"的并接

汤颐琐和陶报癖之所以看起来如此相近，并不仅仅是因为他们处在相同的文化环境。此一相似性也根植于文献引述以及编纂过程本身的内在逻辑。"天足"这个崭新范畴，在其初现的时刻，被视为"缠足"的对立面。然而，在反缠足运动者所写的宣传品和论说文字里，此一陌生的字眼，必须通过长篇大论才能向人们解释清楚。在这种情况下，"天足"的拥护者于是撷取了既有"缠足"论述里的传说和表述，由此铺陈他们的论说；例如，他们就一字不漏地援引了潘贵妃、杨贵妃，或窅娘的传说，以说明缠足的源流。如此一来，"天足"论述经常与"缠足"论述呈现出奇妙的相似性。

徐珂搜考中国历史古已有之的天足实践时，从古代文献，包括考据文章和赏玩文学里，"回收"了许多段落，而且，常常原文照录，未加任何解说。假如把《天足考略》和《知足语》开宗明义的前言和后记删除的话，读者将无法从大批文本素材里，看出编纂年代和意图。唯一的例外是《天足考略》里，一段以"现代天足"开头的文字。其实，徐珂在《天足考略》文末补充的附录，正是一篇**缠足**研究，其篇幅也与他的天足考察摘述不相上下。①

这种奇特的并接,在《采菲录》里同样明显。《采菲录》选编了徐珂的《天足考略》及其附录,只作了极小部分的删节(采初:第43—52页);而在徐珂的文章之后,随即收录了传统爱莲者李渔和方绚的经典"品莲"文字。它们不仅同样被列入"考证"单元,而且也援引了相同的传说叙事和诗词文藻。如果没有明清赏玩文化发展出来的语汇——其中多为考据学者的旁征博引成果——"天足"将缺乏语言学上的基础,难以为继。摘取自典籍史册里有关缠足的零散诗文或故事,通过文字书写而流传,演变成为一套知识词语,不论它们是被用来歌颂还是抨击缠足,抑或只是客观陈述,究其内容,其实大同小异。②

这种游移不定的情形,最能表现在一位笔名为"莲痴"的诗人的作品中。他写了大量诗作,既有颂扬天足的作品,也有许多首题咏缠足及其相关器物的作品:咏鞋、咏睡鞋、咏鞋底、咏鞋样、咏鞋跟、咏鞋带等(采续:第73—91页)。他一会儿宣称:

> 仆性痴顽却喜莲,儿时目即注裙边。老来癖比前尤甚,

---

① 这种文本对称性亦可见于一份早期的反缠足文宣:上海长老教会于1894年刊印的《劝放脚图说》。根据姚灵犀的描述,这份文宣包含了十八"叶",每叶由两页组成,一页绘图,一页解说。前九则图文的主题与赏玩有关,如"古时美女";后九则的主题则与反缠足有关,如"缠脚痛苦"等(采初:第239—240页)。《采菲精华录》收入了其中一组图文,即"窅娘缠足"。第三个例子,见贾伸的《中华妇女缠足考》(北京:香山慈幼院,1925)。第四个例子为邱炜萲的《缠足考》(文后即为《天然足考》),收入他的笔记作品《菽园赘谈》(1897;《香艳丛书》第八集第三卷收入其节录本,题曰《菽园赘谈节录》)。

② 像这种在反缠足文献里逐字引述赏玩著作的现象,也见于若干宣扬反缠足的作品,它们公开宣称的标题为《缠足研究》,而非《天足研究》。一个著名的例子是贾伸的《中华妇女缠足考》,另一例则为周颂尧的《缠足》,二者为最早以书籍形式出版的反缠足论文。不管是标题还是部分内容,都不是作者的立论旨意。还有许多诗作采取了《咏美人足》或《咏女子缠足》之类的题名,但诗句里充满了诸如"赤双趺"或"男女平权"的国族主义口号。(采初:第96—98页)

直把莲中蕴毕宣。(采续:第80页)

一会儿却又模拟女性的声音,写了一首典型的反缠足绝句,宛如放足传单里的诗作:

火车怯上似危楼,上下轮船更觉愁。我自远行江海后,始知大足胜金钩。(采续:第91页)

他究竟是一名爱莲者,还是憎莲人呢?这些诗句本身并没有提供确切的答案。"莲痴"不但充分体认到这一点,而且还对可能引发不同猜想的模棱字句,玩得很起劲。

莫道莲痴性变迁,爱莲旧案忽推翻……新诗写出由衷否,莲史书勋盼纪元。(采续:第90—91页)

姚灵犀一针见血地评论指出,"莲痴"乃是一名创新者,他的诗句和态度无疑具有现代气息。"咏天足羌无故实,不以缠足作陪,无从说起。""莲痴"的"咏天足六首",包括前引提及火车和轮船的诗作,全然"不用金莲旧典"。借着勾勒高楼林立和环球旅游的"美丽新世界",诗人的创新,不仅在于表述手法的推陈出新,更在于提出了一个全新的参照系统。因此,他的诗句,可说代表了一种原创性的现代文本(采续:第91—92页;参见采续:第73页及采三:第34—40页)。

反缠足诗歌所要传递的意旨,镶嵌在它们铺陈的环境,例如天足会集会的场合,以及咏诵它们的音调语气之中。一旦脱离了这些脉络,反缠足语意可能就出现了其他目的,甚至漫无目的。19世纪90年代到20世纪20年代大量产生的反缠足文学,即使加速弱化了缠足的文化光芒,但由于这些作品同时也使得人们更易取得缠脚方面的知识,说不定反而讽刺性地延续了这习惯的寿

命。然而,时至 20 世纪 30 年代,这些文本全都一股脑儿整并到
了《采菲录》之后,文字显然丧失了它们的社会港湾,有如不系之
舟,漂泊无定所。在这层意义上,《采菲录》诸编构成了一个混沌
渺茫的文本宇宙,既像是一艘空船,囫囵地装载了各种冲突矛盾
的欲望,也像是一个培养皿,孕育出了全新的意涵。这实在是颇
为讽刺:像这样一部百科全书式的编纂,论其内容,在相当程度
上,乃是"回收"自旧有的文献,字里行间也充斥着怀旧情调,其结
果却变得不光是洋溢着现代气息,而且还极具创新性。[1]

方绚的发明

这种由"回收"变成"创新"的吊诡,是我们理解《采菲录》里赏
玩论述的一个关键。鉴赏是认同的一种形式。从晚唐起,随着
"古董"范畴的出现,赏玩文化便一直与收藏活动息息相关。[2] 对
于各式各样物事的沉迷,更因晚明的城市商品文化而攀向高峰。
蔡九迪曾分析 16 世纪文人对"癖"本身的理想化,与其尚"情"文化
之间的关联性。"寄情于物"缩短了自我与物体之间的距离,使得
鉴赏成为晚明美学家袁宏道(1568—1610)所指称的一种"自赏"举

---

[1] 关于回收历史作为一种现代的和创新的怀旧形式,见董玥的 *Republican Beijing : The City and Its Histories* (Berkeley: University of California Press, 2003)。

[2] Susan Stewart 注意到,对古董和奇珍异品的着迷,意味着一种对于童年和童玩的回归心理(throwback),而这种着迷也与收藏事物的动机相似,均出一种想要主宰生死的欲望(*On Longing*, pp. 75—76)。不过,整组收藏与单一古董之间,存在着一个重大的差异:在整组收藏里,所有收藏品各自的由来脉络,都已瓦解,代之以收藏者的时间序列;亦即,依 Stewart 的说法,分类取代了起源(p. 151)。相反的,单一古董"本身即呈现了一种起源之谜"(p. 76)。它体现了对于源头的乡愁,以及对于真实性(authenticity)的沉迷。

动。到此极致,玩物成为一种自我表现,甚或"自我爱自我"的方式。① 然而,现代的小脚赏玩家形成的那种游戏的、浮夸的、做作的自我表现,与袁宏道的赏玩美学相比,实有云泥之别。

《采菲录》里的缠足赏玩家,可分为两类:一种是写作的,另一种是被别人书写的。方绚属于前者,是两位最突出的代表性人物之一(另一位为李渔,留待第五章讨论),传世之作包括了五部作品。不过,关于这位作家的生平,除了一堆别号之外,我们几乎一无所知。虽然他被不同的评论者认定为乾隆年间、康熙年间,或者更早的"古代"的文人,但"方绚"这个名字出现的年代,最早为1914年,在这一年,恰好有两部丛书都选编了他的文章。②

方绚是位文字游戏高手。他的五种作品,全都仿照文人喜爱的文类,以及青楼妓院的酒令游戏而作。后者中较流行的作品是《金园杂纂》,里面编写了许多与缠足有关的戏谑语。例如:"相似:纤足似银钱,人人都爱;巨足着高底,似虾蟆叫。"又如:"恶不久:慈母为爱女行缠。"③它所模仿的"杂纂"体例,始于唐代诗人李商隐,这是一种联想游戏,里面并没有深刻的含义,只是展现用

① Judith Zeitlin, "The Petrified Heart: Obsession in Chinese Literature, Art, and Medicine," *Late Imperial China* 12, no. (June 1991):1—26.
② 这两部丛书分别为《香艳丛书》和《说郛》。以《说郛》为名的丛书选编,版本众多,不同朝代都有。收入方绚作品的版本,其编者为晚清的吴兴文人王文濡,据他所言,该选编只收入江浙一带可靠的珍本或钞本。王文濡的《例言》日期注明为1915年。方绚的著作总其名曰《方氏五种》(《说郛》〔台北:新兴书局,1963〕,第1241—1255页),包括最常被提及的《香莲品藻》,以及知名度较低的《金园杂纂》《贯月查》《采莲船》和《响屧谱》。最后的《响屧谱》是一种棋戏图谱,这种博戏使用鞋子形状的棋子;题为宋代的杨无咎著,清代的方绚注。"响屧"的字面意义为"发出声响的鞋子",引申为当一个美女穿过走廊时,脚上高底鞋发出的响声。前四种作品也收入一部年代较晚的丛书:高剑华编,《红袖添香室丛书》(上海:上海群学社,1936)第二集,第108—153页。高剑华为许啸天之妻,许啸天则写过有关方绚著作的品评文字(采续:第292—296页)。
③ 方绚,《金园杂纂》,《香艳丛书》第八集第一卷(上海:国学扶轮社,1914),第2027页。"金园"为方绚的别号。

字遣词的能力和机智罢了。人们将之视为席间饮酒行令,或是旅人借以打发时间的游戏。

另一部作品《香莲品藻》,则以小品文的面貌呈现,这也是晚明文人爱好的文类之一。它以谈论精致化生活品味的作品《梅品》为范本,列出了一些简洁扼要的条目,如"香莲九品"或"香莲四忌"。方绚所设定的读者群,是一些行为不端的偷窥者,他为他们建议了一些窥探女子洗脚的法门,从中可以得到某种"妙不可言"的快感:"缠足濯足四不可言之妙:屏间私觑、暗里闻香、水中看影、镜中见态。"①

慎选观看的视点,以及凝视的角度,都是重要的技巧,如同他在"选莲三胜地"这则条目里所说的:"匊匊春弓,只将贴地,纤纤缺月,何自天生,而余游踪所至,有三胜地,月痕弓影,皆可仰窥,无须俯察,天下名山福地,裙屐丛集,自必别有胜区,请俟他年蜡屐所经,再当选胜。"这三个"赏莲胜地"分别是:"苏州虎邱三山门前、金坛茅山王天君殿后、扬州平山堂桂花树底。"平山堂赫然在内,似乎有些奇特。在乾隆年间,平山堂是深受文人青睐的游憩胜地,但与青楼妓女没什么关系,也不是观看妇女出游的地方。②

无论如何,方绚所推介的是最差劲的窥视;女人确实地被当成一件艺品,供人从各种角度审视。《香莲品藻》的露骨描述,使它几乎被后来每一篇有关缠足的文章所引述,视之为直陈缠足魅

---

① 方绚,《香莲品藻》,《香艳丛书》,第 2069—2070 页。

② 方绚,《香莲品藻》,《香艳丛书》,第 2067 页。平山堂在 1736 年重建时,园中种植了一百株桂花树(赵之壁,《平山堂图志》〔京都:同朋舍,1981〕,卷一,第 4b 页)。感谢梅尔清告诉我这则资料(私下交谈,1998 年 7 月)。在方绚的作品里,像这样提及具体地名的句子,并不多见,但这项资料并未提供有关他的时代和其人真确存在的决定性证据,充其量暗示着他是乾隆时代之后的作家。方绚在此所说的"仰窥",应该是仿效李渔的说法(见第五章)。

力的文献(采初:第 155 页之后)。对于方绚的著作,《采菲录》里
的许多赏玩家,都表现了一种理所当然的熟悉(采初:第 4、102
页;采续:第 5、17 页;第 264、267 页;采四:第 54 页;采新:第
253 页)。姚灵犀和邹英都将方绚和李渔并列为卓尔不群的赏
玩家,推崇他们写作技巧极其高明,"但夸美三寸之纤,而无语道
及枕席间别有妙境"(采四:第 340 页;采续:第 284 页)。《采菲
录》一位署名"莲教信士"的作者甚至说道,他对方绚的《香莲品
藻》倾倒之至,二十年前初次拜读后,即"不忍去手"(采续:
第 99—103 页)。

"不忍去手"? 真的假的? 这些偷窥癖型的赏玩家,愈来愈像
性变态或好色痴汉,我们该如何解读他们的用字遣词呢? 有着这
样的读者和崇拜者,方绚的《香莲品藻》——四十则简短的笔记谵
语——在"传统"中国的缠足赏玩文学里,取得了祖师级的经典地
位。可是,方绚的浅薄文本——乃至女人的小脚本身——究竟能
够承载多重的分量呢? 只要将文本里的语气和被附会的意义两
相对照,就可以发现这类言说里面带有一种纯粹的荒谬性,这提
醒我们,别轻易误信方绚和其他鉴赏小脚作品的字面意思。

事实上,方绚是一名奇特的作者,他的文章体裁也充满了谜
团。未曾留意的现代读者或许并不知道,《香莲品藻》是这类著作
中的唯一文本。人人都引述它,是因为没有任何其他文献可以相
提并论。姚灵犀有感而发地指出:"谈莲之作,自方荔裳〔方绚〕
始,品评而外,多尚空言。"(采四:第 iii 页)将谈莲的文字以旧式
体裁包装,方绚的文章可说是一项发明。姚灵犀将方绚与 17 世
纪的赏玩家李渔并称为"古人"(采四:第 340 页),对此,我有所保
留。在方绚全部作品的内容里,缺乏可以推敲出写作年代和地点
的佐证;我至今仍未发现任何早于这些作品首刊的 1914 年,而且

曾经提到过它们的文献。①

　　方绚生产的文本,其特色不光是创作年代无从确认,还有,关于作者身份的每一个"事实",都像是刻意的模仿,蕴含了多重诠释的可能性。"方绚"这个名字本身即模仿了一位宋代诗人。在文章里,作者暗示曾寓居于"广平",不过这个地名相当普通,在直隶、河南、江苏和安徽等省份境内都有"广平"。他也让人觉得他是风流名士,流连青楼,狎妓宴饮,游山玩水,而且通晓文人的各种余兴体例。换言之,他的作者身份,建立在对于文人体式和游戏的模仿。他难道真的是其中一分子吗?在《金园杂纂》的后记里,他假意地表示,拿"金莲"作文章,"恐管城为娘子军踢倒,是以绝笔"。然后,"书竟,不觉大笑"。②或许,方绚——且不论他是谁——也正对着那些太过把他的文字当真的读者哈哈大笑呢!

　　几乎每一位研究缠足的学者都曾引述方绚的作品,当成传统中国恋脚癖的佐证。然而,除非对于这些文章的创作年代和环境掌握到更多的资料,否则,我们都不该这么轻率地引用他的文字。方绚的重要性在于,他被视为一位"原创的"文人赏玩家,足令他人仿效。借由撰写评论或续集向原创者表示敬意,是经常见到的模仿书写。对于《香莲品藻》爱不释手的"莲教信士",就惋惜地指出,方绚的品评对象仅限于中原范围的小脚("中原莲产"),他于是"当仁不让"地着手补充他对广东缠足("岭南莲品")的知识。

----

① 《香艳丛书》指出,它所收入的方绚作品,出自安徽南陵徐氏收藏的钞本。南陵徐氏的收藏,多为女性赏玩文学方面的文本。拥有者为徐乃昌(1862—1936),他在1895—1896 年间刊印了著名的《小檀栾室汇刻闺秀词》,内中选编了一百位"闺秀词人"的作品;1909 年又续编了《闺秀词钞》。这两部词集盒装在一起,并以前者的标题印行(未注明出版地,或许为南陵:小檀栾室,1895—1909)。

② 方绚,《金园杂纂》,《香艳丛书》,第 2086 页。

引述和汇编是另一种文本模仿的形式,而方绚的原创性,也彰显在他常被全文抄录或部分摘引的情形。① 由于他被认定为一位"古代"的赏玩家,所以他的文本又增生了更多的文本。其结果,"造就"了赏玩文学令人难以忍受的冗赘繁文。

方绚和"采菲"众人打造出来的赏玩文学,虽然表面看来充满偷窥的无聊幻想,其实他们最热衷的并不在于观看女性的身体,因为女体已然淹没在无边无际的浩繁字海之中。这群偷窥者真正迷恋的,与其说是缠足,还不如说是自己的文字游戏。也就是说,身为作者的赏玩家,乃是耽溺于自己的絮絮叨叨。这也再一次说明,赏玩乃是"自我爱自我"的极致自赏表现。

二手的性:小男孩、冒牌货、收藏家

"采菲"赏玩家的沉迷,更精确地说,是一种"身为现代文人的自我"爱恋"身为传统文人的自我"的形式。其本质乃是回首与怀旧。就其过度滥情的特色而言,此一沉迷不但穷尽而且溢出了美学家的小品文文类,于是需要一种全新的叙事模式。因此,《采菲录》里最煽情露骨的内容,也最具有创新的、现代的色彩。像这般揭露恋脚情欲的心理描写,在文献上并无前例可循。② 同样没有先例的,还有抒发女人身体内在痛苦的经验叙事。

---

① 见许啸天对《金园杂纂》所作的评论(采续:第292—296页)。《采菲录》里出现引述方绚文句的例子,见采初:第131页;采续:第230、234页及第291页之后;采新:第8页。

② 邹英是"莳菲闲谈"单元的编辑,根据他的说法,他的编辑原则是,对于作者所描述的现代情景(例如女性按摩或"捏弄"自己的脚),"事事以对证古本为原则,期字字有来历"(采续:第185页)。这显然是个难以达成的目标,只不过呼应了他和姚灵犀模仿旧式文人的心态。关于明代话本小说里的性论述缺乏心理描写的情态,参见康正果,《重审风月鉴》(台北:麦田出版社,1996),第252—253页并散见全书。

少数爱莲者写下了他们与小脚发生肌肤之亲的情欲经验。他们的记述总是架构在一种飘渺虚幻的境界,谨慎地拉开邂逅时刻与陈述故事时刻之间的时空距离:或将故事定位为童年回忆,邂逅小脚的过程则笼罩在迷蒙烟雾和醉人酒浆之间(采续:第136页),或以"遗作"呈现通篇性欲回忆录(采四:第305页)。由此可见,即使在20世纪30年代的通俗小报里,依然存在着一道"文雅"与"粗鄙"的界线,在性描述方面并不是百无禁忌。尤其常见的拉距设计,能借以回避赤裸裸的性事描述,乃是借用小男孩的全观之眼。这些小窥视者未达青春期的稚气,使他们被容许进出女性闺房,无所顾忌地与缠足的成年女子嬉戏;一些叙事者还讲到他们如何在感官刺激下,忍不住"轻含狂嗅"对方的小脚,而且因为当时年幼,他们并不受社会上或道德上的制裁(采四:第305—306页;参见采初:第293页)。①

可是,在这些戏玩成年女子小脚的回忆里,男主角既然是未达青春期的小男孩,故事情节当然也就局限在性成熟前的放纵;因此可见,男性性欲的直接描写仍是属于出格的。像这种情色挑

---

① 在《采菲录第四编》里有一篇这种类型的记述,作者为赵亦新,这篇文章颇有奇特之处,因为它以童年时期把玩一名邻妇小脚的回忆为引子,直接转到他正在埋首写作时的当下成年世界。当时他的妻子和女儿正在小憩,给予他遐思的机会。有一名住在庭院对面的缠足少妇,正在濯洗小脚时,恰巧她的阿姨来访。少妇于是呼请赵亦新帮忙开启院门。赵为之开门后,见到中年女访客亦有一双纤足。这个事件使他"衷情缭乱,执笔难以为文",遂留意倾听两名女子就洗脚之事调谑嬉笑,"春艳意景",惹得他想入非非。这段煽情邂逅的"当下性",因姚灵犀明言这篇文章为"赵亦新遗作"而告消解(采四:第305—307页)。当代作家杨杨在叙述与小脚有关的禁忌话题时,也使用了宣称男孩童稚的策略。杨杨的母亲是六一村的缠足妇女之一,通过童年忆往,他引领读者直接进入村中妇女的闺房以及她们的私密世界之中(《小脚舞蹈:滇南一个乡村的缠足故事》〔合肥:安徽文艺出版社,2001〕,第1—5、37页)。

逗与性事的明确二分,在一篇极为香艳大胆的记述里,发挥得淋漓尽致;在这篇文章里,记述者郑重宣告,抚玩小脚的刺激,在性质上,与实际性交并不相同(采四:第211—225页)。故事详述一名20余岁的女佣,与年纪小她一半的少主人余爱同之间,一段持续一年半左右的私情。文章的作者化名"金陵爱特生",自称是余爱同的朋友,并说整段故事是后者告诉他的。不过在长达13页的叙事里,全用第一人称:结果通篇文章几乎都成了未加引号的引文。

女佣名唤梅儿,在她与少主人互相引诱的过程里,两人设计了好几出挑逗戏码。有一回,她在"足心弯处"——这是一处重要的性感带——系上一小纸袋,内装细碎熟菱角肉(菱角因其三角弓形而成为小脚的比喻之一),待他解开她的裹脚布后,以此喂给他吃。当他爱抚把玩她的小脚时,会使她"小溪泛溢"(采四:第218页),而当她"娇喘战栗",倒卧他的怀中之际,他"辄同时茎露喷射"(采四:第218页)。不过梅儿率先阐明了这些性游戏与实际性交的差异。当少主人问道:"你任我抚摩玩弄,苦乎乐乎?"梅儿的回答是:"做人谁肯任人抚弄,于妇人身体,尤不可侵犯,惟有恩爱者不然。……惟快感则有分别:挑动情欲,快乐只在紧张一刹那,过后殊觉疲乏烦闷。"(采四:第222页)

若说性交使人疲乏,温柔爱抚则有恢复元气之功。"若作事劳顿,晚间得你抚摩揉捏,则周身通泰,精神复元,况加以千般温存,万般宠爱,其乐乃无伦比。"(采四:第222页)后来,余爱同说道,梅儿拒绝与他性交,因为她担心怀孕(采四:第223页)。① 这

---

① 这个叙事者也曾详细解说抚弄金莲如何为男女两性带来快感;这番解说再度宣称是转述余爱同的经验。依他所说,"握金莲之乐,已不逊于交欢,或且比此尤甚"(采四:第48—49页)。

似乎是女性情欲的直率表述,不过其实并非如此,因为它出现在一名男子所说的故事中间,而且还经过另一名男子转述。不论梅儿第一人称的话语显得多么生动可信,但与其说她是女性欲望的代言人,不如说她更像是男性欲望的挑逗者。

像这样露骨描写性爱的叙事,在《采菲录》洋洋洒洒的篇幅里其实绝为少见。部分是因为在 20 世纪 30 年代的通商口岸,缠足已然消逝;也因此,令人讶异地竟然有许多赏玩家坦承,他们其实从未亲眼目睹小脚原貌,更别说是亲手抚摩。他们其实是一群冒牌货。或许有人会认为这类表白,只是这群好色男人的撇清之辞,不值得采信;不过我选择相信他们,因为这番说辞有助于解释一个问题,亦即,在他们的叙事真实性与经验论语气之间,存在着令人纳闷的不一致性。由于可以依恃的个人经历过于贫乏,他们只得以各种情绪描写令读者喘不过气来,无暇细想,又或是以极细腻的手法来叙述他们的性邂逅,让他们的记事看来更具有可信度。

姚灵犀的副主编邹英坦言,"自垂髫之年,即皈依莲座为不叛之臣",而此一终身不渝的迷恋,却是受到幼时读过的一本有关赏玩家胡雪岩的小说所启发(采四:第 145、157—158 页)。"吾辈拜足狂爱莲虽具虔心",问题是,"玩莲却少对象,纵然说得天花乱坠,实际仍是抱着绰板高卧"(采续:第 288 页)。现代赏玩家身为冒牌货的事实,意味着他们最先、最首要的身份,只能是收藏者:"吾人既无对象可觅,乃转而搜罗有关之材料,以为画饼充饥之举。"(采续:第 288—289 页)

举凡文字、影像和物事,都是失落了的金莲世界和逝者如斯的肉体的雪泥鸿爪。"所网罗者第一为谈莲之文字。凡属同好大都什袭而藏,誉莲毁莲,却所不计。盖毁莲之文,有时每以反映莲之美点也。次为美人之莲影。跣者最不易得,亦最为人所珍视。又次为绣履,必纤必艳,睡鸟尤同璞宝。询诸同好,无不具此癖。搜集之道,又如出一辙。"(采续:第288—289页)姚灵犀和邹英使用的"皈依莲座""虔心爱莲"和"拜足狂"等字眼,听起来颇为空洞。层层堆砌出来的过度热衷,再怎么样也无法掩饰"赏玩缠足"在拒认年代里,乃是一种空泛活动的事实。从阅读小说到收集文字,再到编写《采菲录》,文本生产与消费能够制造出来的脉络,只不过是更多的文本,而非具体的社会或感官经验。

尽管如此,赏玩家夸张的情绪,并不能说是言不由衷。为了形容赏玩心情,姚灵犀召唤了寄情的超越力量——借自晚明崇尚"情真"的语言——以及《红楼梦》里的纯情大观园:"人情有所感,必有所寄。寄情坚者,遂成癖好。苟无所寄,触处茫然,便觉此心无主,或少生趣。不独余寄情于此,海内同好,莫不寄情于此也。何以寄情于此? 即求之不得,不觉思之成痴,抒其情于所欲言。癖好既深,故言之觍缕耳。"(采四:第iv页)晚明的至情追求,体现在超越生死的力量,使生者如杜丽娘可以为情死,亦得以复生,而像姚灵犀这种近现代的欲望,则有所不同,它早已注定是一厢情愿的。

缠足的不可得性——它的距离感和他者性——反而衬托了它的吸引力。姚灵犀点题说道:"生于莲运既衰之后,莲钩之美,已不复见。"想象中的昔日平静,与20世纪初期撕裂中国的暴力,因为这种距离感而强化了二者之间的对比。"修罗劫中,避兵无计……惟有金莲世界,可以安心寄性……想像之美,有胜于目接手握之情,自乐其乐,以求快慰于一时。"(采四:第iv—v页)

"姥"如是说:被转述的女性欲望

缠足与现代爱莲者之间的时空距离,使他们在述说与缠足有关的性经验时,遭遇到一项难题:他们无法以身历其境的参与者之姿,描写这方面的性活动。在拒认年代里,男性所经历的缠足性事,只能以怀旧的方式撰述之。在前面我们提过一位"莲教信士",也就是那位对方绚作品爱不释手的莲迷,他运用了两种策略来叙述露骨的性行为(尽管还称不上性心理学):童年记忆(包括妻子的童年记忆),以及访谈年长赏玩家。①

"莲教信士"跟邹英、姚灵犀类似,也将自己形容为一名"代入型"的赏玩家:晚生了20年,来不及亲自体验缠足之"纤纤销魂",生平"实未获一握香莲"。最接近的一次经验是,当他还是小男孩时,曾偷拿堂表姐妹的小脚绣鞋,在被窝里"狂嗅"一番;他将这个举动比作"望梅止渴"(采续:第118页)。他的妻子从5岁起开始缠足,但至八九岁时,即已放足,入校读书;她告诉他,小时候曾"遍捏"其姐妹的小脚,比较彼此的触感。"莲教信士"还写道,妻子曾代他恳求她的表妹,切莫受到"时世"风尚所影响,应坚持缠

---

① "莲教信士"这个化名,让人联想到《情史》,这部书是晚明"情"崇拜的经典之作,它的作者冯梦龙曾誓言立一"情教",以"教诲诸众生"。如前所述,姚灵犀对于"情"崇拜的召唤,看起来像是他心里的真实想法;相形之下,"莲教信士"的模仿,就带有矫情的味道。尽管他提到了方绚和冯梦龙,"莲教信士"却极为露骨地描写男性和女性的性欲求,而这在方绚所依随的传统文类里,是不能被表述出来的。赏玩家的小脚爱恋,被看成是一种本能,发自内在而表现于行为。姚灵犀于是如此描述现代赏玩的心理学过程:"若辈既爱小脚,当然宠此小脚之妾。爱之极,一切背谬皆可行,因之而逆母弃妻逐子之事,层见不穷。此心理上而表现于行为者也。若由性欲上而表现于行为之处亦有之,如鸡奸舐盘是也。……皆较吮嗅小脚为作呕,乃竟有人为之。"(采初:第294页)至少对于姚灵犀而言,爱小脚与性欲是两种不一样的本能。

足,保留香莲,"并餍余欲",不过"妹终不许,相与惘然"。(采续:
第124—125页)

　　"莲教信士"访谈年长赏玩家的记录,分为两部分呈现。前半
部是他与一位"遗老"或"长老"的对话,然后在后半部有点突兀地
转到一位"姥"的谈话,主题围绕在"燕婉之私"之"匪夷所思者"。
出现于前半部的"遗老",性别有些暧昧:记述者两度称"她"为"巾
帼遗老",说她"自宝弓钩,其志节俨若逊朝之不贰臣"。"莲教信
士"运用这个角色来增添知识传递的真实感,称她为唐玄宗宫中
的白头宫娥,能够细数"天宝遗事"(采续:第120页)。目睹过唐
玄宗朝廷因安史之乱由盛转衰的白头宫娥,成为保有昔日繁华记
忆硕果仅存的述说者。无怪乎那些冒牌货莲迷文人常会援引"天
宝宫娥"的典故(采续:第130页;采四:第158页)。

　　不过,有时候"遗老"(不再以"巾帼遗老"表示)说话的口
气,感觉上俨然是一个"他"。"他"既引述一首古人咏睡鞋的词
句,又用仿如老僧的语调,谴责以"魔道"强求软骨速成的作为。
"他"对于"骨脚""肉脚"差异的讨论,表现出一种全知型的男性
声音。可是,当遗老回忆起训练一名侍女的往事时,"他"又转
换成"她"。这名侍女得天独厚,"骨肉匀布",这种体相,依遗老
所言,"相脚百千,未或有二"。遗老教导这名女孩裹束、钩勒、
渗药、薰香之道,遂收她为"入室弟子"。侍女的追求者众多,但
她始终不为所动;直到有一天,她的"真命天子"出现,这是某位
公子,特为她订造了超过一百双的绣履,苏、扬、粤、闽诸式皆
备。遗老为他的诚意所打动,不但送上祝福,还为女弟子特制
软睡鞋一双以为贺礼——这双睡鞋"曲就双缠原状,细丝组成,
套入肉钩,吻合无间"(采续:第121页)。他们交欢"三昼夜,水
浆不入"。女子落英缤纷,花容凌乱,望着他说道:"死无悔也。"

（采续：第 120—121 页）

如果把这段叙事当成武侠小说来读，或许更为贴切。挑选骨骼精奇的徒弟、秘笈秘方、宝刀宝剑应有尽有的师父，以及结束所有纷争的终极对决，都是晚清武侠奇情小说常见的文法，而不像传统艳情小说中的元素。性邂逅或是男性狭狎之游，若由女性来叙述，显然过于可笑。然而，只有女性才熟悉缠裹和解除裹脚布的秘密知识和仪式。因此，在"莲教信士"的访谈记述里，"遗老"的声音性别，常常忽男忽女。

在"莲教信士"访谈录的后半部里，有关女性欲望的露骨叙述，出自一位"姥"的口中。这位仅被称为"姥"的老妇人回忆道，她曾与当官的丈夫旅行至福建省仙游县，该地以出产小脚美女著称。她想找一些小脚女子，介绍给小脚癖的丈夫，在物色过程中，对于几位情色女子，留下了深刻的印象。"一巨室妾媵，年始花信，不喜与人接，惟爱抚弄雄具。兴酣，辄自解双缠，夹具而搓揉之"，看到对方忍不住射精"狼藉"时，"则大乐"。另一位是曾当侍妾但已脱籍的女子，她每个月都要换性伴侣。还有"一妇尤奇，喜捉闺友纤趾代具，尝夜易七八始快"（不清楚"七八"是指"闺友"还是"纤趾"的数目）（采续：第 124 页）。

这段有关两名或以上女子之间同性情欲秘戏的罕见描述，由女性——"姥"——来述说时，听起来就比较可信。不过，把这三则故事一并来看，里面那些性欲过盛又爱使坏的女性，倒是符合男人写作和消费的艳情小说里，有关红颜祸水的刻板印象。[1] 小脚会挑起女性对女性的情欲吗？我们无法确切知道。"莲教信士"通过一段怀旧访谈所记录下来的性邂逅，有意思的地方在

---

[1] 有关明清艳情小说中的"红颜祸水"主题，见康正果，《重审风月鉴》，第 57—81 页。

于,他以一种游移的、性别暧昧的声音,来叙述男性欲望和女性欲望。这个叙事设计使他可以从一种女性视点来切入女性欲望方面的题材,只不过并不是那么令人信服。尽管——又或者是因为——"莲教信士"在文中纳入了真实人生的细节,例如作者写道,"姥"在他撰文前一年去世,他亲为棺材中的她换上绣彩软鞋;不过,这段情节,反而使他的叙事读起来就像是一篇虚构的小说。"莲教信士"塑造出来的爱莲妻子,既试着游说她的年幼表妹进行缠足,又迁就"莲教信士"一游缠足圣地大同的心愿(采续:第125页),在拒认年代,这个角色让人感觉很不真实。她似乎是"莲教信士"的"女性分身",或者这么说,她只存在于他的想象之中。

"姥"的欲念、"莲教信士"的妻子、仙游县诸女子,以及梅儿,她们在叙事里显示出来的露骨情欲和性欲,乃是通过男性赏玩家所折射投映出来的欲望。赏玩家不但是窥视者,也是女性的代言人。《采菲录》里其他偶见有关女性自体情欲的叙事,跟"莲教信士"转述的"'姥'如是说"一样,都有游移身份的特性。它们不只在虚构和真实之间占据了一个暧昧的空间,而且也形成了迷茫的叙事声音和视点。在一个极端例子里,叙事者谈到他幼时窥见的景象:邻院妇人时常把玩爱抚她自己的小脚,这段描写完全镶嵌在一个小男孩透过后窗的好奇窥视中,并由此叙述出来(采初:第282页)。简单地说,这些二手声音并不可靠。它们诉说的是,缠足作为现代男性幻想的客体,如何成为男性怀旧欲望的一项表述;不过,关于女性的观点,我们能就其中所说而知晓的,极为有限。

绣鞋的社会史:杨铁崖与胡雪岩

若说写作的赏玩家方绚,带动了后世的模仿书写,甚至后世在性露骨的程度上青出于蓝的话,纯以爱莲事迹传诵于世的赏玩家,则有不同层面的影响。受到他们启发的模仿赏玩,围绕在各种新奇精巧小玩意的发明。因此,胡雪岩和杨铁崖这两位以玩莲著称的赏玩家,他们的名字总是与莲鞋的诸多用途与奇想生活连系在一起,绝非偶然。

胡雪岩是现代赏玩家,他的身份不是文人,而是一名商人:杭州的银行家兼慈善家。他因为在19世纪60年代贷款给清廷以应赔款和军费之需而致富,但在1883年破产。根据李慈铭的说法,雪岩"所蓄良贱妇女以百数,多出劫夺"①。这个宛如皇帝的行径,启发了一部小说,专门描写胡雪岩的花园宅院和购买古董珍玩的活动,但对于他的小脚后宫,只有潦潦数语(他要求他的女人不得穿裙子,只穿袄裤,以"露出一点水红菱似的鞋尖儿";第38页)。富商胡雪岩扮演的,是一个帝王级赏玩家的角色。

《胡雪岩外传》这部小说的序言作于1903年,刊印年代大约也在那个时候。作者署名为大桥式羽,这个名字听起来像是日本人,实则不然;出版地也假托为日本东京。对《采菲录》的莲迷来说,这是一部传奇性的作品。因此,一旦满怀期待的读者终于一偿夙愿,详览该书之后,将会失望地发现,书中有关小脚的描写,

① 李慈铭,《越缦堂日记》,引自大桥式羽,《胡雪岩外传》,收入《晚清小说大系》(台北:广雅出版公司,1984),《提要》,第1页。

既制式又肤浅。① 细节的付诸阙如，乃是因为缠足在小说中的作用是象征性的，用以表示西化之前的历史陈迹。"原来男女平权之风尚未行到中国，故胡宅的缠足是一桩极考究事，家里有一个大脚的，便以为耻，竟不知万国九洲什么叫做天足世界呢！"（第28—29页）小说中的胡雪岩，宛如坐拥三宫六院的现代皇帝：他建筑了16座院楼，供各房妻妾居住，而且，为了方便召唤，他还在各院楼都安装了电话。值得注意的是，历史上的胡雪岩，活跃于19世纪六七十年代，当时正是镇压太平天国动乱的时期，也是帝国最后一次的中兴契机。

由于《胡雪岩外传》实在太过乏味，莲迷们于是自行动手润色，增补一些有关莲鞋的异想。一位署名"三友"的作者，说他运气不错，隔邻恰好住着一位曾在胡雪岩大宅当婢女的老姬。据她透露，胡家有一套区别鞋式等级的详细准则："足小至三寸以内者，特许御大红平金之鞋；四寸以内者，粉红绣花之鞋；五寸以内，杂色之绣花鞋；五寸以外，只许穿青布鞋。"除了尺寸之外，鞋式等级亦依身份论定：婢女和姬妾虽然都穿红罗睡鞋，但前者的花绣仅在鞋尖，后者的则为整个鞋面皆有花绣。胡雪岩的近侍日间亦可着睡鞋，以方便他"随时摩挲为乐"。在夏天，侍寝婢妾所着睡鞋以玉为底，"握之生凉"（采初：第267页）。然而，在续编里，"三友"坦承他其实就是《采菲录》副主编邹英，上述有关胡宅莲鞋的细节，系根据他幼年时读过的较详尽版本的小说，就记忆所及摘述的内容（采续：第

---

① 有一位《采菲录》的读者回忆道，他曾在书摊购得"一小册"石印版《胡雪岩外传》，但他大失所望，因为该书"描述裹缠情形，并不详尽"。姚灵犀提到他看过一部96页石印本的《雪岩外传》，为"大桥式羽"著，"多田太郎"印，"日本爱善社"发行。这些作者、印行者、发行者都不是"真实的"日本名字（采四：第344页）。1984年版的《胡雪岩外传》，可能就是依据此一版本。

286 页)。根本就没有邻家老妪这个人。甚至,是否真的有"全本版"的《胡雪严外传》,我也感到怀疑,因为没有证据显示有过这么一部书的存在。

可是有一天,小说描述的品物,竟然真的在现实世界出现了。究竟是捏造来源的文本,居然创造了自己的客观现实,还是说物品自有一股创生力量,能够促使捏造文本的出现?姚灵犀提到,有一天,一位朋友带着两叶翠玉求售。玉叶尖端微翘,边缘有针孔甚密,底部以小楷隶书刻着"胡庆余堂姬人鞋底"八个字。[1] 他于日后得知"胡庆余堂"即胡雪岩当年在杭州开设的药铺。姚灵犀不愿购买这两片价格昂贵的"废物",不过这段因缘却令他开始留意胡雪岩的事迹(采初:第 158—159 页)。后来,他写了一段胡雪岩的故事,并添加若干细节性的描述,包括侍妾绣鞋的翠玉鞋底,一如姚灵犀友人前来求售的物品。胡雪岩似乎还使用玉鞋底当做鸦片烟板,以"挪弄烟丸"。姚灵犀听说这种玉质鞋底乃从翠玉屏风改琢制成,忍不住加上一句批评:"其暴殄有如此!"(采初:第 181—182 页)

姚灵犀虽然附和陶报癖的呼吁,认为缠足可视同古董加以欣赏,却又从"实用"的角度来衡量翠玉鞋底的价值,这岂不讽刺?姚灵犀采用"废物"和"暴殄天物"之类的语汇,透露出他服膺现代理念,相信天然身体应具备生产性和实用性。奇怪的是,他的说法同时又带着儒家的口吻,因为,斥责奢靡正是文人对商人施以"当头棒喝"的王牌武器。商业经济的危害,总是源自它的浪费奢华,用现代的话来说,即它的"炫耀性消费"风气。也因此,扬州盐商在 18 世纪资本积累全盛期中,最历久不衰的负面形象,就是一

---

[1] 徐珂亦指出,山西太谷的富商,一到夏天,尤喜姬妾着玉底弓鞋,以其触手清凉之故(《清稗类钞》〔北京:中华书局,1986〕,第 6210 页)。

把黄金夜壶。①

据说胡雪岩还曾以小脚鞋作为酒杯,这个做法与元末赏玩家杨铁崖(名维桢,铁崖其号,1296—1370)有极密切的关系,通常简称为"铁崖癖"。② 明初一部笔记特地写道,杨铁崖并不是直接以鞋盛酒,而是在鞋内置一小杯,斟酒啜饮;似乎借着这番说辞,可以修饰杨铁崖这位大诗人的形象,免得让人觉得他太过粗鄙,甚至疯癫,竟然觉得喝下带有脚臭的酒,是一种享受。元末时期,兵荒马乱,杨铁崖避居苏州,终日流连青楼,宴饮作乐,消磨时光。"饮鞋杯"乃是游戏输家的罚令之一。③

"铁崖癖"不同于其他传奇性赏玩家的事迹,既不香艳刺激,

---

① 古董和奇珍异宝,在 Jean Baudrillard 的分类里,属于"非功能型物品体系"(non-functional systems of objects)项下;它们虽然只居于边缘化的地位,但因与童年有所联系,而成为提供"温暖"的物品(*The System of Objects*, trans. James Benedict 〔London and New York: Verso, 1996〕, p. 146)。玉鞋底充当鸦片烟板的功能,与该物材质的任何内在质地无涉;任何平面物体都适用,所以重点在于它的夸富作用。一名当过广东总督的大官,就是这类仿效者,据说他以广东籍侍婢的裸露脚跟,作为盛鼻烟的碟子(采初:第 301 页)。在另一个大同小异的版本里,广东某"中堂"抚粤时,据称爱以缠足女子的脚跟为鼻烟碟(采续:第 153 页)。《采菲录》一名作者质疑了以足心凹处盛鼻烟粉的物理难度和雅观问题,而且足凹通常令人联想到淫猥;此外,即使缠裹周正的小脚,仍应使足跟部位如鼻烟盘一般保持滑腻莹洁(采续:第 152 页)。

② 有人认为以鞋为杯始于更早的宋代,并举王深辅题咏双凫杯的诗为证,不过不论如何,这个做法总是让人联想到杨铁崖(采初:第 180 页;参见苏馥,《香闺鞋袜典略》〔海宁邹氏师竹友兰室清钞底本,1879〕,第 37 页)。杨铁崖在诗中提到,他有一次在苏州的妓院里宴饮时,曾拿一只大型莲杯喝酒,不过诗中并没有说是饮自鞋子(《杨维桢诗集》〔杭州:浙江古籍出版社,1994〕,第 377 页)。他倒是在一组仿效韩偓"香奁诗体"的诗作中,表达了他对小脚的喜爱,例如,里面有一首《秋千》诗,其末两行便写道:"刚风吹起望不极,一对金莲倒插天。"(第 404 页)

③ 杨铁崖曾于 1344—1349 年间客居苏州,经常担任音乐教习的工作(苏馥,《香闺鞋袜典略》,第 39 页)。此一"免责声明"出自陶宗仪的《辍耕录》,引自苏馥,《香闺鞋袜典略》,第 36 页。日本学者青木正儿从一部唐代杂记著作中发现一则故事,里面谈到,有一位名叫唐辅明的人,曾拿了一只上过蜡的布质"半月屦"作为酒杯,直接往里面倒酒就口(《酒觞趣谈》,收入《青木正儿全集》〔东京:春秋社,1984〕,第 85—86 页)。

也不浪漫动人,只是借由暗示令人厌恶的脚臭和污秽,诚实地提示其他爱莲者刻意回避的腐朽。因此早在晚明时期,作家沈德符便已将叙事焦点,从杨铁崖转到了他的朋友兼宴饮同伴倪瓒(倪元镇,1301—1374)。倪瓒这位名画家,他的洁癖同样具有传奇色彩,每次看到杨铁崖以小脚鞋杯行酒,倪瓒总是大怒,避席而去。[1] 这是两种癖性——缠足与洁癖——之间的战争,却令人莞尔,因为它揭露了经常受到文雅赏玩文学净化的肉体臭味。

饮鞋杯本是桩浪漫轻松的风雅之举,但有时也可能被指认为败坏道德的始作俑者,清代文人纪昀记述的一则故事,就反映了这个面向。故事说道,有一巨室进行中元家祭时,家长举酒置于案头时,酒杯忽然从中破裂,一般认为这是凶兆。后来才知道,原来他的儿子就是罪魁祸首:"数日前,其子邀妓,以此杯效铁崖故事也。"纪昀抨击"铁崖癖"乃"猥亵淫秽,可谓不韵之极"。[2] 他的这番强烈反应,透露了缠足极盛时期的审美观:视线回避、间接呈现,以及避开小脚的身体性。

尽管——又或许是因为——长期以来招惹反感,以妓鞋当杯

---

[1] 沈德符,《万历野获编》(无出版地资料:扶荔山房刊本,1827),卷二三,第28a页;参照倪瓒,《清閟阁全集》,收入《元代珍本文集汇刊》(台北:"国立中央图书馆",1970),第483页。倪瓒的洁癖故事也刻在他的墓志铭上,而且还有更多的故事流传于明末清初。据说他建造了一座架高的厕所,其下设置木格,内塞鹅毛,"凡便下,则鹅毛起覆之,童子俟其旁,辄易去,不闻有秽气也"。(倪瓒,《清閟阁全集》,第481—484页。)他还令人每天清洗其园中的木石;他也每日更衣无数次。在明末东林党领袖顾宪成和高攀龙的眼中,倪瓒之酷爱身体洁净,象征着他的道德无瑕,以及对于政治清明的期待(第634、668页)。可以想见的,鼓吹天足的徐珂,会征引沈德符版本的铁崖故事,以此强调喜爱小脚者的不堪(《天足考略》,收入徐珂编,《天苏阁丛刊》[上海:商务印书馆,1914],第13a页)。

[2] 纪昀,《阅微草堂笔记》;引自采初:第331页。姚灵犀还记述了一则趣闻:一群恶少聚饮方酣,一个小男孩走进来,手上拿着一只莲鞋,绣工精致。恶少群起夺之,仿效"铁崖癖",纷纷拿作鞋杯饮酒。酒过数巡,忽见满脸皱纹的老妇人前来找孙子,骂道:"吾嫁时履,何得盗去!"恶少们原本心存促狎遐念,但见到这一幕之后,"心头作恶,呕吐满地"。(采初:第332页)

饮酒之举,反而成为赏玩行为之中,最持久、最常受到模仿的项目。它的源头指向杨铁崖,而非某位传说中的君王人物;杨铁崖是第一个在有生之年即被同时代人认定为赏玩家的历史人物,意味着"铁崖癖"紧紧地将缠足赏玩扣连到怀旧寻欢的士大夫文化模式。的确,在方绚的五部作品里,就有三部是专门谈论行酒游戏的规则,其中的《贯月查》,更是直接模拟"铁崖癖"之作。

在 20 世纪通商口岸的商业化经济环境里,"鞋"的用途愈见多样化,形式与功能之间的关系,也呈现出愈来愈大的想象空间。姚灵犀说他曾在天津的中原百货公司看到一项新颖商品,那是一款跳舞鞋跟,以景泰蓝或红螺壳制成,皆镶以珠钻,售价约"十金"。时髦女士平时可在皮包中放一对这种鞋跟,跳舞时,只要将它们套在平底皮鞋上,即成高跟舞鞋。姚灵犀玩笑似的说道,有鞋杯之好者,何不镂空此种鞋跟试之(采初:第 170 页)。景德镇有瓷器师傅捏制瓷土为鞋形酒杯,杯上彩绘春宫图画。[①] 由于极为逼真,据说江西娼妓甚至"着之而媚客"(采初:第 187 页)。还有一位赏玩家回忆道,20 年前,他在北京正阳门外的店家见过一种睡履,鞋跟为橡胶做成的"广东伪器",定价约四两银子,据说颇受孤媚无伴者欢迎(采初:第 199—200 页)。

不像缠足妇女本身,这些鞋子并非昔日赏玩年代的遗迹,而是新兴商业主义的产品,它们联结了通商口岸文化与性解禁的风气。如果说,如同邹英早先所解释的,现代赏玩家最首要的身份乃是物件与文字的收藏者,那么,这项收藏活动的进行方式,就是

---

① 最晚在晚明时期,江西景德镇瓷窑即已开始制作这类鞋形酒杯。有一件 17 世纪前半叶生产的釉里蓝彩瓷鞋杯,可见于"Wine cup in the shape of a shoe,"in Wu Tung, *Earth Transformed : Chinese Ceramics in the Museum of Fine Arts, Boston*(Boston:MFA Publications,2001),p. 142. 鞋杯内底题写有"小小金莲奉一杯"的字样。感谢 Alex Tunstall 提醒我留意这个部分。

到现代商场采购。赏玩家是一个机灵的消费者,不论是逛百货公司还是跳蚤市场,他们总是知道如何在那里寻宝。无怪乎《采菲录》里有一些文章,当赏玩家们讨论北京那些旧货摊售有划算又实在的睡鞋时,读起来就像是某种购物指南(采初:第202—204页)。

作为一种商品化的癖物(fetish object),莲鞋还被赋予了某种法宝般的神奇功效。有个男人坦言他"爱莲成癖,一见莲足,即患梦遗",后来想到一个办法,终于解决了他的遗精问题:就寝前,将一只比他勃起时阴茎尺寸还小的莲鞋,套在软时阴茎和阴囊之上,再以鞋带系牢即可(采四:第126页)。在这项奇特的逆向操作里,我们看到,原本在过去是渲泄荒诞欲念,甚至刺激高潮或自慰的物件,在现代的拒认年代,一变而成为自我控管的工具。

在《采菲录》的世界里,莲鞋的"凹槽",不论其所涉及的是酒杯、欲望物品,还是梦遗,它都成了一种装载男性幻想和焦虑的容器。若说赏玩论述设定的是男性主题,那么,其中的欲望与恐惧,也是以男性为中心。认同旧式文人,并视之为男性特权的典型,是此种欲望最深切的表达;然而,在一个由放荡和迷乱,而非专注力和控制力,主导身体政治原则的年代里,男性欲望的表达,也愈显荒谬。当无谓和冗赘主宰了文字世界时,旧式文人控制——或者应该说垄断——书写文字的能力,想必是相当令人艳羡的。

自称女性主义者的赏玩家

若说"莲癖"是现代文人赖以表述(或逃离)他们对消逝岁月的缅怀心情,以及现代男性焦虑的方式之一的话,那么,相对于国族主义及其蕴含的男性主体性,《采菲录》里有关缠足的论述,就可以视为一种另类论述。姚灵犀也好,邹英也好,反映在他们视缠足为古董的观点之中的,是对昔日女性的认同,这使得这些赏玩家们的态度与普遍视妇女为父权体制受害者和国族耻辱的主流论述,有所区别。也因此,他们自认是同情妇女者,甚至是真正的女性主义者。

这种在认同模式上的差异,通常表现在对服膺国族主义的女性主义——尤其是反缠足运动——的公开批评。《采菲录》收录了一位笔名为老宣(1886 年生)的专栏作家的文章,文中明白表示:"提倡是残忍,是诲淫,是不顾人道;严禁是专制,是压迫,是不体人情!"(采初:第 7 页)在他看来,最令人不能忍受的,乃是反缠足运动所使用的修辞:"缠足是立时直接影响于被缠的女子,使她受当时的祸害。……劝人不缠应当以天理人情为题目,不必高谈阔论离开当前的事实,用虚而且远的'强种'或'强国'作招牌!"(采初:第 12 页)老宣倡议一种真心以女性为中心的运动方针,尊重妇女的身体遭遇。① 他的逻辑与本书前一章提到的薛绍徽类似,都认为缠足不可能因社会政治强制手段而消灭,而只能随着文化光环的消逝而自然凋零。应该要做的,是教育年轻女孩认识缠足的弊害,同时,放过年长妇女,别去强求她们改变。

老宣接着挑战国族主义式的反缠足论调:"若说缠足与'强

————————————————

① 采初:第 7、12—13 页。老宣有关缠足起源的理论,也以女性中心的角度出发,不过更具争议性:妇女"天性"要"设法修饰以引动男子的喜爱",所以妇女发明缠足的动机,就像她们发明"束腰、拔眉、露腿、烫发、露肘、高跟鞋、硬高领"种种花样一般(采初:第 17 页)。他还这么形容女性的能动性:"妇女如同渔翁,男子如同馋鱼,修饰如同钩饵。"(采初:第 20 页)因此,在这个"以异性恋为常态"的模式底下,唯有招蜂引蝶的女子,才称得上真女人。老宣真名宣永光,在北京当老师,教授英文、地理和历史,他也为《实报》《图画世界》和《北洋画报》等报刊撰写专栏。老宣的完整版综论文章,标题为《男女》,可见于他的《乱语全书》(北京:华龄出版社,1996),第 1—137 页。历史学者杨念群认为,老宣的历史主义坚持,颇令人耳目一新(《"渡过期"历史的另一面》,《读书》第六期〔2002〕,第 128—135 页)。

种'有关,我并不反对。然而我看北平及各处的天足妇女所生的儿女,并不比缠足妇女所生的,特别健康。……若说天足容易'强国',我也表同情。但是我以为国的强弱,在人民智愚勇怯,在内心而不在外形,更不在妇女的两只脚上。非澳二洲并太平洋各岛上的妇女,体格之强健,决不是欧美日本等国的妇女所可及的。为甚么二洲与各岛上的人,不能立国,反成了强国的奴隶,且将有绝种的危险呢?"(采初:第13页)老宣因而质疑了国族女性主义的两个基本论点:一是优生学的遗传决定论,亦即,母亲强健才能孕育出强健的儿子和国家;另一则是传教士的说法,亦即,妇女地位乃是文明进步性的指标。

赏玩家即使宣称自己以女性为中心,专重女性,他们对于缠足妇女的认同,却仍存在着先天的局限性和单面性。赏玩家对自己的欲求或欣赏对象心生认同,动机乃是出于对自我的爱恋。他们无法表述外在于异性恋同盟或不涉及男人的女性欲望。前面我们提过"莲教信士"对遗老和"姥"的访谈中,呈现出性别声音游移的问题,其中反映了男性**以**女性身份发声时,所遭遇到的难题。但他们能够**为**处境堪怜的妇女发言,这正是传统文人早已有之的模式。

男人对于过时性的感伤,是如此深沉,它已超越了赏玩家的关怀,而在一位左派作家的短篇小说里,得到了最生动的表述。这位作家乃是为社会主义献身的胡也频(演平,1931年卒);他的这篇小说,标题为《小县城中的两个妇人》,1929年刊登在《东方杂志》上,故事描写两名30多岁的妇人,互相吐露她们被丈夫遗弃的苦闷和怨懑。作者并未交代这对朋友的名字,其实,她们拥有一个共同的身份:现代社会里的旧式小脚妇女。在小年夜这个庆贺一家团聚、迎接新年新希望的日子里,这两名意兴阑珊的妇人，聊胜于无地借酒浇愁，结果当然是愁上加愁。

圆脸妇人回想起十几年前的洞房花烛夜，她的丈夫如何昵称她为“皇后”，又如何迷恋她那双缠得又尖又小的脚。然而，自从他远赴京城进入大学念书，心思就变了，还寄来许多京城现代女子的相片，劝说她改变自己的样子。为了讨得丈夫的欢心，她熬了三个夜晚，硬是把她那双“缠得像瓷器般的小脚”给松开，泡在冷水里，期盼能把脚放大。她还依丈夫的意见，把束缚胸部的传统小背心给抛了，“大胆地把两只乳房的形状显露在外衣上”。[1] 尽管百般努力，丈夫还是抛弃了她，跟一名时髦女子自由恋爱结婚。后来听说他已当上国立大学的教授，又进了政府，占了某个委员会的肥缺；然后还生了个儿子，做了父亲。她想象他“已经留着很尊严的八字须子了”——简言之，这个负心的丈夫，是一个完美的现代男人，不但有学识，有政治地位，而且还有子嗣，一切都呼应了传统小说中飞黄腾达的才子形象。但是，不像小说里的苦尽甘来的佳人，她的早年牺牲并未为她挣得尊荣，换来的只有区区每月 30 元的赡养费。

她的朋友，亦即故事里的长脸妇人，境遇也好不到哪去。她同样度过了三年美满的婚姻。事实上，正是因为真挚的情爱，她才鼓励丈夫远行读书。然而，“使丈夫上进竟等于她自己的没落”。临别的那晚，她的身体正犯风寒，但是男人疯狂般的欲求是如此强烈，她让他“做了五次的满足”。这是“一生中永不会忘的污浊的记忆”，不断地啮蚀她的心灵（第 104、105 页）。她的牺牲表现在她的身体/性的顺从，先是缠脚，然后又尽量满足他的性索

---

[1] 胡也频，《小县城中的两个妇人》，《东方杂志》第二十六卷第十八期（1929 年 9 月），第 103 页。这则故事强调了放足之近乎不可能的困难度，就此而言，它逆转了汤颐琐在《黄绣球》里建立起的主流看法。

求。甚至遭到丈夫背弃之后,她也仍继续牺牲,笨拙地想把脚放大,企图挽回丈夫的心,只是,不论是薄幸的男人,还是她自己的身体,都无法让她称心如意。多年来,她想尽法子放大她的脚,但它们"虽然放大了,却放得不像冬笋又不像萝卜"。喝着闷酒的这两个朋友,终于醉了,长脸妇人流下大颗的眼泪,圆脸妇人在声声叹气中,断断续续地喃喃自语:"什么都容易呵,只是脚没有办法……"(第106页)

在这篇小说里,相当重要的一点是,妇女们视之为自我牺牲的举动,包括为了取悦男人而献身或改变外形,在胡也频看来,其实都是男性的侵略行径:这不只是指离别前夕疯狂般的性需索,还指三年婚姻岁月里——"足足三年的如漆如胶的恩爱"——发生过"多到不能记清"的这种"不幸的、肮脏的事"。于是,这对夫妻之间频繁的性行为,通过作者的描写,成为一桩桩近乎强暴的污秽丑事。这番对于"性"的僵化解读,表面上是对女性受害者寄予同情,其实更令人目瞪口呆,因为它完全排除了女性从性生活中获得愉悦感的可能性,即使在"如漆如胶"的脉络下亦然——尽管这段"恩爱"婚姻的短暂,譬如朝露。于是,不论她曾有过什么样的愉悦,自从丈夫背叛之后,一切都不复在记忆中。胡也频刻意抹去她的幸福记忆,转而将她定位在无望赶上时代潮流的悲剧人物。

胡也频预先拒绝了缠足女子产生行动或愉悦的可能性,他所使用的叙事方式,则是强调女性身体的顽强性,从而使她们"自然而然"地成为受害者。故事围绕着妇女受限于无法把脚放大的肉体困境,她们的命运也因此难以改变,然后,胡也频戏剧化地描述了女人对男人的全面依赖,使之成为时代变迁中,唯一不变的现象。圆脸妇人说道:"生来是女人有什么法子呢?"她的朋友为了安慰她,想到了一个极端的反证:"有的女人不也是革命党么?""还不是她丈夫是一个革命党的缘故?"(第 104 页)胡也频的批判非常激进极端,他直指男人对女人的奴役,古今皆然,尤其通过婚姻制度为之。一妇人说道:"也许最从前的女人同男子是一样的。""也许吧,"另一妇人回道,"不过我们知道的女人都比男子吃亏,并且吃的是男子的亏。"(第 106 页)于是,胡也频借由这篇小说号召了一场两性战争。然而,这注定是单边战斗,因为旧式妇女,尽管身为利害关系人,在胡也频的预设里,她们是无法行动的一群。

《小县城中的两个妇人》描写的悲剧,扣人心弦,引起相当的回响;即使过了好几年,《采菲录》的一位作者依然征引了这篇小说,借以慨叹"男性心理之移易"(采续:第 37 页)。社会主义革命家胡也频与缠足赏玩家们,尽管政治思想南辕北辙,但他们同样都对古董化的缠足女子深表同情。他们既同情女子,又挺身扛下男性的罪愆,然而,这些姿态的潜台词,却是再次宣告他们身为男性的权力:只有男人才拥有行动的自由,也只有男人能肩负起责任。无法跟上时代变化脚步的缠足女子,尽管有心而且努力想要改造自己的身体,但是到头来,仍在男性评论者笔下成为双重受害者和从属者。身为"被动主体",她们只得依靠他人代为发言。赏玩家和革命家争相为那些遭受时代遗弃的妇女说话,然而,他们对她们的同情,不约而同地站在一个脆弱的基础之上,亦即,在他们眼中,女性的身体乃是解放她们的障碍。不论是赏玩家呼吁"放过女人"的放任立场,还是革命家对性别不平等的高声谴责,都预先封闭了一种可能性:女性能够通过自己或他人的身体,体现自我的欲望和愉悦。若说化身"女性代言者"的赏玩家无法陈说出女性欲望,反对赏玩文化的革命家同样也办不到。

疼痛的身体:女性的呐喊

既然化为赏玩家、作者、读者,以及妇女的同情者等身份的男性,在论述场域具有霸权式的地位,当我们聆听《采菲录》里出现的女性声音时,自须考虑到此一背景。虽然若干来函和诗歌看起来的确像是出自女性手笔(其作者署名均加上"女士"此一性别称谓),但是绝大多数的"女性声音",是以证言的形式呈现的。① 在这些关于缠足经验的"第一手"叙事里,"痛"乃是最根本的关怀,甚至可以说是架构全文的核心原则。

通过"痛",女性身体取得了叙事文本的发声空间。《拗莲痛史》即为一典型的证言,在这篇文章里,当事人阿秀女士抒发她对旧式文人的抱怨,说他们对小脚的喜爱,"目为珍玩,不惜舞文弄墨为之点缀"(采初:第 255 页)。"在吾辈女子身受者,实无异罪犯之受桎梏,甚或过之。谚云:'小脚一双,眼泪一缸',即此可见此举之惨。依亦过来人,不惜以予当年所受断筋折骨之痛苦,形诸笔墨,以期唤醒世上一般爱莲君子焉。"(采初:第 255—256 页)舞文弄墨的"男性"与身受剧痛的"女性"形成鲜明的对比,强而有力地诉说了权力不平等的性别化本质。

这位女子虽被"目为珍玩或古董",然而一旦她将亲身经验形诸文字,就等于是在抗拒她的客体地位。我们不清楚"阿秀女士"

---

① 《采菲录》诸编里的女性证词,大多仿效反缠足文宣的叙事手法,因此也为《采菲录》与反缠足运动之间的增补关系,提供了另一例证。事实上,姚灵犀将它们编入"劝戒"单元,视之为反缠足文献的一环(采初:第 231—262 页;采续:第 39—68 页;采三:第 13—23 页;采四无"劝戒"单元,但参见第 126—143 页;采新则没有收录这类劝诫文章)。

是否真的是一位女性或女性作者主体。① 如我们在前一章所讨论过的,像蔡爱花这样的女孩,确实曾在学校集会中上台发言——尽管是在她哥哥的激励之下——而且她们的话语有时也会由男记者刊载于报端。然而,若想分辨出真正的女性声音或纯粹的女性观点,将会徒劳无功,白费心血。阿秀女士证词的重要性在于,"缠足妇女作者"此一身份属性及其有关身体感觉的叙事,都是前所未闻的新鲜事物。作为一种发自体内的声音,女性的证言戳破了文人靠生花妙笔烘托起来的缠足光环。发自体内的声音听起来沉重又平实,相形之下,天花乱坠的男性特权声音,开始有些刺耳。

反唇相讥的妇女,具有一种颠覆的潜能,这可由阿秀女士使用"古董"这个赏玩家们常用的词汇看得出来。据她所说,在民国初年,当时还是少女的她进入一所女校就读,但以缠足之故无法参加体育课。"同学目为古董,时加讪笑。"(采初:第 257 页)从陶报癖到胡也频,再到阿秀女士,"古董"的比方数度易手,终于,"行将消逝者"获得了发言的空间,也撕去了古董化客体的标签。如此看来,陶报癖的名句"现有者而加以欣赏,似无不可",再也不是那么理所当然或无懈可击了。

女性的声音并未述说新鲜的内容——不外缠足是痛苦、过时和不可逆的等老生常谈——也不曾在男性开启的古董论述之外,

---

① 在 1934 年的《采菲录》初编"劝戒"单元里,女性声音/作者的记述以三种形式呈现:阿秀女士的《拗莲痛史》以第一人称写作,文章作者亦为她的名字;《金素馨女士自述缠足经过》为一口述记录,记述者姓名不详(采初:第 258—261 页);《林燕梅女士自述缠足经过》亦为口述记录,其记述者则载明为当事人的弟弟林章瑠(采初:第 261—262 页)。在所有例子里,男性的介入是无可否认的。我无意评断何者呈现了更"真实"的女性声音。我想问的是,这些文本的叙述者既然都被表明为"女",那么,此一"女"的性别身份对当时的读者而言,代表了什么样的意义?

增加什么新的词汇。但是,这是发自女性体内的感受,因而启示了另类的文字书写,同时也成了经验和真实的泉源,就这样,女性证言引领我们进入揭露模式的最终阶段——如前一章讨论过的,揭露模式代表着缠足论述在现代的断裂。19 世纪以前,在文字与视觉的遮蔽之下,缠足得以维持不坠的文化声望,但是历经现代的种种揭露之后,如今正式宣告烟消云散。

阿秀女士用以记述其"痛史"的语言,平淡无奇,包括过度频繁地使用"痛"这个名词/形容词。有一次她使用了一个老掉牙的形容,"其痛乃如刀割"(采初:第 258 页);但到了文章最后,她又坦言道,"且纤足者当雨后霉泛,其痛楚更不能形诸笔墨"(采初:第 258 页)。其后收入的另外两篇女性声音,以口述记录的"自述"形态呈现。虽然,比起阿秀女士的写作,这两篇的口语性和表达性较为丰富,不过就语汇的创新性而言,三者相差无几,并未出现特别的用字遣词。其中一篇的自述者名为金素馨女士,她先是以"双足火热"形容初缠的感受,然后,当她描述在外婆家的紧缠经验时,再度使用了"火热"的意象:"双足渐感膨胀,继而火热(发)作,陆续刺痛,辗转不能成寐。虽然,宁死决不稍松予之脚布。有时痛极饮泣,惟有咬定牙根,强忍过去。"(采初:第 259—260 页)半个月后,她另行更换五尺长的裹脚布,并制软底睡鞋,夜间缠裹后,用以套着双足。然而在接近成功之际,两脚小趾却都红肿化脓;她用棉花将患处拭净,再以贴上少许棉花,然后继续缠裹,"缠时痛彻心腑,身躯为之抖颤"(采初:第 260 页)。过了一阵子,痛楚"似稍可忍",因为双足已然"麻木无知"了。

金女士铁石般的意志,至少有一部分是受到幼时经历所激发。那是在 11 岁左右,有一回她随母亲到外婆家祝寿,来宾中有

147

一对年龄相仿的张姓姐妹,她们的双足皆瘦不盈握,赢得众人赞赏,金女士的舅父更以之相比,笑说人家的脚儿"又小又正",而她那双还不够小的脚儿"又大又肥",其他来宾闻言视之,亦相与嘻笑嘲谑。此事给了她莫大的打击,从此暗下决心,"纵受任何痛苦,誓死加紧缠足,以雪此耻"。为了紧盯自己的进展,她疯了似地量脚,一旦脚变得稍小,鞋子变松,便立即赶制更小的鞋履。本章前面曾提到赏玩家执着于精确测量,象征着科学主义的大获全胜;如今我们又看到金女士也有同样的执着,但她的执着却表征着女性对于自己有能力改造身体的喜悦。在缠裹的过程中,妇女对于身体因自我意志而改变的满足——以及因而产生的能动性感觉——与我们在前一章谈到的身体顽强性,以及放足过程的徒劳无功,恰恰形成强烈的对比。[1] "第五小指,与足踵距离日近,量之为四分。足心足踵间之缝,亦日益深下,量之约八分。……缠至三十天,予足已小至二寸九分,较前又缩去九分。"这篇自述的最后一句话,是一段自傲的叙述:"远近数村诸姐妹论足,已推予为魁首矣!"(采初:第260—261页)

金女士并未发明新鲜的形容词来描述她的痛楚,但是通过反复述说测量结果,她的自述产生了一种累加性的力道,使读者一瞥她肌肤之下的身体。她的声音相当生动,动机也值得采信,不过最令人动容的,还在于她对于痛苦的忍耐力,彻底表露出她的能动性。听到这段声音之后,我们开始理解,"痛苦"在

---

[1] 第三篇叙事为林燕梅女士的自述,由她的弟弟记录,文中详述了一个完全顺服的女性身体,因而也挑战了此一刻板印象。她自4岁起开始缠足,但在9岁时,因为父亲的要求而放足,她于是"将四趾拉平,以手摩擦",神奇的是,不及半年,她的双足即已"放妥","如天足然,不过甚为削瘦"。林女士将此归功于母亲的放足汤剂,但是这份具有"神效"的秘方,在她母亲去世之后,即告失传。对于如此"可逆"的缠脚经验,她下结论道:"此事于本身无关。"(采初:第262页)

女性的动机与欲望结构中,占据着什么样的位置。至于它是否为"真实"女人发出的"真正"声音,我们可以暂且不予追究。不论如何,在我们听来,它就像是女性的声音,截然不同于男性赏玩家的话语,因为,古董和科学测量这两种常见的主题,在这些有关女性身体经验和疼痛经验的创造性叙事当中,获得了崭新的喻义。

阿秀女士的声音引来一些仿效者,因为就像一位署名"觉非生"的作者所说的:"《采菲录》内诗歌多,记实少,只阿秀女士《拗莲痛史》等三四篇,可谓棒喝。"(采续:第50页)这名作者的"觉非生"笔名,以及他所使用的禅宗"棒喝"典故,都让人觉得似曾相识,毕竟这些都是帝制晚期情欲小说中常见的元素。在这些小说里,男主角到最后大多痛改前非,像这种极具宗教性质的醒悟,总是扮演着遮羞布的角色,试图遮掩小说前段有关男性欲望与性需索方面的煽情叙事。"觉非生"的《莲钩痛语》收录于《采菲录续编》的"劝戒"单元(采续:第50—57页),它显然跟前面提到的"莲教信士"的"姥"访谈录一样,都属于男性叙事的范畴,同样也并接了女性对于自我身体的欲望,以及男性对她的欲望。至于声音性别游移不定的问题,则不存在于这个例子,因为女性经验的呈现,在此完全表述为向男性亲属诉说的证词。这使得"觉非生"能够以第三人称写实地叙述女性的痛苦经验,原先的情色遐思,也在男性制式化的"觉今是而昨非"说词之下,有气无力地熄灭了:"不禁想裹脚恶俗,荼毒女子太甚,平日爱莲之心,顿然消尽矣。"(采续:第51、63页)

事实上,"觉非生"挂名作者的《莲钩痛语》,共有三篇(其中一篇名为《莲钩痛史》),分别记述了他的妻子、妹妹,以及北平(今北京)一位邻妇的证言。① 对于妻子的缠足回忆,他的记述颇有创新之处,因为这篇文章完全意识到时间的过滤作用:"予妻生于河北通县,沿于习俗,年七岁即将双脚缠裹。当其初缠,所经痛苦,以年久日深,率多忘却。独有二事,至今犹能追忆。"其中一件事与她母亲的大意有关:有一次缠脚结束停当之后,她母亲为她密缝裹脚布尾端固定之,却不慎针穿她的脚趾肉,不过母女二人当时都不知此一意外的发生;女孩虽感剧痛,但在母亲严命之下忍痛穿鞋,蹒跚而行,直到数日之后才发现,大拇指左侧已与裹脚布缝连。第二件事是在她 14 岁时,为了矫正"足背不正"的问题,她毅然决定忍痛,下了一番苦工。其方法为盘膝而坐,脚心相对,以衣砧压在脚上数小时,然后再用窄带束缚隆肿之足背,"如是二月,非独歪背改好,即足跟足趾,亦平偏许多"。(采续:第50—51页)将焦点锁定在这些痛苦事件的叙事策略,确实有其效果,因为它借由身体内在的记忆思路,突显了女性身体的独特性。每当这名中年妇女回想起这些事件,残存的痛苦记忆便袭上心头。而且,一旦脚部发炎,她便会以豆腐皮或菜叶覆盖在缠足患处之上(采续:第51页);她的身体同样记得这些痛楚。

"痛语"书写变成了一项产业。一些带有仿效性质的证言陆续出现,它们或者使用"书莲钩痛语后"的标题(采续:第51—54页),或者干脆套用"莲钩痛语"四字(采续:第57—59页),不过这些文章是以女性第一人称的声音呈现,而且作者署名也是女性名字。这类"痛语"文献,有的侧重在放足痛苦的描写,因此对于"采

---

① "觉非生"自己也是位收藏家。他曾在北平的旧货铺内购得一双"与袜颇似"的软底缠足女鞋,但是做工异常粗糙。他"不解其故",于是寄了一只给姚灵犀,请对方帮忙鉴定其真伪及功用。姚灵犀初亦不解,后来向一位"故老"请教,才确认这类粗制滥造的软鞋绝非闺阁出品,而是娼妓用来赠予狎客,作为春风一度的纪念品(采续:第368—370页)。

菲"赏玩家一再吁求"不妨稍加宽容,以免重受活罪也",尤其感到心有戚戚焉。也有人也开始访谈妻子(采续:第65—66页)或年长佣妇(采续:第59—63页),不过,不论是疼痛这个主题,还是用以描述痛楚的语汇,都已弹不出新调。后来,这些证言听起来就跟缠足习惯本身一样,已到了乏善可陈的地步。

诉说疼痛的语言,直到1941年才又出现了一番新局面。在这一年,姚灵犀付梓了最后一部《采菲录》(即《采菲新编》),里面收入了一篇题为《缠足经验记》的证词型叙事,内容为一位"海城王家大姐"的疼痛经验谈。这篇文字的描述手法,采用了精确的、层次分明的生物医学论述,包括尝试着以解剖学名词来指称身体部位。对于女性身体疼痛的形容,既按时间序列详述极痛时期两年间的情况,又依痛楚的轻重程度和时间长度分别说明,此外,还细心地区别了疼痛的性质:"酸痛"抑或是"发涨撅痛"(采新:第22—24页)。

这篇女性证词是一篇长篇叙事的附录。这篇叙事的标题为《缠足概说》,属于一篇综合性的文献,其中收录的内容,从赏玩文学到家庭日用类书,各种元素应有尽有:民俗志、起源论述、儒家礼教、功用、方绚、女性证言、食补偏方、制鞋法、缝制膝裤法、手脚举动法、闹房戏乐、劝说教育与工作生活等(采新:第1—43页)。尽管单独看,这些元素和资料都是撷取自过去既已存在的论述材料,不过,就其广博性和运用生物医学词汇的角度来看,此一长篇叙事,完全是现代才有的新鲜事物(采新:第10—11页)。更令人惊奇的是它竟然"标新立异"地认为,女性的教育与工作,与缠足不相冲突,可以并行不悖。文章作者在交待过缠足女子的举止法则、足服缝制和闺房乐趣之后,随即以一种就事论事的态度评论道:"那脚痛苦时期,已经过去,这就当要她读书识字,受些相当的教育。"(采新:第 42 页)散步、打太极拳之类的体能活动,也都在建议之列。整篇叙事在结束之前,还摘录了著名的曾国藩家训中的妇女功课单,以供家庭妇女日常作息和劳动生产活动之参考(采新:第 43 页)。

这篇叙事以一种文化相对论的主张为开场白:"人工美容术:即用人力变更常态,如美洲土人的头部变形、牙齿造形术、指爪和鼻之变形、欧洲妇女之细腰,以及我国妇女之缠足是也。"(采新:第 1 页)像这样将中国与世界其他区域并列齐观的看法,一点也不奇怪,事实上,它早已蕴涵在晚清以来笼罩在国族主义巨型史观之下的反缠足修辞。不过在这里,语气不太一样,因为在这篇文章出现的时刻,中国人早就不再为妇女缠足一事进行辩护。所有针对缠足的批判,都已变得多余和无谓。缠足已成历史,这是众所周知的事实。

全知角度的叙事观点——从女性身体之内与之外;从中国内部与国际世界——标志着客观主义的胜利,终而使得赏玩文学为之改观,同时也消除了旧式文人局部的、回望的视野。即使是缠足妇女的主观身体经验,如今也能以一种客观的语调来描述。这篇文章的作者化名为"保莲女士述、喜莲生撰"(采新:第 1 页),虽然让人联想到赏玩文学常见的作风,但是"男性选述女性经验"的合成声音,在一个只能玩弄叙事声音和视点的世界里,已没有什么噱头。关于缠足,已经没有什么可以再说的了。它的的确确已经"死亡",也因此,我们总算可以将之"放生"了。

《采菲录》的编纂,源自想要掌握全部知识的乌托邦式欲望,它因而造就了一种广义上的,有形无形的"档案"(archive)。

Thomas Richards 告诉我们:"档案既不是一栋建筑,甚至也不是一套又一套的史料,而是所有已知或可知的事物,通过集体性的想象所产生的一种汇合。"①档案之所以成为档案——既要广博又可归类整理——就必须维持明确的界限。唯有在民国初年,缠足不再保有文化背书的发展能量之后,缠足档案的收束才成为可能。然而,即使档案所记录的缠足习惯已然消逝,档案本身依然无法完全关闭。总是有可能因为在某个尘封阁楼里发现逸失的文本,或是在某地出土了一只前所未见的莲鞋,结果又有新的知识注入。促使姚灵犀等人编写《采菲录》、享受传播缠足知识的动机,不单是怀旧情怀,更是这种乌托邦式的冲动。

《采菲录》的内容,主要是"回收"或摘取旧有的零散文献,再加以拼凑组装,尽管如此,它仍是一种极具创新性的文本,亦即,它成功地创生了崭新的文本形式和意义。这个创新性,部分可以归功于它那些模拟旧式文人的现代编辑者的自我呈现。第二个理由则是主宰 20 世纪 30 年代通商口岸市场经济的利润动机。瓷窑作坊和鞋匠制作了大量的鞋状物品,它们的形制,通常是依照愈来愈富于想象力的语言描述。陈列在各大商场架上的这些物品,则又重新引发了宴饮场合里的诗词题咏。结果,经由这套"文字—物件—文字"的循环再生机制,不管是档案还是商场,都杂七杂八地充塞着冗赘而且全然属于现代发明的文字和事物。文字也好,物品也好,它们都是"实物"——至今仍然藏于图书馆和博物馆里——不过,它们既不值得相信,也不曾直截了当地表明缠足的"真相"。

大量的文本、物件和意义因《采菲录》而被发明出来,这个现

---

① Thomas Richards,"Archive and Utopia," *Representations* 37 (Winter 1992),pp. 104—135;引文摘自 p. 104。

实使得我们身为历史学者的任务更加复杂。档案如同一座装载着各种欲望的库藏,它并不是任令我们随意采集的中性史料汇编。进入《采菲录》的世界时,不应把自己当成公正客观的事实调查者,相反,我们首要的工作,就是要领略其中的夸张感情和逸离矫情,因为正是这些情绪架构了男性的金莲异想世界。征引和重述固然可以衍生出新的意义,但是我们最好记住一件事,相同的讯息,就算出现了三次,也并不表示它就正确无误。把《采菲录》里的偷窥男人和缠足妇女的第一人称写实叙事,视为男性欲望与女性痛楚的直接陈述,确实非常诱人。但问题是,缠足经验的"真实",并不在这里,而是在档案之外,一个尚未整理归类的世界里。

第二部分
遮蔽的身体

第四章　溯古访今：缠足源流考

　　在构成本书第一部分的前三章，我们目睹了缠足如何在现代全球化的世界里，丧失它的文化光环。一旦私密的缠足被无所遮蔽地展露在世人眼前，它的形象和意义便发生了重大变化。经过崭新的文字和视觉媒介的传散，全然产生于当代的缠足形象，摇身成为自古以来一成不变的"传统"。其中，我们最耳熟能详的形象——国耻——来自传教士和改革者的国族历史叙事。在另一个极端，赏玩家们把缠足当古董和文物欣赏。这两种截然不同的形象，其实宣告着同样的信息：缠足已死。不论是就其文化尊荣而言，还是作为一种社会实践，缠足的时代已一去不返了。

　　在第二部分，我们将把讨论的重心，从终结缠足的现代，回归到帝制晚期（16世纪到19世纪初）；在这个时期，缠足逐渐习俗化，成为一种全国上下普遍被接受和追求的社会习惯。我们的目的，就是追溯缠足如何在此一时期绽放和传播其文化光芒。其中最重要的机制是帝制时代地位崇高的文字文本。在现代，缠足经过各式各样的揭露，尤其是在摄影机和X光机镜头之下，其神秘性早已荡然无存。比起文字，这些新式显像技术揭露女性肉体的能力愈来愈强大，随着此一发展，我们可以这么说，缠足的终结与文字作为表述真实的工具的没落，两者有着相当的关联。

相对而言,在帝制晚期,缠足的文化尊荣与奥秘,主要依靠文字来形塑。① 在第二部分,我的主要论点是,明清的缠足论述,无论是以抒情主义还是客观主义的形式出现,它的特征是文本间接性(textual indirectness),其作用与绣花膝裤和弓鞋一样,都是一种"蔽身器":将凝视焦点从肉脚原貌移转到装饰文化。明、清时期的文字作品,意在撩拨人们对隐藏的身体的想象,而不是陈述具体的身体状态或社会实况。受到挑逗的读者,只得自行幻想神会那不能被述说的部分。

在本章和下一章里,我们检视了复杂多样的文类,包括考据学者的论述、宫廷小说、笔记、游记、风雅指南,以及通俗的俚曲歌谣等,以期刻画出精英男性欲望的特征。许多文本不论其讨论的方式,还是记述的口吻而言,都称得上是严肃的学术作品;有些文本的内容略嫌猥鄙轻佻,还有一些根本就是不加掩饰的色情文字。整体而言,这些文本首先将"缠足"定位为男性探求和欲求的题材;其次,关于女性的身体部位,哪些是可以谈论的,那些是不可以谈论的,它们也设下了论述的限制;最后,它们还使得缠足在男性的情欲想象之中,持续占有一席之地。考据学者们所致力的,是借由考证缠足的起源来为缠足在历史时间中定位,我们将在本章中细数他们的成果。此外,文人作家们又将缠足固着在一

---

① 尽管帝制时代同样有色情图画,但它们挑逗观阅者的模式,却与文字论述模式没有两样:都着重在表述的间接性。高罗佩(R. H. Van Gulik)注意到,在明代的春宫画里,"呈现女子的裸足,是一项绝对的禁忌"(*Erotic Colour Prints of the Ming Period*〔Tokyo: Privately published, 1951〕, p. 170)。19世纪的图像较为大胆直接,与之呼应的,正是当时愈见露骨的文字描写。有关一部18、19世纪的情色画册的讨论,见 *Dreams of Spring: Erotic Art in China from the Bertholet Collection* (Amsterdam: Pepin Press, 1997)。关于清初画家顾见龙(1606—1694)及其情色画作,参见 James Cahill 的论文: "Where Did the Nymph Hang?" *Kaikodo Journal* 7 (1998): 8—16; 以及 "The Emperor's Erotica," *Kaikodo Journal* 9 (1999):24—43。

个既实在又虚幻的地理空间，想要借此驯化缠足，我们将在下一章考察他们的这番尝试。

我们的目的并不是要谴责这些早已作古的男人，而是打算认真看待那存在于他们字里行间的魅惑迷情，希望可以了解，他们如何能够如此有效地延续缠足的奥秘。同时，他们的著作，呈现了一个由地方风俗和区域文化交织而成的世界，有时也不经意地透露出有关女性的缠足动机，尽管这些讯息片断而零碎，我们仍将尽力一窥究竟。最后，在本书最末章里，我们将离开文字文本，转而望向纺织品的世界，并得以将妇女的身体——劳动、礼节，和时尚的身体——安置在她们所创造的世界的中心，借以标测女性欲望的宇宙。

界定缠足：弓足

19世纪之前，有关缠足的题材在正史、方志和儒家女教等官方书写里，仍是一项禁忌。男性论及缠足的学术文章，大多以"笔记"条目的形式出现。笔记是不成篇章的读书札记或随笔，介于资料收集与系统分析之间。有时候，笔记条目会按某种百科全书式的架构，依主题（例如"弓足"）的性质分门别类，不过，往往并无一定的顺序条理。神话、传闻，以及史事，在笔记里所占的版面和地位，是不分轩轾的。有些笔记乃是博学严谨的论著，例如稍后将提到的胡应麟的笔记论著；另一种极端则是近似虚构性质的"笔记小说"。由于格式极具弹性，笔记乃成为文人书写缠足时最偏爱的文类。

在19世纪以前，所有讨论到缠足的"笔记"均属起源论的范畴，其原型为宋代学者张邦基（生卒年不详，12世纪时在世）

所撰写的一则简短笔记。这恰好也是目前已知最早提到"缠足"一词的记载。张邦基开宗明义地说道:"妇人之缠足,起于近世,前世书传,皆无所自。"张的《墨庄漫录》完成于1148年之后,在他所处的时代,缠足极有可能才刚开始流行。[①] 他这番躬逢其盛的特有观察,经常被后来的学者所引述,借以强调缠足之始不会早于12世纪。[②]

然而,奇怪的是,张邦基并没有强调自己的时代权威性,反而诉诸几百年前的史书和诗歌:《南史》、乐府诗与《玉台新咏》(二者皆出于第三至第六世纪间的六朝时代),以及唐诗。后三者都是诗歌总集,里面充满了形容女性身体的辞藻,它们

---

① 张邦基,《墨庄漫录》,卷八,第5a—b页,收入《钦定四库全书》。高洪兴指出,从张邦基在书中记载的内容来看,该书成于1148年以后(《缠足史》〔上海:上海文艺出版社,1995〕,第12页)。费侠莉提醒我们注意,缠足初兴的时代,与"妇科"在北宋(960—1125)时期逐渐形成一门医疗专科的现象,具有某种关联性。宋代妇科的兴起,意味着对母性(maternity)给予高度的医疗和社会关切,将女性身体的生殖功能置于优先地位。母性身体,或与生产有关的身体部位,逐渐"去情欲化"(de-eroticized),随之而来的是,"欲望身体与生殖身体的分离"。弓足之所以成为"妇女作为可欲对象的物神意符(fetishist signifier)",正是因为"它并不被定位为执行生殖功能的身体部位"(*A Flourishing Yin: Gender in China's Medical History, 960—1665*〔Berkeley: University of California Press, 1999〕, p. 133;关于宋代"妇科"的兴起,见 pp. 59—93)。有意思的是,对比于此一有关"妇科"乃一"非性器官"(asexual organ)的假设,近年来的认知科学研究显示,就大脑表层的感官系统分布图而言,脚部与脚趾的位置,正好在性器官之旁(Eric R. Kandel, James H. Schwartz, and Thomas M. Jessell, *Principles of Neural Science*, 3rd ed. 〔New York: Elsevier Science Publishing Co., 1991〕, p. 372)。感谢 Suzanne Cahill 提醒我注意这本书。

② 例如,作家陶宗仪(生卒年约1316—1403)写道:"扎脚自五代以来方为之,如熙宁、元丰以前,人犹为者少。近年则人相效,以不为者为耻也。"(《辍耕录》,卷一〇,第16a—17a页,收入《钦定四库全书》;熙宁〔1068—1077〕、元丰〔1078—1085〕均为北宋神宗年号。)分析物质文化和性别认知的当代研究者,确实认为缠足作为一项社会实践,很可能始于10世纪。见我的 *Every Step a Lotus: Shoes for Bound Feet* (Berkeley: University of California Press, 2001),第一章。亦见高世瑜细腻的解说。她指出,缠足原为五代时期宫廷舞者的一项审美观念,并在南宋时期演变成为一种限制女性行为的规范准绳(《缠足再议》,《史学月刊》二〔1999〕,第20—24、111页)。

也成为后世学者的主要文献引征出处。张邦基解释道,乐府诗和《玉台新咏》"皆六朝词人纤艳之言","类多体状美人容色之殊丽,又言妆饰之华,眉目、唇口、腰肢、手指之类,无一言称缠足者"。一个可能的例外是唐代诗人韩偓(844—923?)笔下的美人足。韩偓是著名的艳体诗集《香奁集》的作者,在他的《屐子》诗里,有一句引发后人激烈争辩的诗句:"六寸肤圆光致致。"①

等一下再谈韩偓,这里要说的是,张邦基的逻辑值得我们重视:如果古代的文献,不论其为史册或诗歌,都没有提到缠足,那就表示,这项实践并不存在于古代。这文献的无上权威部分来自读者的信念,亦即,文献典册构成了完整的知识库藏。每当后来的学者因为争论缠足的起源而征引更多文献时,这信念就因而被重新肯定。甚至当学者们探讨诸如人体构造、衣着打扮或跪拜礼仪等与身体和物质文化相关的课题时,他们还是预设,唯有通过古文献才能进入过去的世界。在他们的设想里,唯一能保存历史现实的,是文献档案,而非视觉的或物质的文化素材。②

---

① 张邦基,《墨庄漫录》,卷八,第5a—b页。虽然"六寸肤圆"一句经常被引述,但韩偓这首诗的其他句子,从未在有关缠足起源的争论中出现过。全诗如下:"六寸肤圆光致致,白罗绣屟红托里,南朝天子欠风流,却重金莲轻绿齿。"(《全唐诗》〔上海:上海古籍出版社,1995〕,第1719页。)这首诗的标题《屐子》,原指木屐,为古代的一种仪式足服,不过后来也泛指鞋履。在某些版本里,"六"写作"方",二者字形极为近似。由韩偓带动风潮的"香奁体",主要是题咏闺阁佳人的姿态、身躯和衣着。见康正果,《风骚与艳情》(郑州:河南人民出版社,1988),第239—248页。学者高文显指出,《香奁集》为韩偓所作的说法,应属误解,他认为这部诗集的作者,较可能是五代时期的诗人和凝(898—955)(《韩偓》〔台北:新文丰,1984〕,第63—81页)。

② 明代学者沈德符是唯一的例外,他征引了两幅绘画,一为"唐文皇长孙后绣履图",另一为"则天后画像",并指出长孙皇后和武则天皇后/皇帝两人的脚都"与男子无异";由此推论唐代妇女尚未缠足(《万历野获编》〔无出版地:扶荔山房刊本,1827〕,卷二三,第26a页)。

　　考据学者们并不是盲信文献。他们相当明白,即使看起来毫无争议的文献,在解读时,也可能言人人殊。韩偓歌咏的"六寸肤圆",究竟能否证明缠足存在于当时呢? 张邦基不认为这是决定性的证据。根据他的推论,由于唐代的"寸"比宋代的"寸"短,所以人们可以从这一句诗得知,尺寸很小的脚在唐诗里确然受到歌咏。不过,他认为值得注意的是,诗中仍"不言其弓"。在张邦基的想法里,标示缠足的,不是脚的尺寸,而是一种特别的形状。稍早之前,他使用同样的标准讨论一则出自《南史》的典故:"齐东昏侯为潘贵妃凿金为莲花以帖地,令妃行其上,曰:'此步步生莲华。'然亦不言其弓小也。"同样的,张邦基话中暗示着,尺寸小固然是缠足的特征,但是更具关键性的,则是脚的弓形。

　　对现代人来说,"缠足"的意思,再清楚不过了:我们晓得它的作用,也明了它的样子。但对宋、元、明代的学者则不然,缠足此一神秘作为的定义和内涵,似乎使他们感到大惑不解。他们对于缠足起源的探究,提醒我们注意其复杂的本体论状态,以及界定缠足基本特征时所面临的难题。的确,这么说并不过分:唯有通过起源论述,缠足的元素才得以在论述的层次上成形。尤其是,张邦基的推论意味着,到了 12 世纪下半叶,缠足已然出现了"小"和"弓"这两项不同的特征。可想而知,张邦基如此定义缠足,应是基于他的亲身观察,只是,我们已无从得知 12 世纪的缠裹方式以及"弓形"的确切样貌,更不用说是那些因时因地而产生的变异形构了。对于这些,我们将在第六章进行若干"有所本的猜测",而我们所依据立论的古墓出土文物,恰好就不在考据学家们采纳的证据范围之内。

传说与历史

若说张邦基对文献档案的信赖,带动了后世学者有关缠足起源的论争,前赴后继,此起彼落;那么,约莫比他晚一世纪的宋代学者车若水,则建立了缠足论述的另一项特色:对此一作为连绵不绝的谴责声浪。车若水谈论缠足的文字出现在他完成于1274年的笔记著作里;就修辞策略而言,他的这段文字简直与现代的反缠足论说没有两样:

> 妇人缠脚,不知起于何时,小儿未四五岁,无罪无辜,而使之受无限之苦,缠得小来,不知何用。后汉〔25—220〕戴良嫁女,练裳布裙,竹笥木屐。是不干古人事。或言自唐杨太真起,亦不见出处。①

戴良是东汉(后汉)初年的一位博学鸿儒,隐逸山林,避不出仕,他的嫁女故事见于《后汉书》与《汝南先贤传》这两部古书。② 为了寻找缠足的文献记载,张邦基追考到今天称之为"中古时代"的第五、第六世纪,车若水则更往前,回溯及第一、第二世纪的记载。

车若水根据戴良女儿的嫁衣装扮,推断缠足不存在于东汉,换言之,他跟张邦基抱持着相同的信念,都把古书视为一种无所不包的知识库藏。同样地,在古书中看不到有关杨贵妃(杨太真)小脚的"出处",意味着视她为缠足第一人的说法,不足采信。就像张邦基以及后来的学者们,在车若水的认知方法背后,是一种

---

① 车若水,《脚气集》,第20a页,收入《钦定四库全书》子部十,杂家类三。
② 胡应麟也曾提到《汝南先贤传》。见他的《丹铅新录》,收入《少室山房笔丛》(北京:中华书局,1958),第151页。

不断分辨历史与传说的念头。历史虽然也是掌故,但是可以通过其他文献证据而得到相当程度的支撑和确认;传说则是单一的、孤立的,又无从查考的掌故。有意思的是,有时候,学者们认定为穿凿附会的起源掌故,却出自可靠的正史记载,而一些被认定为可信的掌故,其原始出处反而属于文学创作。

到了13世纪左右,学者们起码已否定了两个属于传说范畴的掌故。它们出处不一。如前所述,张邦基提到了东昏侯与潘贵妃,他们的金莲典故便有正史为之背书。不过,我们应该还记得,这个典故并没有涉及缠足的源头,因为整段话里没有一个字说到潘贵妃的脚是否"弓小"。第二个传说则为车若水提到的杨贵妃一事。杨贵妃(717—756)可能是历史上最著名的"祸水红颜",她的故事因为诗词戏曲的编写传播而家喻户晓。杨贵妃受到唐玄宗(712—756年间在位)的宠爱,两人因为安禄山造反,仓皇逃离京城。逃到马嵬驿站时,玄宗的部队抗命鼓噪,要求皇帝处死她。后来流传着一则故事,说有个老妇人偶然在路旁拾获了杨贵妃的罗袜,还向想要一睹为快的好奇路人索价,赚了一笔。[1] 一只遗弃路旁的袜子所引来的感怀凭吊以及窥视价值,致使人们穿凿附会,以为杨贵妃必然拥有一双小脚。不过,车若水认为这则传闻并不可信,因为"不见出处"。

除了潘贵妃、杨贵妃的掌故之外,还有第三种起源传说;这是由学者兼藏书家周密(1232—1298)所流传下来的故事,根据他的说法,五代时期南唐李后主(李煜,937—978;961—975年间在位)后宫一位名为"窅娘"的舞伎,才是缠足的始作俑者:"窅娘纤

---

[1] 关于杨贵妃的故事和正史中的妖姬叙事传统,见 Fan-Pen Chen, "Problems of Chinese Historiography as Seen in the Official Records on Yang Kuei-fei," *T'ang Studies* 8—9(1990—1991):83—96。

丽善舞,后主作金莲高六尺,饰以宝物细带缨络,莲中作五色瑞云。令窅娘以帛绕脚,令纤小屈上,作新月状。素袜舞云中曲,有凌云之态……是人皆效之以弓纤为妙,盖亦有所自也。"①

　　窅娘是个传说中的人物,但是她的故事,又架构在信而可征的历史脉络里。佛教在南唐社会极为盛行,李后主本身就是虔诚的佛教徒,宫廷和民间也普遍接受佛教。故事里为窅娘打造的"金莲"舞台,仿佛是唐代佛像雕塑常见的七彩珠玉莲台(见图十)。南唐的金、银匠师,技艺尤其出类拔萃。此外,李后主还是一位声名卓著的诗人、画家、音乐家和舞蹈设计家;他的正宫周皇后也是确实可考的历史人物,据史册记载,她不但善于弹奏琵琶,而且还精于设计新颖的宫廷舞步。② 因此,窅娘的故事尽管无从证实,依然煞有介事地流传开来。到了 15 世纪,她的传说已最常被引述来解释缠足的由来。在正史缺乏合乎期待的文献记录的情况下,一则传说反倒借由简洁生动的叙事和描绘,担负起传达缠足意义的文化工作。

----

① 周密指称窅娘传奇的原始出处,乃是一部已经佚失的文献《道山新闻》(《浩然斋雅谈》〔沈阳:辽宁教育出版社,2000〕,第 19 页)。元代学者陶宗仪的笔记《辍耕录》(序于 1366 年,卷一〇,第 16a—17a 页)也谈到了窅娘的故事,同样说是征引自《道山新闻》。胡应麟与赵翼则都提到,窅娘传奇首先出现在张邦基的《墨庄漫录》,尽管如此,不论是权威的《钦定四库全书》,还是较晚近的《丛书集成初编》,里面所收录的《墨庄漫录》,都看不到此一记载。

② 佛教可能有所影响的想法,促使日本学者古垣光一进一步提出假设,认为缠足可能是由"西方",或者中亚,传入中国(《中国における女性の纏足──特に実相と宋代の起源について》,《中国关系论说资料》第二十九卷第一期〔1987〕,第 49 页)。关于佛教盛行于南唐宫廷和民间的情形,见邹劲风,《南唐国史》(南京:南京大学出版社,2000),第 141—143 页,以及《南唐历史与文化》(成都:四川大学出版社,2000),第 110—112 页。关于李煜在音律与舞蹈方面的成就,以及其宫廷里的文化飨宴,见《南唐国史》,第 199—205 页,以及《南唐历史与文化》,第 98—109 页。南唐王国亦以创新的女性服尚闻名。高髻、"纤袄"、紧身裙都是当时的入时装扮(周锡保,《中国古代服饰史》〔台北:南天书局,1992〕,第 256—257 页)。这样的装束,宛如唐代佛教艺品里的一尊舞蹈观音像(见图十)。

的确,潘贵妃、杨贵妃和窅娘的故事,就像是从同一个模子里铸出来的。整体言之,这些故事比起可证实的史料,更加活灵活现,因为它们意味着,学者们倾向于将缠足扣连到男性的权力与奢靡、红颜祸水,以及后宫舞伎乍现的声色之娱。现代人常常认为缠足是为了捍卫女性道德和贞节,但若以此解释缠足的兴起,不仅找不到相呼应的历史资料,连有关的传说掌故也无法支撑这个说法。相反的,在起源论述里,缠足被当成标新立异、道德堪虑的议论对象,并招来阵阵挞伐。

杨慎的考证:未知的诱惑

使得后世对于文献真实性——更别说是区分"传说"与"历史"的可能性——的信念发生动摇的关键人物,乃是卓尔不群的明代学者杨慎(1488—1559)。他是大学士杨廷和之子,年仅 23 岁时,便已高中状元,可谓前程似锦;然而,他在 13 年后的"大礼议"事件当中,因为坚决反对皇帝为已故生父奉上"皇考"尊号,惹恼了皇帝,遭到罢黜、廷杖,流戍西南边陲的云南永昌卫;此后不曾再回京师,亦未恢复官职,最后终老于云南戍所,享年 71 岁。①

不过,从光明面来看,如同两位研究杨慎的当代学者所评论的:"35 年的流放生涯,使杨慎有机会成为史上学问最博、著作最富的大学者之一。"②杨慎的博学多闻、独立精神,以及几乎看不

---

① 关于杨慎惊人的作品集、大礼议,以及他的学术地位,见 L. Carrington Goodrich and Choaying Fang, eds., *Dictionary of Ming Biography*, *1368—1644* (New York:Columbia University Press, 1976),pp. 1531—1535。林庆彰与贾顺先编了两册"杨慎研究"的中文论文集(《杨慎研究资料汇编》〔台北:"中央研究院"中国文哲研究所,1992〕),方便读者对杨慎的生平、经学和词章著作有一个大致的掌握。

② Goodrich and Fang, *Dictionary of Ming Biography*, p. 1532.

到尽头的空闲岁月,让他成为揭开缠足起源谜团的绝佳人选。杨慎责怪过去的学者"未之博考",忽略掉了许多提及鞋袜的唐代诗歌。他根据自己的考察,驳斥了缠足源于 10 世纪五代时期李后主后宫的说法。取而代之的是他的新理论:缠足的起源还应往前推到更早的六朝时期(222—589)。[1]

　　杨慎以《双行缠》这首争议性颇高的乐府诗作为基础,发展他的理论,并且引发了下个世纪的学者之间的论辩,不过大多数学者是站在张邦基这一边的。稍后我们会再讨论此一论辩,在此我们只需指出,杨慎的理论也与起源论述的一般倾向若合符节:论述出现的时期愈晚,有关缠足的"源头"就推断得愈早。换言之,在似箭光阴的直线进程里,作者下笔的"当今之时"与笔下逆溯的缠足源头,二者的时间距离,随着历史的推移,愈发拉长。的确,杨慎提示我们,早在公元前 1 世纪的《史记》里,便可发现提及"利履"的记载;当他举出这笔材料时,其用意正是想将缠足的源头推向更古早的时代。[2] 不过,杨慎拒绝接受 15 世纪广为流传的一则故事,该故事斩钉截铁地将缠足的源头推向更远古。故事说道,商代的祸国妖姬妲己(公元前 1122 年卒?)是只成精的狐狸,但是她的脚还没完全化成人形,于是就以布条将脚缠裹住,不让人发现。宫中其他女人不知道她缠裹双脚是为了掩人耳目,反而群起效尤。杨慎不屑地批评道,这则传说根本是"瞀史以欺闾巷者",对于某些读书人竟煞有介事地谈论它,实在

---

[1] 杨慎,《弓足》,收入《谭苑醍醐》,收入《丛书集成初编》,第三三四册(长沙:商务印书馆,1939),第 20 页(卷三)。陶宗仪也在杨慎责怪的学者之列。

[2] 杨慎,《弓足》,收入《谭苑醍醐》,收入《丛书集成初编》,第三三四册,第 20 页(卷三)。关于缠足起源于秦汉时期的各种论点,参见赵翼,《弓足》,《陔余丛考》(上海:商务印书馆,1957),第 656 页。

慨叹不已。① 因此,杨慎并未悖离学界的共识,亦即,他也认为,博览可征的文献记载,是可以判别"历史"与"传说"的。

杨慎对于缠足起源的追考,离不开他的经学研究和文学理论。他试图将缠足定位为一项远古而非近古的实践,其实呼应了他经学思想的基本观念。杨慎生动地以地理空间比拟时间距离:为了表达他对远古的向往,他将"六经"比为"京师之富丽",并认为汉儒就像居住在河南与山东的中原人,因为接近京师,所以能得其奥义之六七成;相反的,宋儒有如僻居云南和贵州的人,他们远离京师,难以一窥堂奥,因此所得者不过十之一二而已。② 用最简单的话来解读这个比方,就是杨慎的崇古倾向使得他称颂汉学,薄鄙宋学。虽然这正是清代考据学的基本立场,但在杨慎的时代里,宋、元学者的经传注解仍被奉为经学正统,因此,他的这番主张,当年可说是相当大胆,悖逆当道。

杨慎将他贬抑宋学的原因,说得极为直截了当:"'六经'作于孔门,汉世去孔子未远,传之人虽劣,其说宜得其真。宋儒去孔子千五百年矣,虽其聪颖过人,安能一旦尽弃其旧而独悟于心耶?"③这里所牵涉到的,绝不只是一味地崇古。杨慎对"过去"的

---

① 杨慎,《丹铅余录》,卷一一,第 5b 页;《丹铅总录》,卷二五,第 15b 页,二者皆收入《钦定四库全书》子部十,杂家类二。杨慎驳斥妲己传说时,并未重述一遍这个故事,似乎意味着这则故事在当时已然众所周知。裹足起于妲己的说法,可见于明代的一部百科全书:王三聘,《古今事物考》(台北:台湾商务印书馆,1973),卷六,第 28b 页。

② 杨慎,《升庵全集》,卷七五,引自林庆彰与贾顺先编,《杨慎研究资料汇编》,第 701 页。自从明初(1414)编修了《五经四书大全》之后,宋儒"道学"成为明代经学正统,因此,杨慎的尊崇汉儒,可说是对于此一明儒正统的反动。关于这段历史发展背后的思想史和制度史脉络,见 Benjamin Elman, *Cultural History of Civil Examinations* (Berkeley: University of California Press, 2000),第二章。他认为,宋儒道学正统性的塑造,主要是明初帝王的"杰作。"

③ 杨慎,《升庵外集》,卷二六,引自林庆彰与贾顺先编,《杨慎研究资料汇编》,第 572 页。

态度,可看成是两种表面上互相矛盾的心路历程:他首先认识到
"古"与"今"之间的绝对距离,其次则是游戏式地逾越"过去"。倘
若"古"是指孔子及其门徒的时代的话,那么它已经永远逝去了。
后世读者根本不必期待自己能够如同古人一般理解典籍。汉儒
胜过宋儒之处,并不在于他们的能力或努力,而仅仅在于他们所
处的时间位置,相对更接近古典时代。在某种程度上,所有自命
能掌握"过去"奥义的后世学者,都不免和杨慎一样,终身谪戍于
云南边疆。

　　杨慎让人觉得,他心里很清楚,缠足的起源既不可知,也未可
考;因为就像"孔子"一样,缠足起源的奥秘也封存在不可考量的
过去。然而,这层体会也使他将"当今之时",以及以下我们将看
到的历史记载,当成游戏与创作的材料。因此,杨慎的崇古,是相
对而论的,仿佛取决于他对时间的动态理解以及对"此时此刻"的
感觉:远古已绝无可得;近古则可通过"博考"工夫"得之",使其与
当今之时产生关联性。作为这类考证的题材之一,缠足同样开启
了一小扇窗,让今人得以一窥"过去"。

　　就此一动态意义而言,杨慎之尊崇汉代经学,实与他对明初
以来"复古"文学风潮的鄙视,并行不悖。杨慎有句名言,"人人有
诗,代代有诗":他相信,文学出于自发的、即刻的情绪感受。[①] 没
有一句话可以如此贴切地传达出晚明时代——亦即,杨慎去世一
百年之后——那种强调自我表现与当下感觉的城市文化了。甚
至可以说,这是一种不折不扣的"现代"感觉。

　　最常被杨慎拿来比喻自发的文学情感的,乃是"素足"(朴素
无华之足)。在唐代诗人李白的作品里,杨慎发现了三首咏赞"素

---

① 杨慎,《升庵全集》,卷三,引自林庆彰与贾顺先编,《杨慎研究资料汇编》,第 808—
　809 页。亦见第 912—932 页关于杨慎文学理论重视"性情"的讨论。

足女”或“两足白如霜”的“浣纱女”的诗作。有一回杨慎在与相交数十载的友人张禺山闲谈时，曾纳闷地问道："太白何致情，回盼此素足女再三?"张禺山打趣地回答他："太白可谓能书不择笔矣!"杨慎对素足女的回盼着迷同样深刻，在他的一首诗里，甚且引用了李白诗作里的意象表现。如他所言，他的用意是为了传达出他对当代诗坛的不满："近日学诗者，拘束蹈袭，取妍反拙，不若质任自然耳。"①

除了用作比喻之外，我们并不容易推敲杨慎对于素足女的想法，也不知道他是否视缠足为一种毁坏素足的人工设计。② 对于像徐珂这样的现代作家而言，有关素足的论述，成了中国自有其"天足"传统的明证。相反的，杨慎的仰慕者兼批评者胡应麟，则认为李白的诗句证明缠足并不存在于唐代。现代批评家的错误在于他们的时代错置，将今人的价值观硬加于古人，而胡应麟的问题则是，他预设了诗词文字足以构成社会实践的直接记录。杨慎与他们都不一样，相形之下，他似乎满足于影射、片断和模棱两可。

杨慎的终极目标，就他全部的细腻阅读与笔记来看，显然既不是为了论辩，也不是要在神话与历史之间划出一条界线。比起其他学者，追考缠足的起源，对杨慎来说，只不过是一场游戏。他的笔记充满矛盾之处，而他也未曾提出支撑其"缠足源于六朝"说

---

① 杨慎，《丹铅摘录》，卷八，第13a—b页；《丹铅总录》，卷一七，第9a—b页、卷一八，第22a页。二书皆收入《钦定四库全书》子部十，杂家类二。

② 我们并不清楚杨慎个人对缠足的好恶。杨慎与夫人黄峨都是知名的"散曲"创作者，这是一种热情奔放的诗歌文类。从杨慎大量的散曲作品中，我找到几首提及"弓鞋"一词的艳情诗。见谢伯阳编，《全明散曲》(济南：齐鲁书社，1994)，第1408、1417页。不过，杨慎使用这个词语，究竟是沿用一般的诗歌套语，还是刻意表现他对弓足的喜爱，我们实难判别。

法的论证。杨慎无意证明假设和求证事实。更令他感兴趣的,在于追问一些诸如"文字如何承载意义"这类根本问题,借以探究考据学的条件和限制:文字如何使读者迷惑、给读者启发,或传达真实? 杨慎的目标不是梳理出确然可信之事,而是将怀疑的种子植入他的读者的脑海之中。他似乎俏皮地向读者们眨着眼:要是你们了解,未知终究是不可知的,那会多好玩啊!

《汉杂事秘辛》:身体部位的测量

当杨慎后来着手伪造"古文献"时,或许只是存着恶作剧的心理。或许,他是想要嘲弄"尽信书"的学者。又或许,他有意夸示他丰富的古史知识。不论如何,至少有一件事是可以确定的:他那部经常被引述的"伪书"《汉杂事秘辛》,最"诱敌深入"的部分,就是与缠足之谜有关的情节。杨慎在这部短篇作品里,呈现了一道介于可能与不可能之间的灰色地带,宛如一封挑战书,招邀读者们尽情提出他们的质疑。这篇著作的标题本身就让人茫然费解:"汉杂事"可解为"汉代的琐事","秘辛"的意思却暧昧难明——尽管"秘"与"辛"都是常见的字眼。杨慎在他署名的"后记"里声称,这卷书得于一位云南"安宁州土知州董氏",并说,根据书上一方印记,他认为该书原属明初官员王子充,因王子充奉派云南而流落该地。① 毫不令人意外的,王子充是可考证的历史人物,董氏则否。

---

① 杨慎,《汉杂事秘辛》,收入《香艳丛书》,第 655—656 页;有时亦仅称《杂事秘辛》。虽然早期学者普遍认为这部书系托伪之作,但明、清时期多种丛书的编者仍纷纷收录该书。关于该书的版本史,见林庆彰与贾顺先,《杨慎研究资料汇编》,第 443—444 页。看起来,杨慎并未刻意隐藏其手笔痕迹,但是许多后来的学者,包括我们将讨论到的余怀在内,在征引该书时,仍执意将之定位为汉代文献。

《汉杂事秘辛》所叙述的,是东汉桓帝(147—167年在位)时,选立大将军梁商之女梁女莹为皇后的仪式细节。在后记里,杨慎特地提醒读者切勿遗漏全书最高潮的一幕,那是故事一开头就出现的场景:"吴姁入后燕处审视一段,最为奇艳,但太秽亵耳。"(第656页)当然,这个微弱拒认说词的效果,只是促使读者赶紧再往回翻到这一幕。读者们通过吴姁的探知手法——依光线调整角度,进行目视检测,并辅以触觉知识和量化测量——同样得以"审视"梁女莹的闺阁空间以及她的私密身体。

场景:吴姁拂晓抵达,晨光洒在梁女莹脸上,有如朝霞映雪,"艳射不能正视"。她逐一审视梁女莹的眼、眉、口、齿、耳、鼻,皆"位置均适"。然后吴姁除下女莹头上的发簪,解下她的发髻,测量头发长度;她的头发如瀑布坠地,长可"围手八盘"。随着情色叙事渐至高峰,以数据表示少女身体部位的情形愈见明显,测量的程度也愈见精细。

吴姁请求梁女莹脱衣受检,女莹虽稍有抗拒,但仍为吴姁劝服。女莹羞怯至极,闭目转身,背向吴姁。吴姁有条不紊地继续她的任务:"芳气喷袭,冗理腻洁,拊不留手,规前方后,筑脂刻玉,胸乳菽发,脐容半寸许珠,私处坟起,为展两股,阴沟渥丹,火齐欲吐。"根据这些观察,吴姁下结论道:"此守礼谨严处女也。"(第651—652页)在吴姁的目光扫视和手掌探触之下,少女的身躯以其赤裸裸的身体性呈现,褪去的,又岂止是她的衣衫,还有那层层装裱的典故文藻。

有关少女身躯和阴部的体相描述,是杨慎为读者们备下的拍案惊奇,但这只是其中的一半。若说以挑逗手法描写吴姁检验少女私处的过程"太秽亵"的话,接下来有关测量和比例的叙事,却使用了一种相反的写作策略,但其耸动性同样惊人:"〔姁〕约略莹体:血足荣肤,肤足饰肉,肉足冒骨,长短合度。自颠至底,长七尺一寸,肩广一尺六寸,臀视肩广减三寸。自肩至指,长各二尺七寸,指去掌四寸,肖十竹萌削也。髀至足长三尺二寸。"(第652页)①临床诊断般的淡然口吻,反而足以刺激读者的想象,使得冰冷的尺寸量度蒙上了一层情色的薄纱。

终于,到了关键性的测量:"足长八寸,胫跗丰妍。底平指敛。"其后接上两句构句奇特、用字暧昧、意旨飘忽的句子:"约缣迫袜"(约制/约束/约从—缣帛—压迫—袜子),以及"收束微如禁中"(收敛—束缚—细微/隐微/幽微—有如—禁宫)。(第652页)这两个句子可以有不同的诠释。如果我们倾向认为梁女莹缠足,那么就可以如此解读:"她的双脚缠以白色丝缎,穿着紧束的袜子;收束(或缠束)的情形宛如深宫禁苑般幽微难明。"另有一种解读,虽也强调紧袜和幽秘,却不见得与缠足有关:"她的双脚受到限制,塞在紧束的白丝袜子里。少女深自敛藏,犹如身处禁宫之中。"可能还有别的解读也说得通。

显然,多重解读的可能性,是杨慎故意造成的。文本的开放特性,原已显示于"秘辛"此一神秘的标题用词,更由于杨慎在文中蓄意操弄他的评论者/伪作者双重身份矛盾,而进一步强化了这个特性。作为评论者,杨慎在"后记"结束前表明他倾向于采取第一种解读:"余尝搜考弓足原始不得,及见'约缣迫袜,收束微如禁中'语,则缠足后汉已自有之。言脱于口,追驷不及,聊志于此,用塞疏漏之诮。"(第656页)讽刺的是,杨慎此一斩钉截铁的宣告,反倒煽动了怀疑的火花,因为,这段文字无疑竖立了一面警示

---

① 这些度量单位理应为汉代尺寸,不过考据学者对于汉尺长度存有分歧的看法(见下注)。

牌,提醒读者回想他们在故事前面读到的其他有关少女脚部的
描述。

例如,读者不必费力就可以记得先前读到过一句话:"胫跗丰
妍。底平指敛。"所谓的"指敛",意义并不明确,因为它既可指缠
足,也可指紧袜。而且,根据现代医生的观察,缠足妇女的臀部虽
然变得强壮,但她们的脚背("跗")却因失去作用而有萎缩的迹
象。因此,"丰跗"的形容也反证了缠足的不存在——不过我们并
不清楚这是否为 15 世纪时的常识。不论我们选择采用何种解
读,这句话无疑是一种新鲜的说辞。若说张邦基有助于传递"缠
足的存在与否,由脚部是否为弓形来判定"的知识,那么,我们可
以说,杨慎进一步提醒人们,对于脚的不同部位,缠足可能产生不
同的解剖生理学作用。

更让人晕头转向的,是另一句事实型的描述:"足长八寸。"不
少后来的学者,包括余怀(1616—1696)在内,认为这句话可被视
为缠足**不**存在于东汉时期的明证。不过,即使是这种具有临床精
确性质的描述,也不如表面上看起来的那么无可置疑。例如,余
怀的朋友费锡璜(1664 年生)就指出,汉代的"八寸"相当于明代
的"四寸",若依明代的标准,四寸之足在他眼里已可视为缠
足。[1] 我们不妨这么猜想,杨慎虽然认为借由解剖学式的描述和
测量,我们可以得知缠足是否存在于古代,但他又为将来的读者
预留了推翻其看法的伏笔。

只要详细检视就可知道,就算是解剖与计量,当它们被用于

---

① 余怀征引梁莹女的"八寸之足"以及韩偓诗中所说的"六寸肤圆",论证道:"可见唐
以前妇人之足,无屈上作新月状者也。"(《妇人鞋袜考》,收入王晫、张潮编,《檀几
丛书》,卷三一,第 2a 页;费锡璜的驳议见于卷三一,第 3a 页。)同样援引"足长八
寸"一语以为缠足尚未出现的证据的学者,还包括与胡应麟同时代的谢肇淛(字在
杭,1567—1624)。见他的《文海披沙》(上海:大达图书供应社,1935),第 63 页。

描述过去的现实,而且,一旦文字记载被认成是接近其指涉的身体的**唯一**途径时,这些看似毋庸置疑的经验知识,也不见得像它们看起来的那般肯定。到头来,读者们将会愕然发现,他们得到的只是一场徒劳,而这也是杨慎开始其追考之旅时,便已了然于胸的:因为他了解到,文字作为通往过去的知识管道,有多大的局限性。我们可以回想杨慎的比喻,"古"就像繁华的京师之于流放边疆的文人,是多么地遥不可及。杨慎并不依恃某种历史主义信念,幻想着经由刻苦惕勉的档案研究、事实认证,以及逻辑推衍,便可跨越"古"与"今"之间的鸿沟,他不愿假装自己可以回到遥远的京师。

尽管如此,杨慎并不感觉失望,相反,他是以乐观、悠哉,甚至促狭的心态,驰骋于未知的世界。他打破"档案"作为知识库藏的完整性,持续采取游戏的阅读策略,借以提醒他的读者注意,文本与意义之间,可能缺乏若合符节的对应性。就这样,他扭转了读者对于"文献"权威的盲从。后世学者也许太专注在修正杨慎的错误,而忘却了他想传达的主要讯息:别把人生虚耗在追究确定和真实!

《汉杂事秘辛》的真实性让人起疑,文本内容里又存在着诸多模棱难解之处,尽管如此——或者说,正由于此——这部著作确然可视为起源论述的里程碑。阅读和考察故事传说的经验,也是锻炼怀疑能力的习题。在别部著作里,杨慎为自己的考据理念写下这么一段序言:"信信,信也;疑疑,亦信也。古之学者,成于善疑;今之学者,画于不疑。"[①]作为一名终极的怀疑论者,杨慎也要弄了考据学所依凭的正当性:要是我们极为重视仰赖的古文献,

----

① 杨慎,《丹铅续录》序言,引自林庆彰与贾顺先编,《杨慎研究资料汇编》,第628页。

实际上却是现代人的伪作,那该怎么办呢?

《汉杂事秘辛》演示的是,看来客观的量化叙述,可能被赋予无关科学的目的;它甚至还可能刺激某种情欲想象。数百年之后,就像我们从《采菲录》里看到的,对于数字与测量的着迷,依然是缠足魅力不可或缺的一部分,仿佛杨慎早已预见了20世纪天津和上海那些怀旧赏玩家的作为。这实在是相当不可思议,因为,杨慎与现代通商口岸居民之间的文化与时间距离,就像云南之于京师,其间相差了十万八千里。

驳斥杨慎:转向鞋履的胡应麟

尽管杨慎在《汉杂事秘辛》里,大兜圈子地指出缠足在后汉时代便已存在,他的头号仰慕者兼批评者胡应麟(1551—1602),却不把这个说法当作一回事,也懒得去驳斥它。不过,对于杨慎有关缠足可以追溯到六朝时代的论点,胡应麟则率先发动围剿,只是这么一来,也等于承认杨慎在起源论述方面的权威地位。胡应麟从未见过杨慎,在他出生之后八年,杨慎便已去世。不过杨慎渊博的学识和文章中溢出的才气,实在令他醉心倾倒,他甚至专门写了三本书来修补杨慎的错漏。《丹铅新录》即为其中之一,这部著作不仅套用杨慎的原标题,而且胡应麟在论说自己的观点之前,总先逐字逐句引述杨慎的笔记文字,仿佛杨慎活了两次,话也说了两回:他自己说了一次,胡应麟再替他说一次。

身为一位仰慕者,胡应麟的著作,算得上是他向杨慎献上的最崇高致敬;他谨记杨慎严格的"博考"要求,却发现杨慎自己也犯了有欠周延的毛病。现代学界认为,这两位明代学者共同开启了清代的考据学运动。比起杨慎,胡应麟在官场上的位置,甚至更具边缘性。胡应麟虽然拥有举人功名,但其实从未担任过一官半职。胡应麟明确表示厌恶科举制度的僵化死板,偏爱博览史学、哲学和笔记方面的书籍。虽然父亲仕途顺遂,但胡应麟长期遁隐于他在家乡浙江兰溪附近建造的"二酉山房"藏书楼。[①] 观其生平,他吻合艾尔曼(Benjamin Elman)对于考据学家的侧写:身处 17 世纪江南富庶的都会经济圈,他的生活既不依靠官禄,也不倚赖帝国的恩泽。[②] 这种独立性使他得以跳脱官方尊奉的宋学。

　　的确,浮现于胡应麟生平的文人社群,改变了缠足起源论述的社会脉络。每当有人提出新证据或新论点,它们便在友人同道之间流传,然后早晚会被另一部笔记著作引述讨论。[③] 原本被视为太过琐碎和私密而不可述说的缠足起源,如今成为这批文人的闲谈话题。缠足成为一项非正式的论学题目,这个发展可能反映了缠足在 16 世纪愈来愈盛行,逐渐演变为一种社会习惯的情况。

　　同侪文人的存在,部分解释了胡应麟何以将他的分析焦点摆放在当世。杨慎念兹在兹的是远逝过去的不可亲近,胡应麟则预设了"古"与"今"之间互参的可能性。他相信,古文献有助于阐明当代的风俗实践;相对的,今俗也会影响他对古文献的解读。就像这样,胡应麟的考据学可用以爬梳社会史的踪迹,而且也如同我们将会谈到的,他的著作确实产生了若干有关 16 世纪末的江

---

① 关于胡应麟的生平与著作,见 Goodrich and Fang, *Dictionary of Ming Biography*,pp. 645—647。

② Benjamin Elman, *From Philosophy to Philology: Intellectual and Social Aspects of Change in Late Imperial China* (Cambridge, Mass: Council of East Asia Studies, Harvard University, 1984).

③ 胡应麟的友人沈德符(1578—1642)即为一例。沈德符不但批评胡应麟"持论游移无定见",还指责他对于古文献的掌握不够充分(《万历野获编》,卷二三,第 27a—b 页)。

南女性服饰、两性差异,以及妇女工艺方面的洞察,尽管零散,但弥足珍贵。尤其,他的笔记指出,缠足可被理解为典章制度的一种,是人为文化的印记。此外,定位在服饰和装饰范畴的缠足,借由突显女性的不同之处而定义了女性特质。

事实上,导致胡应麟对杨慎的说法产生怀疑的,正是明末的女性流行服饰与足服样式。杨慎判定缠足起源时间的主要证据为一首名为《双行缠》的乐府诗:

> 新罗绣行缠,足跗如春妍。
>
> 他人不言好,我独知可怜。①

乐府诗是指配合音乐演唱的古代歌辞集成,包括了宫廷的仪式吟诵和民间的歌谣曲调。有些乐府诗可溯及汉魏两晋时期,其他则作于隋唐五代(907—960)时期。② 杨慎有关缠足的起源早于 10 世纪的论点,取决于他对诗中所谓的"行缠"即指妇女裹脚布的预设。

然而,胡应麟注意到,有两种很不一样的"行缠"。"行缠"者,乃"妇人以衬袜中者,即今俗谈'裹脚'也",即缠腿布或裹腿布。缠腿布与缠脚布最大的分别在于,在札足风行之前,缠腿布是男性和女性共通的服饰。在以前,缠腿布只在材质上有性别区隔:"男子以帛,妇人则罗为之,加文绣为美观,以蔽于袜中,故'他人不言好'"。妇女开始缠足之后——且不论源于何时——缠腿布("裹脚")成为男性特有的服饰,这正是胡应麟时代常见的情况

---

① 引自胡应麟,《丹铅新录》,第 145 页,杨慎原文出自《丹铅余录》,卷一一,第 15a—b 页。

② 宋代编纂了一部包含一百卷的《乐府诗集》(《辞源》〔香港:商务印书馆,1987〕,第 881 页)。

（见图十一）。① 同样地，他也注意到，蒲鞋"古男子妇人共之"；对比之下，"今世蒲鞋盛行海内，然皆男子服。妇人以缠足故，绝无用之者矣"。简言之，胡应麟的论点是，缠足的兴起，带动了足服的性别分殊化发展。②

由于专注在足服式样上的差异，胡应麟微妙地改变了缠足进入论述层次的方式。杨慎创新的描写法——展现在他对梁女莹脚部的解剖学式记述——并未为后来的学者跟进。这是因为，如他自己所说的，像这样把视线固定在女性身体，"太秽亵"了。胡应麟则将缠足的定义抽离女性的身体，并将目光重新导向肉体外在的服着和装饰，如此一来，便使得这话题较文雅，也更合于考据学的调查方法。我们探知缠足的存在与否，凭借的是查考妇女们脚上的穿着。

胡应麟一方面指责杨慎未能恪遵自己立下的"博考"守则，另一方面找出了 21 条唐代以前有关女性足服的记载。由于这些记

---

① 胡应麟，《丹铅新录》，第 145—146 页。胡应麟以"裹脚"称呼裹腿布，很容易引起误会，因为这个词也用于指称缠足。裹腿布也称作"裹腿""行縢""縢约"。一部明代的百科全书列出"裹脚"的同义词，包括"行縢"和"行缠"，意味着它在这里是作为裹腿布（余庭璧，《事物异名校注》〔太原:山西古籍出版社，1993〕，第 194 页）。在周代，裹腿（称为"逼"；"邪幅"）是在下位者拜见上位者（如臣子觐见君王）时，为示敬意而穿着的一种服饰。裹腿强化了腿部肌肉的支撑力量，因而有助于奔跑或跳跃。不过，在现代，只有农民或军人还在使用裹腿（"绑腿"）（王宇清，《中国服装史纲》〔台北:中华民族艺术文教基金会，1994〕，第 104 页）。

② 胡应麟，《丹铅新录》，第 165 页。蒲鞋之外，因缠足兴起而使妇女放弃的另一种足服乃是木屐。木屐的出现，可追溯到孔子之时，其历史可见周汛与高春明，《中国传统服饰形制史》（台北:南天书局，1998），第 127—132 页。不过，关于古代男女足服有无差异的问题，也存在着互相冲突的文献记载。如依《周礼》，两性足服基本上是相同的，但 10 世纪编纂的大型类书《太平御览》却写道:"昔作履，妇人圆头，男子方头，盖作意欲别男女也。"（《太平御览》〔台北:大化书局，1977〕，卷六九八，第 4b—5a 页。）胡应麟的解读是，在以前，妇女们只要愿意，可随心所欲地模仿男性足服。但在缠足的年代里，就算她们想要女扮男装，也已不再能够穿着方头鞋了（第 147 页）。

载全都没有提及"弓纤",他下结论道,唐代以前的妇女并不缠足。像这般锁定在鞋子,或者说,锁定在鞋子的文献表述,也可能走火入魔。光是关于一种鞋类("履"),胡应麟就列出了一份冗长的清单,含括了 148 则相关的笔记记载。只是,这么做,除了证明杨慎的博考程度不足之外,我们看不出有什么具体的缘故。①

后履、妇工与女性差异

反驳杨慎的同时,胡应麟也厘清了"缠足"在他的时代中所反映的两种文化意义。到了 16 世纪,弓足已被视为男女差异的记号。此外,它也标志着古今差距,因为在古时候,男女两性的足服并未呈现实质上的差异。稍后我们还会讨论到胡应麟对历史变迁和时尚潮流的态度,在此,值得阐释的是,胡应麟不同意杨慎对《周礼》以及"妇工"性质的诠释;解读他的异议,将有助于我们探究性别差异和女性特质的生成等课题。

《周礼》一书首先出现在公元前 2 世纪中叶的西汉时代,内容描述古代周王国的行政架构、律法、祭典、仪式、技术和习俗。全书分为六大部分,分别对应周代统治体系的六大职官部门:天官、地官、春官、夏官、秋官、冬官。这个精心设计的组织架构,依循对

---

① 根据《周礼》的规章,"履"为仪式用的单底足服。"履"与"鞋"不同,后者加垫平底,可能是用于户外的祭祀场合。到后来,如同胡应麟的笔记指出的,"履"成为鞋类的总名。他有关女鞋(妇人履)的考察,见《丹铅新录》,第 149—152 页;有关鞋类的总体考察("履考"),见第 152—165 页。这一大串记载,使读者注意到一种与缠足发生奇特共鸣的文化现象。在这 148 则唐、宋时期有关"履"的记载里,约有十分之一以履或履服作为身体自我的延伸。一个反复出现的主题是:空棺/尸逝/惟履存。然则,视足服或衣冠为自我的延伸,乃是一种源远流长的提喻观念。这个现象可以说明人们何以对女性双足产生迷恋,而且还固着在她的足服之上吗? 我们可以视缠足为女性身体自我的延伸吗?

称与层级的原则,蕴含宇宙论的思维。我们并不清楚这些典章制度在周代(前 1046—前 256)实际运作的情况,尽管如此,它们显然给后续朝代在政体、建筑和服制等方面的制度设计,都留下了不可磨灭的影响力。①

对于致力探索缠足在古代的蛛丝马迹的考据学家而言,令他们特别感兴趣的部分,乃是《周礼》的《冬官考工记第六》。其中罗列了附属于王室宫廷的工匠职称,描述了各类器物的制作工序和组件,构成了一长串有关物质文化的制造清单:马车、武器、舟船、衣裳、帽冠和鞋履。② 相关的还有《天官冢宰第一》,其中处理的是总理官仪方面的事务,包括掌管鞋履与礼服的各色职官。这里面,司掌周王与王后服履的"履人"一职,尤其引起杨慎的注意。他纳闷道:"噫,王后之履,而使人造之,不亦亵乎? 古之妇工,何所用也?"③杨慎话中隐含的意思是,妇女应该自己制作鞋子,以合乎他所谓的"妇工",若其不然,后果堪忧。

为了阐释"妇工"的重要性,杨慎引述了《诗经》第二首诗的两行句子,内容描写妇女从溪谷割取葛蔓,浸煮其纤维。这些妇女

① 《周礼》亦名《周官》或《周官礼》,关于这部文献的年代、发现、承认和文本历史等问题,见 William Boltz 丰富的讨论("Chou li," in Michael Loewe, ed., *Early Chinese Texts: A Biographical Cuide* [n. p.: The Society for the Study of Early China and the Institute of East Asian Studies, University of California, Berkeley, 1999],pp. 24—32)。有些人相信此书为周公所作。有些人则怀疑此乃汉代学者刘歆(前 46—23)的伪作,因为在西汉之前,并无关于此书的记载。现代学界则普遍认为,此书确为汉代之前的文献,其所用文字亦为春秋晚期和战国时期的古文。关于此书对于后世朝代在行政体制上的影响,见 Charles Hucker, *Dictionary of Official Titles in Imperial China* (Stanford, Calif.: Stanford University Press, 1985),pp. 6—7。
② 当《周礼》于公元前 2 世纪中叶初现时,原来的"冬官"一章恰已逸失,乃以《考工记》代之,成为全书结构里的异例(Boltz, "Chou li," pp. 25—26)。
③ 杨慎,《丹铅摘录》,卷一一,第 2b 页;《丹铅总录》,卷一一,第 18b 页;胡应麟,《丹铅新录》,第 144 页。

所做的,就是一种生产工作:"为绨为绤,服之无斁。"杨慎下结论道:"〔此〕周之所以兴也。妇无公事,休其蚕织,周之所以亡也。"他还以一种难以置信的口吻质疑道:"周公制礼,而设一官,为妇女作履乎?"①杨慎对周王后鞋履一事的态度,说来奇怪,其实是有点自相矛盾的:一方面,王后的鞋履所属的范畴是如此私密,如此贴近王后的肌肤,因此,若任由官方指派的工匠制作,自是"亵"事一桩。但在另一方面,他又主张,由王后(引申为所有妇女)亲手缝制自己的鞋履,乃公共秩序的支柱。像他这样把"妇工"(或较常说的"女工")与"公事"划上等号,等于是赋予妇女领域相当的公共意义和政治意义。

胡应麟挺身为周公辩护。他先是指出鞋履在《周礼》里的特殊性:除了鞋履之外,周王和周后的所有其他服制物件,都交由性别分工明确的不同职官来负责。例如,在"天官"之下,王后的礼服("六服")的准备和维持,都由"内司服"掌管;周王的礼服则是属于"外司服"的职掌。他们的首服情况亦然。然而,为什么周王与周后的鞋履都同样由"履人"司职呢?带着疑惑的胡应麟从历史中找答案:"既历考汉唐五代,得妇人缠足所自始载。读《周礼》履人所掌,王与后及命夫命妇履,名号形色俱同,因释然顿悟。三代以前,男女履舄,无大异者,履人并掌,职此之由。"②胡应麟的解惑方式,是考据学家的看家本领:一旦觉得有所突兀之时,便祈灵于古文献以释疑,直至寻得可以接受的解释为止。

---

① 杨慎,《丹铅摘录》,卷一一,第 2b 页;《丹铅总录》,卷一一,第 18b 页;胡应麟,《丹铅新录》,第 144 页。
② 胡应麟,《丹铅新录》,第 144—145 页。关于这些鞋履的名称、式样和隆重的程度,见王宇清,《中国服装史纲》,第 105—107 页;周锡保,《中国古代服饰史》,第 18、58 页。

根据胡应麟的看法,杨慎的错误在于,他将足服在**他的**时代所呈现的性别分殊化现象,以及足服被赋予的情色化意义,套用到古代。"古人履以配冠,其阶级斩然。"事实上,胡应麟认为,周代之所以覆亡,与妇女从纺织工作撤退无关,而是地位符号出现混乱("倡优后饰"),致使层级社会崩溃的缘故。换言之,关乎鞋履的讨论,并不像杨慎设想的那样,有如谈论内衣和下衣之类的"亵衣"般的课题,那样琐碎不足为外人道。在缺少"深考"的情况下,杨慎把"后履"与"晚近世弓纤状"混为一谈。经过一大段有关掌管鞋履与服装的各色职人的论述之后,胡应麟直陈这类服饰物件具有公共意义,因为它们并不用于日常穿着,而是为了仪典和公开场合所设计的礼服。"使妇人履犹今世,则其事自当职之缝人,而内司服且弗与矣。"[①]

然则,胡应麟的不满,其实源于他目睹了他的时代,由于缠足盛行的关系,妇女鞋履丧失了原有的公共意义。当时女鞋成了商业产品,而且,正如杨慎所断言的,已沦为"亵"服。胡应麟的意思似乎是,女性身体亦经历了一种堕落的过程:不再承载公共意义的女性身体,成为情欲享乐的平台。同样地,妇女劳动的价值也贬损了。妇女们如今大多不再动手织麻制鞋,代之以自坊间购买现成鞋子,顶多在鞋面上自行加工装饰,绣些花卉、禽鸟之类的花样。[②] 在缠足风行的商业时代里,女性特质的彰显,扣连到了身体的逸乐、浮华的消费,以及过度的修饰。缠足在 17 世纪取得了文献上和社会的一定能见度,但对大多数的人们来说,它仍属遥

①　胡应麟,《丹铅新录》,第 144—145 页。
②　胡应麟举了一些例子指出,即使在缠足兴起之前,男性与女性足服在形式和外观上没有两样的时代,文绣花样乃为辨识女性足服的标记。因此,女性的裹腿布亦有绣花,一如鞋履(胡应麟,《丹铅新录》,第 146、147、150 页)。

不可及的一种奢华,正因如此,对缠足的情欲渴求,也在晚明达到顶峰。在本书最后一章里,我们将检视此一历史发展对于都会妇女及其时尚感所呈现出来的意义。

今世之潮流:缠足与时尚

胡应麟多次不经意地指出,缠足在他的时代,乃是一种时尚的、常见的、习惯性的行为。例如,关于女性美的评断原则,他说道:"足者,当今自面目外,便为第一义。"而且,"足之弓小,今五尺童子咸知艳羡"。他的语气流露着一种纳闷的感觉,讶异于这项实践的风行,竟已如此之盛,而今世的审美标准离古代,竟又如此之遥。因此他说:"今世缠足已久,不尔则众揶揄之。当六代前不以为人妖乎?"①胡应麟隐含的意思是,若想解释缠足盛行的原因,与其追究缠足的起源传说,还不如对风俗的潜在力量有所了解。一旦世俗的审美标准转变为欣赏缠足,便将因为竞相仿效以致风靡。

胡应麟另外还有一个敏锐的洞察:在缠足的初兴阶段,"罗袜""纤足"之类的文学辞藻,有助于改变原来的审美标准,带动缠足的流行。他循着杨慎的路径,基于考据的目的检视了许许多多唐代及唐代以前的诗歌。同时,他也留意到,文学的功能不仅止于提供社会学式的资料:它不只是反映,而且还积极改变着人们的观念与经验。胡应麟评论道:"宋初妇人尚多不缠足者,盖至胜国而诗词曲剧,亡不以此为言,于今而极。"他还郑重地补上一句:"美色愈无闻矣。"②

① 胡应麟,《丹铅新录》,第 146—147 页;这里所说的"五尺童子",性别含混难明。
② 胡应麟,《丹铅新录》,第 147—148 页。晚明时期的艳情小说《金瓶梅》,即为助长缠足在元代之后流行的文学作品之一,我们将在第六章进一步讨论此一文本。

虽然胡应麟将缠足置于时尚与装饰的范畴里,但他并不讳言,他对裹腿与鞋履所遮蔽的缠足感到厌恶。他呼应杨慎对李白笔下的"素足女"的赞赏,评论道:"昔题妇人足不曰素洁,则曰丰妍。夫今妇人缠足,美观则可,其体质干枯腥秽特甚。"[1]这是 19 世纪之前,少许令缠足"无所藏身"的坦率直言之一。这句话所揭示的肉身臭味,异于杨慎对于梁女莹的那种解剖学式的、计量化的描写。它也戳破了诗词曲剧千篇一律对缠足赋予的情欲想象,有如拆卸了包装缠足的裹腿布和鞋履。胡应麟特别形容了当时流行的一项时髦用品,其作用好比"蔽身器":套在裹脚布上方的裹腿布,向上直抵膝盖,即"膝裤",亦称"半袜"。[2]

胡应麟提出自己的一套理论,认为缠足起源于唐末、五代年间;唐亡于公元 907 年,五代(907—960)继之。他采取一种三段式逻辑推论,但完全不具系统性。首先,他对"纤"这个形容词,极其重视。"纤足"与"天足"("素足")正成对比:"足素则不纤,纤而不素。"这使他将唐代诗人杜牧(803—852)的诗句——"钿尺裁量减四分,纤纤玉笋裹轻云"——解读为缠足刚开始绽放其文化光环的信号,不过那时缠足尚未成为一种普遍的社会实践。胡应麟认为,"纤纤玉笋"一语即形容缠足,而"轻云"则指精美的袜子。他也提到李商隐(约 813—约 858)以及 10 世纪中叶《花间集》作者的诗句("慢移弓底绣罗鞋"),以为佐证。然而,胡应麟立刻又让人对其理论产生疑问,因为他也觉得"玉笋"在唐代可能是描写

---

① 胡应麟,《丹铅新录》,第 148 页。
② 胡应麟,《丹铅新录》,第 147 页。在胡应麟的设想里,唐诗吟咏的"罗袜",可能近似这种及膝的裹腿布。

女人的脚趾,在他的时代才是指称弓足。①

胡应麟有关缠足演进最清楚的论说,以一种令人耳目一新的比较语法呈现:"如书籍之雕板,妇人之缠足,皆唐末五代始之,盛于宋,极于元,而又极盛于今。二事颠末绝相类。缠足本闺帏琐屑,故学者多忽之。"②胡应麟将缠足与印刷术相提并论,使缠足跻身于文化机制和物质技术的领域,可说是他极为重要的洞见。

若说杨慎对于探测古文献的界限与限制比较感兴趣,胡应麟可说较为愿意承认古文献的权威性。他期许有朝一日,自己有关缠足起于 10 世纪的理论,可被更审慎的读者予以否证:"六代前载籍浩瀚。或他有确证,可尽破群疑者。"③在那天到来之前,秉持怀疑论的态度,仍属恰当。准此,不论是关于缠足的起源,还是雕版印刷的起源,我们或许无法得出精确的结论,但是我们依然可以抽丝剥茧,追踪它们在历史中的社会发展轨迹。因此,假如考据学家探寻起源的工夫,能够激励读者多读些书,对制度史和文化史产生更细腻的理解,那么也就不枉他们这番考据心血了。

尽管胡应麟暗示了一种从 10 世纪至 16 世纪的直线进步史观,不过,缠足对他而言,终究象征着历史的断裂。胡应麟每当说

---

① 胡应麟,《丹铅新录》,第 146 页。如果将"玉笋"解读为形容足部尺寸之小,则杜牧的诗句可视为缠足正开始成为一种社会实践的反映。反之,若将之解读为脚趾,则诗里所描写的为袜里纤趾。因此,它们所指涉的文化喜好,乃是针对纤足,而非弓足。胡应麟由于缺乏明确立场,而被沈德符指责为"游移无定见"(《万历野获编》,卷二三,第 27a—b 页)。

② 胡应麟,《丹铅新录》,第 149 页。除了时代上的重叠,胡应麟并未进一步解释印刷术与缠足之间的关联。我们可以猜想,二者均与贵族社会的崩解有关,亦即,取代血统以重新标识权力、财富和地位的象征或标记应运而生。印刷术带来知识传散,令士大夫阶级得以主宰宋代以来的官僚阶层。缠足为他们的炫耀性消费形式。当然,问题在于,作出这些假设很容易,但要证明,难上加难。

③ 胡应麟,《丹铅新录》,第 149 页。胡应麟自己也说过,他既非第一个,也非唯一一个指出缠足源于 10 世纪的人。我们可以回想到,这是张邦基首先提出的,而且也是元、明笔记作者的主要看法(第 146 页)。

到缠足在明代作为一种风俗实践时,总是以他对古今差异的认识为开场白。像他这样把"当代性"挂在嘴边的情形,尽管仍与现代有所不同,但这正是遍存于 16、17 世纪江南城市的都会作风。"今世"虽然仍有像"干枯腥秽"的缠足之类的不完美事物,却还是一个最美好的时代,而且也是我们可以掌握相当确定性的唯一时代。

胡应麟的历史断裂感、言必称"今世"的作风,以及将缠足摆在服饰时尚范畴的取径,在学者兼诗人余怀(1616—1696)有关缠足起源论述的讨论中,有极为言简意赅的回响。余怀的名著《板桥杂记》,内容充斥着对明末南京青楼的怀旧忆往,他在字里行间经常刻意强调古代与今世服饰在哪些部分明显不同。为了搭配弓足而设计的"高底",尤其吸引他的注意:"前古未闻,于今独绝。"苏州一带时髦仕女所追求的款式,更是愈来愈花哨:"有以异香为底,围以精绫者;有凿花玲珑,囊以香麝,行步霏霏,印香在地者。"

修辞上,余怀称这些新式样为"服妖",亦即,预示着世风颓坏的奇装异服。然而,从他的语气中,我们感觉到的,并非道德上的非难,而是对他的时代所崇尚的优雅品味,以及 17 世纪江南都会表现出来的精巧工艺,有一种与有荣焉的骄傲。"此则服妖,宋元以来,诗人所未及,故表而出之,以告世之赋'香奁'、咏'玉台'者。"①所谓的"香奁"与"玉台",是指以妇女和女性特质为吟咏主题的诗词歌赋。"高底"时尚兴起之后,长期引领风骚,

① 余怀,《妇人鞋袜考》,收入王晫、张潮编,《檀几丛书》,卷三一,第 2b—3a 页。《檀几丛书》最初刊印于 1695 年。晚明的著作经常将城市时尚称为"服妖"。见林丽月,《衣裳与风教——晚明的服饰风尚与"服妖"议论》,《新史学》第十卷第三期(1999),第 111—157 页;以及巫仁恕,《明代平民服饰的流行风尚与士大夫的反应》,《新史学》第十卷第三期(1999),第 55—109 页。

甚至在三个世纪之后,在山西这个内陆省份里,以推动放足为己任的省长阎锡山,仍然要为无所不在的弓形木底伤透脑筋。

赵翼与 18 世纪缠足极盛期

针对纷纷嚷嚷的缠足起源争论,作出最终裁决的,乃是清代史学家兼藏书家赵翼(1727—1814)。赵翼的一生,正逢皇权强盛,国力富庶的盛清时期。他是最后一位探究缠足起源的考据学家,究其态度,学术性多于辩论性,讨论亦以理解而非谴责为目的。从赵翼的笔记条目《弓足》,可以清楚看出,从余怀到赵翼的这一个世纪里,缠足已演变成为汉族妇女共通的文化实践。

事实上,由于缠足是如此普遍,在赵翼的笔记里,唯一值得记述的社会史细节,是那些不采行此一规范性行为的例外:"今俗裹足已遍天下,而两广之民,惟省会效之,乡村则皆不裹。滇黔之猓苗僰夷亦然。"他所说的最后一个例外甚至更令人惊异:"苏州城中女子以足小为贵,而城外乡妇皆赤脚种田,尚不缠裹。盖各随其风土,不可以一律论也。"[①]这些双足不受拘束的例子,反映出赵翼对于多民族的清帝国的体会:帝国里存在着空间、文化和族群上的差异,而缠足扮演了彰显这些差异的角色。两广(广东和广西)和滇黔(云南和贵州)都属于边陲省份;进一步可再分为都会/乡村,以及汉人/非汉人区域。苏州的情况同样值得注意,因为在这个位居帝国心脏地带的富裕城市里,缠足标志了显著的城乡差距。

虽有这些不缠足的特例,但其无损于缠足在清代发生一百八

---

① 赵翼,《弓足》,《陔余丛考》,第 656 页。第三个句子也可以这么读:滇黔之猓苗("猓"苗人)、僰夷("夷"僰人),亦然。

十度大转变的事实:从高度都会化的时尚,演变成一般妇女惯常的实践。清政府特意制定的两项政令,可能反而不经意间造成缠足扩散到非精英家庭阶层的结果:清初视缠足为汉族认同标记而白费心血颁布的禁令,以及18世纪在乡村地区推广棉纺织业的政策。① 缠足看似无所不在,但是上述的例外,毕竟还是令赵翼得出一个结论,亦即,缠足在18世纪的极盛期里,所呈现的是一项多样的而非统一的文化图像:"不可以一律论也。"换言之,在他看来,缠足乃是一种地方性的、因地制宜的实践,这的确是真知灼见。既然缠足并非统一的而是多元的实践,将缠足的发轫推到单一源头的想法,将变得更加窒碍难行。尽管赵翼坚信古文献为认识古代的不二门径,但他也完全意识到,追寻单一性和确定性的努力,终将只是一场徒劳罢了。

赵翼论述缠足的笔记,系统化地整理了既存的理论与证据,因此也方便我们总结此前有关缠足起源的考据学争论。他认为,前人的说法可以归为三类:(一)缠足源于五代时期(907—960);(二)六朝时期(222—589)已有缠足;(三)缠足始于秦汉时期(前221—公元220)。如同先前说到过的,五代论首先由13世纪的学者周密提出,胡应麟继之,到了16世纪,已发展为主流见解。赵翼指出,支撑此论点最主要的基础,来自一项反面证据:找不到

① 满族统治者分别在1636年、1638年,以及1664年颁布禁止缠足的谕令。我曾指出,它们其实带来了反效果:这些试图禁止缠足的命令,使得缠足成为汉人的一种民族记号,结果导致18世纪的汉族妇女纷纷采取这项实践。见我的"The Body as Attire: The Shifting Meanings of Footbinding in Seventeenth-Century China," *Journal of Women's History*, 8, no. 4(Winter 1997):8—27。曼素恩认为,"我们可以假设",在乾隆时期,"缠足受欢迎的程度与妇女家庭手工艺普及于农家的情况,彼此之间也有系统性的关联"。见她的 *Precious Records: Women in China's Long Eighteenth Century* (Stanford, Calif.: Stanford University Press, 1997), p. 168。〔译按:引文中译摘自杨雅婷的译本,《兰闺宝录:晚明至盛清时的中国妇女》(台北:左岸文化,2004),第323页。〕

足以显示缠足在唐代之前已经存在的有力证明。10世纪之前卷帙浩繁的诗歌辞章和史乘典籍里,几乎不曾提到足之"纤小",或鞋之"弓纤"。赵翼所预设的,跟张邦基、车若水、杨慎和胡应麟等人的差不多:如果缠足实践确曾存在于某个时代,它必然会在文献档案里留下记录或痕迹。毕竟,李白题咏"素足女"的诗作,相当程度上证明了缠足在唐代并不流行(第655页)。

关于第二个理论,亦即,缠足在唐代之前三个世纪里已然存在的观点,杨慎是最常被后世点到名字的拥护者。赵翼也引述了杨慎的证据,包括乐府诗中的"双行缠"一语,以及韩偓诗作中说的"六寸肤圆"。他还加上一些别的笔记,其中最主要的是有关杨贵妃故事的记载。最后一个理论将缠足的源头推向汉代,我们可以回想到,这也是杨慎提出来的,而它最直接的证据,还是他在《汉杂事秘辛》里有关梁女莹的描写。赵翼对于这两个理论的评价是,姑且不论是否令人信服,它们都值得我们注意,因为二者"皆有〔文献〕所据"。不过,他对文献的分量有所取舍:李白的"素足女"诗句可视为"确有明据",而记载杨贵妃故事的文献,则显然是不足采信的伪作(第656页)。

赵翼依其推论法则,肯定地指出,数百年来有关缠足源于10世纪的理论,的确最具说服力。他于是将缠足的源流作了如下的归结:韩偓的"六寸肤圆"以及杜牧的"细尺裁量约四分"诗句,乃是写于缠足演变为一项真实存在的实践之前。不过,既然诗人反复吟诵足之长短,我们可以如此推想:"是时俗尚已渐以纤小为贵。"直到唐亡之后的五代时期,"扎脚"才变成一种身体实践。赵翼提醒人们,缠足作为一种审美观念不应与实际的缠足行为混为一谈,更何况,观念先于实践。就此而言,他的心思实在非常敏锐缜密。

赵翼有关远古与文献真确性的看法,同样值得我们注意。赵翼援引了两部著作来印证他的年代论:一为陶宗仪的笔记《辍耕录》,另一则为元代文人白珽(1247—1328)的笔记《湛渊静语》。① 这些作者虽未提供坚实的证明,却也不能将他们的说辞率尔视为毫无根据的空谈,因为"二说皆在宋、元之间,去五代犹未远,必有所见闻,固非臆说也"(第656页)。此一"远古之不可得"的观点,让人回忆起杨慎"京城之于云南"的比喻。

赵翼选评的三种起源理论,都属于信史的范畴。有关末世帝王以及他们宠幸的祸水红颜的起源传说,在他看来,则根本不值一提。文献证据的存在,不论它们是否可信,都为一项理论或主张建立起一定的正当性。他认为可视为证据予以接受的文献,以史籍、笔记、类书和诗词作品为限。至于小说、戏曲和通俗歌谣,尽管这些文类最有助于延续缠足的文化光环,内容中也常出现谈论缠足的段落,但是,不仅在赵翼的笔记里,甚至在整个考据学的传统里,它们一概都被摒除在讨论的范围之外。②

---

① 根据白珽的说法,"程伊川〔1033—1107〕六世孙淮居池阳,妇人不裹足、不贯耳,至今守之"。或可由此引申,与程家地位相当的其他家庭的妇女,多半有裹足和贯耳的风气,程家因此才显得与众不同。相对的,陶宗仪则断定"扎脚自五代以来方为之"(引自赵翼,《弓足》,《陔余丛考》,第656页)。

② 在第五章里,我们会再谈到一小部分通俗戏曲和歌谣里的缠足论述。可惜的是,本书并未讨论明、清小说里有关缠足的丰富材料,也没有分析唐、宋时期大量出现的题咏小脚的诗词。关于诗歌对缠足光环的烘托作用,见王屏(Wang Ping),*Aching for Beauty*:*Footbinding in China*(Minneapolis:University of Minnesota Press,2000)。关于宋词中许多歌咏小脚和纤步的作品,以及对于其中的语词用法的分析,见陶晋生,《歌姬舞妓与金莲》,收入邓小南编,《唐宋女性与社会》(上海:上海辞书出版社,2003),第365—374页。

装饰的身体以及显露的身体

《弓足》这则笔记在赵翼书中的位置,就像他的社会观察和分析角度一样,亦颇有可观之处。赵翼将弓足摆放在两种社会文化脉络之下:身体装饰和仪态,二者皆蕴含着深刻的性别差异意识。紧接在《弓足》条目之后的,是《染甲》,内容叙述凤仙花红色指甲染料,这种化妆品据说是由回族妇人传入中土,在赵翼当时的 18世纪,已广为中国妇女所喜好。奇特的是,染指甲的程序令人联想到缠足的过程:先将凤仙花瓣捣碎,再掺入少许明矾调和,明矾也是使用于缠足程序的一种收敛剂;将拌妥之染料涂于指甲,然后用布片缠绕固定过夜;如此三四次之后,指甲颜色深红不退,直至新指甲长出来后才消失。[①]

染指甲与缠足一样,是女人专有,不过,下一则关于装扮的笔记《簪花》,就不必然如此,因为赵翼告诉我们,在古代,男人也簪花。在缠足起源论述屡屡出现的古今距离,以及男女服饰差异,同样架构了赵翼有关簪花的讨论。虽然在赵翼的时代,"惟妇女簪花",不过在当时,殿试前三名仍头簪金花,在北京街头游街,以示不忘古制。[②] 缠足自从明代起,甚至更早,也已被视为一种"女妆",在日用类书中就是在这名目下出现(图十一)。赵翼将"弓足"与"染甲""簪花"相提并论,意味着在盛清时代,此一观点依然盛行。[③]

---

① 赵翼,《金凤染指》,《陔余丛考》,第 656—657 页。

② 赵翼,《簪花》,《陔余丛考》,第 657—658 页。

③ 一个显著的例外是,在陈元龙编纂的百科全书《格致镜原》(〔上海:上海古籍出版社,1992〕,第 155—156 页)里,缠足("女人足")被归在"身体类"。

然而,身体并不仅是被动的壁板,静静地等待人们妆点。赵翼不愧是位创新者,他转移视点,用崭新的角度来考察缠足的起源和意义:身体动作。我们已经注意到,缠足起源论述不见得一定关注身体。杨慎是例外,他以其解剖学式的描写和对尺寸的沉迷,率先提醒我们注意缠足的肉身性。尽管如此,杨慎通过生花妙笔召唤出来的梁女莹,依然是静止而被动的,感觉不像是一位拥有自由意志的能动者,而较像是一件正在接受查验的物品。胡应麟完全把视线从裸露的身体挪开,转而将缠足定位在足服时尚的领域之中。赵翼则从仪态和姿势的历史发展中探索缠足的起源,借此将缠足移转回身体的范畴里。讨论"弓足""染甲"和"簪花"的这三则相邻的笔记条目,前后还被一系列有关"坐""拜"等反映古今差距与两性差异的身体姿势条目所包夹。

四个有关身体行为、服饰和家具的议题,特别吸引赵翼的注意:古人到了尊贵处所时,如何处理他们的鞋袜呢? 靴子何时成为官员朝觐时的正式足服呢? 古代妇女是否会行跪拜礼以示敬意? 古人稍息时的姿势为何:他们是跪着还是坐着? 赵翼针对前两个问题的考察,使我们了解到,身体表现的虔敬或亵渎,是随时代的不同而有所变化的。在古代,人们并非坐在椅子上,而是席地而坐,登席之前,必先脱履。赵翼肯定地表示,脱鞋乃日常礼仪之所系。臣子朝见君王时,要求最崇敬的礼仪,此时,不只鞋履,甚至连袜子都要脱除,露出里面的裹腿布。我们已经谈到过,胡应麟认为,这类裹腿布(名曰"行縢""邪幅";见本书第 179 页注①),在古代是男、女都穿着的,而且不应与裹脚布混为一谈。赵翼写道,对于脱袜,清代的人们可能会皱起眉头,视之为"污渎"之举。古风和今俗,竟是如此地背道而行![1]

在赵翼看来,在足服文化与虔敬定义的转变上,唐代是一个关键的时期。此时,虽然在祭祀等至为庄严的场合里,脱除鞋袜仍属必要,但"寻常入朝"觐见皇帝的官员,已经开始穿着鞋子了。到了唐代中叶以后,甚至皮靴也逐渐演变为臣子上朝时的一般服装。"靴本北俗",也就是说,皮靴原为北方胡人军服的一部分,由战国时代的赵武灵王引进中原;虽然在南方,仍属罕见,但在北方盛行已久,乃是一般性的日常穿着。讽刺的是,自从靴子成为朝服,被赋予尊贵的意义之后,鞋子反而被贬低为"亵服",被扣连到身体私隐的层面上,而古人的脱袜入朝,在赵翼时代的人们眼里,更是成了令他们目瞪口呆的"近于裸亵"。"风会所趋,随时而变",赵翼发人深省地说了这么一句话。[2]

赵翼并没有从脱袜直接推论到缠足。不过,既然在唐代,赤裸双足不再成为最虔敬的象征,而深藏双足的皮靴又成为正式朝服,我们不禁会这么联想:这种全新的遮蔽美学,正好呼应了唐诗里歌咏女性鞋袜,甚至将之情色化的倾向。当遮蔽双足之举受到文化青睐,女性纤足也合乎审美观念,甚且还有唐诗咏赞时,我们可以这么说,铺陈缠足实践的先决条件已然形成——虽然社会上未必有人真的把脚缠起来。由此观之,李白的"素足女"题咏,乃是缅怀往昔之作,而韩偓和杜牧将视线锁定在那小小的绣鞋,则是一种对于未来时尚的向往。

现代的缠足论述所呈现的"身体",若非残障,就是情色。缠

---

[1] 赵翼,《脱袜登席》,《陔余丛考》,第652—653页。"污渎"一词见于《着靴》,第654页。赵翼注意到,暹逻国人"入朝拜舞"时,"以行滕裹足",颇"斑斓可爱"(第654页)。因此,中国古代的裹腿布大概就像那个样子。

[2] 赵翼,《着靴》,《陔余丛考》,第653—654页。

足确实会改变妇女的姿势:身体重心的变化,导致了踯躅的步
履——与高跟鞋的效果异曲同工——此即诗人所吟咏的"莲步"。
不过,在赵翼提醒之下,我们知道,家具坐席等物质与空间环境,
对于妇女的身体感觉,同样重要,而且,就如同服饰时尚一般,这
些条件也会随着时代推移而发生变化。换言之,她的"莲步"或
"玉笋"——情色化的女体——并不是唯一值得关注的"身体"。
妇女拜会长者,或是在其他社交礼仪场合的"出场",其实完全是
通过身体来实现的。从这角度看来,缠裹对改造身体空间感觉,
自有其积极的效应。这些仪式化身体的姿态和动作,同样是应该
载入缠足史的重要面向。

　　根据《周礼》的说法,"肃拜"是妇女表达敬意的方式之一,其
动作一如作揖,"拢两手向下"。宋代以来,除了缠足起源引发的
漫长争论之外,还有一项论辩长达数百年的课题,其焦点在于妇
女双脚的动作。"妇人之拜",是否也需以跪姿为之? 赵翼的答
案,取决于家具的历史变迁。在古代,人们席地而坐,"跪"与"坐"
的姿势相似,都弯膝触地("以膝隐地")。"坐"为一种休息姿势,
臀部置放在双脚脚跟的部位,即今天的日本人坐在榻榻米上的姿
势。至于"跪"则是一种较不安定的姿势,腰与臀均悬在空中,无
所倚靠。因此,赵翼推测,当妇女以坐姿向他人致意时,上身微提
便成跪姿。后来,供坐与睡的床榻出现之后,坐在床榻之上的妇
女,就不再那么方便地由坐姿转为跪姿了。此后,向客人致意时,
妇女也只"有拜无跪"了。[1] 就这样,我们再一次见到,即使是像

----

[1] 赵翼,《妇人拜》,《陔余丛考》,第 659—660 页;《古人跪坐相类》,第 660—661 页。
赵翼并未描述矮榻上的坐姿为何。韩蕙认为,人们当时习惯在榻上曲膝而坐,而
非悬足于榻缘("The Chinese Bed," in *Chinese Furniture: Selected Articles from
"Orientations," 1984—1994*〔Hong Kong: Orientations Magazine Ltd., 1996〕,
p. 5)。讨论中国椅子史的二手文献,为数众多,这方面的文献书目,可参 (转下页)

"坐"这样近乎本能的姿态,也随历史与文化变迁而出现变化。

礼仪的历史必须从物质文化的历史之中考掘。赵翼虽然述说了坐具的变化,却没有标定这些变化发生的时刻,也未曾谈到它们对女性体态所产生的深远影响。中国家具史专家韩蕙(Sarah Handler)曾研究了一座第三世纪初汉墓壁画上描绘的一场盛宴。"当时,人们一般家居是席地而坐,矮床与榻则是尊贵的席位,专为精英所设或于典礼场合使用。"在唐代佛教艺术里,笼以纱帐屏帏的架子床,作为一种仪式器物,发挥到了极致;不过,是否普及到民间家庭,因为文献记载较少,所以无从稽考。到了大约 10 世纪,"中国人较常坐在高桌旁的椅子上,而较少坐在席子或矮榻之上"(见图十二)。此一发展对室内空间产生了深远的影响,带动高挑空间感的室内设计:墙壁取代屏风,成为主要隔断,同时,作为墙壁装饰的挂轴,也愈见流行。①

我们可以大胆推测,要不是椅子的普及,缠足可能就不会从文学想象发展成具体作为。因为有了椅子,人们在坐着的时候,双脚悬空,不像以前那样塞在大腿和臀部之下,同时,脚跟也因此得以释放出来,不必再承受上半身的体重。这并不是说,妇女席地而坐时,由于必须脱除袜子,结果"妨碍"了缠足的兴起,因为赵翼已经告诉我们,除了表达至高无上的敬意之外,需要脱袜的场合极少。不过,高椅带动的姿势变化,使得缠足在人体工学的层次上,比较说得过去。此外,坐在椅子上的姿势,也更有助于坐者展示双足。既然它们变得如此显

(接上页)阅我的 *Every Step a Lotus*。柯嘉豪有一篇统合性的讨论文章,文后附有详尽的文献书目,见他的《椅子与佛教流传之关系》,《"中央研究院"历史语言研究所集刊》,第六十九卷第四期(1998 年 12 月),第 727—763 页。

① Handler,"Chinese Bed," pp. 5, 9.

眼,何妨试试模仿唐诗所形容的,在鞋履添加华丽的装饰,好吸引众人的目光?

至于室内空间的变化是否对缠足的兴起产生直接的影响,就很难下定论了。以固定的墙壁取代屏风分隔家户空间的结果,或许强化了家室的封闭感,从而助长了"妇女深闺"此一理想。① 对于现代人来说,捍卫女性贞节乃是缠足习俗的主要存在理由。然而,奇怪的是,没有任何一位考据学家以性诱惑或道德观来解释缠足。他们甚至未曾将之扣连到儒家伦理。缠足不仅不见于儒家典籍,即使在儒家思想指导下的女训或女范里,也未曾记载,更别说是提倡了。② 相反的,从前述考据学家的著作里,我们看到,他们既对缠足的兴起感到费解,也觉得此事于道德有亏,因为在他们看来,缠足与其说有助于守贞,还不如说会让人联想到纵情声色的危险。

总之,10 世纪——从唐帝国末期,到唐亡之后动荡纷乱的五代时期——是缠足的源头。虽然还是缺乏明确的证据,不过历代学者已经筛选出一些文献证据,研判哪一种可能性较高,并对比他们当时所处社会的缠足知识。通过这些努力,他们慢慢建立起

① 关于汉代出现的"男女有别"概念,见林维红,"Chastiry in Chinese Eyes: Nan-Nü Yu-Pieh," *Chinese Studies* 9, no. 2 (Dec. 1991): 13—40. 亦见 Lisa Raphals, *Sharing the Light: Representations of Women and Virtue in Early China* (Albany: State University of New York Press, 1998)。

② 见我的"Footbinding as Female Inscription," in *Rethinking Congfucianism: Past and Present in China, Japan, Korea, and Vietnam*, ed. Benjamin Elman, John Duncan, and Herman Ooms (Los Angeles: Asia Pacific Monograph Series in International Studies, UCLA, 2002)。缠足的发明乃是为了捍卫女性贞洁的说法,对于中国与欧洲的读者来说,都不算陌生,不过似乎没有学者真的认为此一说法可以采信,或有足够的解释力。在中国,此一观点主要出自《琅嬛记》,这部据称著于元代的文献,其实是晚明时期的伪托之作。见伊世珍《琅嬛记》,卷二,第19b—20a 页,收入张海鹏编,《学津讨原》(扬州:广陵古籍刻印社,出版年代不详)。

一个令人信服的叙事。这个叙事将文学想象的缠足，以及扩散成为一种社会实践的缠足，作出了区隔，并从时尚、礼仪和物质文化的脉络来定位缠足的文化意义。具体来说，在 10 世纪里，通过唐诗而广为传诵的"纤足"，成为审美偏好；由于时尚潮流的变化，遮蔽双足成为合乎礼节的举动；椅子的引进，解除了坐姿的脚部压力；以墙壁为隔断的室内建筑空间设计，或许强化了深闺幽幽的吸引力。所有这些发展，共同成为孕育缠足兴起的环境，使得缠裹双足不仅可欲，而且可行。

钱泳：从考据到社会批判

如果说赵翼将缠足摆放在身体礼仪的脉络之下，从而为此前的缠足溯源争论作出裁决，那么，30 年之后，另一位学者钱泳（1759—1844）则又开创了一种全新的——说是"现代的"也不为过——起源论述。钱泳的笔记《裹足》相当长，由六个部分组成。他呼应胡应麟对缠足风行年代的分析："元、明以来，士大夫家以至编民小户，莫不裹足，似足之不能不裹，而为容貌之一助也。"不过，他感兴趣的，不在于判定缠足的历史源流，而在于借古责今。

在钱泳的想法里，"今世"的陋习有愈演愈烈的趋势。18世纪末和 19 世纪初，缠足俨然已成为一股狂热，尤以北方为盛。钱泳确认赵翼说法，指出缠足为一种带有明显区域差异的地方性实践。最为纤小之足，可见于"燕、赵、齐、鲁、秦、晋之间"。在这些地方里，母亲们成了制造微型足的专家，她们首先要令小女孩在两三岁时，"便能行走"；四五岁之间，即将双足"以布条阑住，不使长，不使大"；待到六七岁，双足"已成片段，不缠而自小矣"。我们不太容易确定他所谓的"已成片段”是什么意思,也不清楚“阑”与“缠”有何区别。不过,钱泳清楚地表明,缠足在北方盛极,并已发展出特殊的缠裹方法。相对的,在南方,缠足风尚较不那么鲜明:在“两广、两湖、云贵”诸省,“虽大家亦有不缠者”。

　　在江南的心脏地带,包括以丝、棉生产闻名的苏州、松江、杭州、嘉兴四府,女子虽有缠足,其“小脚”的尺寸却是最大的。根据钱泳的说法,这是由于这些地方的母亲们“怜其女缠足之苦,必至七八岁方裹”。“是时两足已长,岂不知之,而不推其故,往往紧缠,使小女则痛楚号哭,因而鞭挞之,至邻里之所不忍闻者。”①经济史学家李伯重认为,从 17 世纪到 19 世纪上半叶,棉纺织工作的收入颇厚,来自江南乡间女孩们的每日工资收入,能有男子雇工所得的七八成。一名农妇如果在一年里从事纺织工作 130 天,她每年可赚得的米粮约有 3.6 石,足供自给。若是工作日数倍增至 260 天,她便可为家里赚取相当的银钱收入。女性劳动对家计的重要贡献,有助于提升妇女在家庭和社会中的地位。② 钱泳提到女儿裹足年龄延迟的情况,间接地佐证了江南妇女的经济贡献。不过,他将缠足的延续归咎于母亲们盲目追随习俗。

　　钱泳对全国各地缠足风俗的解说固然珍贵,但更重要的是他

---

① 钱泳,《裹足》,《履园丛话》(台北:广文书局,1969),卷二三,第 15a—b 页。
② 这个看法部分与李伯重的论点相合,他指出,尽管传统一直以来以“男耕女织”来描写中国社会的性别化分工,但在晚明时期男性农业劳作专业化之前,这个描述并不符合实际状况。关于此一论点,见他的《从“夫妇并作”到“男耕女织”》,《经济史研究》三(1996),第 99—107 页。关于他对女性纺织劳动收入的估计,见《“男耕女织”与“妇女半边天”角色的形成》,《经济史研究》三(1997),第 10—22 页。经济史学家宋立中与范金民认为,李伯重混淆了家庭分工与社会分工,结果导致“专业化”此一概念变得暧昧难明。见他们的《评李伯重〈江南的早期工业化(1550—1850)〉》,《新史学》第十二卷第四期(2001 年 12 月),第 193—205 页。

客观论说的方式。赵翼提到那些不缠足的例外区域时，只是错乱地罗列，相形之下，钱泳的风俗调查，既具系统性又带有比较的意味。虽然如同我们在下一章将提到的，早在17世纪，人们便已注意到缠足式样具有南北区域差异，但是采用一种全知观点写出类似民族志调查记录的，钱泳乃是第一人。他依地理位置将帝国划分为若干区块，然后对这些地理区块中的典型缠足尺寸——作比较。这里面的预设是，作者知道一切，好似他曾周游各地，拿了一把尺四处测量，收集各地缠足尺寸的数据。这个帝国（以及后来的"国族"）于是被当作可供比较的部分的总和，予以观照；而在国族主义萌芽的年代里，新兴的反缠足论述正是架构在这种认知方法之上的。

前此的考据学论证都穿梭于"古""今"之间，钱泳也不例外。不过，他特别强烈地关注今世，所以，他一开始就肯定地说道："妇女裹足之说，不载于经史"，当然更"无有一言美之者"，然而当今"举世之人皆沿袭成风，家家裹足，似足不小，不可以为人，不可以为妇女者"。（卷二三，第14a、15b页）缠足在18、19世纪里，成为界定女性特质的关键要素。正因如此，女性的堕落与隳坏，就更无可避免了。钱泳以一种道德指控的口吻，总结他对缠足起源的看法：缠足专用的鞋子，原为宫廷舞者的发明，乃"贱者之服"。①

虽然缠足"不载于经史"的说法已是老生常谈，不过，钱泳并不像前人那样强调古代文献作为知识库藏的功能，而是想要指出政治干预的可行性。既然缠足未受古文献认可，那么，缠足习俗就能够而且应该被制止。他在文章结尾时，清楚表明了他的用

---

① 钱泳还推测《史记》所说的"利屣"，即为一种"舞屣"。"舞屣赤色花纹，薄底头利锐，缀以珠，似即今女人之鞋式也。"（《履园丛话》，卷二三，第14b—15a页。）"贱者之服"语见卷二三，第16a页。

意:"予所以喋喋言之者,实有系于天下苍生,非仅考订其源流而已。"(卷二三,第 16a 页)事实上,钱泳是第一位提出行动方案的考据学家:责成"地方大吏,出示禁约","凡属贵臣望族,以及诗礼之大家",一体依循满洲妇女不缠足之"王制";在他看来,八旗妇女皆不缠足,乃"古道犹存,其风足尚"。至于"倡优隶卒,及目不识丁之小户",则"听其自便"。如此,十年内,可达"积习渐消"的效果,然后"天下万民皆行古道矣"。(卷二三,第 15b 页)

钱泳的方案很有意思,因为这正是 19 世纪 90 年代纷纷出现的地方反缠足团体想要达成的目标。再者,由他豁免"目不识丁之小户"的提议来看,钱泳对于驱使缠足风俗扩散的原动力之一,亦即,一种社会下层对上层风习的模仿效应,也有相当理解。只要能够改变权力精英的观念理想,就可以对缠足实践的改革大计,产生杠杆作用。这同样也是传教士与国族主义改革者的策略。的确,就修辞和行动方案的提出而言,钱泳仿佛已经预见了现代反缠足运动的出现。

自在劳动的女性身体

借由痛斥缠足,钱泳阐述了他对女性特质所赋予的定义,究其内涵,与当时流行的审美标准大相径庭:"大凡女人之德,自以性情柔和为第一义,容貌端庄为第二义,至足之大小,本无足轻重。"她走路的方式也同样重要:"妇女之足,无论大小,有高屧无高屧,贵乎起步小,徐徐而行。……若行步蹒跚,丑态毕露,虽小亦奚以为?"(卷二三,第 15a 页)"高屧"是古代舞者在舞鞋底部加上的木块,用以产生踢踏声响。钱泳时代有的妇女也习惯在鞋内脚跟的部位,加上一块木块以造成双足娇小的观感。钱泳的评论反映了 19 世纪缠足的深入人心。它是如此普遍,即使连钱泳都完全肯定了"纤步徐行"的美丽可爱。

钱泳理想中的女性,乃是有着成熟的劳动身体的女性,这样的身体才能够为朝廷或国家服务。他指出,"考古者有'丁男''丁女'",即谓可以接受国家征召服劳役的成年男女。缠足不利于养成这种理想臣民,终将导致国家的灭亡。"丁女"——亦即,健壮的成年妇女——的提出,代表了钱泳的基本信念,他认为女性身体的功能,在于提供生产和生殖方面的劳动(卷二三,第 16a 页)。有关女体功用的各种阐释,正是缠足论述最有意思的副产物之一。早在 17 世纪,文人褚稼轩就曾指出,完整匀称的女性身体,最符合父权家庭的利益。[①] 不过,钱泳是第一位指出女性身体一旦被解放,就应为国家效劳的学者,这个论述,根本就像是现代人的口吻。

为了强调女子双足的公共意义,钱泳将缠足起源论述与改朝换代的历史混为一谈,并发明了一种迂回叙事,把缠足妇女当成祸国不祥的邪恶轴心,朝代兴衰便钟摆似的绕着这个轴心打转:"南唐裹足,宋不裹足得之;宋、金间人裹足,元不裹足得之;元后复裹足,明太祖江北人不裹足得之;明季后妃宫人皆裹足,本朝不裹足得之。"太过于忘情的结果是,钱泳断言禁止裹足的清代"从此永垂万世",却忘了他在前面才说过"家家裹足"的评语(卷二三,第 16a 页)。

由于母性的公共重要性,女性身体的完整势必与国族运势休戚相关:"妇女裹足,则两仪不完;两仪不完,则所生男女必柔弱;男女一柔弱,而万事隳矣。"(卷二三,第 16a 页)这是个敏锐的预

---

① Ko,"Footbinding as Female Inscription."

知记事。钱泳所预示的,或许并非清代本身的覆亡,而是反缠足改革者用来解释清代覆亡的原因。考据学家对于缠足起源的探求,发展到提出母职对于富国强兵的重要性之后,基本上就跟我们在第一章所检视的天足论述,已然没有两样了。

在明清两代,让学者们能够保持体面地撰写有关缠足的文字,最盛行的方法乃是探求其源流。本章基于方便而称这些文章为"考据学",其实有一点名不副实。尽管杨慎和胡应麟在官场上位居边陲,但他们以及车若水、赵翼等人,无疑都是望重士林的学者。而且,他们所使用的方法,也的确属于主流考据学的范畴:博考、怀疑,以及文献证据的权威性。然而,缠足这个课题,由于禁忌的笼罩以及文献记载的贫乏,与考据学追寻真实性和确定性的取径,难免有所出入。

不像考订古文献的作者和年代那样是严肃的考据课题,缠足在 19 世纪以前的正统学术论辩里,一直是个暧昧可疑的题目。杨慎认为,由一名官员掌管和制作周王后的鞋履,乃是一件"秽亵"之事,他的说法使我们得窥 16 世纪人们的心态。胡应麟对杨慎的驳斥,证实了另一件事,即,自从缠足兴起之后,女性足服被涂抹上了一层情色的色彩,若是直接描写双足,将因过于耸动,而难以进行严肃的讨论。

裸露肉脚的禁忌是如此巨大,以至于最迟在 18 世纪,就像赵翼所形容的,人们甚且认为,脱除袜子乃是"污秽"之举,几近于"亵渎"。既然想要书写裸足,但又不会招致"秽亵"之讥,都是件这么困难的事,那么即使是闺房中的裸露,可能也同样在忌讳之列。当然,若说男人都不曾亲眼见过小脚,未免言过其实。毕竟,极可能当禁忌愈强烈,一心想要解开妻子、姬妾或妓女的裹脚布,以窥其小脚样貌的男人,就变得愈多。① 不过我们必须指出,探索缠足起源的学者,他们都是带着回避的目光,站在庄重和学术的边缘。为了找出解释,他们不仅勇闯"未可知",还有那"未可说"的天地。

在为这"未可说"定名和正名的过程当中,考据学家建立了缠足的参数和定义,经过反复论述辩证之后,这"未可知"的课题也开始显得前后一贯,渐渐变成"有所知"了。我们已经看到,"弓形"如何在这样一个过程里,成为界定缠足的特征。其他用以形容缠足的各种名目,其所描述的,若非可欲的脚形("纤""小""细"),就是必要的操作("缠""扎""裹")。经过反复论述的小脚,为人所知的是其外部的形状、尺寸或扎裹形式;上述名称完全没有提供线索让人们据以揣摩内部的肉脚原貌。这些称谓本身,便已扮演着"蔽身器"的角色。

谨守庄重界线的同时,起源论述也无可避免地将读者的视线导引到女性的身体部位。笔记著作里大量征引了香奁体诗句,并视为可被采纳的证据,如此一来,便给了这些挑逗意味浓厚的诗词一定程度的高尚性。这些诗句,就像我们在下一章即将谈到的通俗戏曲等其他类型的文字书写一般,在缠足数百年来情欲色彩的延续中,扮演着不容小觑的角色。虽然讨论缠足的考据学家几乎都对缠足摇头叹息,或是觉得浑不可解,但当他们反复征引上述材料时,也就不经意地延续了此一习惯的文化光环。

---

① 作家杨杨在他的家乡六一村里,访谈过一位87岁的周姓鳏夫,内容提到了一些行房仪式。周姓老人讲述了五种与小脚有关的性游戏。其中之一为"悬":男人把女人的缠脚布解开,再用此布把女人的小脚吊挂在床台上(《小脚舞蹈:滇南一个乡村的缠足故事》〔合肥:安徽文艺出版社,2001〕,第48—49页)。不过揭露小脚的禁忌并未在20世纪消失。杨杨还只是个小男孩时,有一次,他的三姨妈同意让他看她洗脚。只是当她解开裹脚布时,嘴里仍念咒般地嘀咕道:"臭毒毒的,不能看!"(第37页)

第五章 狭邪之游：男性欲望与西北的想象地理

　　考据学家对缠足此一课题目不斜视的处理，可能反而替缠足蒙上了一层更迷离的神秘面纱；与他们的态度形成鲜明对比的，是17、18世纪一些无心追求学术名声的文人，他们赤裸裸地表现自己对缠足的着迷。不论是在游记、笔记、地方戏曲，还是歌谣里，他们都将缠足描写成一种诱人而危险的外物。在本章里，我们将会看到，此一意象多是被铺陈在"西北"这半真实半虚幻的空间。"西北"不仅仅是一个地理位置，它更是一个文化想象域，在其中，男性文人找到了具体且为社会接受的方式来表述和投射他们的感官渴求。

　　本章考察了上述文类中反复出现的五个与男性欲望相关的主题——女性竞争；官僚的西北之行；大同名妓（和她们的丫鬟）；南北差异；时髦的女进香客——借以观察明清时代缠足在文人欲望中所占的位置，以及潜藏在缠足欲望背后的社会差异和失衡。我们首先从明显采取男性观点的文本入手，然后在本章结束之前，转而讨论那些纳入女性观点的文本。前者预设了男人有"相""抚""品""评"女人身体的特权；后者则呈现了女人对于身体自我的内在感受，以及她们如何利用足服时尚向世界展现自我。

西北高原上的赛脚会

在清朝结束前的数十年里,尽管在沿海城市里,缠足已逐渐黯淡失色,但是山西大同这个西北城市,依然保有数百年来被奉为缠足圣地的尊荣。大同以其莲鞋式样闻名于世,比起其他地方,大同莲鞋的弓形木底曲线幅度更大,绣样更为艳丽大胆。前倾陡峭的鞋面,宛如一出视觉大戏,将观看者的视线导向莲鞋主人的脚尖。[1] 该地每年春、秋两季庙会节庆举行的"赛脚会",场面更是壮观。以"还珠楼主"笔名著称的武侠小说作家李红〔译按,还珠楼主本名李寿民(1902—1961),1949 年后改名为李红〕,便曾如此记述:

> 晋北以前民间盛行缠足。大同一带,每届八月,有晾脚会之设,于广场空地间,置长木板凳,层叠如阶梯。妇女千百坐其上,裙下双钩,任人品评。良家闺秀,亦多入者。其履间缀明珠,制以罗绣,瘦小不盈一掬,穷极工巧。狂荡之登徒子,乘时活动,伤风败俗之事,数见不鲜。[2]

就像缠足源头已不可考一样,这类风俗活动的发源,也蒙上了一层

---

[1] 关于大同地区弓鞋样式的描述及其照片,见我的 *Every Step a Lotus : Shoes for Bound Feet* (Berkeley : University of California Press, 2001),第 114 页。

[2] 采初:第 274—275 页。李红记述的第二个段落,并未征引于此,不过,该段文字显示,他所指的"以前",系指阎锡山在山西厉行反缠足政策之前;在李红看来,阎锡山的作为成功地削弱了缠足的尊荣性。李红的叙述成为后来相关文章的范本。有位作者在 20 世纪 30 年代写道,大同、绥远和包头等地的妇女,于庙会之时,皆置板凳于闺门前(而非庙前空地),排列而坐,争奇斗艳,此即所谓晾脚会(采续:第 309—310 页)。类似李红对于晾脚看台的描写,亦可见于当代的一部文史资料汇编(路成文等编,《山西风俗民情》〔太原:山西省地方志编纂委员会办公室,1987〕,第 269 页)。

神秘的色彩。根据一部在 19 世纪中叶编纂的百科全书所记载,在张家口这个位于长城南缘的边防城市里,闺阁妇女可于三四月间举行的"小脚会"展现她们的小脚。同样的,在邻近张家口的直隶(河北)宣化和永平二郡,清明前后十余日,无论贫富绅商,缠足妇女皆可精心打扮,坐在门前,骄傲地"晾"其小脚。按传统的农时节气,春分后 15 日为清明,家家户户在此时外出扫墓,踏青野餐。人们好似受到春神的怂恿,不但对"晾脚"妇女指指点点,评头论足,甚至还动手抚摸她们的小脚,而其"父兄夫婿,亦恬不为怪"。①

日本民俗学者永尾龙造(1883 年生)于 20 世纪 30 年代也提到,宣化、永平,以及河南的汝州等地,都存在着类似的赛脚活动。原任职南"满洲"铁道株式会社的永尾龙造,大规模地访问了旅居奉天("满洲国"首都)以及北平的中国人,访问记录经整理编纂后出版,即其巨著《支那民俗志》。我们并不清楚该书中有关赛脚会的资料是否经过查证。② 不过,在清末民初,具有

① 苏馥,《香闺鞋袜典略》(海宁邹氏师竹友兰室清钞底本,1879),第 90—91 页。有一则几乎一模一样的记述,但所注明的出处不相同,见采初:第 273 页。近人著作里有关赛脚会的整体性描述,参见姚居顺,《中国缠足风俗》(沈阳:辽宁大学出版社,1991),第 25—26 页;林秋敏,《阎锡山与山西天足运动》,第 129 页;张仲,《小脚与辫子》(台北:幼狮文化事业公司,1995),第 61—62 页。虽然很可能存在着有关赛脚会的照片资料,不过我还没有这方面的发现。我也没能找到有关赛脚会存在于 19 世纪之前的文献记载。

② 永尾龙造,《支那民俗志》(东京:国书刊行会,1973),第三卷,第 846—847 页。他对甘肃赛脚会亦有所描写(第二卷,第 461 页)。永尾龙造,1906 年毕业于上海的东亚同文书院,1932 年加入南"满洲"铁道株式会社,1936 年离开满铁,但仍在日本外务省和满铁的支持下,继续在"满洲"从事他的民俗研究。据说这些访问是由他自己进行的;然后再由数名中国人助手帮忙将田野资料编纂成"调查报告"。永尾便以这些报告为基础编纂该书,并辅以他自己根据文献资料所做的部分"考证"(见书末附录《支那民俗志批评一斑》,第 5 页)。永尾也提供了各地赛会的日期,但并未表明他的资料出处。这些日期分别为:大同,8 月 15 日;永平,清明前后十天;宣化,每年两回:清明前后十天,以及 5 月 15 日前后三天。关于中国作家所作的类似描述,见采初:第 272—274 页;采续:第 242—243 页;采四:第 163—164 页。关于小说中所描写的赛脚场景,见采续:第 194—195、244 页。在他们的（转下页）

一定教育程度、足以担任方志编纂委员的地方精英,实不愿他们的家乡与这种不光彩的风俗有所牵连。因此,地方志里有关赛脚会的"报道",多是以否认的形式出现,意在澄清外地人不明就里的以讹传讹。①

　　文献记载的赛脚会,有多种不同的形式,而且,即使在远离西北的地区,亦可见其踪迹。根据一幅 1887 年的《点石斋画报》图绘,在云南省西南的通海县,每逢三月,远近妇女群往一寺庙之前的水塘,环塘而坐,濯洗双足,名为"洗脚大会"。按照画报的旁白文字所言,这些妇女相信,此一举动代表着她们的虔敬之心,将为她们修得来生之福,因此即使"观者满前",她们也"略无羞涩"。与赛脚活动不同的是,观者眼前的景象极为罕见:妇女们以"虔敬"之名展露属于视觉禁区的肉脚(见图十三)。"跣足"和"洗足"二词,不论就字形还是字音来说,都相当近似。②

(接上页)叙事里,举办赛脚会的日期各不相同。例如,关于大同赛脚会的日期,出现了下列说法:5 月 13 日(采初:第 341 页)、6 月 6 日(采续:第 197、201 页),以及 8 月 15 日(采初:第 273 页)。我们并不清楚这些日期是出现在相近的年份,还是分属不同的时代。〔译按,"满洲国"首都应为新京,即今长春。〕

① 他们总是将误解的责任归咎于"外地人"或"外人"。参见《宣化县新志》(1922),收入《中国地方志民俗资料汇编华北卷》(北京:书目文献出版社,1989),第 135 页。亦见路成文等编,《山西风俗民情》,第 269 页。与赛脚会有关的一些市镇——例如永平、张家口、宣化和大同——坐落于横亘华北的商贸路线沿线。这些市镇,以及其他地点,后来更因京绥铁路的完工而串连起来,让人不禁觉得,赛脚文化乃是沿着商贸路线扩散开来的。不过,同样合乎情理的看法还有,赛脚风俗的记载之所以集中在这些城镇,很可能纯粹是因为它们位于交通要道上,方便外来者的取材和报道。关于华北的商贸路线,见关文斌,*The Salt Merchants of Tianjin : State-Making and Civil Society in Late Imperial China* (Honolulu: University of Hawaii Press,2001),pp. 21—26。

② 《洗脚大会》,《点石斋画报》第一二七号(1887)。关于这幅插画的描写,亦见采续:第 245 页。另外,杨杨访谈了一位名唤罗王氏的 75 岁老太太,她于 1948 年参加过一次洗足大会,地点在三教寺前的五冷泉;三教寺是一座小寺院,与罗王(转下页)

　　其实，语义上的松动，正是各种有关小脚竞赛或展示活动的记述具有的共同特性。首先，"晒"（晒太阳；有时也作"晾"）转变为"赛"（比赛）。然后，"甲"（盔甲）转变为"脚"（小脚）。人们经常引述一则故事，说小脚会的由来可以追溯到1004年辽（契丹）、宋两军议和停战之时。罢兵后，士兵们卸下盔甲，在收入库房之前，先进行晾晒。不知如何，后人"讹甲为脚，积习相沿"，转变成为妇女公开晾脚的活动。[1] 仿佛只要玩一玩文字游戏，就可以解除关于女性身体的禁忌，在记述中创造出一种嘉年华会的氛围。在清末民初，极少有人会把妇女想象成乐于在大庭广众下竞相展示身体，吸引男性目光的暴露者。的确，20世纪30年代的作家还特别提到，全国各地妇女据说都乐于参加"不具赛脚会之仪式而饶有赛脚之精神"的活动。[2] 大同或通海的妇女真的如记载所言，在公开场合里盛装晾脚或洗脚吗？目前仍缺乏决定性的证据。赛脚会的报道，属于城市传说的范畴，因为每个谈到赛脚会的人，绘声绘影得好像他当时就在现场，不过，这些报道者似乎没有一

（接上页）氏居住的六一村，大约有两公里的距离。举行洗脚大会之时，没有男人在场。见杨杨，《小脚舞蹈：滇南一个乡村的缠足故事》（合肥：安徽文艺出版社，2001），第114—117页。六一村的老太太们也记得过去每年农历正月十六日，在通海县城公开举办的赛足大会，只可惜，一位曾在1925年夺得赛会第一名的老太太，在杨杨找到她家不久，还来不及与之访谈的时候，便已辞世。关于她赢得赛脚会第一名的事迹，因而缺乏关键性的记录（第111—114页）。

[1] 苏馥，《香闺鞋袜典略》，第90页；《宣化县新志》（1922），第135页。"晾"这个字通常用作"晒"（to air）的同义字，一如"晾脚会"所指。"甲"这个字既可指军事装备〔译按，如盔"甲"〕，也可指"考试等第"〔译按，如科"甲"、"甲"等〕，就后者的意思而言，为我们在第三章讨论过的缠足与科举之间的相互涵摄，提供了另一个例子。有关讹"甲"为"脚"的缘由，姚灵犀征引了一份1912年出版的文献，不过指出这份记载的作者，乃是一位1765年前后仍活跃于世的文人（采续：第317—318页）。有关字义讹转的另一个解释，见采续：第316页。姚灵犀拒斥这则起源传说——虽然他早先曾帮忙传播此一说法——因为他认为，"脚"与"甲"在北方方言里的发音，差异甚大，不太可能相混（采续：第317—318页）。

[2] 采四：第165—166页。亦见采续：第245—246页。

个人是亲眼看见。

起源传说

　　赏玩家姚灵犀对于有关赛脚会报道的可信度,就曾提出了质疑。据他了解,有关赛脚会的报道和记载,主要来自 20 世纪 20 年代上海小报《风人》主编贡大风,以及一位名为衡三的作者,在该报引发的一连串讨论。贡、衡二人都是姚灵犀的朋友。姚灵犀转载了他们文章的部分段落,里面记述了大量的民俗志细节:大同赛脚会的首选地点为关帝庙;平时穿着高底以制造脚小视觉效果的缠足妇女,因为脚缠得不够小而羞于参加赛脚会,以免饱受奚落;邻近的蔚州(直隶)赛脚会尤为奇特,全县妇女会站立在赛脚专用的石头上,高可及行人之肩,游人经过时,既方便看,也方便摸。在《风人》的报道里,赛脚会还具有"点化"的功能:有个官员本来憎恶小脚至极,年轻时且曾于家乡发起反缠足的团体;后来,他被派驻大同,参观过赛脚会之后,竟迷上小脚,而且还纳了当地一名缠足女子为妾。姚灵犀对于这些故事的真实性颇感怀疑,他指出,衡三从未到过大同,贡大风虽曾去过,但所记述的内容,也多为道听途说,恐未必尽属事实。①

---

① 采续:第 193—205 页。其中一些有关大同缠足风俗的生动描写,几乎可以确定是冯骥才的小说《三寸金莲》(*Three Inch Golden Lotus*)里类似情节的出处。例如,有一些妇女以缠足为业,即"缠婆",这些专业的缠脚家也是制鞋专家,制作"梅花底"就是她们的看家本领之一:"将弓鞋之木底,镂空作梅花形,中实土粉,一步一印,不必经苍苔,即已步步留痕。"(采续:第 196—197 页)在女孩的初缠之日,另有一项仪式:"是日于着手缠足之前,必以羔羊一头,破其腹,使女双足插羊腹中……盖女足在羊腹中取出时,软腻如棉……缠婆手脚极快,能于三四分钟即可毕其事矣。"此后女孩卧于床榻不起身,直至七天之后,才解除裹脚布,她的脚脱去一层皮后,肌肤"白如羊脂"。(第 199 页)缠脚因而象征着女孩之重生。

　　姚灵犀自己编造了另一种传说,他融铸了一个三阶段论的女性自我展现历史,其中充分流露出怀旧的味道。根据他的说法,缠足在明代最盛,赛脚会亦然。其时,妇女乐于展现她们的小脚,因为这象征着她们的地位与荣耀。姚灵犀只在妇女身上看到能动性:"〔晾脚会〕在曩昔与今之欧人竞美会,其旨正同:妇人以此相观摩;幼女以此相勉励;男子则借机以饫眼福。"①

　　姚灵犀把全盛时期的赛脚会想象成一种自然化的景观,也就是说,人们的行动和欲求,乃随季节变化而律动。"边塞气候较腹地稍晚。三月间犹风尘扑面,料峭生寒。"满心期待赛期的妇女们忙着绣制弓鞋,她们还会"钩心斗角",互相防范对方打探自己的绣样。好不容易捱到了五月中,春意正浓,闺阁姐妹呼朋唤邻,带着预备好的弓鞋,齐坐骡车,游于郊外,铺上猩红色毯子,将脚搁在毯上休息,拿出餐点,饮馔作乐。这是男欢女爱的季节:轻浮男子如蝴蝶穿花,有时少女也想向追求者表达心声,却又不愿直视对方,于是拿出小镜子,假借匀脸理鬓,实则通过镜影眉目传情。②

　　自从当局以有伤风化为由下令严禁以来,这种原始质朴的纵情场景,成为陈迹。在姚灵犀所说的第二阶段或衰退阶段里,女人被驯化在家,当赛脚之日,各自坐于家门之外,其娇羞者,还把脸藏在门帘之后,只露出小脚,搁在板凳上。她们不再能够自由地与男人交际互动。不过,赛脚的标准依然很高:即使以三寸金莲傲人的女子,尚难保证可拔得头筹。赛脚会的最后阶段,与民国建立以及铁路开通有关。虽然姚灵犀没指出是哪条铁路,不过他显然是指京绥(平绥)铁路,该铁路

① 采续:第 315 页。
② 采续:第 315—326 页。

从北京向西行经张家口(1909 年通车)至大同,续行至包头
(1922 年通车),方便沿海都会区对西北内陆资源进行开
发。① 赛脚会丧失了存在的理由;1927 年北伐成功,中国统
一,新的国民政府在南京正式成立,在这个新时代,赛脚之俗
已"不攻自破矣"。②

　　换言之,依姚灵犀的说法,有关赛脚会的"民俗志报告"大量
出现之同时,该风俗已被现代进步的浪潮所淹没。他自己所叙述
的"历史",以及那些饶富想象的猩红毯子和镜影传情等生动画
面,几乎可以确定是一种虚构的情节。他所铺陈的年代叙事,也
与他的怀旧情怀若合符节——缠足作为现代性的幽灵(见第三
章)——故事细节臆想成分太大,无法加以确认。然而,难道我们
能把 19 世纪以来存在于笔记里的诸多记述,或是地方志里持续
拒认的力道,全都一笔勾销吗? 这些流传超过一世纪的动人故
事,当然拥有激发现实生活模仿行为的力量。

　　悬宕在怀疑与确信之间的现代中国赛脚会,与其说是一种民

---

① 关于平绥铁路的兴建,参见凌鸿勋,《中国铁路志》(台北:畅流半月刊社,1954),第
　183—186 页。该线铁路货运大多是单轨运输,主要是向东运输皮货、谷物、矿石和
　煤产。间或有茶叶、纸类和其他货物向西运输,但货运量并不高。Joshua
　Goldstein 认为,随着平绥铁路的兴建而产生的西北开发计划,乃是一种"乌托邦式
　的现代性"(utopic modernity)("Getting from Here to There on the Pingsui
　Railroad",未刊会议论文,University of California at San Diego,1994)。有关兴建
　铁路对于当地社会的冲击,高铮(James Zhenrng Gao)认为,铁路的修筑,刚开始带
　来了创造就业的好处,但这好处后来就因为社会阶级和不平衡发展拉大而被抵销
　(*Meeting Technology's Advance : Social Change in China and Zimbabwe in the
　Railway Age*〔Westport, Conn. :Greenwood Press,1997〕)。有关该铁路在经济层
　面上的影响,见 Ralph William Huenemann, *The Dragon and the Iron Horse :
　The Economics of Railroads in China*, *1876—1937* (Cambridge, Ma. : Harvard
　University Press,1984)。
② 采续:第 315—317 页。姚灵犀并未标明其历史叙事的文献出处。他声称,有关第
　二阶段的赛脚情景,乃是一些"故老"告诉他的。

俗活动或观光卖点，毋宁说是一项寻奇邀约。[①] 它们是否真实存在，其实不重要；重点在于，它们为 20 世纪二三十年代的读者提供了某种代入快感。在读者的想象里，"内地"——才刚开始受到快捷旅行设施或放足意识形态的冲击——乃是一个原始奔放、春情荡漾的地方，对于居住在通商口岸的他们来说，充塞着异国情调。有关赛脚会的报道，尽管启人疑窦，但就其民俗性的写实口吻而论，依然表述了另一种真实性，亦即，它们如实地传达出女性依稀想要展示自我的欲望，以及男性目不转睛地讲述那异样西北风土的欲望。

　　本章接着将探索赛脚会出现之前的历史，并将重点摆在 17、18 世纪的"西北"情欲地方志：在风雅指南、旅游日志，以及俚曲集等三种截然不同的文本类型里，我们将看到地理如何架构男性对于女性身体的欲望与遐想。[②] 被 20 世纪的观察者包裹在"赛脚会"这标签之内的，其实是一个已延续了数百年之久、缤纷多样的文化现象，在这之中，我们可以析出四个元素：男性目光；男性在旅游、评判和叙事方面享受的特权；女性竞争；女性的自我呈现。本章想要解读的，就是这些元素如何构成山西——尤其是大同——作为一个体现缠足的崇高和日常生活两种面向的文化想象域。

---

① Lawrence Weschler 在其论"奇珍阁"(*Wunderkammer*；cabinets of curiosity)的历史著作里，将惊奇(wonder)描述为一种牵涉到"修辞跳跃"(leap in rhetoric)的状态。在实证主义确定性于 1805 年左右大获全胜之前，惊奇乃是一种学习形式，"一种中介的、极为特殊的状态，近乎一种心灵上的悬念，标志着未知的结束，以及知悉的开始"(*Mr. Wilson's Cabinet of Wonder*〔New York：Vintage Books，1996〕，pp. 42，89—90)。
② 关于"西北"的地理参数——秦(陕西)、晋(山西)、燕(河北)、赵(山西北部和河北南部)——亦见本章第 241 页注②。然而，如同本章想要演示的，"西北"(或相对应的"南方")与其说是一种地理位置，还不如是一种文化想象域。

我的论点是,男人有关缠足的体验,基本上是一种与不属于他们自体的外物邂逅的经验。邂逅时所享受到的感官愉悦,总是转瞬即逝,难以捉摸。于是,有一种冲动,想要将这短暂的愉悦固着在具体的地理坐标上,并且形诸文字。相对的,对女人来说,缠足自始至终都是一项关乎自体与自我实践之事。在本章结尾以及下一章里,我们将会提到,尽管此一经验的感官性不遑多让,但其媒介,并非风土地理,而是女人们所自制、穿戴、交换和消费的衣物的物质性。

早自 17 世纪以来,在士大夫游记、小说,以及通俗歌谣里,就已有刻画宦游西北艳遇的情节,描写未存戒心的旅人,如何在西北旅途中邂逅小脚佳人,发生一段风流韵事的经过。日常的性别/性规范的暂时失效和逆转,在这些故事里,乃是西北猎奇的关键元素,一如赛脚会采风记事活灵活现表述出来的。另一个常见的叙事结构为"文武交错",以赛脚会记事来说,"文"元素如绣花鞋,"武"元素则林林总总包括了晾甲、武侠小说、关帝庙等。近乎相同的叙事法,还有小脚村妇既诱人又危险的"略无羞涩"举止——潜藏在她们精巧手艺背后的,乃是暴力与死亡的阴影。如同以下我们将讨论的故事所显示的,平常不易闯破的闺房门限,一旦被披露,就像小脚女人本身一样,最能挑逗男人一发不可收拾的欲念。

大同名妓

在现代,不少记述都把大同视为赛脚会的发源地,这或许并非偶然。自从明武宗(年号正德,1506—1521 年间在位)从大同和宣化搜罗少女充实后宫以来,这个城市在一般人的想象里,就

成了盛产北方佳丽的乐土。① 像这样的传说,经过长时间的发
酵,在城市认同和城市印象的塑造上,扮演了关键性的角色。更
重要的是,像大同这么一个地方——或是任何其他的地方——的
风情,若与那些无名的地方两相比较,更显魅力万千。因此,有关
大同名妓故事的述说者/评判者,必然是一个周游各地的旅行家,
如此他才能够拥有鸟瞰式的视野:他是典型的男性主体。因此,
常见的故事叙述者,乃是沿着同一地理景致上的路径,途经一串
大小城镇的旅人,好似赛脚会期间,挨家挨户"以饫眼福"的"轻浮
男子"。如果说,现代赛脚会记事的手法,着重在渲染女性的自我
展示能动性——同时又把女人框限于一地——那么,在早期的冒
险游历故事里,男性文人极有效地发挥了他们的权力与能动性。
由此观之,赛脚会所"赛"的,与其说是女性的技能,还不如说是男
性的知识和品味。

特立独行的 17 世纪作家李渔(约 1610—1680),就是一位
习于游历各地的文人,在《闲情偶寄》里的《手足》一文,他展现
了赏玩缠足在本质上是男性自夸的表现:"**予遍游四方**,见足之
最小而无累,与最小而得用者,莫过于秦之兰州、晋之大同。"李
渔以个人的直接经验,提出他的比较知识:"兰州女子之足,大
者三寸,小者犹不及焉,又能步履如飞,男子有时追之不及,然
去其凌波小袜而抚摩之,犹觉刚柔相半;即有柔若无骨者,然偶
见则易,频遇为难。至大同名妓,则强半皆若是也。与之同榻

----

① 蒲松龄在《增补幸云曲》(收入《聊斋俚曲集》〔北京:古籍文化出版公司,1999〕)所
说的故事即为一例,详见下文。另一个例子为毛奇龄的《武宗外纪》,收入《香艳丛
书》(上海:国学扶轮社,1914),第六册第十一集第二卷,第 3001—3024 页。叙述
某个皇帝风月之旅的故事,提供了男性读者一种代入的愉悦感,有关这个主题的
分析,见康正果,《重审风月鉴》(台北:麦田出版社,1996),第 182—199 页。

者,抚及金莲,令人不忍释手,觉倚翠偎红之乐,未有过于此者。"①

《闲情偶寄》收录了大约 300 则短文,分属八"部":词曲部、演习部、声容部、居室部、器玩部、饮馔部、种植部、颐养部。针对这一系列令人叹为观止的主题,李渔一本正经地写下了他的指导意见,使得许多人认为这本刊印于 1671 年的著作,为当时都会文化圈里的读者,提供了一部有关日常感官生活的品鉴手册或指南。今天我们可能会觉得,比起前三部,后五部里面的知识,更具有实用价值。李渔有关名妓双足的品评,其实别有用意:借以宣扬作者在评赏女人方面的行家地位,这有助于提高他日后受到聘雇的机会。② 尤其,这些品评文字出现在接续《词曲部》与《演习部》之后的《声容部》里,并非偶然,因为李渔本身即为剧作家兼理论家,

---

① 李渔,《手足》,《闲情偶寄》(上海:上海古籍出版社,2000),第 136 页(粗体为我的强调)。韩南(Patrick Hanan)的翻译虽然较为典雅,但有些地方稍嫌不够精确,未能紧扣字面意义,见他的 *The Invention of Li Yu* (Cambridge, Ma.: Harvard University Press, 1988), p. 68. 韩南指出,李渔尽管宣称遍游四方,他实际上只是偶然出游;直到 1666 年才第一次出远门,那时他已然是位畅销作家。当年,他到了北京、陕西和甘肃。此后于 1668 年,他到过广州;1670 年到过福州;1672 年到过汉阳;1673 年再到北京(第 6—7 页)。李渔在他的小说《肉蒲团》(*The Carnal Prayer Mat*, trans. Patrick Hanan〔Honolulu: University of Hawaii Press, 1990〕)里,同样也塑造了赛昆仑这么一个万事通的角色。赛昆仑是一名飞贼,专在夜里飞檐走壁,穿墙入户,关于大户人家的房中之事,见闻极多。若非他的广博见闻,他的朋友未央生还不知自己本然的阴茎只不过是"微阳",难以匹配他异于常人的性渴望。

② 关于这八"部"的(英文)标题,我的翻译大致上依循韩南的译法(*Invention*, pp. 28, 106)。韩南对于《闲情偶寄》的"小品文"文体的结构分析,以及此一文体在李渔整体著作中与中国文学史上的意义,见他的 *Invention of Li Yu*,第八章。韩南也指出,李渔"利用此书……寻找主顾"(p. 196)。这部书在 1671 年底付梓,他随即向过去最重要的客户发送,此外,他也会通过写信和造访京城等方式,寻找更多赚取佣金的机会(pp. 1—6)。与此同时,李渔将"文人"的意思解释为"能够阅读的人",意图将他的读者群扩展到广大的识字阶层(p. 199)。

在这些领域,早已声名卓著。① 它们共同组成了一份指南,指导
人们如何挑选和训练家庭歌伎,更进一步还包括了姬妾的选择原
则。这些艺术的与身体的培训标准,并不是用来要求正妻的。

李渔提到,他曾在扬州"代一贵人相妾"。② 他还说过:"向
在都门,以此语人,人多不信。一日席间拥二妓,一晋一燕,皆
无丽色,而足则甚小。予请不信者即而验之,果觉晋胜于燕,
大有刚柔之别。"当他用这类口吻吹嘘他的品鉴能耐时,他心
里无疑想到了一些潜在的"贵人"客户。根据他的方法纲要,
李渔亲自调教了两名新近纳置的歌姬乔姬和王姬,或许就将
她们塑造成甄审女性(或该说"姬妾")举止与柔美的范本。③

现代读者可能会对上述情形感到愤慨,既因少女遭受物化,
也因买妾制度的存在,更何况,李渔这个人不仅自己养妾,而且还
代人买妾谋利。我无意为李渔辩护或对他提出谴责。对于他的
文本,与其诉诸情绪和道德主义的反应,我更愿意从分析的角度,

---

① 从《声容部》各章节的标题和副标题,我们可以看出李渔鉴赏"女性美"的重点(《闲
情偶寄》之《声容部》):

选姿第一
肌肤　眉眼　手足　态度
修容第二
盥栉　熏陶　点染
治服第三
首饰　衣衫　鞋袜
附录:《妇人鞋袜辨》(余怀)
习技第四
文艺　丝竹　歌舞

李渔有关步态的指导原则,以及有关裹脚的意见,尤见于《眉眼》《手足》和《鞋袜》
等节。
② 李渔,《闲情偶寄》,第138页,亦见第134页。李渔有关如何"相妾"的指导,主要
见于第132—142页。
③ 李渔,《闲情偶寄》,第136页。李渔于1666年纳乔姬为妾,这是别人送他的礼物;
隔年,他又纳王姬为妾(Hanan, *Invention*, p. 8)。有关她们对《闲情偶寄》的影响,
亦见韩南的讨论(*Invention*, pp. 29, 67)。

锁定它的特殊性。他的《手足》和《鞋袜》这两篇短文,乃是清初仅见的以**散文**文体明白表示赞赏缠足的文章。其他谈论缠足的文章,如我们在前一章看到的,若非以中性语言探究其源流,就是以谴责为基调的批判文字。① 李渔这么一位散文家——韩南称之为"在其时代中最畅销的中文作家"——的独特声音,因而值得一听。② 身为作家,他沉迷于风格的创新,这一点可能使他在突破文类题材的禁忌时,无所畏惧;他一心追求品味,视之为自我的表现,反过来也可以说明他何以对其赏玩行径毫无羞愧之意。不管怎么说,他所揭示的赞赏缠足的态度和标准,确实引起了他那个时代城市读者群的共鸣。

媚眼:李渔的功能美学

李渔对小脚的赏玩,其中心思想,我称之为"功能美学",在他看来,缠足最可贵的,不是脚的尺寸,而是能否保持动作的灵活度。如果把双脚缠得过小而变为跛足,那么它们反而就成了一种累赘("累");反之,要是缠得适宜,脚虽小而仍有其功用("用"),那么既可改变步履姿态,又能凸显女性的优雅气质。他所欣赏的特质,部分可见于他对吟唱、舞蹈和戏剧等方面表现的要求,另有一部分反映在他对自然美的钟爱。因此,当一位贵人竟以千金购买一名唤

---

① 关于后者,一个有趣的例子是褚稼轩《坚瓠集》里的一些文章。我曾在稍早的论文里,讨论过其中一篇文章,见我的:"Footbinding as Female Inscription," in *Rethinking Confucianism: Past and Present in China, Japan, Korea, and Vietnam*, ed. Benjamin Elman, John Duncan and Herman Ooms (Los Angeles: Asia Pacific Monograph Series in International Studies, UCLA, 2002)。

② Hanan, *Invention*, p. 1;关于李渔在"小品文"发展史中的角色和贡献,见 pp. 45—48。

作"抱小姐"的丽人时,李渔忍不住出言讥讽。这位"抱小姐"的脚实在太小,寸步难移,"每行必须人抱",因此得名。像这样一个"泥塑美人",李渔认为:"数钱可买,奚事千金?"在他看来,"造物生人以足,欲其行也。昔形容女子娉婷者,……皆谓其脚小能行,又复行而入画"。"抱小姐"透露出一种对于尺寸的执著,然而,过犹不及。在竞争的环境下,对极限美感的追求,已臻走火入魔的田地,结果不仅不自然,而且不折不扣地违反了人性。就 17 世纪一窝蜂的小脚癖好而言,功能美学不失为一种矫正的手段。

令人难以置信的是,李渔颠覆了我们现代人的身体感觉:在他的时代,由于缠足已是一种约定俗成的实践,对于中上阶层受人尊重的正妻和姬妾而言,缠才是"自然的",不缠才**不自然**。① 此外,在缠足妇女当中,"自然"与"勉强"的区别,在于一连串细微渐进的条件,品鉴者必须借助视觉、嗅觉、触觉等感官能力,再加上辨识能力,方能体察得出这些微妙的差异。李渔如此向潜在客户提出他的专业意见:"'验'足之法无他,只在多行几步,观其难行易动,察其勉强自然,则思过半矣。直则易动,曲则难行;正则自然,歪即勉强。直而正者,非止美观便走,亦少秽气。

---

① 这种视"缠足为自然"的态度,同样可从清初的禁缠足谕令看出,关于这一点,在我稍早的论文中也已有所阐述("The Body as Attire: The Shifting Meanings of Footbinding in Seventeenth-Century China,"*Journal of Women's History* 8,no. 4〔Winter 1997〕:8—27)。在此,我对李渔喜爱缠足的看法,不同于许多现代评论家的意见。例如,张春树(Chun-shu Chang)和骆雪伦(Shelly Hsueh-lun Chang)指出,李渔看待女性的态度,本身存在着矛盾,因为他一方面抱持"传统的性别歧视观点",亦即,视她们为性玩物;但在另一方面,他又具有一种较为善待女子的观点,这也反映在他对"抱小姐"的谴责。"李渔任由自己对小脚美的迷恋影响其学术推论。这是李渔在性格与智识上的严重矛盾。"(见他们的 *Crisis and Transformation in Seventeenth-Century China : Society , Culture , and Modernity in Li Yü's World*〔Ann Arbor:The University of Michigan Press,1992〕,p. 70。)这只在现代人眼里,才成为矛盾,因为我们打从一开始就设下了"缠足令人憎恶"的前提。然而,这种现代的解放主义观点,在李渔的时代里并不常见。

大约秽气之生，皆强勉造作之所致也。"①

　　李渔的坦白，近乎残忍。因为，每当他强调女性灵活度的重要性时，总是毫不遮掩地让人知道，女人好似可以买卖交易的欲望物品般，被标定、陈列和端详。因此，最令人好奇的，莫过于他对"天（自）然身体"的定义，竟然包括女子——被当成物件和商品的女子——要懂得回眸，反过来对她的买家凝视。在《手足》的前一则短文《眉眼》里，李渔将"相"女的方法，作了一个微妙的转折，由"相面"，轻轻巧巧地转变为"相目"，因为他认为，一个女子的心思、聪慧和秉性——她的内在——在相当程度上，可由她的眼睛形状、黑白比例，以及眼珠转动的方式得知。眼睛的动作则又与她的步态密不可分。李渔并不特别着迷于某个身体部位，但对于动态的全身，情有独钟；他的审美态度，是建筑在一种两性的"同时"状态之上，亦即，使女人的身体与男人的感官认知得以在同一具体时空里共存。就清初来说，这正是他的赏玩风格独一无二之处。

　　此一"同时性"也要求男人细腻的动作配合。李渔建议，为了捕捉她自然的眼睛动作，赏玩家必须改变世俗有关"动/静"和"高/低"的阶级区分；在空间位置上，要与女子互换："一曰以静待动，一曰以卑瞩高。目随身转，未有动荡其身，而能胶柱其目者。使之乍往乍来，多行数步，而我回环其目以视之，则秋波不转而自转，此一法也。妇人避羞，目必下视，我若居高临卑，彼下而又下，永无见目之时矣。必当处之高位，或立台坡之上，或居楼阁之前，而我故降其躯以瞩之，则彼下无可下，势必环转其睛以避

─────────────

① 李渔，《闲情偶寄》，第136页。

我。……而勉强自然之中,即有贵贱妍媸之别。"①因此,女子的眼眸不但反映了她的身体动作灵敏度与自然度,而且也判别了她的"阶级"高下。

如果不愿那么讲究,还有另一个较粗鲁的方法,虽然也是简单的目光接触,但是游戏规则改变了。此时,李渔将我们导引至一种精巧的诱惑之舞:含羞佳人"回视"以躲避男子的目光。女子不再是列队待人挑选的人偶,也不再像是赛脚会里并坐在板凳或高台上的参赛者。只要将李渔的文字与现代的赛脚会记事相比,或者与 17 世纪其他论及买卖少女的人肉市场场景的文章相比,就可发现,李渔的功能美学确然独树一帜,令人耳目一新。② 我们在现代所强调的"客体"与"主体"之别,显得过于二元论和机械论,难以捕捉这些女子与观者之间的动态关系。一名女子从她的客体地位之中,表现出某种形式的主体性;作为一个恰如其分的"客体",她将拥有内在美、灵活度,以及注视和自然回视的能力。

李渔视"自然"为观者与被观者之间巧妙配合的一种舞步,他的此一论述接着还提供了一些诀窍,教人如何拿捏时尚窍门,进一步提供视觉上的享受。其途径并不是强控自己的身体——例如刻意绑紧裹脚布——而是操弄观看者的视线。因此,"袜色尚白,尚浅红;鞋色尚深红,今复尚青"。最显眼的则是鞋子的设计:

---

① 李渔,《闲情偶寄》,第 134 页。

② 后者最具代表性的文章,乃是张岱的《扬州瘦马》。有关这篇文章的翻译和讨论,请参见我的《闺塾师》〔Stanford, Calif. ;Stanford University Press,1994〕,第 261—263 页。扬州名妓是李渔的诗歌、小说和戏曲创作主题之一。参见黄强的分析(《李渔研究》〔杭州:浙江古籍出版社,1996〕,第 282—286 页)。王鸿泰根据若干以前未受重视的小说情节,提出了一个具有创造性的论点,他指出,"养瘦马"代表着晚明士人感官经验的一种商品化形式(《流动与互动——由明清间城市生活的特性探测公众场域的开展》,"国立"台湾大学博士论文,1998,第 427—431 页)。

"鞋用高底,使小者愈小,瘦者愈瘦。"不过,由于一心想要在赛脚会争胜的大脚妇女,常会在鞋子上动脑筋,耍些障眼法的小手段,鱼目混珠,所以真材实料的小脚妇女反而开始穿上平底鞋。李渔建议道:"高底不宜尽去,只在减损其料而已。足之大者,利于厚而不利于薄,薄则本体现矣。"装饰也同样重要;当时流行在鞋尖饰以一颗粟粒般大小的珍珠,在他看来,就极富巧思。① 从这些评论可以看出,在 17 世纪充满竞争意味和焦虑感的时尚体制里,缠足所具有的主导性地位。

李渔的实用建议,清楚地传递了一项讯息:只要有充分的财力、足够的闲情,再加上李渔的些许点拨,每个男人都可以享受宛如传说中大同名妓那般迷人的姬妾。通过功能美学,大同脱离了地理羁绊,而成为可携式的情欲想象域。经过完整调教的姬妾,体现了大同的风情——往昔只有皇帝才能享受的风情——她们仿佛从图画里走了出来,娉婷袅娜地走进每个家父长的府邸之中。

汪景祺的"西征"

以香艳宦游为题材的叙事,出现了一个主人翁,他的名字是汪景祺(1672—1726)。1724 年 2 月,汪景祺这位 52 岁的

① 李渔,《鞋袜》,《闲情偶寄》,第 160—162 页。在这篇短文之后,李渔附上了他的朋友余怀的文章《妇人鞋袜辨》,其内容主要是关于缠足的源流。余怀在文章的最后一段,语气一变,忽然推荐道:"袜色与鞋色相反……深其袜而浅其鞋,则脚之小者更露,盖鞋之为色,不当与地色相同。"(第 163 页)此时,脚之小者,或是视觉效果下的脚小者,在余怀的论述里,又被当成优先考虑,而与李渔的劝说有所违逆。《妇人鞋袜辨》亦收入于 1695 年刊印的《檀几丛书》,但在此一版本里,余怀的这段文字并不存在,其他部分则与《闲情偶寄》所附者相同。我怀疑这一段根本是李渔的手笔。见王晫与张潮编,《檀几丛书》,卷三一,第 1a—4b 页。关于李渔的服饰观,见黄强,《李渔研究》,尤其是《李渔与服饰文化》这一章,第 147—162 页。

幕友,为了投奔权倾一时的征西大将军年羹尧(1726 年卒),由北京西行,穿过太行山到山西,途经汾河沿岸的一连串城镇聚落,越黄河,抵陕西,直奔古都西安,那里正是年羹尧的大本营所在地。①

汪景祺在历史记载里,是个倒霉透顶的人物,他的文字惹恼了雍正皇帝,成为短暂的雍正王朝里,四件文字狱里的头一桩。雍正的主要目标是大将军年羹尧,虽然他曾是雍正的爱将,但他的跋扈行径和强大军权,随即成了皇帝背上的芒刺。② 年羹尧在被捕的前夕,理应烧毁所有文书资料,却不慎遗漏了汪景祺的书信,这些文件装订成两册薄书,夹杂在一堆零散的纸片之中。汪景祺在书中对雍正的父亲康熙皇帝有所讥讪,狂怒至极的雍正,甚至在第一册的封面上,以非常潦草的字迹写道:"悖谬犯乱,至于此极! 惜见此之晚,留以待他日,弗使此种得漏网也。"结果,汪

---

① 冯尔康认为,汪景祺前往西安是为了投奔胡期恒;胡为年羹尧的亲信,时任陕西布政使(《雍正传》〔北京:人民出版社,1985〕,第 118 页)。"幕友"为高阶官员以自己的小金库聘用的各色人员之一,除幕友外还有胥吏、门生、家奴。胥吏是官员与家奴之间的中介角色。幕友的工作之一,即为监督胥吏。宫崎市定认为,在雍正时代,幕友的重要性愈来愈高;在他在位期间,密奏系统成为正式体制,为了适应此一新创的文书流程,需要强化幕僚群,专责协助处理文字和实务方面的事务(参见宫崎市定,《清代の胥吏と幕友——特に雍正朝を中心として》,收入东洋史研究会编,《雍正时代の研究》〔京都:同朋舍,1986〕,第 215—242 页)。
② 老一辈的学者大多接受著名清史专家孟森(1868—1937)的看法,认为雍正之所以要除掉年羹尧,乃是因为年羹尧知道太多雍正对付他弟弟胤禵——康熙最宠爱的儿子——的秘密。见孟森,《清初三大疑案考实》,收入《心史丛刊 外一种》(长沙:岳麓书社,1986),第 279—330 页;尤其见第 295、312 页有关年羹尧的讨论。房兆楹在恒慕义(Arthur W. Hummel)主编的 *Eminent Chinese of the Ch'ing Period* (Washington, D. C. : U. S. Government Printing Office, 1943)里,即依循着此一论点撰写"年羹尧"(Nien Keng-yao)条目(第 587—590 页);亦见由他执笔的"汪景祺"(Wang Ching-ch'i)条目(第 812—813 页)。近年来的学者则倾向于跳脱单因解释。例如,冯尔康就认为,年羹尧的妄自尊大、贪污受贿以及结党营私等负面作为,都是导致雍正态度转变的原因(《雍正传》,第 104—120 页)。此外,对于雍正何以对汪景祺和年羹尧勃然大怒,史景迁(Jonathan Spence)有简短而生动的描写(*Treason by the Book*〔New York:Viking,2001〕,pp. 30—33,40,51—52)。

景祺与他的儿子在 1725 年被斩首示众,妻子发配边疆为奴;兄弟、侄子,以及五服以内的族人,皆受到相当的惩罚。整整两个世纪之后的 1924 年 11 月,末代皇帝溥仪被逐离故宫,奉命点查故宫物品的专门委员,在懋勤殿一个上锁的箱子里,发现了汪景祺著作的第一册,以及第二册一小部分。[①] 这个文本正因为曾两度遭到遗忘,得以奇迹式地流传后世。

从现代的眼光来看,汪景祺的书信——1928 年以《读书堂西征随笔》之名刊行——与其说是煽动叛乱,还不如说是煽情香艳。汪景祺在 1714 年取得举人功名,但是就气质和品味而言,他似乎更像是个冒险家,而不像学者。他现存的 35 则杂记,大多写就于旅途之中,日期署于 1724 年的 2 月 6 日至 5 月 28 日之间,包括一小部分信札、序文和诗作——对于官员来说,这些都是必备的公务应酬文类。比较不寻常的是有关高官、妓女、女贼,以及兵卒的轶事,处处点缀着猥鄙不入流

---

① 汪景祺,《读书堂西征随笔》(香港:龙门书店,1967),此为北平故宫博物院掌故部于 1928 年出版的铅印本影本。书稿序言之后附有雍正手书批示的影本(第 1a 页)。有关查抄年羹尧杭州宅邸文书的细节,见于福敏及鄂弥达这两位调查官员的奏折;在李卫的序言里,引述了这份奏折(第 1a—b 页)。1924 年 11 月 5 日,末代皇帝宣统被逐出紫禁城;11 月 20 日,"清室善后委员会"成立,由李石曾担任委员长,开始清点故宫物品。在其原始调查报告(《故宫物品点查报告》六卷〔北平:清室善后委员会,1925—1926〕)里,并未出现汪景祺的名字或以"西征随笔"为标题的书册。不过,在"懋勤殿、上书房"的点查清单里(第一卷,第四册,第 114 页),编号一〇四七号的物品名称,题为"狂愚覆辙",数量则为"二本"。这会不会就是汪景祺的书呢?这个物品置于一只上锁的箱子里,发现的地点为乾清宫西庑的懋勤殿。此处为雍正批阅奏折、召见官员,以及收存部分文件的地方。"清室善后委员会"的成员之一庄严,在他的回忆录《山堂清话》(台北:"国立"故宫博物馆,1980)里,对于故宫物品的点查过程,有着精彩的记述。关于故宫博物馆的成立,见 Hermann Köster,"The Palace Museum of Peiping,"*Monumenta Serica*, vol. 2 (1936—1937):167—190。感谢 Susan Naquin 告诉我这份资料。亦见 James Cahill, "Two Palace Museums:An Informal Account of Their Formation and History(*Ching Yüan Chai so-shih* IV),"*Kaikodo Journal*(Spring 2001):30—39。

的幽默。例如,他写了一则关于扬州男妓汪思忠的故事,这个人因为靠着他的恩客为他行贿,而被拔擢成为通判。又如侍郎张鹏翮的故事,这个人曾被康熙比作戏子。在汪景祺的描述里,张鹏翮除了脂粉敷面之外,还有许多离经叛道之举:有一天,他下了早朝返回家中,连朝服都还没脱掉,就直奔一仆妇房中,把她压倒在床,剥去她的衣裳,将她的脚搁在他的肩头,当这个急色鬼正在兴头上时,他的夫人提着鞭子出现了。为了让整个场景更为不堪,汪景祺特地强调,仆妇的"双足长尺"。①

这类故事通常是几个朋友在酒过三巡、杯觥交错之间,乱语噪聒的八卦助谈。汪景祺很喜欢揭露官场百态,尤其是进士出身的高官生活里,不堪闻问的一面:不仅是他们的贪腐,还有他们那些下流到连尊贵的朝服都可以弃之不顾的肉欲横流劣迹。他可能不假思索地就向年羹尧讲述这些故事,似乎相信年大将军能够分辨哪些是真实,哪些是属于笑料题材。② 此外,他可能认为,除了年羹尧的心腹之外,没有其他人会见到他的文稿。于是,汪景祺的记述里,杂糅了男厕黄腔、臭味相投感,以及争强好胜心等元素。就在这样的文本氛围底下,我们竟然读

① 汪思忠的故事见于《榆林同知汪元仕》,《读书堂西征随笔》,第40a—41a页;张鹏翮的故事则见于《遂宁人品》,第41a—43b页。姚灵犀很喜欢这则故事,在他的《思无邪小记》(名古屋:采华书林,1974)中,亦有引述(第191—192页)。关于张鹏翮顺遂的仕途,见 Eminent Chinese of the Ch'ing Period,第49—51页。他被称作一名"贤儒",曾在1691年迫害基督徒,当时他的职务为浙江巡抚(第271页)。史景迁在 Treason by the Book 里,亦引汪景祺的说法,叙述了张鹏翮的这桩八卦传闻(第32—33页)。

② 这是无法加以证明的设想之一。我说这是"可能"的情况,部分缘于汪景祺在写给年羹尧的信件和附上的六首诗作(《读书堂西征随笔》,第20a—22b页),观其语气,就算还不到逢迎拍马的地步,至少也表露出他的殷切讨好之情。这说明了当汪景祺写下这些文字时,就是打算呈送给年羹尧过目的。

到了他与大同名妓"步光"以及红石村三名神秘女子邂逅的故事。

步光的出现,在汪景祺来说,是个意外之喜,她是他途经候马驿歇脚,百般无聊时,客栈主人向他推荐的名妓。汪景祺曾不厌其详地列举了山西十处州县,"皆名倡所聚",不过,候马驿并**不在**其中。① 汪景祺坦承他"素好狭邪之游",因在1721年生了一场大病,"遂不复为之"。但"客途寂寞",于是放任自己受未知所惑,"借此以解羁愁"。步光的出场,同时展现了纤弱和刚健的气质,突显出一种自相矛盾的形象。猝不及防地见到了步光高傲的神情,汪景祺以出言不逊的方式回应:"卿既失身风尘,宜少贬气节,往来皆俗子也,不徒自苦乎?"她想了一会儿后,仰头笑道:"君似知我者。"后来她瞥见汪景祺挂在墙壁上的弓箭,反唇相讥道:"文人携此何为?"他回答道:"闻卿雅善此技,可一见乎?"她答应了,然后拿了弓箭至后院,竖立标靶于数十步之外,射箭三发皆命中。语言上和肢体上的针锋相对,成为他们当晚的互动主调。步光弹奏琵琶,唱了一首自作的哀怨歌曲,并告诉汪景祺她受到一名江南出身的进士及第者变心背叛的故事。她还演唱了另一首歌曲,两首曲子同样都以流泪哭泣结束。汪景祺和步光挑灯夜谈,直至天明,方才怅然道别。②

引领汪景祺与大同名妓邂逅的这趟旅程,与50多年前李渔的经历,有异曲同工之妙:基于谋职与冒险的原因,在一连串城镇走走停停的宦游旅程。步光出场的姿态,就如同我们从李渔的品鉴指导中可以预期到的:灵活敏捷——不仅人如其名,

---

① 这十处州县包括:平定州、寿阳县、榆次县、平遥县、介休县、霍州、洪洞县、曲沃县、安邑县,以及蒲州(《读书堂西征随笔》,第19b—20a页)。
② 汪景祺,《步光小传》,《读书堂西征随笔》,第5b—8b页。

而且还惊人地展现矫健的弓箭身手。同样熟悉的，还有她那文武双全的角色刻画，这是我们从赛脚会记事中已然注意到的美学手法。不过，汪景祺的风言风语，更不用说那一汪泪水，都传达了一种口头对讲的和情感泛滥的调戏行为，这与李渔强调的眼神挑逗，以及对"柔若无骨"小脚的无言抚摩，恰成对比。相较于我们先前描述过的大同名妓，步光的不同之处，令人讶异地彰显在一个极为重要的面向：汪景祺完全没有提过她的脚。如我们在前面谈到过的，汪景祺并非什么正经八百的人，何况他又对女人的脚情有独钟；可是，步光这位大同名妓，对他来说，象征了另外一种地方情欲，她的形象所体现的，并不是极致的欢愉，而是长久以来遭受"江南"迫害的他者。

汪景祺为钱塘人，出生江南的他，一开始便已注意到步光不同于南方女子的北方特质。他借用"姑射山"此一当地名山来表达他对步光的第一印象，说她有如"姑射山神人"。这个典故出自《庄子》："藐姑射之山，有神人居焉，肌肤若冰雪，绰约若处子。"[1]当然，"姑射山神人"是形容美女的典型辞藻之一，汪景祺用这个词，或许只是为了卖弄他的文学造诣，别无他意。不过，就汪景祺对于南、北方在地理、文化和权力分配方面的差异性所表露出来的敏感度而论，此一典故，可视为他一连串符号运用中的第一个。

名妓步光对于南北差异，同样深有所感。最鲜明的反映，在于她所填写并演唱的三首曲子，汪景祺在文中一字不漏地抄录了这些曲词。歌词搭配的曲调为《正宫调》里的《叨叨令》，其中满是

---

[1]　汪景祺，《步光小传》，《读书堂西征随笔》，第 6a 页。姑射山位于山西临汾县西南，汪景祺遇见步光的候马驿便在附近。"姑射山"之名亦见于《山海经》，不过该书提到的是否与《庄子》里所说的为同一座山，清代学者曾就此有过一番论辩，见《辞源》（香港：商务印书馆，1987），第 403 页。

叠声词(叮叮咚咚)和语助词(儿、兀),清脆的音响在南方人听来格外刺耳。年方二十出头的步光,对于她的北方出身,感到有些歉然。她说父亲为朝廷派驻滇南的武官,在她9岁时,父亲亡故于任上,嫡母与生母带她返回大同。后来她的生母亦亡故,嫡母于是将她卖与娼家。"顷所歌者,乃北鄙之音,幸勿见笑。"①

步光向汪景祺倾诉了身遭一名"赐进士"背弃的伤心回忆,在这段往事里,"大同/江南"之间的差异,反映于"在地/京城"之间的不平等交换。这名一直被称为"某郎"的文人,当年北上候选补官,假道大同,投靠任官当地的亲友,却遭拒绝,顿然流离失所。步光时年16岁,爱上落魄的"某郎"。她不顾妓院假母的责骂,不但收留了他,还许以终身。一年后,他必须远赴京城应选,可是"贫不能行",步光于是尽其所有,倾囊相助,资以衣装盘缠。一别两年,音讯杳然。后来步光打听到心上人已任职河南省某县令,便请人递信,重提鸳盟,却换来"某郎"的薄幸之语:"身既为官,自惜名节,岂有堂堂县令而以娼为妾者?"②

步光的幽怨吟唱,触动了汪景祺的心绪,他涕泗交颐,痛声道:"是将江州司马,我也。"他的同情,投射了自己在男性官场的边缘性:他虽然出生于南方,却又不得不在北方一路鞍马劳顿。虽然汪景祺的父亲官拜户部侍郎,大哥又是赐进士出身,但他本人的举人功名实在太过微鄙,难以使他获授正式的官职。③在《读书堂西征随笔》里,他一再表达出对"赐进士"的不屑:"呜

---

① 汪景祺,《步光小传》,《读书堂西征随笔》,第6b页。这三阕歌曲名称分别为《风光好》《望某郎信不至》,以及《某郎薄幸》。
② 汪景祺,《步光小传》,《读书堂西征随笔》,第7a页。
③ 汪景祺的父亲汪彬,于1679年中博学鸿词特科考之后,先后任职国子监及户部。景祺之长兄见祺(1670年生)于1709年中进士,曾任礼部主事(*Eminent Chinese*, pp. 812—813)。

呼！某郎一措大耳，步光所赠金帛，皆从床席中得来，乃以此得官，以此赴任，以此赡其父母、妻子，以此别纳宠姬二人……我不知其是何心肝也，某郎不欲言其姓名，盖居然赐进士出身者，可胜慨哉！"①

正当汪景祺首途前往旅程下一站闻喜县时，步光也愁苦地表示，她必须返回大同，因为官方查禁乐户甚严，不可久留。大同之于名妓，并非一处使人流连忘返的逸乐花园，而是人生回路上的一个死地，一个没有慰藉、没有出路的"家"。虽然汪景祺仕途不顺，但他能南北来去自如，终归是江南书生享有的特权，这一点在汪景祺的下一段旅程里，甚且更为明显。

红石村：荒野人家

汪景祺一行经过了闻喜县，来到 40 里外的大水头，因疝气发作，"僵卧不能起"，于是派遣仆人押送马车行李徐行，只留下一名仆人侍候。稍事休养后，主仆二骑赶上前去与其他人会合。正当前行之时，忽起大风，尘沙飞扬，错失官道，误折而南，迷途约 20 里。汪景祺疝疾复发，因遥见东方一里开外之处，有一小村落，便欲前往休息。询问路人，得知该村名为红石村。二人勉强纵马前往，直抵村中，看到向南的一间屋子，半掩着门扉。

---

① 汪景祺，《读书堂西征随笔》，第 7b—8a 页。讽刺的是，汪景祺对于南方文人的厌恶，同样也出自雍正之口；雍正对江南读书人，尤其是浙江人，感到深恶痛绝。自从在 1726 年处决了汪景祺之后，雍正设置了一个新的部门，名为"观风整俗使"，史景迁则称之为"浙江观风整俗使"（Treason by the Book，p. 26）。后来在 1729 年，雍正又在其他三个不易治理的南方省份（福建、湖南和广东），设置了类似的部门。见横山裕男，《觀風整俗使考》，收入东洋史研究会编，《雍正时代の研究》，第 782—800 页。

　　漫天的风沙和疝疾的折磨,都未能阻止汪景祺发挥他那敏锐的、民族志式的观察力。他与仆人推门入内后,映入眼帘的,是一个大院子,向南有五间房,东侧有两间房,西侧为马厩,里面有四匹马。三名女子正在向南房的中堂里,那是屋中最私密和尊贵的空间。她们见到两名陌生男子闯入,立即避入侧房,哗然质问:"客何为者?"接着,屋主现身,这是一位70岁开外的李姓老人,仔细审视汪景祺,过了好一会儿,说道:"南方官人也!"尽管汪景祺早先因同情步光的际遇,徒自伤悲之时,曾认同北人,然而事实上,即使他一句话也没说,老人还是一眼就辨识出他的不寻常身份。①

　　汪景祺对于李宅家户之内空间布置的注意,正好与他身为尊贵的南方人,吸引李家人**她们的**好奇目光相匹敌。他与李家三女子初次出现身体碰触时,女子们正你一言我一语地讨论相关的卫生问题。汪景祺因身体疼痛,无法自行离鞍下马。屋主李老人急唤这三名女子前来帮忙,由她们扶持汪景祺下马,带他进入中堂。其中最年长的女子叫道:"玉娃将汝枕褥来。"玉娃迟疑道:"官人或嫌不洁,奈何?"年长女子回应道:"恐污官人衣,且炕甚冷,即枕褥不洁,不犹愈于一床芦席耶?"汪景祺正感昏沉之际,枕褥已拿来铺好,让他躺在上面;此时,他虽可听见旁人的对答,但无暇审视这些女子。

　　李老人前去邻家借炉火茶饼,准备烧茶待客。汪景祺的仆人用"吴音"跟他耳语道:"此非冶坊滨、度生桥也;良家丽人,主人宜慎言词,恐西人村野。"语罢,留下福建名产武夷茶在茶几上,然后暂别主人,独自重回官道找寻失散的行李马车。杭州人对茶叶的

---

① 汪景祺,《遇红石村三女记》,《读书堂西征随笔》,第8b—14b页。

挑剔是出了名的,用坚硬如砖块的茶饼来烧茶,很可能不会合他们的口味。不过,这段情节不只是告诉我们汪景祺如何执著于某些江南的贴身享受,而且也透露出这一对远游北方的主仆,如何敏锐地意识到他们与当地人在语言文化上的差异。

汪景祺病势略定,逐渐清醒,于是开始细看三女子:年长者,手中抱着一个小婴儿,"眉目如画";较年轻者即"玉娃",20岁出头;年纪最轻者,不过十六七岁,尤为"妖冶"。"三女子之双弯,皆不满三寸。"他称那位年长者为"李嫂",据她说,玉娃为其媳妇,而最年轻为她的女儿,名唤"小云娃"。交谈化解了初见面时的尴尬。李嫂问汪景祺的病况,汪仅对之以"痞疾";李嫂马上说道,只要一经推拿,他的病痛即可消解。她命二女"伏侍官人",我们可以留意到,"官人"是妓女或丫鬟所用的敬语,而"伏侍"一词更隐含着抚慰主人的身体,使之舒适的意思。汪景祺仰卧在炕上,玉娃坐在炕边,握着他的手;小云娃从后方上炕,背靠西首墙壁,盘腿而坐,握着他的另一只手。然后,她们开始为汪景祺按摩痛处,而且轮番为他拭去脸上的汗水。

李老人不但已经借到了炉火回来,而且还对家中女人们的殷勤待客感到满意。李老人自己也很热情,立刻又外出买饽饽招待客人。读者也许已开始意识到,汪景祺不厌其烦地交代每个人的进进出出,通过此一叙事策略,一方面标定了家户空间的范围,另一方面又借由人们的动作和行动活络了室内气氛。在这一阵忙乱当中,唯有汪景祺这位南方客人——一个永远的外人——纹风不动地躺在房间角落里。

汪景祺注意到李老人留下的大瓦瓶,指着说这么大的瓶子,不知道要等到几时水才烧得开。李嫂笑道:"官人勿怪,此地男子无一人不蠢者!"汪景祺问她怀中婴儿是谁,李嫂答说是玉娃的孩子。他接着问道:"孙男耶? 孙女耶?"李嫂叹道:"村中生男必丑,生女必妍,此女也。"她的丈夫、儿子和女婿的相貌皆丑陋无比,连他们的妻子看了都受不了。他们在外地工作,留下内宫般的宅院,由女人们自行打理。

当玉娃把南北差异摊开来谈之后,挑逗行为开始浮上台面。"官人,南方曾有错配者乎?"玉娃问道。这句话让李嫂想到她以前曾与一位唤做"沈生"的南方人有过类似的对话,他当年也与汪景祺一样,因为迷路而至此求宿。此时,各握着汪景祺一只手的两位女子,忽然互望了一眼,齐声惊叹道:"官人手何软也?"而且还把他的手举高给李嫂看。汪景祺顺着她们的话,说道:"小娘子手亦未尝硬也。"后来,汪景祺的仆人回来,说他已与先行的行李马车会合,现正停在村口。李嫂招呼该仆人至西侧房间喝茶。汪景祺趁机问玉娃:"小娘子既不乐与之为伴,遥遥长夜不难为情乎?"玉娃回答道:"吾夫归,我即痛恨。无论其他,只此一身泥汗熏人欲死。兹地无足与语者,床笫事,我二人非所计也。吾姑常言南方人温柔可爱,闻其声音,见其笑貌,即令人不忍舍。吾与小姑无由见南方人,但同小姑常祷于天,来世愿生南方。今日得见官人,始知吾姑之言不谬!"

引诱的情节穿插了一段有关名节的谈论。先前,李嫂肯定地说道,尽管红石村女子俱美若嫦娥,但数百年来村中从无失节之妇。小云娃现在也透露一个秘密,呼应了李嫂的说法:李嫂魂牵梦萦的沈生,约莫20年前,迷途至此,叩门求宿,当时亦被留宿在这个房间。沈生为嘉兴人,出生于江南精华之地,当时正担任平阳太守的幕僚。他与李嫂相谈甚欢,情意融洽;当晚,他将李嫂的丈夫灌醉,待众人就寝之后,至东厢房敲她的房门。年轻的李嫂接受诱惑,起身开门,然而,当她看见门外星光灿烂,蓦然清醒,

"大悔而止"。她常跟女儿、媳妇说起此事，提醒她们"以此为戒，否则丧名节矣"。

在挑逗过程当中，穿插名节方面的话题，感觉有点古怪。汪景祺问道："汝母既与沈生无交，胡为〔二十年后仍〕相念至此？"玉娃道："何必有交耶？即如官人，我辈亦不能忘情也。"当小云娃下炕喝茶时，汪景祺开始"戏弄"玉娃的乳房。玉娃正色道："官人错。"小云娃搭腔，说了一句俏皮话："青天白日，两边面生生地，何错之有？"说后仍旧回到炕上原来的位置坐着。然后玉娃起身吹炭燃火，汪景祺便以手拍小云娃的屁股，并抓住她的脚，但觉她的脚"坚如铁石，不可动。"汪景祺放手，说道："邂逅逢卿，岂有他念，不过以爱慕之切，聊以相戏，小娘子用神力拒我，何也？"小云娃软化，伸出双脚，搁在汪景祺的膝上。不意汪景祺竟脱去她的鞋子。小云娃脸露不悦之色，问道："官人不畏我嗔耶！"玉娃拿小云娃刚刚的俏皮话回敬她："青天白日，两边面生生地，何畏之有？"三人相视而笑。

汪景祺问道："玉娘子与小娘子求生（于）南方，果否？"〔或断句为：求生（育）"南方果"，否？〕小云娃回答道："诚有之。"玉娃道："来世得为官人婢妾，岂不大幸？"小云娃道："安敢望官人，得为官人所养之婢妾足矣。"汪景祺道："老夫须发俱白，小娘子何所见而错爱若此？"玉娃道："我辈遇本地人，视之如猪狗。今日得与官人相叙，自此以后，当思之不置矣。"小云娃道："匪特我二人，官人去后，即吾母亦必心思之、口道之也。"

李嫂进来催促汪景祺登车上路。李嫂与玉娃离房提取好水，准备烧茶为汪饯行。汪见只剩他与小云娃在室，便强拉她同卧，"谑浪无所不至"。小云娃亦不抗拒，"惟于私处则以手捍之曰：'此断不可，我手重，恐得罪官人。'"汪景祺从靴里拿出金子,打算赠送小云娃,但为她所拒:"吾妇人无所用之,恐为人所窥,或生恶意。"她抚抱汪景祺,呜咽道:"官人此别,料不能再见矣。一面亦是夙缘,幸常以小云娃为念,庶可结再生缘。"

玉娃回房后,打断他们的依依离情,并岔开话题,另道隐情。原来她的公公和丈夫都是马贼。村中共有九名女子,李家居其三,都自小习武。红石村贫穷难以糊口,虽然曾有人劝李嫂和村中其他女子卖笑谋生,但她们相约誓不为之。结果,她们决定女扮男装,拦路打劫。不过,她们互相约定,不对南方人下手。汪景祺开始感到担忧,但又舍不得离开这两名女子。小云娃说了句小女子在自我牺牲时的典型对白:"官人万里前程,勿为二女子留恋。"

李嫂进房,叫二女子去准备一包葡萄送给汪景祺当路上零食,但她其实将要说出一个更大的秘密:"渠二人皆欲留官人,官人似亦不欲去者,但此处住不得。且我中年妇人,死灰槁木矣,闻官人笑语,尚不能自持,况渠二人皆少年耶?"眼见汪景祺仍躺卧着不动,李嫂前去将他拉起来,并道:"汝以渠二人为妖媚乎? 皆杀人不眨眼女子也! 脱与之有染,渠岂能忘情? 或从中途劫取以归,汝自度力能拒之否?"

众人至大院中话别。李嫂催促道:"官人宜早行。"玉娃解释道:"吾姑非敢唐突官人也。官人恋恋于此,我二人必有荐枕席者。村中无失行之女,有之,自吾家始。不可诚知官人多情者,其如势不能留何?"小云娃也说道:"官人速去,我二人当至车前送别。"李嫂提醒他道:"宜至牛都村宿。半途无善地,慎之! 慎之!"她们一齐送他上车。小云娃抓着车帘道:"官人若再过此,定来吃茶。"上路时,汪景祺听到李嫂告诉二女道:"向曾为汝辈言南方人好,汝辈今既一见,得不昼夜相念耶?"最后见到她们转回屋内,关上大门。

　　汪景祺的马车驶抵牛都村时，已过午夜。打开葡萄包裹后，发现"红绸卷金手记一枚"，不知是她们当中哪一位所赠。他感叹道："茫然颇类槐安一梦，异哉！""槐安一梦"指的是淳于棼梦醉卧槐树下，梦见他娶了大槐安国的公主，又被任命为南柯太守，享尽荣华富贵 30 年；醒来才发觉，梦中的王国不过是槐树下的大蚁丘，南柯不过是蚁丘旁的一个小洞。

南情北欲：男性欲望与女性欲望的交锋

　　汪景祺在 1724 年阴历二月，记下旅途中与红石村三女子的邂逅。依着传统艳情小说的范例，汪景祺在文末加上了一个自我责难和警惕的"后记"。为了劝诫自己，他坦言犯了 12 项"持身之谬"，包括"不应听女子抚摩"和"既曰良家，而豪放不羁至此，可疑甚矣"。虽然他在文中暗指，率先挑逗的，乃是这些女子，但他也公正地责备自己未能约束欲念，导致自己轻忽了反复出现的警告讯号。与此同时，他坚信这三名女子，不论在意志上，还是行为上，都是贞洁自持的，"皆发乎情，止乎义，以礼自守者"。他认为，多亏这三名女子的贤淑品德，他才免于堕入"风流杀阵"。

　　今天读到这则故事时，难免会感叹其间戏剧化的命运嘲弄。我们知道，汪景祺隔年就被雍正下令处决，不可能赴小云娃的茶约。然则，她会对他朝思暮想，惦念终生吗？当这三名女子劫掠别人（亦即，在她们眼中"蠢丑如猪狗"的北方男人）时，她们会谈起汪景祺吗？她们真的是缠着一双小脚的马贼强盗、武林高手吗？她们的存在，有多少程度是汪景祺如写小说般虚构的呢？最后这个问题尤其重要；他们男女之间一番大胆挑逗与引诱,是发生在 18 世纪初的实在交往呢,还是男性异想? 又或是二者兼有? 换言之,我们觉得这个故事的可信度究竟有多高? 若要回答这个问题,关键在于,对于汪景祺巨细靡遗的民族志叙事立场,及其惊鸿一瞥的文字效果之间所存在的紧张关系,我们有多大程度的掌握。

对于场景、声音和感情的深度描写,乃是汪景祺擅长的叙事手法——就像我们在步光故事里已经注意到的——《读书堂西征随笔》里的其他记述,也明显地表现了此一特征。汪景祺的眼睛和耳朵都很"尖"。他对每个地方的描写,总是镜头般细腻精确,随时提供方向定位和测量资讯。他写主仆二人如何错失官道迷途约 20 里,闯入李家大院时见到东厢有两间房,西侧马厩里有四匹马,以及小云娃登炕屈膝面向东侧等,都是很好的例子。读者对李宅的鲜活印象,可称为一种图像化的宇宙观,汪景祺利用炕和烧水瓦瓶等家常物品的方位大小,营造出一个具体而微的万象世界;这个世界架构了人类的行动,反过来又因人类行动而活络。① 画面般的细腻,也展现在他对于地方腔调和声音的音乐性,所作的生动描写:例如步光歌词中的"北鄙之音"、玉娃和小云娃的俏皮话,以及对话里出现的俚语。

汪景祺的文字还有另一项特色,亦即,他相当留意他的身体在空间中的呈现。故事开始,汪景祺因为疼痛,无法动弹,先是在

① "图像化宇宙观"(pictorial cosmology)一词及其定义,均借自 Jonathan Hay, "Beyond Style in the Connoisseurship and Interpretation of Chinese Painting",未刊稿,2002,pp. 18—20。亦见他的 Shitao: Painting and Modernity in Early Qing China (Cambridge: Cambridge University Press, 2001), pp. 277—281。Hay 使用"图像化宇宙观"来表示绘画文本所呈现的秩序感,其中反映了社会宇宙观或社会层级的结构调性。在这里,我运用这个概念来表示文字文本中所传递出来的空间秩序感。

马背上，到李家之后，移到了炕上，昏昏沉沉地躺着；他的叙事，于是随着身体知觉的渐渐苏醒而展开：首先是耳朵，然后是眼睛，再然后是手和手指，最后是心思。由于感觉范围由窄变宽，李宅也演变成为一种多层次和动态化的存在，逐步向访客揭开它的秘密，但它所透露的，其实极为零碎。全景视界只在故事开头，汪景祺推开半掩门扉，走进李家之际，才可能出现。他待得愈久，所知就愈狭隘局限，也愈对自己的感官能力感到怀疑。故事结尾，三女子消失于紧闭的大门之后，亲密而不设防的邂逅偶遇宣告终止，李家与红石村仍保有不可逾越的"他者性"；与此同时，西北的异乡情调、豪迈奔放等刻板印象，却又更进一步地被神秘化了。

即使汪景祺不在文末直截了当地提到"槐安一梦"一词，此一"他者性"亦可说明在红石村叙事里，其故事情节何以弥漫着如梦似幻的特质。汪景祺这段经历的迷蒙性质，与他那如数家珍的民族志式观察，形成了一股张力。在《读书堂西征随笔》中，将西北描述为梦幻般景观的情节，一再出现。后来，在一则名为《忆途中所见》的生动记事里，汪景祺劈头就说，他久闻山西、陕西名妓的盛名，但过去只曾在畿南见过几位离乡背井者，如今来到山西，自然渴望一睹她们在当地应有的真实风采。只是当时正值官方严厉查禁娼妓，他的向往因而被浇了一盆冷水。当他从潼关进入陕西地界之后，听人言道，离他下榻旅舍约一至八里路的郊野之处，有女子群集于一些俗称"画房"的"堡"里。他找了一个当地导游，骑马寻访，终而发现了一个群芳争艳，"满目灿烂"，令他"意乱神摇，不能分其优劣"的奇妙景致。①

更让人讶异的是，"途间所见良家女子，骑骏马，金勒花鞯，以

---

① 汪景祺，《忆途中所见》，《读书堂西征随笔》，第 19b—20a 页。

轻纱蔽面,大约足无至三寸者,面亦无施粉者,其颜色,其肢体,其风格,其态度,其笑貌,其神情,非复人间娇冶"[1]。就像李渔一般,汪景祺也从气质和动作等难以捉摸的特质,来审定女子的美感。女子的华丽装束产生了一股浓郁的冶艳风貌,反衬出周遭地景的贫瘠荒凉。这种强烈的对比,让人想起姚灵犀有关大同赛脚会全盛时期的类似描述。人在马背上的汪景祺,对交错而过的女子的匆匆一瞥,就像姚灵犀的怀旧忆往那样,本身就展现了一种梦幻调性,宛如她们脸上飘动的轻纱。像这种与一个特定地方紧紧相连的愉悦感受,他愈是求其真实不变,这个地方就愈是变得飘渺难测。不论怎么刻骨铭心,小脚赏玩家的悦目娱心,终究只是昙花一现。

这段描述留给读者的,是一些无从解答的问题:汪景祺怎么知道这些女子出自良家? 还有,他当然不曾实际度量她们的脚,那么他如何敢说"大约足无至三寸者"呢? 不过他志不在寻求经验上的精准度。写作——以及阅读——有关西北的缠足风光,其愉悦感的来源,一方面在于感官上的诱人之处,另一方面则是将信将疑的感觉:简单地说,就是那种令人产生猎奇感的悬疑性。地方情欲的奔放因而与文本提供的愉悦,难解难分。

汪景祺在下一则笔记里,记录了他与蒲州常生之间的一段对话;常生所说的内容,在相当程度上,呼应了李家三女子跟汪景祺说过的事情。连年大旱,加上贪官污吏,使得百姓生活无着,流离无告,家家户户,旦夕不保。结果,"女子之寡廉鲜耻者",沦为妓女;"其有气节者",则化身成为"胭脂贼"。这群女贼劫掠的对象,限定在富裕的过客,所取亦仅止于其财货的十之二三,而且不会

---

[1] 汪景祺,《忆途中所见》,《读书堂西征随笔》,第 20a 页。

随便杀人。红石村胭脂贼共有 20 余人，核心者有 9 人，其中又以李家三女为领袖：李嫂外号"闪电光"，因为她不但擅使长枪，而且在马上舞枪时，疾如闪电；小云娃能使 50 斤大刀，外号"一堆雪"，以其肌肉洁白，刀光如雪花之故；玉娃为射箭高手，能拉强弓，射长箭，人称"神臂弓"。[①] 虽然有关三女子绰号和本领的细节描述，增加了她们的历史分量，但这些细节本身并不能"证明"她们确实存在，而不是汪景祺胡诌杜撰的人物。对我们来说，这仍是一团谜。在《读书堂西征随笔》里，让人觉得真实的，是男性欲望和女性欲望的沉重和虚无，在这之上，铺陈了南北失衡的文化想象域。

常生有关胭脂贼的说法，加深了红石村作为一个地方的凶险他者性。如我们从赛脚会记事和步光展现高强箭法的描述里看到的，西北情欲的构成，极为关键的是一种感觉：在温柔甜美的外表之下，潜藏着危险。根据"房术"传统，甜美正是女性性诱惑力的发挥，也是害男人元气大伤的祸首。在"武术"传统里，当习武者既是美艳动人的女子，又是杀人不眨眼的大魔头之时，这紧张便更发挥得淋漓尽致。汪景祺原来只注意到三女子的女性特质里，极为狭窄的、带有南方味道的标记——她们的小脚——结果使得他误判了一种更为复杂、凶险的北方女性特质。此一误判，部分说明了何以他曾身处险境而不自知，直到事过境迁才恍然地后知后觉。

与汪景祺对肉体和肌肤的欲念形成对比的，乃是红石村三女以一种空幻的、想象的色彩，无穷无尽地堆砌出她们对"南方"的

[①] 汪景祺，《忆途中所见》，《读书堂西征随笔》，第 15a—17a 页。除了三女子之外，汪景祺还列出不少其他的红石村胭脂贼，指出她们的名号、作风和武艺。他问常生道："诸女贼有淫行者乎?"对方答道："无之闻，其约曰，有事二夫者，众共摈之，但在阶下听驱使，不许入座。"

浪漫憧憬——这是她们自己的南方情结,恰与汪景祺的北方情欲形成一种对比和呼应。李嫂对沈生的怀念,再加上玉娃和小云娃反复保证她们决不会忘却"官人的音容",使得南方男人的肉身性,被化为一种只出现在幻想中的存在。仿佛性别角色逆转似的,男人活在他的感官和欲求的身体里,事实上也因他的身体而受苦。女人则反之,她们活在幻想里,这是一个由二手心像以及预想中的记忆共构的超现实世界。沈生与汪景祺的身体,成了一种肉体管道,引领北方女人通往一个她们未曾到过,也未曾见过的地方。她们因而对"官人"的身体感到着迷,将之幻化为一种乌托邦式的和谐宇宙,但求与之结下"再生缘"。

汪景祺的欲念始于目视之愉——女子们的漂亮脸庞和身躯都令他着迷。她们的"双弯"尺寸,尤其标志了她们的美貌。他的身体偷袭从玉娃的胸部开始,进展到小云娃的臀部,然后再到她的双足,而且还采取剥除她鞋子的形式为之。汪景祺深深着迷于女性鞋袜的层次性。汪景祺写过一则有关缠足源流的笔记,就其格式和内容而言,宛如我们在上一章讨论过的考据学探究,属于杨慎和胡应麟一脉。在这则笔记里,汪景祺加上了他自己的观察:"〔脚带之外,〕西北女子往往贴足尚有软鞋袜,或即软鞋也。此等无关重轻,然亦格物之一端,不可不考。"[1]不过,正如同男性欲望的纵逞,有其感官上的顺位,女性自我把持的轻重缓急,也反映了身体部位的私密层级。以汪景祺的"谑浪"为例:乳房,可;脚,可;去鞋之足(如果官人坚持),勉强可;阴部,不可。阴部仍是界定女性逾矩与否的最终防线。

一双小脚在红石村决不是身体动作的障碍,此与李渔的功能

---

[1] 汪景祺,《妇人袜》,《读书堂西征随笔》,第52a页。

美学相呼应。我们已知红石村胭脂贼三位首领都有不及三寸的小脚；还有一位名唤决云儿的女贼，依常生的说法，"足仅二寸许，以皮为鞋，走及奔马"①。稍后在另一则笔记里，汪景祺提供了更多民族志方面的资讯，告诉我们北方女子的不同之处，如何彰显在她们的缠足方式："秦晋燕赵间，女子二三岁即缠足，天然纤小，并不似弓形。其弓形者，嗤为'鹅头脚'。余见秦晋燕赵女子足小者，以尺度之，仅二寸七八而已。足底平，呼足为弓，真是门外汉语。"②如前一章所说，"弓足"一词乃缠足的委婉说法。即令不像汪景祺所断言的"天然"身体禀赋，他的观察仍提醒我们注意，缠足不论在名称还是式样上，都存在着区域差异。

　　汪景祺书中缠足的山西女武者，尽管终究无法掌握她们的命运，但是可以控制自己的身体。当汪景祺想要抚摩小云娃的脚时，她的反应是将双足肌肉变得坚如铁石，借以拒斥他对她的情欲身体的接近。不过，到头来，南方情欲还是给了她们一个跳脱贫困生活现实的虚幻出路，只要跟"官人"的挑逗游戏仍然持续着，南方情欲的幻梦就还在。就像她们留赠汪景祺的"红绸卷金手记"，为了这一天，三女子之中至少有一位已经预备多时；这份纪念品即是一种物质性的表述，诉说着她心底的秘密渴求：汪景祺或许并不了解，"红绸卷金"，其实是为了制作出嫁喜鞋而预备的材料。③对于这些身手矫捷、想象

---

① 汪景祺，《妇人袜》，《读书堂西征随笔》，第 16b 页。
② 汪景祺，《妇人缠足》，《读书堂西征随笔》，第 51a—52a 页。汪景祺依循中文里惯常的用法，以先秦时代的四个诸侯国名来指称西北区域：秦（陕西）、晋（山西）、燕（河北）、赵（山西北部与河北南部）。这一则与下一则记事（《妇人袜》），日期均标明为五月二十六日。
③ 红绸描金是北方喜鞋的典型式样。关于这类喜鞋的照片，见 *Every Step a Lotus*，第 53 页。

力丰富的女武者而言,嫁给一位能文的"官人",成为她们离开红石村的唯一途径。

蒲松龄的俚曲:土腔与地方失衡

李渔和汪景祺,两人都是享有特权的南方人,对于大同的他者性,以及体现于那一双双缠足的南北差异,感受极为敏锐。"大同"和"山西",即使对于北方作家——只要不是当地人——来说,也是充满异乡情调的地方。山东人蒲松龄(1640—1715)在他的"俚曲"(即通俗歌谣)作品里,对于缠足与北方情欲的图像和社会生态,有着不同的呈现。蒲松龄是一位多产的作家,其名著《聊斋志异》包含了将近500则的奇幻故事;较罕为人知的是,他也写了许多首俚曲歌词,不过流传下来的,仅有15首。这些"俚曲"在格式和风格上不尽相同:3首为戏剧,有角色分派;其他曲目的文体结构较为松散,同时容纳了韵文、非韵文和当时流行的曲牌。① 这些俚曲夹杂着蒲松龄家乡山东淄川的土语乡谈,让人感受到一种平淡细琐的特性,其中所传递的讯息,并非南北差距或

---

① 20世纪之前,这些"俚曲"仅以手抄本的形式流传。我所依据的中文文本,主要是由蒲松龄的十二世孙蒲先明于最近所整理编纂的版本;数十年来,他从淄川一带收集抄录了许多聊斋俚曲稿本,以此为底本,出版了蒲松龄的《聊斋俚曲集》(北京:古籍文化出版公司,1999)。我也参照了一个早期的选本,其中收录了十一出俚曲(书中只称有十出,因为将《磨难曲》附列于《富贵神仙》之下),见刘阶平编,《清初鼓词俚曲选》(台北:正中书局,1968)。蒲松龄俚曲创作的年龄,大多集中在六七十岁时(约1699—1711)。关于各曲的可能写作年代,见邹宗良,《前言》,《聊斋俚曲集》,第5—9页。故事情节取材自《聊斋志异》的俚曲,共有七出,曲目名称可见邹宗良,《前言》,第10页。关于这十五出俚曲的曲牌和结构的一份经典研究,见藤田祐贤,《聊斋俗曲考》,《艺文研究》十八(1964),第29—43页。关于其中一出俚曲(《禳妒咒》)的分析,见周贻白,《中国戏曲史》第三卷(上海:中华书局,1953),第491—493页。

男女交互幻想，而是平凡生活的物质性，以及社会身份的细微失衡，在这日常世界里面，缠足成了一个不起眼但不可或缺的部分。

　　大同的狎游欢场，以及当地名妓的风韵美貌，在《增补幸云曲》这出俚曲里，被当成一种经典品牌。该曲改编自描述正德皇帝（明武宗）荒唐冒险行径的传奇故事。故事说到，有一天，对朝政感到百般无聊的正德皇帝，决定化装成一名军汉，独自溜出京城。他的目的地是：

> 十三省数山西，大同城里好景致。
>
> 男人清秀真无比，女人风流更出奇，人才出色多标致。
>
> 宣武院三千粉黛，一个个亚赛仙姬。[1]

宣武院是大同著名的妓院，正德来到这里之后，流连忘返，乐不思蜀，一待就是三个月。在那里，他赢得名妓"佛动心"的芳心，又与当地的纨绔子弟——兵部尚书之子王龙——发生冲突，诸般争斗。最后，正德显露皇帝身份，处死王龙，带着新任皇妃佛动心，凯旋京师。

　　这出长篇俚曲，主要是通过戏剧化的反差描写，吸引阅听人的兴趣：一心寻求刺激的皇帝，故意衣着褴褛，扮相邋遢，耍弄不知情的当地人。一开始，他刻意装傻作戏，扮成不懂寻花问柳门道的蠢汉，丑态百出，借由地痞无赖的势利眼，引出滑稽逗趣的场面。在这样的一出戏曲里，为了使阅听群众心领神会，作者极为强调谈吐、穿着和动作等日常生活细节，如何作为辨别身份的指

---

① 蒲松龄，《聊斋俚曲集》，第 903 页。《增补幸云曲》所用的曲牌名为"耍孩儿"，每阕八句。这里只引了后七句；未引的首句为："微臣奏主得知"。藤田祐贤认为，在《聊斋俚曲集》的十五部俚曲作品里，《增补幸云曲》最像是一部小说。"耍孩儿"是当时很流行的曲牌，借着运用此一曲牌，以及君臣聊天讨论的方式引入主题，蒲松龄突显了故事角色的人性面，以及他们平日生活的丰富性（《聊斋俗曲考》，第41—42 页）。

标。基于这个目的,缠足乃成为一种有用的设计。它的主要功能,在于标志当地妇女之间的地位差异,而非如我们在李渔和汪景祺的著作中看到的南北差异。

以女性竞争为主题的情节,很早就出现,那是皇帝初入宣武院的场景:

> 众佳人貌如仙,帘儿下露脚尖,时时勾引男儿汉。
>
> 麝兰薰得人心醉,油头粉面站门前,见人一笑秋波转。
>
> 便就是神仙到此,也忘了洞府名山。①

青楼女子钩心斗角,争夺男性注意的主题,以及男人裁定后者排名的主题,二者互为表里,而且,可能自有嫖院寻欢这种行为以来,便已如此;不过,众女子排列站在帘后,微露脚尖的挑逗场景,预示了我们在前面讨论过的清末民初的赛脚会记事。

小脚美学在大同妓院女子之间的两种竞赛里,都扮演一定的角色。其一是名妓之间的地位排名。佛动心未出场时,介绍这位名妓的曲词,已说她有双"金莲小小刚三寸"。稍后的一个段子,更将她身段举止的亮丽光彩表露无遗,即便处在李渔的风华天地里,也毫不逊色:

> 上小楼拜军家,恰合是一枝花,红娘子一笑千金价。
>
> 上穿一身红衲袄,绿罗裙上石榴花,红绣鞋窄半揸大。
>
> 迎仙容会他一面,好姐姐闭月羞花。②

"揸"在山东方言里,指的是一个方便的度量单位:手掌张开,拇指与中指之间的长度,即为一"揸"。蒲松龄的俚曲里,经常出现"半

---

① 蒲松龄,《聊斋俚曲集》,第964页。
② 蒲松龄,《聊斋俚曲集》,第936、959页。一如常见的剧情,佛动心据称本是扬州人,为一武官的女儿,8岁时父母双亡,被人卖到妓院(第945页)。

揣"或"不到半揣"一词，这是相当于"三寸金莲"的土语用法。"佛动心"在大同妓院里，位居最高的层级，表现在她以典雅的昆曲吟唱取悦客人的能力。一名酒保告诉正德，如要省钱，可叫次一等的妓女，她们虽也"模样极好"，只是"底板沉些"，他解释道，这是当地俗语，意指她们"就是脚大些"。①

　　脚的大小固然重要，但缠足进一步区分了青楼女子之间的第二种身份等级——名妓与丫鬟的分别——其关键在于姿态。这让人回想起李渔的功能美学。起初，佛动心不愿接待伪装成寒酸军汉的正德，先后叫她的丫鬟"金墩"和"玉座"冒名顶替。"金墩"迈开她那双缠得不够小的脚，走上楼来，"一脚深来一脚浅，心里盘算腿儿慌"。她正待走向正德行礼相见，却在途中失足跌了一大跤。正德拾起头来，看到"窄窄金莲半尺大，鼻子孔好似灶突样"。不过她的破绽，主要还在于衣裳：

> 拆破袄做背褡，大补丁白线巴。
>
> 栗子布裙彭彭乍，汗巾破了没颜色。
>
> 紫花布鞋扣上花，纂儿不够枣核大。②

接着上场的丫鬟"玉座"，同样露了馅，因为她"改不了那梅香的样子，把两根腿轮打开，欢欢的好似那马要蹄、驴打槽，兵天嗑地的

---

① 蒲松龄，《聊斋俚曲集》，第 936 页。佛动心演唱昆曲的情节，见第 1019 页。提到"半揣"的例子，还可见于第 455、483、487、524 页。

② "紫花布"由紫木棉花纺成，色赭而淡。虽然质地较粗，但甚受欢迎，价格为一般布料的两倍。见西岛定生（Nishijima Sadao），"The Formation of the Early Chinese Cotton Industry," in *State and Society in China：Japanese Perspectives on MingQing Social and Economic History*, ed. Linda Grove and Christian Daniels (Tokyo：University of Tokyo Press,1984), p. 54。

走上楼来"①。"梅香"是丫鬟的通称。与我们现代人的预期相反,跑步能力在这里所象征的,不是自由自在,而是身份低下。双脚的尺寸虽然重要,但是更微妙的关键还在于,缠足女子能否拥有优雅的步态以及高雅的足服,这是小姐与侍女的不同之处。"金墩"和"玉座"这两个丫鬟的笨拙步态,正如她们的名字所反映的,透露了她们教养较为不足的出身,也使她们注定要处在较卑下的地位。别出俚曲里面的一句山东歇后语,便传神地指出,丫鬟缠足虽不罕见,但也仅让人觉得聊备一格罢了:"小腊梅裹脚"。"小腊梅"同样泛指丫鬟。当地人立刻就能了解这句话的意思:"有块块就是了。"②

两种女性劳动

另一出俚曲《富贵神仙》,就其中的四项基本元素而言,仿佛预示了20多年后汪景祺的旅行经历,又或者为之提供了脚本:一名落难书生的西行之旅;求宿于一间奇特的房舍,屋中尽为女子;小脚美女现身引诱;结局揭晓,艳遇终究是一场幻梦。《富贵神仙》的主人翁张鸿渐是一名书生,为官司所逼,远走他乡,在路上身患大病,用尽盘缠,走投无路,荒野借宿,得遇狐仙施舜华,她不仅救了他,还跟他过了五年的夫妻生活。当张生想家时,施舜华

---

① 蒲松龄,《聊斋俚曲集》,第 954—955 页。我们在第三章中曾讨论过《胡雪岩外传》,在这部小说里,缠足妇女系依她们鞋子的布料、颜色和式样,来表示或维持彼此在宅中身份地位的细微差距。男性衣着的质料和设计,同样标志着他们的身份地位。在《增补幸云曲》里,有一段情节,生动地描述了正德与王龙借着宽衣洗澡,相互斗富的情景(见第 1004—1005 页)。正德虽然将龙袍遮藏起来,但光是展露出他那"全用珍珠造"的汗衫,就足以把王龙比了下去。

② 蒲松龄,《聊斋俚曲集》,第 557 页。

就施展法术,送他回去与妻子团聚。不过他又因为杀了一名无赖,自首入狱;施舜华再度出现相救,把他送到山西一处地方安身。此后又历经了各种磨难,总算在最后,张鸿渐和他的儿子在科考会场偶遇相认,而且双双高中金榜,衣锦还乡。

从李渔的功能美学观点来看,"累"与"用"的区分至为关键,顺着这个理路,我们可以推衍出缠足所标志的妇女身份第三种差异,即《富贵神仙》俚曲里,狐仙施舜华与张鸿渐的凡人妻子之间的不同之处。若说女性的"性"被二分为"狐狸精"与"贤妇"这两种角色类型,那么缠足之"用",也相对地二分为感官的挑逗刺激,以及身体的经济生产,这两种劳动领域。施舜华的"狐媚"表现在她的缠足,相当程度上与大同名妓并无二致。当她初次现身时,张生但见:

> 佳人的容貌似天也么仙,十八青春正少年。
>
> 杏黄衫,懒懒腰肢似小蛮。
>
> 慢慢长裙摆,一对小金莲。
>
> 脚儿一挪,头上银花颤。
>
> 一朵**能行**白牡丹,脸儿浑似在画中看。(我的强调)①

(小蛮是白居易的姬妾之一,她的细腰因白居易的诗句"杨柳小蛮腰"而名垂千古。)

后来,当张鸿渐坐在床上看书时,施舜华向他房里走去,准备引诱他;她走路时发出的声响,宣告了她的出现:

> 忽听的环佩响叮当,像是帘钩动。
>
> 有人走进房,只听的高底鞋儿轻轻放。

---

① 蒲松龄,《聊斋俚曲集》,第 618、620 页。

施舜华敏捷的动作,可由后来的一幕救援场景里看出,那时,她现身将张鸿渐从两名衙役手中救走。她手里提抱着张鸿渐,手脚利落地跨在一头骡子的背上:"那娘子撩起裙子,翘起那小脚儿来跳着蹬儿,扳着鞍子先上去。"[1]

相反的,张鸿渐的正妻方氏则是娴静婉约的,相当符合一名贞洁妻子的形象。她的家室性展现在缠足的第二项功能:经济生产。因此,当她隔着窗子看见她那久无音讯的丈夫时,"乓的声放下那手里〔正在缝制〕的绣鞋","只听的步步金莲〔向门口〕走的紧"。[2] 正妻与"狐狸精"二者皆有缠足,不过重点并不在于这个事实本身,而在于她们缠足的"用途",亦即,她们的缠足如何被用来标识女性在社会角色和地位上的微妙区异。关于女性劳动的分叉化,在《增补幸云曲》里的一段情节,也有类似的反映。在这段情节里,正德皇帝受人捉弄,结果,想到妓院的他,被引至孤老院,里头"都是些苍颜白发,有纺棉花的,有纳鞋底的,有补补丁的"。[3] 在蒲松龄的俚曲里,"狐狸精"的情欲身体所联系的,乃是服饰时尚的消费,而居家妇女的生产身体所联系的,则是针线工作。此外,就后者来说,缝纫物件的材质,表述了女性劳动的层级性:正妻在家里绣制自己的鞋子;受到官方救济的孤贫妇女,则聚在院子里一同纺棉、纳制鞋底和缝补旧衣。

---

[1] 蒲松龄,《聊斋俚曲集》,第 648 页。

[2] 蒲松龄,《聊斋俚曲集》,第 642 页。书中反复提到张鸿渐的凡人妻子方氏的高超针线手艺。例如,稍后有一幕,贤惠的方氏陪儿子熬夜用功;儿子读书时,她在一旁刺绣,重添的绣线有 15 条之多(第 659 页)。

[3] 蒲松龄,《聊斋俚曲集》,第 930 页。

女性身体的平凡物质性

　　虽然,在蒲松龄的俚曲里,缠足成为女性身体、功能与地位差异的一个标记,但他可能并没有刻意注目双足。《富贵神仙》一曲改编自《聊斋》故事《张鸿渐》,在原来的故事里,完全没有提到缠足。有关施舜华的外貌,仅以"丽人"二字形容,她的好,完全表现在她对张鸿渐的忠贞守护,三番两次出现为他解危。[①] 整个故事虽长,情节铺陈却极为精简扼要,既没有拖泥带水的细节描写,也没有长篇大套的修辞润饰。同样以《聊斋》的《张鸿渐》故事为底本的俚曲,还有一首,名为《磨难曲》,这首俚曲更加奇特,篇幅虽比《富贵神仙》整整多出了一倍,但在这出长篇戏曲里,对于小脚的描写只是轻描淡写,草草带过。这个现象可以从这两出俚曲的曲类和主题来加以解释。《磨难曲》是一出戏剧,里面分派了三种角色:生、旦、丑;情节安排也充满了戏剧张力,带动故事走向的,多为剧中人物的对白和行动,而非说书人的旁白。此外,《磨难曲》更像是书生故事,而非狐仙传奇;张鸿渐的戏剧化人生,从他在华北乡野的命途多舛开始,一路熬磨,直到第二十九回至第三十五回,情

[①]《张鸿渐》,收入蒲松龄,《聊斋志异》(济南:齐鲁书杜,1981),第 1789—1803 页;"丽人"一词见于第 1791 页。这是根据"二十四卷抄本"重制的复印本。关于此一抄本与其他两个版本——较早的"铸雪斋抄本"以及蒲松龄自己的原稿——的比较,见刘阶平,《蒲留仙松龄先生年谱》(台北:台湾"中华书局",1985),附录,第 193—211 页。有关《聊斋志异》在清代的刊印和流通历史,见蔡九迪,*Historian of the Strange: Pu Songling and the Chinese Classical Tale* (Stanford: Stanford University Press,1993),pp.16—42。何满子比较了蒲松龄的聊斋故事,以及后来根据相同情节所作的七出俚曲,包括张鸿渐故事。他结论道,蒲松龄"到了晚年,他的作品中更充满了生活……因此,他采用了戏曲和长篇小说的形式,采用了人民的口语、方言来从事创作"。(《蒲松龄与聊斋志异》〔上海:上海出版公司,1955〕,第 41—108 页,引文摘自第 71 页。)

节转入他的宦场经历和彪炳战功,辉煌以终。在这么一个以男性
世界为主轴的故事里,蒲松龄将前述提到的《富贵神仙》里有关施
舜华引诱张鸿渐和飞身上骡,以及方氏迎夫归等情节,逐字逐句
地抹去,仿佛描写女人小脚的魅力,会令读者和观众分神。

何以《聊斋》的《张鸿渐》故事仅言"丽人",而未谈缠足? 我们
不妨认为,这是因为在蒲松龄的世界里,女子缠足已极为普遍,不
必特地以此彰显其出众的美丽或品性。《磨难曲》里的草率处理,
更加深了这种印象。如同蔡九迪在她有关《聊斋》故事的精辟研
究里所指出的:"缠裹的双足,虽是一种人工物神(man-made
fetishes),但在帝制晚期的中国,它们不但已成了情欲想象的所
在,而且也转变成为真实女性特质的**天然恒常**明证。"[1]缠足作为
一种事实性的存在,在地方景观里,甚至比在俚曲里,还要更加明
显,因此,谈到缠足,多半是为了详细说明女性身体的物质性及其
劳动。换言之,缠裹双足成了一种平凡的、较不带有情欲色彩的
日常装扮。[2]

就描写的重点而言,聊斋故事与聊斋俚曲的差异,可以从孝
女商三官的故事看出。商三官为报父仇,女扮男装,化名李玉以
接近仇家,手刃对方之后,随即自尽。《聊斋》的《商三官》故事在
结束之前,叙述了众人发觉这名刺客真实性别的过程:"众移玉尸

---

[1] Zeitlin, *Historian of the Strange*, p. 125;强调部分为原文所有。

[2] 不论是聊斋故事,还是聊斋俚曲,均将缠足描述为女性天生丽质的标识,也是女性
装扮的一部分。不过在两个面向上,二者之间有着明显的差异。聊斋俚曲对于大
脚或没缠好的小脚,充满嘲讽(见下文),但在聊斋故事里,没有这种情形。相反
的,聊斋故事数度露骨地描写缠足的情欲性,而这不见于俚曲之中。在《绩女》这
则煽情的故事里,一双缠足被称为"下体"(这个词一般用以指称阴部)。蒲松
龄,《聊斋志异》,第1783页。缠足被认定为近于阴部的私密身体部位,露出双足
将招致羞耻和困窘(第1077页)。在《胭脂》这则故事里,小脚的情欲色彩更延伸
到绣鞋,故事里以"亵物"称绣鞋,并将之视为定情信物(第2004页)。

〔即三官之尸〕于庭,觉其袜履虚若无足。解之则素舄如钩,盖女子也。"同样的情节,在俚曲《寒森曲》里,则细细交代了她身上的各种物质佩件:"老王〔知县〕起来,又去看验〔尸身〕,叫人剥下鞋来,带出来许多棉花套子,才露出了一双金莲。身穿着青道袍,两腿用毡袜包,鞋里都是棉花套。浑身都是绳子绑,一根皮条束了腰,上边拴着皮刀鞘。"强调包裹她身体的层层织物,恰可突显出缠足的寻常性。假如说,聊斋故事里解开商三官袜履——传统视之为禁忌的举动——曾带给男性读者一丝丝遐想的话,那么在聊斋俚曲里,"剥下鞋来"之后,露出来的一堆"棉花套子"(山东方言,指轧过籽的散碎棉花),就将他的想象打回乏味无趣的妇女纺织作业。蓬松的棉球、古式的道袍、毡袜,以及皮条腰带,都使她的身体外貌看起来较为厚重,也提醒读者,这具身体的用途,是生产工作,而非挑动情欲。[①]

对于清初山东的妓女、妻子,通常还有她们的丫鬟而言,缠足是一项日常性的和习俗性的实践,关于这一点,《琴瑟乐》这出俚曲表现得最为明显,在里面,缠足被当作女性装扮的一部分,缠足用品则成了社会交际的中介。在全部十五首俚曲里,以这一首短篇俚曲最为香艳刺激,曲子的独白和唱词,均以一位新嫁娘的第一人称口吻,娓娓述说婚礼进行之前、之中、之后的心理状态。不过,即使在这首艳情曲作里,蒲松龄仍然不愿太过强调缠足的情欲含义。例如,洞房即景组曲里,有一阕曲词,这么描写这对新人的前戏:

> 伹说是那人年纪小,偏偏他生的脸子老。

---

① 《商三官》,收入蒲松龄,《聊斋志异》,第571—576页;引文摘自第574页。《寒森曲》,收入蒲松龄,《聊斋俚曲集》,第271—343页;引文摘自第295页。

> 一头睡着不肯闲,摸了脸来又摸脚。
>
> 百样的方法鬼混人,轻轻把我腮来咬。
>
> 我的手儿仔一松,裤带早又解开了。①

"摸脚"的挑逗意味极为浓厚;在《增补幸云曲》里,唯一暗示脚的情欲位置的情节,乃是伪装成军汉的正德皇帝,调戏一名盛井水给他的小脚女子,"伸手捏(她的)脚尖"。② 不过,在《琴瑟乐》里,脚的挑逗,似乎就这样戛然而止;在后续曲词里,不论是新娘的性兴奋,还是新郎的性行动,都与"摸脚"无关。

的确,在这首俚曲里,最常提及缠足的时刻,主要是将之作为仪容整齐的女子装扮中,不可或缺的部分。准新娘唱道:

> 听说婆婆来相我,重新梳头另裹脚。
>
> 搽胭脂,抹粉带上花,扎挂好像花一朵。

---

① 蒲松龄,《聊斋俚曲集》,第 351 页。在清代,《琴瑟乐》由于被认为过于香艳色情,许多早期版本的《聊斋俚曲集》,包括前述刘阶平选编者,都未收此曲。日本庆应大学藏有此曲钞本,学者藤田祐贤并进行了深入研究。收入《聊斋俚曲集》里的《琴瑟乐》,即根据这个版本,以及一位名叫盛伟的先生所藏之点校本(第 35—36 页)。庆应大学藏本文末有俚曲作家高珩(1643 年进士)所作的跋,他认为该曲未于礼教有亏;蔡九迪对此亦有所讨论(*Historian of the Strange*, p. 224, n. 7)。有一首名为《闺艳秦声》的艳情曲词,其内容大抵重印自《琴瑟乐》,但加上了新序和后记,作者则题为"古高阳西山樵子"。关于《闺艳秦声》,我对照了两个版本:其一,收入《中国古艳稀品丛刊》第一集第三册(出版资料不详),第 1—38 页,这个版本显然复制自一个打字本,页缘有《未刻珍品丛传》的标题字样,其编者正是姚灵犀;其二,收入井上红梅,《支那风俗》卷一(上海:日本堂书店,1920—1921),第 205—230 页。这两个版本的文字内容相似,不过后者还有眉批。《闺艳秦声》与《琴瑟乐》则大同小异。《采菲录续编》附有天津书局的"新刊书籍"广告,内中指出《未刻珍品丛传》为姚灵犀所编。姚灵犀的一位友人,笔名"亚飞",他发现,《闺艳秦声》"以其所说,纯是山东土语,绝非秦音;其记载又纯是山东风俗。所谓'秦声',实乃托词"。见《采菲精华录》,第 144 页。
② 蒲松龄,《聊斋俚曲集》,第 914—915 页。在另一出俚曲里,一位名叫兰芳的妓女,挨着她的客人并肩而坐,还在裙下"暗踢金莲"挑逗他(第 542 页),仿佛等着他来抚弄。

梳头和裹脚乃是快速装饰自己全身(从头到脚)的法门。在新婚夜的隔日清晨,对于自我妆扮,她表现了同样的敏感度。迷迷糊糊中下床的她,手脚都还没有恢复精神,不知如何是好:

> 魂灵不知哪去了,怎么着梳头并裹脚?
> 强打精神对妆台,左拢右拢梳不好。①

重整妆容,紧缠裹脚,让她从凌乱状态中重新建立秩序,掌握自我节奏。

"扎裹"(亦作"扎挂")是山东方言,意指整理日常仪容和外表,男女都可使用这个词。② 里面隐含的重点,不仅是个人卫生的重要性,而且也在于个体装饰的社会意义。男性赏玩家念兹在兹的是短暂的愉悦效果,相形之下,聊斋俚曲里反复出现"扎裹"一词的现象,反映了 17 世纪之中,另有一种看待身体自我的视点,尤其是女人的视点:身体有其体貌和态势,裹脚需要持续不懈的保养呵护;还有,端正的裹脚,乃是女性向外在世界展现自我时的重要面向。除此之外,"扎裹"也是对自己以及对社交的庄严性表示尊重;因此,它也是衡量妇女的道德判断和价值的指标。

"扎裹"的道德含义,在《姑妇曲》两位主角之间的对手戏里,表露无遗。这首俚曲讲述的,是孝顺的年轻媳妇"珊瑚"与她那刻薄蛮横的婆婆的故事。一天清早,珊瑚前去伺候凶悍的婆婆,后者看了她一眼,立即骂道:"你扎挂的和妖精似的。""妖精"这个

---

① 蒲松龄,《聊斋俚曲集》,第 348、351—352 页。
② 在《琴瑟乐》里,新娘和新郎的装束,都可用"扎裹"(或"扎挂")一词来形容(第 350 页)。别出俚曲也有类似的用法,见前引书第 455、906、936、997、1028 页。"扎挂"也可指装潢或修缮房舍(第 214 页)。洞房次日清晨的曲词继续唱道:"忽然想起喜绢来,床里床外到处找,谁知他正拿着瞧,才待去夺他笑着跑。"所谓的"喜绢"是指沾到了处女血的丝绢。在此,蒲松龄利用"缠足作为装扮"的情欲含义,以新娘衣衫不整的意象,邀请读者想象她的落红初夜。

词,通常用来骂人"狐狸精",在这里也用来指控她的装扮逾越尺度。那天起,"珊瑚起来,依旧梳一个不丑不俊的头,披上一件不脏不净的衣裳,换上一双不新不旧的鞋,照常的伺候"。① 低调朴素的装束彰显了她的道德韧性,更何况,比起反抗婆婆,继续打扮,她的低调应对,包含了更困难的选择。尤其是,"一双不新不旧的鞋",隐含了对于自我身体与外在形象的精密掌控。

交换的信物

与缠足有关的各种物品,对于一个妇女而言,除了用于日常装扮之外,还成为她与她的生活世界之间的媒介,因为它们在经济的、礼仪的以及情感的交换上,可以充当信物的角色。在俚曲《禳妒咒》里,王媒婆对于地方官李知府应允给她的说媒报酬,感到怦然心动:"〔李知府〕许下给我裂半尺布的裹脚。待俺去走走,设或说成了,挣他这一宗布来,裂了裹脚,只怕还剩下一双鞋里也是有的。"② 由于缠足已是普遍实践的习俗,一定长度的裹脚布甚至被视同交易活动的货币。从"裂"这个动词可以看出,此一甚少被讨论的女性私密服饰物件,乃是由素棉布所制成,用撕的才会比用剪的更平顺整齐。不过,"半尺布"的意义必须再推敲。

---

① 《聊斋俚曲集》,第55、57页。《姑妇曲》底本为《聊斋志异》里的《珊瑚》。同样的场景,在故事里,只简单地描写:"每早旦靓妆往朝。"遭到婆婆斥责为"海淫"之后,她就"毁妆以进"(蒲松龄,《聊斋志异》,第2067页)。故事里的恶婆婆是明清文学中惯常出现的"泼妇"角色;蔡九迪就从蒲松龄处理泼妇角色的脉络,来分析这则故事(Zeitlin, *Historian of the Strange*, pp. 127—131)。

② 蒲松龄,《聊斋俚曲集》,第472页。在另一出俚曲《翻魇殃》里,"裂"这个字的基本意义虽然一样,但传达了一种更具暴力性质的含义。为了惩治一个放高利贷的恶棍,县官当堂下令(动刑之前)先将其华服"裂"了:"堂上喝了一声裂,嗤嗤一阵响连天",华服被迅速撕成一条条的"八丝缎","合衙门偷着抢去,都缝个荷包装烟"。(第192页)

"半尺"长的布，应该不够用于缠足，因此它很可能是指宽度。① 裹脚布的消费，更不用说是需要更新替换的鞋内垫，让人想起前述讨论"缠足作为妆扮"时，曾强调过的日常照料维持。小脚确实可能如同李渔和汪景祺所透露的，在男人眼中，是一种挑动欲望的华丽物体；但对需要踮着小脚漫步的女人而言，身体与足服的物质性才令她们耗费精神。

　　缠脚用品只占妇女针线手艺产品的一小部分。对妇女而言，纺织物件体现了商业交易之外的其他社会关系或家庭关系。在另一出俚曲(《翻魇秧》)里，有一位名叫范慧娘的女子，出身陕西官宦大户人家，与仇禄成亲，二人暂居范家。当慧娘初次到仇家宅子，拜见婆婆和仇大姐(丈夫的姐姐)时，奉上她的礼物："大姐陪着坐下，〔慧娘的〕丫头端过礼来：婆婆是绣鞋、枕顶、尺头四端；大姐是绣鞋、枕顶、尺头二端。"② 标准的北方枕头，形状有如细长

---

① 棉布不像官绸那样，并无标准的宽度。清初的叶梦珠是一位目光敏锐的时尚观察者，根据他的说法，日常所见之棉布，大致分为三类："标布""中机"和"小布"(《阅世编》卷七)。"小布"最为狭短，系在狭窄织布机上，由手工所织，"阔不过尺余，长不过十六尺"。中山美绪，《清代前期江南的物价动向》，《东洋史研究》第三十七卷第四期(1979 年 3 月)，第 88—90 页。亦见西岛定生，"Formation of the Early Chinese Cotton Industry,"pp. 53—54；以及周汛与高春明，《中国衣冠服饰大辞典》(上海：上海辞书出版社，1996)，第 524—525 页。19、20 世纪的裹脚布，从现存的文物收藏品来看，多半为四五寸宽、数尺长。有的裹脚布乃是从较大块的布匹撕下来的，就跟这里所描述的情形一样。其他裹脚布则以一架极窄的织布机织成，成品一圈一圈地卷成一大卷裹脚布备用，其照片可见于我的 Every Step a Lotus，p. 55。

② 蒲松龄，《聊斋俚曲集》，第 212—213 页。"端"为计算布帛长度的单位，但它的定义随着时代脉络的变化而有不同的解读。在古文献如《小尔雅》和《左传》里，一"端"为两"丈"(一丈为十"尺")；而在其他文献里，一"端"之长有一丈六尺、五丈、六丈以及八丈等各种说法。只是，"丈"的长度定义也会随着时代而变化。通常来说，一卷棉布长六丈；一卷绢布长四丈，称之为"匹"。不过，人们经常交互使用"匹"和"端"，这两个字眼也普遍用于各种布料(周汛与高春明，《中国衣冠服饰大辞典》，第 28 页)。亦见《辞源》，第 1271 页，以及《聊斋俚曲集》编者所加的注释，第 218 页注 11。虽然"尺头"可以广泛地应用于所有衣料，不过从后文来看，我们知道此处特指绸缎。亦见周汛与高春明，《中国衣冠服饰大辞典》，第 28—29 页。

方形盒子;"枕顶"指的是两块方形绣花织品,长宽均约七寸,用于装饰枕头的两端;其材质多为红绸缎,绣以花卉、蝴蝶、白胖男婴或戏文角色等精致花样,象征着年轻妇女对美满姻缘、早生贵子的愿望。绣鞋和枕顶都含蓄地扣连到闺房之乐。由此观之,虽无锣钹开道,但它们既是馈赠夫家女眷的典型嫁妆物品,又具体而微地展现她的针线手艺,因此,仇大姐代表夫家收下了。

不过,有关绸缎尺头的部分,就出现了细腻的交涉。仇家原是小地主家庭,不但拥有自家田产,而且还有足够的田地租给佃户,但自从一家之主仇仲被强盗掳去之后,家道一落千丈。仇家的二儿子仇禄是名秀才,慧娘的父亲对他青眼有加,招作女婿。仇家妇女明显地表现出对于两家地位差距的敏感:

> 大姐说:"尺头收不的。"……
>
> 俺家全无杯水敬,到着尊宅费事多,收下咱娘心不乐。
>
> 端过去咱娘看看,看咱娘是待如何。

仿佛套好台词似的,婆婆果然不肯收新媳妇和亲家的厚礼:"反过来了,到着**您**爹娘费这样事?"仇家母女都承认两家门户不相称,社会交换的流程"反过来了":她们本该是赠送礼物的一方——只要她们负担得起的话。

慧娘不肯就此退却:

> 俺爹说,两匹绸、两匹纱,着娘做件衣裳罢。
>
> 怎肯从新拿回去,拿去也着爹娘骂。
>
> 这不是甚么好物,反回去断然不拿!

终于,慧娘的孝心和谦恭言辞,说动婆婆收下礼物。但是大姐依然辞谢道:"咱娘罢了,我可断不肯领。"慧娘便改以强调人情关系的修辞说服她:"姐姐收下。往后借重姐姐处多着哩。"①照她说,眼前不相称的交换,将在未来调整过来。有了这番说法,大姐就不再坚拒了。

稍后,慧娘大方地发送礼物给每位"客家老婆子"——在地主家中帮佣的佃户妻子——"每人红绢三尺、钱二百",她们纷纷过来给她磕头,表示敬意。② 我们得到的印象是,"尺头四端"作为送给婆婆的礼物,是一份重礼,而且严格来说,实在也没有必要。这些超出分际的礼物,原本象征着双方在经济条件上存在明显差距,不过,经过一番言语往来之后,转而成为标识彼此情谊的信物,一种有待未来兑现的互惠承诺。慧娘说礼物是她爹娘要她带来的,以此劝说婆婆收下礼物,尽管如此,身为新媳妇的她,与夫家女性亲戚之间的这种物质的和情感的交换,仍属妇女们自己的私事。③ 像这样,就一份包括了绣鞋与枕顶这类针线成品,以及未裁切的布匹原料的礼物,进行收受与否的交涉,将妇女们联结在生产/消费彼此劳动成果的一个象征回路。

总之,在蒲松龄的俚曲作品里,大同妓的形象、北方和西北情欲,以及"西行"主题,都围绕身体劳动和日常物质性这两

---

① 蒲松龄,《聊斋俚曲集》,第212—213页。仇大姐是一名寡妇,儿子娶媳妇后,她就回到娘家照顾卧病在床的继母。虽然她的丈夫身后只留下微薄的家产,她的孀居身份却可能使她的生活更为简朴,比起仇母,也更能抗拒厚礼。

② 蒲松龄,《聊斋俚曲集》,第213页。在山东方言里,佃户或租户称作"客家子",而他们的妻子则称作"客家老婆子"或"客家媳妇子"。她们在地主家里帮手,或烧火煮饭,或供使唤差遣(第183、208页)。由于物价的地区差异和逐年波动,所以我们难以确认"二百钱"的购物价值。关于这方面问题的讨论,见中山美绪,《清代前期江南的物价动向》。

③ 相对而言,互送定亲礼品则是家长对家长的正式事务。没有意外的,范家与仇家的礼物往来,就物品价值而言,是极不对称的。范家(女方)送了"靴帽二事、蓝衫一领、锦帐一幅、羊一牵、酒一坛、四十盘礼、十六碗熟东西"。仇家(男方)的回礼则为"十六盘礼"(蒲松龄,《聊斋俚曲集》,第207、211页)。嫁妆里的服饰,均属男性的官式穿着。

条轴线开展和布置。他将注意力集中在寻常男女的身体和物件,由此突显出缠足的非情欲性的一面,就此而言,他与李渔、汪景祺二人所关注的面向,截然不同。虽然这些俚曲出于男人的手笔,但它们极贴切地从女性视点来观照清代初期缠足的累与用。缠足的功能溢出了李、汪二人聚焦的感官诱惑范畴:它赋予女人"天然的"女性身份,扮演自我呈现的媒介,而且也为生活中无所不在的社会差距和失衡提供了一个调节疏通的管道。缠足带有情欲色彩,这一点固然毋庸置疑,但与之并存的,还有女性自身的种种关怀:礼节、仪容、装扮,以及与自己的身体有关的各类日常物事。因此,尽管蒲松龄的俚曲仍属于男性作家的论述和主题范围,但也开启了一扇窗户,让我们一窥缠足妇女借由她们的身体所生产与消费的事物,以及由这些事物的密度与质感交织而成的万象世界。

时尚、地位与女性焦虑

身处贫富不均的世界,女性不但感到强烈焦虑,而且有着高度的身份意识,她们的心情也反映在俚曲里。① 李渔的女性鉴赏

---

① 有关明末清初的身份焦虑,已有相当充分的研究,在此,我无法全面地论及这些研究。大体而言,社会史学者倾向将"身份"视为一种本质化的社会分类(士、农、工、商等)。关于此一取径的参考书目,见 Timothy Brook, *Confusions of Pleasure : Commerce and Culture in Ming China* (Berkeley: University of California Press, 1998)。艺术史学者则捕捉到环境的流动性,他们认为,在流动的环境里,地位团体的实际界定,是不断受到质疑和重塑的。例如,"士"这个类别作为一种社会团体以及一种绘画风格的流动性,参见 Hay, *Shitao*,尤其第 26—56、200—209 页。亦见 Craig Clunas, *Superfluous Things : Material Culture and Social Status in Early Modern China* (Urbana and Chicago: University of Illinois Press, 1991),以及 *Pictures and Visuality in Early Modern China* (Princeton: Princeton University Press, 1997)。

指南,特别强调鉴赏者眼力的重要性,汪景祺在他的游历记述里,也展现了这一点,由此,我们已可察觉到,视觉性在这个时代环境之中,愈来愈受到重视。尤其,衣着作为一种媒介物,它所传递的讯息,不只是在于私密的愉悦感受,而且还有关于身份等级与性别认同的社会协商。在一个视觉导向的社会里,女性身体的外表,尤其是经过装扮的缠足,其重要性宛如一层"社会肌肤",扮演着自我与他者的界线,以及社会阶级之间的分野。历史学者岸本美绪将这种弥漫于明清社会,对于社会失衡产生的切身体会,称为"身份感觉",借以强调社会交往里,日益倚重的感官的——特别是视觉的——认知。日常生活变得充满焦虑,因为社会差异既彰显于衣着、乘具、称谓等生活面向,这些面向又转过来构成了社会差异。①

身份焦虑影响男人和女人的方式,并不相同。当然,漂泊的书生、小地主,以及窘迫的商人,都有各自的烦恼和忌羡。不过,社会失衡对女人形成一种更为切肤的影响,因为它铭印在她们的身体上,人人都看得见。为了表现出自己是佳偶良配、贤淑端庄,或出身名门,女人让自己经常处在被人审视的情况之下;也因此,

---

① "社会肌肤"(social skin)一词借自 Terence Turner;见他的"The Social Skin",收入 *Not Work Alone : A Cross-Cultural View of Activities Superfluous to Survival*, ed. Jeremy Cherfas and Roger Lewin(Beverly Hills:Sage Publications,1980),pp. 112—140。Turner 还敏锐地注意到,身体装饰作为一种"符号媒介",扮演着将个人建构成社会行动者或文化主体的关键角色,就此而言,相当于语言的角色(pp. 136—137)。个人作为社会化自我的概念,使我们将注意焦点从一个人的身体作为其"真实自我"所在的内部性,转移到外部性。对于"社会肌肤"这个富含分析力的概念,我的理解得自 Alfred Gell, *Wrapping in Images : Tattooing in Polynesia* (Oxford:Clarendon Press,1996),尤其是第 23—28 页。关于"身份感觉"的讨论,见岸本美绪,《明清时代の身分感覚》,收入森正夫编,《明清時代史の基本問題》(东京:汲古书院,1997),第 403—428 页。日文的"身分"(*mibun*)一词,有其法学史的学术渊源,比起英文的"地位"(status)一词,意义更为宽广,泛指先天或后天获得的社会位置或认同。

李渔和蒲松龄在他们的著作里,总是使用"相"这个动词。在一个视觉讯息充斥的时代里,"扎裹"自身,乃成了女人责无旁贷的事务:不仅要穿戴整齐、举止得体,而且妆扮还要合乎身份,不得有错。女性打扮和自我呈现的机会,于是伴随着一个阴暗面,亦即,无法避免被人审视衣着仪容,甚或受人指点讪笑。

一方面是爬升社会阶梯的机会,另一方面是暴露在他人视线之下的恐惧,二者共同将自我亮相的焦虑推向极致。蒲松龄的观众一定很熟悉"冒牌货症候群",因为他在俚曲里,总是拿丑脚来开玩笑,想来,这是最能够逗得哄堂大笑的法宝之一。真正的大脚,也就是未曾缠过的脚,其"笑果"远不如没缠好的脚,光是用来嘲弄这种半吊子小脚的名称,就有一大串:"半揽子脚""半栏脚""小歪辣骨"。姑且不论这些俗语诨名的字面意义,其实,让人更觉难堪的,是提到它们时,那种尖酸刻薄、嗤之以鼻的腔调。还有一项露骨的取笑,就是像已经谈过的,当"金墩"和"玉座"这两名丫鬟试图冒名顶替她们家小姐时,蒲松龄把描写的重心摆在她们如驴似马般的快步。与之相关的埋怨,是这般走路时发出的可怕声响:"啄打啄打"。更惨的是,半吊子丑脚还会被嫌浪费。因此,有个赌鬼丈夫跟他的泼辣妻子翻脸对骂时,就用这等言语奚落她:"留着你,又少袄又少裤,做鞋还得三尺布。"①

---

① 这些用语,依序见于蒲松龄,《聊斋俚曲集》,第 519、956、953、518、404 页。另外还有一个相关的说法,"做鞋就得二尺绸",见第 456 页。俚曲里有关亮相的性别化失衡,可以《增补幸云曲》中正德皇帝的微服出游为例。他的寒酸军汉棉袄确然令他遭人白眼,不过他的失态多属语言上和行为上的。后来,每当他被瞧不起时,总是使出一掷千金的招数,从而扭转劣势,反过来折辱他的对手。相形之下,因为脚缠得不好而备受奚落的妇女,却别无翻身的法宝。在这些俚曲里,女人的脚,若不是缠得很完美,就是很丑陋。至于嘲笑大脚的主题,则常见于 18 世纪的其他三部民间歌曲集:《霓裳续谱》《白雪遗音》和《缀白裘》。见李孝悌的分析:《18 世纪中国社会中的情欲与身体:礼教世界以外的嘉年华会》,《"中央研究院"历史语言研究所集刊》七十二,第三部分(2001),第 570—573 页。

　　对时髦迷人的向往，以及对显露寒碜的担忧，这两种心情都说明了准备到庙里进香的妇女，事前打理自身行头的认真态度，因为"进香"对于良家妇女来说，是少数能在公开场合展露自己的机会和借口之一。在一出俚曲里，大户人家的一名厨子，表达了他对于妻子外表的骄傲："每日领着主人家工食月粮，也尽够费的。给俺老婆做的通红的袄，娇绿的棉裤，扎挂的合那花鹁鸽一样，人人看着齐整。昨日待去烧香没有鞋，我卖了一斤香油，他截了半尺三绫。又给了他一斤姜，半斤胡椒，换了一幅扣丝带子。你说这都不是在主人家挣的？"所谓的扣丝带子，可能是指两端缀以缨穗的宽幅带子，长一点的话，可以作为系裙腰带；不过在这里，既然是接在足服之后说起的，它可能是指腿带，亦即，短一点的带子，北方妇女用之系于小腿和脚踝部位，以衬托她们的弓鞋。①

　　为了进香而极尽妆扮之能事的"烧香娘子"，是如此地切合视觉当道的时代氛围，也因此，各地的民谣歌曲里反复出现此一主题。的确，缘于流动社会里性别与身份界限而产生的焦虑，就像我们从蒲松龄的北方歌谣里发现的，同样也表现在 17 世纪江南的吴腔歌谣之中。在南方，比起从未缠脚的妇女，脚没缠好的妇女，就跟北方的情况一样，要面对更令人难以忍受的挖苦嘲弄，因为日常所见所闻的怪足坏足实在太多了。《乡下妈妈要去敬菩

---

① 蒲松龄，《聊斋俚曲集》，第 557 页。在这段话之前，作者提到，这名厨子的薪资为"一年八石粮"。从主人家偷东西捎油的贪心厨子，也是常见的故事题材之一。"三绫"是什么意思，尚不确定。一个可能是指经过"三染"至深红色的斜纹锦缎布料。关于"三染"，见周汛与高春明，《中国衣冠服饰大辞典》，第 545—546 页；该书亦收入一幅布制腰带的照片，见第 438 页（"罗带"条）。关于腿带，见柯基生，《三寸金莲》（台北：产业情报杂志社，1995），第 68—69 页。在该书作者的收藏里，有一副红绸腿带，约 4 公分（1.6 英寸）宽，87.6 公分（34.5 英寸）长，两端另有 12.7 公分（5 英寸）长的缨穗。

萨》这首歌谣就是一个典型。歌词依循着标准的叙事模式,从她头上的打扮开始描述,逐步下移到身躯,最后止于她的足服和步伐:

> 东家借裹脚,西家借套袜;
>
> 大红鞋子绿叶拔,走一走,搭一搭。

歌词里的这位娘子,后来走在石板路上的时候,滑了一跤,惹得路人哈哈笑。[①] 一副全新的裹脚布,乃是盛装的标准配件,也呼应了前述所强调的"扎裹"要求。

关于这个主题,还有一个时代稍早的例子,那是一首名为《烧香娘娘》的华丽歌谣,出自苏州作家冯梦龙(1574—1646)于17世纪辑集的吴歌选集《山歌》。[②] 这阕长篇叙事歌谣有一点不寻常,因为里面所叙述的进香路径,与一般所描写的相反——在这里,有个商人的妻子,要从城里到乡下地方进香。当我们将她看成是一名时尚消费者时,与其说她在歌词里被当作嘲讽的对象,倒不如说是被安排在沿途走秀,展示她的装扮。某日春暖,这个妻子一心想要出门看风景,她的计划是到穹窿山的观音庙烧香还愿。歌词开头就将城乡之间作了对比:"乡下人一味老实;城里人十分介轻狂。"她的"轻狂"首先展露在她的凶悍放肆:她说想要添购几

---

① 这首歌谣在20世纪初由顾颉刚等人在无锡采集而得。为了方便,本段引文摘自最近的重印本《吴歌 吴歌小史》(南京:江苏古籍出版社,1999),第487—488页。其他以时髦进香妇女为主题的歌谣,见《赐儿山》,华广生编,《白雪遗音》,收入《明清民歌时调集》下册(上海:上海古籍出版社,1987),第731—732页。《白雪遗音》的辑集止于1804年,不过直至1828年才出现刊印本(周贻白,《中国戏曲史》,第493页;李孝悌,《十八世纪中国社会中的情欲与身体》,第549页)。

② 吴腔通常被认为是苏州一地的方言,不过,在实际上,使用这种方言的,包括了江苏和浙江两省长江三角洲的广大区域。冯梦龙在1596年左右开始收集吴地的"山歌";相关介绍可见大德栋的序言,收入冯梦龙编,《山歌》,收入《明清民歌时调集》上册(上海:上海古籍出版社,1987),第247—267页。亦见大木康的丰富研究,《馮夢龍〈山歌〉の研究》(东京:劲草书房,2003)。

件首饰衣裳，可是家公表示反对，结果，她不但出言咒骂，还作势要打他。不过她公公的反对并非毫无道理，因为家里生意亏损，出现赤字，灶下无柴，锅中少米，屋舍有待修缮。盛怒之下，她心生一计，想到跟两位邻居商借佩件，自行拼凑出一套华贵的行头。若说她轻狂，她实是执意要当一个轻狂的时尚消费者。

头饰和发饰最为费劲："无奈何，头上嵌珠子天鹅绒云髻，要借一个。芙蓉锦绫子包头，借介一方。兰花头玉簪，要借一只。丁香环子，借介一双。"幸好，她完全知道可以跟谁求助："徐管家娘子有一个金镶玉观音押鬓；陈卖肉新妇有两只摘金桃个凤凰；张大姐有个涂金蝴蝶；李三阿妈借子点翠个螳螂。"借不着的，就从市集买来："四个铜钱，替我买条红头绳扎子个螺蛳；饶星鹿角菜来刷刷个鬓傍。"

就像北方歌谣里所说的程序一般，这位南方烧香娘子的整个造型工夫，也是从头上装饰开始打理，一路向下，直到扎裹双脚才告结束："讨一圆香圆肥皂，打打身上。拆拽介两根安息香，熏熏个衣裳。头上便是介个光景。身上冉亨商量。借介件绵绸衫，桃红夹袄来衬里，外头个单衫，弗拘荸桃青或是柳黄。花绸连裙，洒线披风，各要一件。白地青镶靴头鞋，对脚膝裤，各要一双。再借一付洗白脚带。"邻居走后，她立即先将内衣"洗洗浆浆"，也就是说，除了外观打扮之外，还有许多自我修饰的工作要做；尽管这些贴身衣物不会显露于外，但它们的整洁，对于她的内在自我感觉，是极为重要的。最后，她央请姑妈和外甥代她走一趟当铺，拿两件"铜勺注子"和两领"补打衣裳"典当，换得银钱，购置香烛什物，其余以应庙中施舍、午餐和雇船乘轿之用；再买松柴，出发前夜烧好浴汤，洗个热水澡。

隔日清晨，进香娘子搭船出发，再换乘轿子上山。她度过了美好的一天,直到黄昏,才急忙赶回家中。两位借她首饰衣裳的邻居,随即上门讨回东西;一刹那,已是"满身剥得精光"。歌曲将尽,进香娘子感慨万千:"方才金光参殿,像个常熟山上新装塑个尊观音佛……〔如今〕好像个盘门路里碰乌龟算命个星臭婆娘。"①在一个视觉导向的社会里,女人的时尚装扮或"社会肌肤"界定了她的社会身份和角色:剥去华美外表,她不光是没有看头,连社会身份也荡然无存了。

我们在前面曾提过,北方与南方在富裕程度上的差异,化身为红石村三女子对南方书生的爱慕之情;如今,则可通过南、北歌谣里的"烧香娘子",比较她们在视觉形象上的差异。比起北方的厨子妻子(那位穿着绿棉裤的"花鹁鸪"),南方的商人妻子属于一个更为高级的时尚体制,对于色彩的协调性和各种丝绸织品的搭配,都有更细腻的讲究。南方的精致,还表现在对于洗浴、香身和薰衣的注重,视之为装扮过程的一部分。江南不愧为丝绸文化的中心,不论就其服饰质料和式样,还是消费者的知识而言,确然都在整个帝国里,独领风骚。

不过,到头来这两位"烧香娘子",其实身处在一个类似的社经位置:向上(而且随时会向下)流动的城市寻常百姓。她们虽然出身不属于享有特权的士大夫家庭,但是通过工作和居住环境,她们仍得以接触到必须的文化资源,努力效法上等人家的高尚品味。只是,她们取得时尚服饰和佩件的管道,透露了她们在欲求经济里的不完整参与。不论是用姜和胡椒换来的扣丝带子,还是通过商借、典当和其他通路凑齐的行头,都反映出她们的捉襟见肘。她们的欲望总是超过她们可支配的物质世界,因此始终无法

---

① 冯梦龙编,《山歌》,第418—424页。大木康提醒我注意这阕歌谣,特此致谢。

完全实现。

烧香娘子的角色，既不优雅，也不是大家闺秀，但她们仍有足够的资源，知道怎样公开亮相；而她们也带领我们回到本章开头所铺陈的寺庙前的公共空间。根据报道，庙口空地乃是喧腾热闹的西北赛脚会场地，不过，那些时髦的烧香娘子出现在空地中央时，这片广场便呈现出截然不同的面貌。她们心知自己的裹脚布是干净的，又能尽情地用她华丽的外表博取其他女人和男人的注目。女性竞争并不只是男性的幻想；对于身份意识强烈的女性而言，这是日常现实；她们的身体承载着都市化和商业化社会里的强烈焦虑。不过，尽管焦虑，她们也享有形塑自我、超越旧式社会区异的新机会。从决心到庙里进香，到购买何种衣料，制作何种服装，再到穿什么鞋、戴什么首饰等，烧香娘子通过这种种决定，参与了地方情欲的制造与再制，而我们原本还以为这是专属男性作家/旅人的特权呢！

第六章　灰姑娘的梦想：女体的累与用

出土文物

生命结束后，身体会留下些什么痕迹呢？赋予每个生命体其独特性——也让每位缠足女子得以主宰她的世界——的感知与感情，又能有什么残存下来呢？当我身处杭州的中国丝绸博物馆的收藏室里，双手戴上白手套，正准备翻视馆藏文物时，脑海闪过了这些疑问。那时，在我眼前，有两只衬着软垫的托盘，盛在盘子上的，是一双鞋子、两双袜子和一副裹脚布，它们最近才从江苏境内的一座女墓出土，经判定为明初永乐年间（1403—1424）的文物（见图十五）。

象牙色的鞋子，纤巧精美，保存状态良好。就其长达 21.75 公分（8.7 英寸）的长度而言，并不算小，但鞋身极窄，代表了一种审美观：偏好被重新塑形的双脚，而非无拘无束的双脚。鞋面周围和脚尖部位饰以云朵、如意和花纹等图样，先以墨色描底，再按图绣花。内凹脚趾的底部，均匀地以反针织法补强，同时使缎面向里衬固定住。原来的布底已然腐坏，露出一层卷曲的毡样纤维，这本为鞋内的软垫。

无衬里的夏袜和有衬垫的冬袜，一如汉代以来的袜式，都是

266

平坦而带着一个宽松笔直的袜筒。① 每只袜子均由两片布料缝制而成：沿着脚趾和脚跟的轮廓，将布片裁成脚的形状，脚尖部位则微微下斜。其长度为22公分（8.8英寸），略长于鞋子，不过，袜子本是平面，当立体的脚穿进去之后，原来略长的袜子，实际上就会撑得较短了。

女墓主入土时，脚上显然裹着裹脚布，这是一条长长的棉布或纱绸，宽约6公分（2.4英寸）。明代的裹脚布，就尺寸来说，与现代的实物相似，缠裹方法则有所不同。现代的缠法，一般是将起缠的布头紧紧绕藏于后缠的布条之下；眼前的明代缠法则不然，起缠的布头仍然松松地露于脚背附近，并未特别处理。此外，缠到最后一圈，将布条横过脚趾部位，维持紧绷以塞进尖瘦绣鞋之中。布尾与另一端打个结，使之固定。皱褶处有一个不到2毫米的黑色斑块，很可能是脚趾骨的一小块碎片。塌陷压平的裹脚布，依然保留了脚的轮廓，以及脚身一度占据的空间。② 肉身已逝，但是，残留在一片贴身衣物上的一个带有触感的印记——就像杜林尸衣——提醒我们它曾经有过确实具体的存在。

在本书前五章里，我们主要是通过男人的文字书写来逼近缠

---

① 现存最早的男女袜子为西汉时期的遗物。后世的袜子，尽管在式样和材质上有所变化，但是基本的构造并未改变。关于袜子的历史图说，见周汛与高春明，《中国历代妇女妆饰》（上海：学林出版社、香港：三联书店，1997），第290—293页。相反的，20世纪初的袜子则为立体造形，而且也更合乎脚形（见图八）。

② 关于女墓主尸身的状态和下落，依然是个谜。出土的裹脚布已经扁平化，外观形状有如袜子，从尖端到跟部，长21.5公分（8.6英寸）。想要摊开这叠布，理所当然是不被允许的，因此，我无法检视它的里层情况。鞋子和袜子都是典型的式样，相形之下，裹脚布则令人好奇，关于其使用方式，也有一些疑问产生。例如，两端打的结，显然相当粗大，难以塞进窄鞋之中。难道这种缠脚形式，只在为尸身穿戴寿衣时才使用吗？这些罕见的衣饰出土文物，非常值得进一步研究。我在2003年6月造访该博物馆时，相关的成分检验和年代测定的化学分析，正待进行。在此，我要特别感谢中国古代纺织品研究的权威，也是浙江杭州中国丝绸博物馆副馆长赵丰博士，感谢他热情慷慨的协助。

足的历史。这种做法有其必要，因为此一主题的形塑，以及我们对它的认识，在相当大的程度上，出自男性的关怀和感情。现代国族主义者的尴尬和耻辱、赏玩家的怀旧感伤、考据学家的好奇和漠然责难、旅人的西北风土异想，以及冒险家对精巧小脚的寻寻觅觅：他们这些极为真实的热情，构筑了"缠足妇女"的形象，并深植在我们心中。

说穿了，若无男人的感情和欲望，就不会有女人缠足；亦即，世上并不存在着一种称作"缠足女子"的纯然、孤立主体。男性欲望和女性欲望互相缠绕，难解难分，因此，若要了解后者，就必须细细审视前者。当然，男男女女在每次相遇——在文本里和生活里——都会有不同的利益立场和相对位置；我们并没有要否认这一点。我已回顾了男性作家的书写，旁敲侧击，留意其中隐含的空白和沉默，借以呈现那种性别化的差异。年长妇女在反缠足声浪高涨时所感受到的羞辱、贫苦乡野妇女沦为女贼的无奈、进香妇女担心外表不够亮丽的焦虑：这些情绪，其深刻的程度，丝毫不下于男性的向往。每位缠足妇女，都生活在复杂无比的世界之中，她们所面临的动机、选择、辛苦和代价，时刻都在变动。只要能够，我都努力想要站在她们的角度来观察她们的世界。

本书接近尾声之际，这个长期萦绕的缺憾，再度袭上心头。问题的关键——前现代缠足妇女的身体感觉——始终未曾能厘清。[1] 因此，本章的目标将是竭尽可能近距离地观察她们的身

---

[1] 在一篇稍早的论文里，我曾讨论了有关感受他人痛楚和同情的问题，见我的"The Subject of Pain"，收入 *Dynastic Decline and Cultural Innovation : From the Late Ming to the Late Qing and Beyond*, ed. David Wang and Wei Shang (Cambridge, Ma. : Harvard East Asia Center, 2005)。关于明代绅妇沈宜修(1590—1635)及其女儿咏写身体与双足的诗作，见我的《闺塾师》(Stanford, Calif. : Stanford University Press, 1994), pp. 167—171。关于其他女诗人的作品，见 *Women* （转下页）

体。这些身体曾经占有特定的时间与文化空间，遗留下了甚少以文字形式存在的物质印记和踪迹：鞋子、袜子、裹脚布、爽足粉、药方，还有绣样等，不论多么零碎，它们都提供了有关已消逝身体的线索、它的主体经验，以及这些经验所参与的各种历史过程。经由细究妇女们制作的事物，以及令她们成为女人的物事，本章把"女体的累与用"摆放在 15—19 世纪缠足史的中心位置。

从"平底"到"弓弯"

生前与死后都穿着这些鞋子的 15 世纪江苏女墓主，我们对她的生平一无所知。不过，她的服饰遗物，从女性足服演化的脉络来看，仍然诉说了一段有意义的历史。她那双窄身、尖头、平底的鞋子，其式样常见于宋、元两代缠足初兴的阶段，而且显然延续到了明代初期和中期。[①] 这个时期出土的女性足服（见图十六），分为两种亚型：其一，就如同这里描述的江苏女墓里的鞋式一般，形状宛如皮划艇（kayak，译按，源出因纽特人，也常译作独木舟；此处译为皮划艇，以与 canoe 区别），鞋身窄滑、尖头微微朝下；其二，形状像是独木舟（canoe，译按，源出印第安人），鞋首高翘，由于脚尖上扬的特征，这类鞋子有时也被称作"凤头鞋"。

（接上页）*Writers of Traditional China : An Anthology of Poetry and Criticism*, ed. Kang-I Sun Chang and Haun Saussy (Stanford，Calif.：Stanford University Press,1999)。虽然这些女性诗作对于女性情怀和日常生活，经常有生动而且深刻的表述，但是对于女性的身体感觉和主观的缠足感受的描述，基本上却是一片空白。

① 有一双类似的弓鞋自江苏无锡一座元代墓室之中出土，见周汛与高春明，《中国历代妇女妆饰》，第 305 页。

前者的美学诉求,在于营造出一种优雅的纤直感;后者则通过鞋尖的曲线弧度,吸引目光焦点,其翘起的程度,有时甚至夸张地高达 7 公分(2.8 英寸)。虽然"弓鞋"只是一个总称,泛指各式配合缠足而穿的鞋子,不过,这个名词的源头,说不定与这种弯头鞋式有关。① 不论是哪一种鞋式,13—15 世纪的足服,其长度范围为 13—22 公分(5.2—8.8 英寸)——就后世的标准来看,绝不算小。

这两种鞋子的特色主要还在于鞋底:不管是窄身还是厚底,它们的鞋底都是平坦的;因此,体重平均分布在脚底板上。布质鞋底通常扮演软垫的角色,使穿着者踩踏地面时较为舒适:我所检视的那双鞋子,其底部就有卷曲状的纤维;其他例子还包括了一双出土于江西南城的绣花鞋,属于明代皇室王妃孙氏(1543—1582)所有(见图十六:7)。这双鞋子的黄锦鞋面长 13.5 公分(5.4 英寸)、宽 4.8 公分(1.9 英寸),缝在一块厚底之上,厚底高 1.5 公分(0.6 英寸),由一叠棉布制成;鞋内加上一块鞋垫作为补强之用,其材质则为绒缎纤维。② 因此,尽管外观看来极为精巧,这些鞋子的制作,主要还是为了辅助双脚的走路功能。

我们在第四章里已经指出,12 世纪下半叶的学者张邦基将

---

① "弓鞋"是一个意思含混的名词,它本身并不表示鞋子的设计或形状必为弓形。关于这个词,从五代到清代以来的历史文献征引,见周汛与高春明,《中国衣冠服饰大辞典》(上海:上海辞书出版社,1996),第 299 页。同样的,所谓的"凤头"也只是一个泛称。关于"凤头鞋"在形态上的各类变异,亦见前引,第 298 页。

② 江西省文物工作队,《江西南城明益宣王朱翊鈏夫妇合葬墓》,《文物》八(1982),第 20、22 页。考古报告里并未交代这些鞋子的长度和宽度,不过这方面的资料可见于服饰史专家周汛与高春明的著作《中国历代妇女妆饰》,第 298 页。有关高跟足服的演进,亦见他们的《中国传统服饰形制史》(台北:南天书局,1998),第 125—126 页。他们特别注意厚底的高度,并指出,江西孙氏墓出土的厚底鞋,属于晚明时期高跟鞋式开始流行的阶段。我则专注在脚部的生理学构造以及缠足的缠裹方式,从这个角度来看,我较倾向于将它们归类为宋、元时期的平底足服传统。

"弓弯"视为缠足的关键性指标。13、14 世纪的学者在其起源论述里，也特别强调"弓纤"形状。不过，我们应该避免拘泥于字面意思，因为"弓足"只是一个总称，其中包含了各种形状和弯曲弧度。最有可能的是，状似皮划艇的鞋子，以及状似独木舟的鞋子，之所以在形状上有所差异，乃是因为它们对应于两种不同的缠足方式。前者要求紧缩脚趾的伸展，其方式可能是将拇指之外的四个脚趾向下弯折。根据一项轶事，南宋理宗（1225—1264 在位）的宫妃们因"束足纤直"，而被戏称为"快上马"。在第四章里，我们也谈到了明代学者杨慎在其叙述的梁女莹故事里，将她的脚形容为"底平指敛"。① 在这些例子之中，"弓足"这个词是名不副实的，因为她们的缠足，其实维持着平直的形状。

相对的，状似独木舟的鞋子，则可能伴随着脚尖向上缠裹的方式，如此才能与上翘的鞋尖搭配。关于这种缠裹风格，南宋时期两位女士的陪葬品，都提供了物质上的证据，虽然证据力还不是那么充分，但仍颇具暗示性。首先是一名皇室宗亲的妻子，她的名字是黄升（1227—1243），死后葬在福州近郊，出土时，筋肉均已腐朽分解，但脚骨仍包裹在一条长长的素色纱布之中。她的 16 双袜子，包括穿着的一双和放在包袱里的 15 双，脚尖部位均为翘突形状；同样的，她的六双鞋子，包括脚上的一双和包袱里的五双，亦均为翘头鞋（见图十七）。黄升的父亲黄朴当时任职"泉州知州兼提举市舶司使"，掌管泉州对外贸易大权。她的随葬品包括了各色服饰 201 件和丝织品布料 153 件，证实了当时的福建沿海乃是丝绸制造中心和

---

① 杨慎，《汉杂事秘辛》，收入《香艳丛书》（上海：国学扶轮社，1914），第 652 页。关于宋理宗宫廷里的"快上马"轶事，典出《宋史》中的《五行志》，引自高世瑜，《缠足再议》，《史学月刊》二（1999），第 23 页；以及苏馥，《香闺鞋袜典略》，第 45 页。

时尚中心的说法。① 翘头鞋从当时国际时尚的角度来说，或许只能算是一种奇装异服，不过那些朴素的袜子，其制作却是基于穿着者的舒适考量。因此，将袜子设计成脚尖翘突的样式，除了配合脚身形状之外，看不出有其他可以相信的理由。

更具说服力的，是江西德安出土的周氏（1240—1274）遗物。周氏的父亲和丈夫都是文官。她的尸身保存完好，从一张剥除衣物之后所拍摄的照片可以看出，她的脚尖向上翘起。发现墓室时，她的脚上缠裹着浅黄色罗纱脚带。此外，跟黄升一样，周氏脚上穿着的罗纱袜子和鞋子，以及随葬的七双袜子和七双鞋子，脚尖也都上翘。②

这两位女士在足服式样上的相似性，意味着脚尖上翘可能在13世纪中叶起，已经成为区域性的时尚。③ 至于在南宋时期，在

---

① 福建省博物馆编，《福州南宋黄升墓》（北京：文物出版社，1982），第 19 页。亦见福建省博物馆，《福州市北郊南宋墓清理简报》，《文物》七（1977），第 1—17 页。泉州丝绸曾出口到波斯和东南亚。黄升的鞋子由花俏的三经绞罗纱制成；其中两双的鞋帮印有金色梅花图样。全部六双鞋子均为 13.3—14 公分（5.3—5.6 英寸）长、4.5—5 公分（1.8—2 英寸）宽。素绢制成的袜子均有衬里（夹袜），袜长由趾至踵共计 16.4 公分（6.6 英寸），袜高则为 16 公分（6.4 英寸）。关于黄升的鞋子，亦见我的 *Every Step a Lotus : Shoes for Bound Feet* (Berkeley：University of California Press，2001)，第 21—22 页。在一张现代照片里，一位名为吴含（Wu Han 音译）的女士展示了她的裸足，其脚尖部位，就是向上翘起的（Howard S. Levy, *Chinese Footbinding : The History of a Curious Erotic Custom*〔Taipei：Nantian shuju, 1984〕，p. 256）。

② 江西省文物考古研究所与德安县博物馆，《江西德安南宋周氏墓清理简报》，《文物》九（1990），第 1—13 页。鞋子长 18—22 公分（7.2—8.8 英寸）、宽 5—6 公分（2—2.4 英寸）。袜子均为金黄色罗纱制成；其中三双为长筒袜（由脚跟至筒端长 40 公分，即 16 英寸）、两双为中筒袜（20.5 公分，即 8.2 英寸）、两双为短筒袜（17 公分，即 6.8 英寸）。裹脚带长 200 公分（6.8 英寸）、宽 10 公分（4 英寸）。

③ 两位女士的足服款式在两个部分呈现差异。首先，尽管她们的裹脚带在长度上相差无几，但黄升的裹脚带较像一条缎带，宽仅 0.9 公分（0.4 英寸），而周氏的裹脚带宽度则有 10 公分（4 英寸），略多于近代常见的形制。这可能是由于黄升年纪较轻的关系，因为近代的年轻女孩确实倾向于使用较窄的裹脚带。其次，（转下页）

东南以外的地区有没有缠足，以及缠裹式样和技术有没有分歧，有待借助今后可能陆续自其他区域出土的文物方可研判。从迄今所发现的两类足服来看，我们可以得出一个权宜的结论：从宋、元两代至明代初期，缠足的目标是使脚身显得更窄，脚尖显得更尖。在一些例子里脚趾部位向上翘起，在别的例子里则是向下内折，不过上翘也好，内折也好，脚身都没有被弄成弓形。平底乃是常态。不算小的鞋子，以及选用比棉布还不牢固的丝帛作为这两位宋代女士的裹脚布材料，都说明了在缠足的萌芽阶段里，缠裹的紧度相对较为宽松，在这个时期，缠脚所标示的，与其说是吃苦耐劳的作业，还不如说是贵族式的优雅精致。

现代的观察者把追求过度纤小的缠足，以及因此造成脚背凸起的弓形——美其名曰"三寸金莲"——预设为一种恒常不变的特质。事实上，这种情形只发生在缠足历史的后期，也就是说，这是直到 16 世纪高底鞋式兴起，才产生的一种趋势。我们曾在第四章讨论过余怀（1616—1696）的《妇人鞋袜辨》一文，该文提到，苏州妇女追求时髦，她们喜爱的弓鞋鞋底，以香木雕凿而成，表面围以精致绫罗；对于此一新奇的高底制作，余怀评论道："前古未闻，于今独绝。"①

足服加上高底之后，带来一种新的视觉乐趣，如同清初学者刘廷玑（1653 年生）所说明的："鞋之后跟，铲木圆小垫高，名曰高

（接上页）黄升的随葬品包括了两件不同花样的丝质缀饰裹腿布（福建省博物馆，《福州市北郊南宋墓清理简报》，《文物》七（1977），第 9 页）。周氏墓里则无这类物件。

① 余怀，《妇人鞋袜辨》，收入王晫与张潮编《檀几丛书》（内阁文库钞本），卷三一，第 2b—3a 页。

底。令足尖自高而下着地,愈显弓小。"①在上一章里,我们曾看到,明末清初的赏玩家李渔也发出类似的评论:高底鞋很明显地在视觉上占了便宜,结果,真正拥有纤小双足的妇女,反而宁可穿着平底鞋,免得遭人冤枉为作假。高底的诞生,意味着在晚明时期,社会上追求小脚微型化的风潮,已趋白热化。

高底的作用不仅是造成视觉上的错觉,它还使得缠裹方法为之改变,并被贴上一个看似自古而然的"弓足"标签。除了将四趾向内弯折之外,增加高底还使得跖骨和相连的楔状骨的骨盘向上推挤,导致脚背的中央隆起成弓形(见图三 A)。脚后跟到拇指尖的距离于是大幅缩短。弯曲成弓形的结果是,脚背上控制脚趾的肌腱和伸张肌不但被绷得紧紧的,控制的力道也减弱了。一如人们惯常想象的那样,跖骨逐渐萎缩,不过这并不至于造成骨折。第五跖骨向脚跟骨挤压之后,慢慢地在足心形成了一道凹缝,其侧即为厚厚的肉趾。这道凹缝成为宣泄情欲的所在:当赏玩家李渔吹嘘他对大同名妓小脚的体验,说道它们"柔若无骨"时,他所指的就是足心凹缝旁边的肉趾。

这种新型的三角形小脚,经常被比拟为"莲瓣"或"玉笋",因为它的形状是从浑圆弯曲的脚跟逐渐变细,终至尖锐的脚趾。脚背隆起使得脚身的长度大幅缩短,只是由于外观不甚可爱,反而成了被揶揄嘲弄的对象。因此,使平底消失的紧缠方法,其目标乃是为了使脚身全面性地缩小,希望达成甩掉体

---

① 刘廷玑,《在园杂志》,收入沈云龙编,《近代中国史料丛刊》(台北:文海出版社,1969),卷四,第21a页。他的描述从指称三种流行足服开始:"女子所穿有弓鞋、绣鞋、凤头鞋。"由于中文语句构造的问题,我们无法确定他所说的,究竟是指这三种足服都有高跟,还是仅有弓鞋有之。刘廷玑还写道,妇女穿着高底之后,遂不用"有底之袜",改采"无底直筒"袜(名为"裼衣")。然而这并不正确,因为文献证据和物质证据都显示,袜底和鞋跟之间,几乎不存在关联性。

肉的不可能任务。高底鞋将穿着者的体重，重新导向一个由
拇指尖、内折的四趾，以及脚后跟所构成的一块小三角架状的
区域。尽管不够稳，但高底鞋其实比平底鞋为小脚提供了更
好的支撑。

　　这种极致的缠裹方法，造就了"弓弯"此一形容小脚的新名
词，这个词语也成了缠足的另一个美称。例如，余怀描写晚明
时期金陵名妓顾媚的美丽时，就用了"弓弯纤小"（她的"弓弯"
又纤又小）这个词句。① 乍看之下，这个中文句子颇为奇特，因
为它是由四个形容词单字所构成：弓—弯—纤—小。就这样，
我们看到了新式时尚体制不容打折的严格要求。

金莲崇拜

　　虽然早在宋词和元曲里，"金莲"这个词语就已被用作对女人
小脚的美称，不过，一直要到高底时尚的出现，缠足和赏玩缠足的
行为，才能够恰如其分地称作"金莲崇拜"。② 沉迷于纤小的追
求，不惜牺牲脚部的活动，其结果是连站立和行走都变得愈来愈
艰难。在 16、17 世纪，这种崇拜及伴随而来的缠足情欲化，源自
商业化的、竞争性的，而且时尚意识强烈的江南文化。关于这个

---

① 余怀，《板桥杂记》，卷三，第 7a 页，收入《香艳丛书》（上海：国学扶轮社，1914），第
　　3665 页。在 16 世纪之前，"弓""弯"二字都用于形容小脚，不过这两个形容词单独
　　出现时，并不必然带有"弓弯"的意思。如余怀这般使用"弓弯"一词的，还有谢在
　　杭："古人但不弓弯耳，未尝无缠。"（《文海披沙》〔上海：大达图书供应社，1935；序
　　文作于 1609 年〕，第 63 页。）
② 在潘妃与窅娘的传说里，"金莲"为宫廷舞者使用的一项辅助道具，而且也保有佛
　　教传统的含意。但在宋代诗词里，诗人已使用这个词来赞叹缠足妇女的纤足或其
　　步履之美妙。见叶大兵与钱金波，《中国鞋履文化辞典》（上海：上海三联书店，
　　2001），"金莲"条目，第 25 页。

主题,我们在第四章谈到胡应麟的时代魅力感受时,已经有所触及。上一章结束前讲到的烧香娘子,则具象化了此一文化追求,以下我们还将进一步探究这个课题。不论如何,追求极小化的缠裹方法,一旦建立了,便逐渐对帝国里成千上万的妇女形成一种规范性的压力,直到 20 世纪。李渔所嘲讽的"抱小姐"、脚部组织坏死的医案,以及晚清放足运动者不断数落的跛足后遗症,都一一证实了,此一在缠足历史后期才出现的流行风尚,具有强大威力:高底不但成为想要之物,而且还是必要之物。

尽管弓弯崇拜已造成流行,就其观念与实践而言,仍不是普遍性的。对于清初江南的流行趋势,上海士人叶梦珠拥有极敏锐的观察力;根据他的说法,附加高底的新式弓鞋,起先还标识着社会地位的差异:"弓鞋之制,以小为贵,由来尚矣。然予所见,惟世族之女或然。其他市井仆隶,不数见其窄也。以故,履惟平底,但有金绣装珠,而无高底笋履。"

叶梦珠呼应了李渔和余怀的观察,认为高底确实有助于产生一种"纤小感"的视觉错觉。于是,到了 17 世纪下半叶,这种鞋式开始跨越社会阶级,成为主流。叶梦珠就如此接着说道:"崇祯〔1628—1644 在位〕之末,闾里小儿,亦缠纤趾。于是内家之履,半从高底。窄小者,可以示美;丰跌者,可以掩拙。本朝因之。"①即使当高底成为时尚服饰的必需品,旧有的缠裹方式——压迫脚趾,但并未弯折跖骨——也从未完全消失。

比起地位差异,区域之间的差异更加显著。杭州文人田艺蘅在 1609 年评论道,他那个时代的妇女所采行的缠裹形式,可以追溯到传说中的窅娘,亦即,以丝帛裹脚成新月状。就其在诗歌中

---

① 叶梦珠,《阅世编》卷八,引自叶大兵与钱金波,《中国鞋履文化辞典》,第 24—25 页。

的昵称而言，"今之脚小者，香奁裹咏必曰笋芽、曰半叉。俚语则曰三寸三分。诚雅致也。若夫昔人所咏弓鞋，则弯转如弓，乃北方妇人之态；南人笑之曰翻头脚，亦曰揣船头。又其下品也，斯不足观矣"[①]。仅靠书面形容，实难辨别它们的真正形状，看起来，南方缠足所追求的形状，乃是瘦直尖头的脚趾，以及略带弧度的脚背（笋芽）；而北方则过度讲求弓形，往往形成不周正的隆起，堆叠在脚背之上。

北方女子也不甘示弱，她们反唇讥笑**南方**女子的隆起脚背。当冒险家汪景祺于18世纪20年代进行他那趟不祥的西北之旅时，发现山西女子嘲笑南方小脚的"弓形"为"鹅头脚"。根据他的记述，缠足根本不应称为"弓足"，因为北方小脚皆为平底。汪景祺或许读过文人高江村（士奇，1645—1704）所写的一则笔记，因为他的说法几乎与高江村的记述一模一样。高江村写道："弓足之称，言缠足中断，弯如弓形，殊不知燕赵女子，三四岁即缠，**天然纤小**，并无弓形。其弓形者，嗤为鹅头脚，不足贵矣。"（我的强调）[②]

品味容或南北有别，成就一双完美小脚的终极目标，却同样不易实现。田艺蘅与汪景祺有关南北差异的相反描述，部分或许归因于两人之间超过一世纪的时间距离，不过，更重要的是，他们

---

① 田艺蘅，《留青日札》（上海：上海古籍出版社，1985；1609年版微卷本），卷二〇，第6a—b页。最有趣的是田艺蘅有关广东流行足服的描述：当时，在这个位于帝国南缘的省份里，"妇女虽晴天白昼，亦穿木屐"。田艺蘅在一首打油诗里明白表示，广东妇女的双脚是裸露出来的，并无缠足风俗。他写道："非乏莲花承，颇厌笋芽缩。"（《留青日札》，卷二〇，第7a—b页。）

② 高江村，《天录识余》，引自苏馥，《香闺鞋袜典略》下，第12b页〔第68页〕。在19世纪，每个区域都已发展出自成一格的绣鞋式样，见我的 *Every Step a Lotus*，第四章。至于这些区域变化起于何时，我们缺乏足够的物质证据加以判断。汪景祺与高江村的评论都显示出，至少到了17世纪的时候，南方与北方的缠足，已呈现明显的差异。

都表达了弓弯美学设下的超高门槛。隆起的脚背虽然"不足观"，却难以避免，因为不论怎么积极缠裹，终究只是挪动脚骨、跟腱和肌肉。就像灰姑娘的继姐们痛苦地认识到，体肉并不会随着人的意志和努力而凭空消失。金莲崇拜愈是流行，丑脚背也无可避免地愈来愈多。就像是灰姑娘继姐那般次选或落选女子的脚趾，或"翻头"，或"鹅头"，整个缠足实践，也就免不了日趋"下品化"了。

对于触目尽是以弓形木底掩饰丑脚的景象，19世纪扬州的一位青楼玩家说出了他的失望："苟其本非莲瓣，强作弓弯，转不如六寸肤圆白光致致矣。"何况，高底也不是万能的灵丹妙药。它们固然可以令娇小女子看起来风姿摇曳，纤弱动人；可是，穿上高底鞋的，如果是身材颀长健硕的女子，尤其是脚板较宽者，在他看来，其结果反而令人难以直视："不惟双踵颇费周遮，且不免千尺影摇之诮也。"①

这一段批评里，隐含着对于不公平竞赛的慨叹；只有少数女子，身躯骨架"天然纤小"，其弓弯才显得好看。缠足在它的极盛时期里，乃是女人的成功阶梯，以此而论，它也映照了男人面对科举考试的命运：科举同样是他们的晋升管道，然而投入竞技场的人愈来愈多，竞赛变得难以置信地白热化，在这种情形之下，社会上逐渐流行一种观点，认为胜出和落第都是先天注定的，而非后天努力或怠惰的结果。命定论缓和了失败的耻辱，继续支撑着日

----

① 《雪鸿小记》，引自苏馥，《香闺鞋袜典略》上，第11a—b页〔第23—24页〕。这段描述未见于《香艳丛书》版本的《雪鸿小记》（约1787年）及其《补遗》（二者作者均署名为珠泉居士），可能是后来才加上去的。扬州妓女的双脚如果未缠好，特别容易招致讥讽。在《风月梦》（序言注明作于1848年）这部以扬州为背景的名妓小说里，所有青楼女子皆着"木头底的鞋子"。其中一人，足长6英寸许，布鞋"底小帮大，全仗鞋带着力"。见曹梧冈与邗上蒙人，《晚清艳情小说丛书——梅兰佳话 风月梦》（南昌：百花洲文艺出版社，1993），第221—224页。

趋荒谬的制度之声望,也因而诱使甚至更多的人参与竞逐。① 借由金莲崇拜,缠足在实质上已经成为一种宗教信仰,也因此18和19世纪的相关讨论里,愈来愈常出现"天意如此"或"得天独厚"之类的词语。

到了20世纪,早期的缠裹方式,再度大量出现,这是反缠足运动的一项副产品,因为许多放足妇女虽然将弓弯放平了,但仍保留了脚趾部位的窄小。有些母亲也开始以这种方式为她们的小女儿缠足(见图二、三B)。不过那时已经太迟了。依基督教的上帝形象而产生的新式机械论身体观已成为显学。不管妇女的主观意愿为何,提升她们自我身体的各种式样,好高骛远型也好,平凡务实型也罢,都已无可奈何地沦为明日黄花。

医护的对象

执迷于小脚尺寸的趋势,在15世纪和16世纪初期,已然愈见明显,这个现象反映在医药领域中,对于妇女的脚部,以及因为缠裹不得法而造成的疾病,所给予的高度重视。男医生甚少在医书中提到有关女性脚疾方面的诊治问题,尽管如此,我们还是从薛己(1487—1559)的医案里,找到了一则早期而且饶富意义的案例记载。薛己是明代的临床医学家,对于宋代典籍的"外科"与"妇科"知识熟稔,久负盛名。他叙述了一个诊疗案例:"一侍女年十二岁,容貌颇美。新主嫌其脚大,用脚布任意

---

① 科举考试领域里的此种动态过程,可见 Benjamin Elman 的分析(*A Cultural History of Civil Examinations in Late Imperial China* 〔Berkeley: University of California Press, 2000〕)。

缠紧,以线密缝。"这位侍女向主人抱怨说双脚"胀痛不堪",但主人不予理会。

半个月之后,她的裹脚布已渗出臭水,主人才同意解开查看,并延请薛己医生诊视。薛医生发现,"其双足前半段,尽皆黑腐","骨肉已死"。他的诊疗方法是:将患足浸入"葱汤"之内淋洗以止腐,再涂抹外伤常用的"花蕊石散"。紧急处理之后,于患部抹上"生肌玉红膏"以"长其肉",并让患者食用参粥以补元气。尽管伤口可以愈合,但"二足俱致跛躄终身"。①

这个案例很可能发生在 16 世纪初、中期,那时薛己正在南京行医。医案里的主人大概花了不少钱买得这名侍女,所以愿意不惜代价延请名医诊治,否则先前投注的金钱心血,恐将付诸东流。薛己不但语气尖刻,而且又用了"任意"这个形容词,显然对于侍女的遭遇深表同情,对于主人的愚蠢则表示不屑。这个主人疯狂地陷入微型化崇拜,即使侍女的"容貌颇美",都还不够。在医生的眼里,这个新兴的人造美标准,显然是令人不敢恭维的。"任意"一词还隐含了一种更具医学和生理学性质的审判:12 岁才开始施予紧缠,年纪已经太大了。何况,密缝裹脚布将导致无法进行日常的消毒和清洁步骤,这实在是无知又不负责任的做法。

假使这位主人事先肯下点工夫,在他的时代,应该可以从百科全书式的日用类书里,找到一堆照料缠足的方剂。这些药方首先出现在两部早期的类书:《居家必用事类》(约 1260—1294),以及《事林广记》(编纂于 1233 年之后,但不晚于 1279 年),包括后

---

① 薛己,《薛己医案》,收入《图书集成医部全录新校本》第八册(台北:新文丰出版公司,1979),第 296 页。感谢费侠莉帮忙提供有关薛己的资料。

来的重印版本。它们也被收入其他深受明代读者倚重的类书。① 根据这两部 13 世纪的类书所建立起的方剂传统，缠足药方包括了两大类：一种是用以泡脚的汤剂，目的是在缠脚之前，让骨头变得较软；另一种则是膏剂或散剂，用以保持脚部的干爽柔软，预防鸡眼的发生。由此观之，初缠阶段以及后续的日常保养，都成了细心医护的对象。

汤剂的命名，颇富异想。《事林广记》称之为"西施脱骨汤"，名称取自战国时代的西施，因为她早已是美女的代名词。汤药制法为：乳香、杏仁各半两，朴消、桑白皮各二两，分作五剂；每剂先以桑皮、杏仁放入新瓶中，加五碗水，煎去小半碗后，放入其他两味药材，封住瓶口再熬煎一小时左右。然后，揭去封处，先将双脚架在药汤之上蒸熏，直至药汤变温，可以碰触之后，倒于盆中泡脚。浸泡结束后，将药汤倒回瓶中，两三天后再重复此一程序；每剂可使用三次，待五剂用尽，双足将"软若束棉"，裹脚之"札缚甚效"。②

更神奇的是《居家必用事类》里的泡脚汤剂，称作"宫内缩莲

---

① 《居家必用事类》最早编纂于元世祖（1260—1294 年在位）时。我曾比较了内阁文库的明内府刊本、傅斯年图书馆藏的微卷版明司礼监刊本，以及一部 1673 年的日本刊印版。这些方剂的内容都一样。为了方便，我征引的是流通较广的日本版（京都：中文出版社，1984〔1673 年日本刊印版影本〕）。根据图书馆的分类，《事林广记》被归类于元代的作品，不过，它最早是由南宋末年学者陈元靓（1195—1264）所编纂，只是我们对于他的生平所知有限。宋代的原始版本已经佚失。有关这部类书的版本史，见陈元靓编，《事林广记》（京都：中文出版社，1988），前言，第 1—27 页。这个版本影印自元至顺年间（1330—1333）的刊本，影本品质颇差。我还比对了内阁文库的两个其他版本，包括一部精美的元代刻本，以及一部使用元体字雕版的明代刊本，二者所收入的药方也与前述药方相同。这些类书的篇章排列顺序并不一致：关于药方的位置，在两部元代刻本里，都位于四个"集"里的第一个（"后集"）；在明代元体刻本里，则位于最后一集（"外集"）里。

② 陈元靓编，《事林广记》后集（元刊本），卷一〇，第 13b—14b 页。内阁文库本。亦见 1988 年影印本，第 658—659 页。

步捷法"。配方是预先将荞麦杆烧成灰,淋水取深色浓汁,再将瑙砂、白茯苓、藁本等三味药材研成细末。取三钱药末加三碗灰汁,放入砂锅内一同熬煎,滚沸几次之后,乘热泡洗双脚,待药汤变温之后加热再用。如此泡洗数回,双脚"自然柔软易扎矣"。此药方出于一位"至人;神妙之甚,不可尽述"。经过这个疗程,即使"三十岁妇人"亦可称心如意。① 这帖方剂列于"闺阁事宜"类别之下,同属这个类别的,还有治疗面疱的"治粉刺黑斑方"、预防掉发的"梳头发不落方",以及调制美容香粉的"和粉方"等。换言之,缠脚及其照护,已成为"闺阁中人"的一个日常装扮项目。

虽然这两帖方剂并非毫无医学根据,但是它们还是属于巫术的范畴。第一个药方反复出现的"五",以及第二个药方的"三",这两个数字,就像"灰汁"一样,都使人联想到道教的作法仪式。把药方牵扯到"西施"以及"宫内"的"至人",等于是将这些神秘知识的源头,置于后宫之内,这正是男性权贵专属的寻欢花园,也是普遍认定的缠足发源地。一如现今化妆品公司的抗皱乳霜产品广告词,这些浸足方剂同样宣称有脱胎换骨的神奇功效。

相形之下,以爽足粉(膏)为主的第二类方剂,则极为务实中肯。在"金莲稳步膏"这个总名之下,包含了成分不一的各种药方。其中,在《居家必用事类》里的药方,系将地骨皮(枸杞的干燥根皮)与红花一同研磨成细末,于"鸡眼痛处敷之,成疮者,次日结掩。"《事林广记》记载的药膏,由黄柏皮、荆芥穗、黄连和黄丹等药材制成,专治趾甲内生造成"痛不可忍"以及"趾缝肿烂,不容缠帛"的状况,涂抹于患处,"立见神效"。②

这些13世纪的药方,或者经由逐字抄录,或者略作修补,都

---

① 《居家必用事类》庚集,第64a—b页。
② 《居家必用事类》庚集,第64b页;《事林广记》后集,卷一〇,第14a页。

广泛地流传至明、清时期的日用类书,而且,直到 20 世纪,都还是
与缠足照护有关的标准词汇和知识的一部分。① 从最初的编写,
一直到当代,经过了好几百年,我们并不知道这种标准化的、制式
化的知识,付诸实践的程度有多高。还有,各地妇女很可能也有
自己的偏方,却不见得会把它们写下来。缠足护理方面的方剂学
传统,其出现和流传,与其说是表明这些药方在家庭里实际应用
的情况,还不如说是传递了两种有关女性身体的概念。借由这两
种概念,我们得以理解缠足的弓弯化,以及随之而来的高度医疗
化发展。

软骨方和脱骨汤召唤了一种充满奇想的"柔若无骨"的形
体——极少数"灰姑娘"特有的身体——既柔顺又温驯,随时可以
应承意志和欲望的需要;这种身体得天独厚,双脚显得如此之小,
仿佛不占丝毫空间。相反的,爽足粉所要帮忙照料的,则是受到
地心引力和肉体性牵制的一大群身体——"灰姑娘继姐们"和其
他大多数人都有的顽强身体。或许,努力不懈地想将后者重塑成
前者的愿望,集体强化了 15 世纪前后的缠足风潮。在一个地位
意识明显的社会里,想设法提升自己既有的地位或身体,希望把

① 《居家必用事类》和《事林广记》里的这四帖方剂,也收入《万宝全书》这部晚明时期
流行的类书。这时,它们已从"闺阁事宜"中挪出,自成一类,即"缠札类"。例如,
见《万历全补文林妙锦万宝全书》(书林〔福建建阳〕:安正堂,1612),卷三四,第
21b—22b 页;哈佛大学燕京图书馆藏本。关于《万宝全书》的众多版本,以及它们
的分类架构和内容,见吴蕙芳,《万宝全书:明清时期的民间生活实录》(台北:"国
立"政治大学历史系,2001)。《事林广记》方剂的一个摘要版本,见于张岱,《夜航
船》,第 673 页。还有一些别的药方,见石成金(1659 年生),《传家宝》(1692—1739
年间刊印)之《多能集》,引自《采菲录第三编》,第 153—154 页;以及两帖新药
方——"莲香散"和"小金莲方"——见苏馥,《香闺鞋袜典略》下,第 21a—22a 页〔第
85—87 页〕。中药方剂传统一直延续至近代,不过,收入《居家宜忌》(1850 年刊印
的类书)的药方,叙述极为简化(〔出版地不详,1820—1850 年序〕《三续录》〔1850
年序〕,第 42a—b 页);傅斯年图书馆藏本。《采菲录第三编》里抄录了一些传统的
裹足药方,记述于新出现的放足药方之前(第 153—155 页)。

283

邻居或别人比下去,原本是一种可以理解和想象的欲求,只是这种欲求很容易就会走火入魔。话虽如此,女子缠足——不论其为温和的还是极端的形式——的动机,乃是一种乌托邦式的向往,梦想着战胜她们那物质的、顽强的身体。①

悦目的都会女子:说唱词话中的时尚与地位

缠足造成了一个迟钝难行的身体,对于它所带来的"累",历来文人迭有批评;在 15 世纪的许多文本里,同样有此抱怨,其中,说得最为活灵活现的,莫过于一部名为《新刻说唱包龙图断曹国舅公案传》的说唱词话。1967 年,包括这一部在内的 11 部说唱词话,从嘉定县境的一座墓穴出土,墓主为明代一位士大夫的妻子宣氏。这项发现填补了中国俗文学史以及缠足史的一个缺失环节。当地农民发现宣氏墓时,陪葬品仅有 12 叠书册般的纸札,上头沾满了石灰和泥土。农民们失望到了极点:除了这堆旧书,墓中只有破碎的瓷片。结果,这些书册就被弃置在生产大队队长家中柴堆上方的架子上,直到五年后,为旧书商购得,旧书商将之送往上海博物馆。熏蒸修复后,专家发现这叠竹纸宛如一座宝库:这 11 册说唱词话和一册南戏,在过去五百年间的文献中,都不曾有过记载,更遑论被人读到了。②

这批通俗的说唱文学作品刊印于 1471—1478 年间,当时的

---

① 感谢 Michael Fuhr 博士邀请我参与"Museutopia"研究计划。当时,他是德国哈根欧斯奥博物馆(the Karl Ernst Osthaus Museum in Hagen, Germany)的馆长。与他、Thomas W. Rieger,以及 Hope Wurmfeld 共事的经验,使我了解了许多有关"克服身体性"概念里的乌托邦含义。

② 赵景深,《谈明成化刊本〈说唱词话〉》,《文物》十一(1972);重印收入《明成化说唱词话丛刊》(北京:文物出版社,1979),宣传刊物附件。

士大夫一向瞧不起这类粗俗唱本，因此在他们的书斋或文学编纂里，并没有收录这类作品。宣氏生前却显然为之着迷，甚至要与它们合葬。研究说唱词话的专家马兰安（Anne E. McLaren）指出，就呈现风格和可读性而言，说唱词话介于元杂剧的"表演脚本"格式与晚明士人刊印的"案头"剧本之间。说唱词话一方面是在大户人家表演的戏剧，另一方又是印刷的文本，让观众也可以与家人高声说唱戏中的对白和唱词，因此，说唱词话为那些喜爱台上演出的观众，提供了"完全的表演体验"。尽管这些说唱词话出自男性"作者"的手笔，但它们在相当程度上，反映和塑造了绝大多数女性观众的品味与世界观。[1]

《曹国舅》这个长篇唱本，是一系列包青天故事之一；包青天（包拯，又称包公、包龙图、包待制）是位深受民间爱戴的北宋名臣，以公正廉明、铁面无私著称。故事从一名书生遭逢劫煞说起。话说宋仁宗年间（1023—1063），朝廷特开黄榜，广招天下读书人赴京应试。当时，地处帝国东南边陲的潮州地区，有个姓袁的秀才，见了揭榜，欢欢喜喜地偕同妻子张氏和 3 岁幼子北上京城开封府，盼望一举成名天下知。初到京城的他们，可谓是"乡巴佬进城"的典型，唱本以别具特色的句子，卖力形容这些乡下人眼里的花花世界，想必这也是令说唱词话的听众着迷之处：

> 东市接连西市上，南街人看北街人。卖布铺对缎子铺，茶坊门对酒坊门。生药铺兼熟药铺，买花人叫卖花人。[2]

---

[1] 马兰安辨识出了一个"阅读实践的阶层性"（a "hierarchy of reading practices"），在其中，妇女以及教育程度较低的读者，是受到鄙视的一群（*Chinese Popular Culture and Ming Chantfables*〔Leiden：Brill，1998〕；引文摘自 p. 49）。亦见曾永义，《说俗文学》（台北：联经出版公司，1984），第 67—74 页。

[2] 《新刊说唱包龙图断曹国舅公案传》，第 4a 页，收入《明成化说唱词话丛刊》。

这一连串对比一方面反映了棋盘状都城的政治秩序,同时又传神地表现了商业活动的熙来攘往,一副想要打乱这种对称秩序的样子。仅此寥寥数语,就已将读者带到了繁华的都市街头,进入一个由身体感官主宰的世界。

视觉上的新奇感,要了袁秀才的命。隔日清晨,他迫不及待地出门"看玩"京城景致。通过一段由"看"堆叠出来的轻快唱词,听众随着这一家三口逛遍了店铺、官衙和城门口。接着就遇到皇后之弟曹国舅及其随从经过:

> 马上官人亲看见,被他看见妇人身。看见容貌如花女,妖娆娇嫩赛观音。(第4b—5a页)

曹国舅的视线通向他的邪恶欲念,成了逞其横暴权势的帮凶。他不但设计绞杀了秀才,连其幼子都不放过,活活打死,投入井中。张氏自己也命在旦夕,只得含愤偷生,被迫成为曹国舅的妻子,被带到他的新职所在地郑州。说唱者在讲述这段"致命吸引力"的情节时,并未提到张氏的缠足。

不过,当张氏再度出现时,说唱者便已提醒听众留意张氏的双足。这时张氏身处曹国舅的郑州府邸,正被他召唤至前厅宴饮。其时,曹国舅因为忌惮包青天的调查,担心他在开封的罪行东窗事发,于是打算依母亲和兄长的建议,杀害张氏灭口。与此同时,张氏直觉地意会到,曹国舅可能会在席间对她不利。她决意化被动为主动,保持警觉,沉着应对,并刻意打扮。她望着梳妆镜里的自己:

> 巧画蛾眉淡点唇,头上梳起盘龙髻,十二金钗按时辰。头戴金凤珠冠子,两鬓梳来黑似云。身着麝香川绫袄,腰系湘江水浪裙。脚下弓鞋三寸小,轻移莲步出房门。

数名侍女手捧金炉为张氏引路,如今,显贵的身份更衬脱出她的美
貌。她现身的场面,看在曹国舅眼里,就跟她的人一样迷人。(第
18a—b 页)

在这样一段公式化的描述里,缠足——通过三寸弓鞋和莲步
这两种标准比喻来呈现——乃是公主级奢华精致服饰的一部分。
相当程度上,精心调派侍女引路,可视为整体装扮的最外层,有如
张氏高贵身份的动态延伸。这个公式一再出现在说唱词话里,其
意义,必须从说唱词话的娱乐任务说起。说书人向来会对故事主
角的衣着、化妆、发式和首饰大肆形容,借此营造生动的人物形
象,并铺陈剧中角色身处的社会环境。① 听众于是可以通过具象
化的、身体性的表述,将故事人物予以视觉化,这远比停留在抽象
描述来得引人入胜。

例如,在另一出说唱词话里,我们看到唱词如何对比一位皇妹
及其随从的外表,由此细腻地突显二者之间的地位差异。说唱者
向听众介绍皇妹出场时,其装束佩饰,就跟命运多舛的张氏,几乎
一模一样:凤凰冠、藕丝裙、西川红棉袄、珍珠环子、十二金钗,以及
"脚下绣鞋长三寸"。同样的还有她走路时的文雅仪态:"大步移来
只五寸,小步移来三寸行。"就像张氏一般,皇妹那令人印象深刻的
30 名前导宫娥,强化了她的显贵身份。

侍女们的地位,同样恰如其分地表现在视觉上的对比。她们
穿戴精美,足以给旁观的路人留下深刻印象:西川十样锦、紫罗

---

① 不只是公主和宫娥,其实各色人等出场时,都会介绍到他们的衣着。显著的例子
包括《仁宗认母传》里的一名丐妇,描写她的破裙("一条烂裙补纳了")和满是头虱
的"发式"("头发髽松悴憔了,头上虱子似鱼鳞")(第 3a—3b 页);以及《断歪乌盆
传》里的一对谋财害命恶徒,描写他们一身浮夸时新的装束("雪白衣衫穿一领,新
鞋新裤好郎君;销金茄袋新时样,脚下皮鞋色色新;万字头巾裹一顶,脑后环儿晃
日明")(第 20a 页,收入《明成化说唱词话丛刊》)。

裙、百花珠冠子,以及鬓边牡丹花。不过,单薄简洁而且只字未提缠足的描述手法,宣告了她们服侍贵人的奴仆身份。① 另一部说唱词话也有公主出现的情节,同样重复了这个模式。在说唱词话里,对于皇族以外的缠足女子,着意描写其出场装扮的情况,只有两处:一名酒肆女子的"脚下弓鞋绣彩云",以及一位代代经营织机业的富商人家的女主人,描述她准备出门到庙里烧香的装扮。②

"三寸弓鞋"和"莲步",都是一种刻板印象,经常用来形容公主以及其他服侍男性权贵的女性。刻板印象深入人心的力量,得自规律性和重复性;享受说唱词话演出的同时,观众也学到如何以同样的规则来解读这些文化符码。假如以为15世纪中国所有的公主、侍女,以及织机匠的妻子,都有缠足的话,那就错了。说唱词话里的人物角色,并不"呈现"社会现实或社会实践。应该这么说,她们的呈现或再现,强化了观众的感觉,使观众觉得女性

---

① 《新编说唱全相石郎驸马传》,第2a—3b页,收入《明成化说唱词话丛刊》。"十样锦",指十种象征吉兆的锦绣图样,包括长安竹、方胜、铁梗蕖荷等,首见于五代时期四川境内蜀国的锦缎上。这些图样在元、明时期仍然颇为流行。见沈从文,《中国古代服饰史研究》(台北:南天书局,1988),第364页;周锡保,《中国古代服饰史》(台北:南天书局,1998),第256页。

② 公主的装扮,强调了她的"时新"感:"青丝结出盘龙髻,两鬓梳来黑似云;双带凤头妆七宝,珍珠落索上头停;耳带八珠环一对,珠花朵朵称时新;上着大衣无偌服,叮当玉佩挂其身;三腰绣裤高低系,又系湘江水浪裙;不行自有香风动,犹如仙女降凡尘;脚下弓鞋长三寸,干红蜀锦抹胸心。"(《张文贵传》,第7b—8a页〔译按,这里的"公主",其实是太行山山寨强盗头子的千金,昵称"青莲公主"。〕)京师开封城中酒肆的"量酒佳人能窈窕,收钱美女更娇娆;身着红罗衫一领,腰间兰带使金销;头上好花插一朵,脚下弓鞋绣彩云"(《张文贵传》,第14a页)。织机大户女主人的装扮则为:"说裙钗,梳妆了,方才打扮;匀红粉,点香腮,一貌超群。裹金莲,红绣鞋,香街稳步;系湘江,七幅裙,尽是销金。着香罗,贴玉体,精神倍长;锦香囊,五彩绣,色色皆新。盘龙髻,黑如云,金冠罩定;十条钗,当面插,尽是黄金。"(《刘都赛上元十五夜看灯传》,第2b—3a、3b—4a、29b页。)以上均收入《明成化说唱词话丛刊》。

美、社会地位、高贵仪表等正面价值,是与缠足紧紧相连。借由这个方式,说唱词话的演出成了一种强而有力的载体,向它们的观众不断传输灰姑娘的梦想。

顽强的身体:缠足的累与用

有此认识之后,现在让我们回到曹国舅和张氏的故事。话说张氏假装喝醉倒卧床上,曹国舅手持青锋剑,预备杀害张氏,却怎么也不忍心下手。正当他犹豫不决之时,张氏的救星出现了,那是一位名唤张青的老人,他说动曹国舅,将杀人之事交由他处理,暗地里却有意搭救张氏。他抓住机会测试张氏是否清醒,告诉她,只要她够清醒,能够沿着井缘左、右各转三圈而不落井中,他就愿意救她。她过关了:"绕井三遭走似云","全无失脚些儿个"。(第 19b 页)黑夜中,老人送她走出后花园门外,吩咐她一早直奔开封府,请求包青天为她主持公道。

只不过,要从郑州走到开封向包青天申冤,可没那么容易。此时此刻,她那双小脚成了主要障碍:"脚小鞋尖难行走,野风吹得面皮红。"(第 20a 页)幸得太白金星化身凡人,助她一臂之力,推着独轮车载她上天,腾云驾雾,倏忽到了开封。关于这一幕,马兰安注意到,"在明代的说唱词话和'女书'里,我们经常可以发现,缠足被描述为妇女行动的障碍"。她提到的"女书",是一种由女性文字符号书写而成的特殊文本,20 世纪后期发现于湖南省江永县。根据马兰安的说法,说唱词话和女书,同样属于没读过书的妇女的口语文化传统,在其中,她们抒发她们的哀怨,诉说缠足是一种彻头彻尾的负担。①

就说唱词话的脉络而言,马兰安下的结论不能说是错误的,但她只考虑了单一的面向。她的论点没有考虑到,不论是在说唱词话的文本之内,还是之外,缠足都联结着复杂的意义丛结。在整套共含十一册的说唱词话丛刊里,从负面角度描写缠足的文字段落,这是唯一的例子。没错,当张氏摸黑逃离她那心狠手辣的"丈夫"府第,暗夜路旁独泣时,缠足确实构成她行动上的一项阻碍。但是,更精确的说法应该是,缠足只对丧失高贵地位的女人形成障碍;缠足的牵制,象征着社会地位下降的苦楚。②

我们不妨将她的处境与皇后(亦即,曹国舅的姐姐)的环境,做个对比;后者一听到她的两个弟弟都被包青天设计逮捕之后,立即前往开封府营救,且让我们看看她那时的排场:她坐在八抬"龙凤轿"里,随行宫娥有"彩女"三千、"娇娥"八百(第32b—33a页)。皇后之母也去开封府要求放人,她同样以迅捷的八抬大轿为交通工具(第30b页)。若说缠足——或者更确切地说,三寸弓鞋和莲步——是说唱词话里的刻板印象,它的修辞力量,则是源于一种将缠足与优遇妇女扣连在一起的社会态度。因此,在说唱词话里,缠足反复被表述为尊贵身份的印记。看到张氏的磨难,

① Anne McLaren, "Crossing Gender Boundaries in China: Nüshu Narratives," *Intersections*(1998), pp. 1—16;引文摘自 p. 6。

② 在一个流动社会里,社会地位下降的可怕,对于妇女而言,不但真实,而且令其心有戚戚。例如,18世纪一位命途乖蹇的乡绅女眷,名为胡石兰,就在一首诗中清楚地表达了这种悲苦的感受。有关这首诗的讨论,请参阅我的两篇论文: "Footbinding as Female Inscription," in *Rethinking Confucianism: Past and Present in China, Japan, Korea, and Vietnam*, ed. by Benjamin Elman, John Duncan, and Herman Ooms (Los Angeles: Asia Pacific Monograph Series in International Studies, UCLA, 2002),以及"The Sex of Footbinding," in *Good Sex: Women's Religious Wisdom*, ed. by Radhika Balakrishnan, Mary E. Hunt, and Patricia Beattie Jung(New Brunswick, NJ: Rutgers University Press, 2001)。

只会强化这种将缠足扣连到高贵地位的一般观念。缠足的用途,在于攀升社会阶梯,而非攀登山路。

关于缠足妇女的身体行动力,说唱词话文本传递出来的讯息,其实颇有矛盾之处。包括"莲步""三寸莲步"或"莲步轻移"之类的修辞性刻板印象,都提醒着读者,缠足女子的美丽体现在她的走路动作中——即使这些动作强调的是从容不迫的步伐。此外,张氏顺利绕行井边的情节,同样肯定了敏捷自如的重要性。相反的,"脚小鞋尖难行走"以及类似的"鞋弓脚小步难行"(第 20a 页)等句子,却使人回想起鸡眼、发炎肿痛、脚趾嵌甲等折磨,这也正是前述愈来愈多的爽足方剂和"金莲稳步膏"要治理的麻烦事。

诉说小脚和碍脚足服不利行走,是 15 世纪常见的文本主题之一。与说唱词话约当同一时代的南戏《绣襦记》里,年华老去的妓女在山路上开口说道,"脚小鞋弓,前面山路崎岖,我不惯行",以此作为与穷书生分道扬镳的借口。[①] 在戏台之外的真实人生里,这种表述也扮演了一个角色。一部刊印于 1597 年的家庭日用类书,在"婚娶门"项下,记录了一系列"拦门诗";每当婚礼进行到某一个阶段,担任司仪的"礼官"就吟诵相关的祝颂诗句。书中建议,新娘下轿进门之际,可以念这么一首吉祥诗:

> 新人一出轿门初,忽睹娇姿世上无。
>
> 脚小鞋弓行不稳,安排玉女两边扶。[②]

[①] 《绣襦记》初作于明成化、弘治年间。现有的版本为徐霖(1462—1538)所改编者,根据徐朔方的估计,约成于 1493 年或之前(《徐霖年谱》,收入《徐朔方集》〔杭州:浙江古籍出版社,1993〕);徐朔方在该研究里引用的句子,与我引的稍有出入:"脚小鞋弓……我行走不惯。"(第 5 页)

[②] 徐三友编,《新锲全补天下四民利用便观五车拔锦》(福建:建云斋刊本,1597),卷九,第 3a 页;国会图书馆藏本。其他首敦请新娘下轿进门的吉祥诗,也把焦点放在她的脚上:"荧煌花烛影摇红,孔雀屏开喜气浓。敬请新人欢下轿,轻移莲步出堂中。"(卷九,第 3a 页)

在这两种用法里,"脚小鞋弓"一句,与其说是痛苦的哀叹,还不如说是正面陈述当事人身为女人的事实。敏捷固然备受重视,缠脚造成的蹇跛,却已被视为理所当然。在婚礼颂诗里,"行不稳"并非怨言,而是一种颂扬新娘身份尊贵的客套话。

说唱词话所突显的,一方面是对缠足风险的深切体会,同时也有对女人身手矫捷应如何评价的复杂情结,这两个面向,都反映了"金莲崇拜"逐渐普及化的过渡时期的一种矛盾心理。换言之,一方面,社会上对于小脚和华丽足服代表着一定的优遇地位,或者说,对于其为"炫耀性有闲"(conspicuous leisure)的记号,似乎已形成相当的共识;但另一方面,对于愈来愈紧束的缠脚方式所造成的行动障碍和身体病痛,人们也毫不掩饰心理上的惴惴不安。打从 12 世纪以来,经过了漫长岁月,缠足终于演变成为一种普遍的日常生活习惯,在它的整个发展历程里,我们其实不断听到这种患得患失的心声。这个习惯愈是流行,要求愈是严苛,其反对声音也就愈是嘹亮。然而,男性士大夫的抗议,依然徒劳无功;相当程度上是因为,说唱词话这类表演艺术,成功地向它们的女性观众,同时传达了缠足的负荷与它那令人着迷的风采。

身体的累与用

在说唱词话里,大量出现"身"这个字眼,有助于营造出一种感同身受的气氛。对现代读者来说,"身"字的用法既熟悉又奇特。例如,在《曹国舅》里,曹国舅的哥哥劝他"早杀妻儿张氏身"(第 17a页)。曹国舅自白他的罪行时,开头便说"他夫是个秀才身"(第 19a页)。张氏暗夜逃离魔掌,彷徨无依之际,"声声只说怨夫身",怨他当初不该赴京应选,否则也不会无端招来杀身之祸,结果"今朝坑了我奴身"。她的救星推着独轮车，"路旁迎见妇人身"（第20a页）。就文法而言，"身"在这些句子里，算得上是个赘字，不过，它的反复出现，突显了一种可被他人看见、杀害，或指称的物质身体呈现。它也意味着一种自我感觉，仿佛代替了——或者说，绕过了——第一人称代名词。因此，"身"更精确的解读，乃是"身体自我"（body-self）的概念。

"身"诉说了有关人的存在，对此起码有两种不同的观照方式。启蒙时代以来，欧美文化普遍接受的存在观，把身体视为存放自我的容器，或是自我所拥有的财产，因此在英文里才有"拥有一个身体"（having a body）这种讲法。相对地，"身"表明了一种"自为身体"（being a body）的现象学理念。柯素芝从唐代道姑的诗作里，也发现了"身"的类似用法；她认为，对她们来说，斋戒、服丹、禁欲等修行实践，乃是得道成仙的不二法门。一个人如果想要转化形体、羽化登仙，就必须从某些看似毁坏性的手段入手，修炼自己的身体，方能功德圆满。当"身体"等同于"自我"时，它就同时是"解脱"的阻力和助力。①

这种对"身体自我"的认识，帮助我们从不同的诠释架构来理解缠足的磨难。如同我们在第一章看到的，对于现代批评者如麦高温牧师而言，自我与身体乃是两种截然不同的存在，他们从这个前提出发，视缠足为一种毁坏天然（上帝赋予的）身体的作为。在他们看来，竟然有人出于自愿残害自己的身体，实在让人无法理解。然而，在说唱词话与唐代道教实践的世界

---

① Suzanne E. Cahill, "Discipline and Transformation: Body and Practice in the Lives of Daoist Holy Women of Tang China," in *Women and Confucian Cultures in Premodern China, Korea, and Japan*, ed. Dorothy Ko, JaHyun Kim Haboush, and Joan R. Piggott (Berkeley and Los Angeles: University of California Press, 2003), pp. 251—278.

里,"天然身体"才是一种莫名其妙的概念。身体是开放性的;男男女女都经由处分他们的身体,来达成他们的目标——不论这些目标是宗教性的、物质性的、社会性的,还是感官性的。赏玩家李渔的思维,就反映了这种前现代中国的观点,他把身体的"累与用"放在一个连续性的光谱之上,产生了一套比当代二元对立的"天然/残障身体"论述,更为有用的陈述。根据当代的观念,一个人若非拥有天然的身体,就是拥有残障的身体;然而,若按李渔的逻辑,每个自我**就是**一个身体,顺应着——甚至要求着——程度不等的操弄。

李渔的陈述与他的"功能美学"分不开,这一点我们在上一章已有所讨论。他的用法原来只局限于讨论缠足。当他赞扬大同名妓的小脚时,是如此描述她们的脚:"足之最小而无累,与最小而得用者。"不过,暂且不论缠足与否,当我们将"累与用"这套论述,衍伸应用到所有妇女时,将被容许随着她们的内在心眼观看她们的身体:对于她们的各式各样猜想,身体既是阻体,也是载体。而且,根本无须我们越俎代庖,对她们应该抱持什么样的目标指指点点。

在本章其余部分里,我打算从妇女的自我呈现——她们"身体自我"的呈现——来掌握她们的视点和欲望,并将注意焦点摆在 17 世纪到 20 世纪初,她们所缝制、购买和穿着的足服。借由审视女人如何活用和对抗她们的身体,我们将可揣摩"金莲崇拜"盛极而衰的这几百年来,女体之累与用的聚散变化。

花俏的身体:新式都会时尚体制的诞生

孝靖皇后(1565—1611)是明代万历皇帝(1573—1620 在位)

294

的一位妃子,在她的墓室里,陪葬有一双醒目的高跟女鞋,对于明代流传的"微型化"新品味,这可说是最佳的物质证据。鞋身以浅红色花缎制成,尺寸很小,全长仅 12 公分(4.8 英寸)(见图十八,第 3 号)。微微翘起的鞋尖,仍然保留了前代女鞋的弓形轮廓,但这块 4.5 公分(1.8 英寸)高的筒状鞋跟,已宣告了一个全新时尚体制的来临。鞋尖两侧绣有莲蓬荷花纹,鞋尖底部则绣着松竹纹。筒状鞋跟的平面为椭圆形,长宽分别为 7 公分(2.8 英寸)和 5 公分(2 英寸),其制法先以多层草板纸相叠,用合股丝线钉在一起,然后再包上红素缎而成。①

　　孝靖皇后即恭妃王氏,"皇后"是她死后才追封的头衔。她的宫廷生涯起于内宫,本来担任太后跟前的宫女,偶然地被万历看上,发生关系,并有了身孕。1582 年 7 月,她被封为皇贵妃,两个月后,为万历生下了第一个儿子,也是日后的太子和嗣君。那时,万历的心思已经转到别的地方,而且煞费苦心地想要册立宠妃郑氏的儿子为太子,结果不但徒劳无功,还把宫廷生活搞得乌烟瘴气,内斗连年。孤寂凄凉的王恭妃于 1611 年去世,遗体原本葬在他处,但因 1620 年万历驾崩之后,她的儿子朱常洛继位,作为新皇帝的生母,她的遗骸得享殊荣,移葬至

---

① 根据定陵文物出土后 30 余年才出版的官方调查报告,这双鞋(X16:3)的所在位置是在孝靖棺椁南缘的箱子之内。盒中还有十双高跟鞋,但已严重毁损,残破不全,只留下它们的鞋跟。孝靖与孝端两位皇后的遗体脚上穿着平底凤头鞋。前者(J131)鞋长 10.8 公分(4.3 英寸),后者(D114)鞋长 13.5 公分(5.4 英寸)。见中国社会科学院、定陵博物馆与北京市文物工作队,《定陵》卷一(北京:文物出版社,1990),第 39、121—122、299、325—326 页。孝靖的高跟鞋的彩色照片可见于王岩,《万历帝后的衣橱:明定陵丝织集锦》(台北:东大图书公司,1995),第 111—112 页。这本摄影专刊认为孝靖的高跟鞋发现于她的棺椁之内,恐系误会(中国社会科学院考古研究所编,《定陵掇英》〔北京:文物出版社,1989〕,第 21 页)。

规模宏大的定陵,置身于万历及其正宫孝端皇后之旁。① 出身
低微的孝靖是位典型的灰姑娘——只不过,她并没有如童话般
"从此过着幸福快乐的日子"。

孝靖棺内的陪葬品,包括了四双 12.9 公分(5.2 英寸)长的
平底"凤头鞋"。棺椁南侧有一只箱子,内装两双"云头鞋",长仅
10.5 公分(4.2 英寸)②。她的高跟鞋鞋身,与云头平底鞋类似,
底部也看不出附有当代作家所惊叹的弓形木底。可能孝靖的高
跟鞋只是一个雏形,标志着过渡到新兴时尚体制之前的阶段,也
体现了万历时代的富裕和矛盾。诚如卜正民(Timothy Brook)
在《纵乐的困惑》(The Confusions of Pleasure)里所描述的,来自
美洲新大陆的白银,作为交易丝绸和瓷器的货币,大量涌入中国,
动摇了帝国的道德基础。煽情的女性足服,具体而微地展现了金
钱经济的诱惑和危险。

关于都会时尚体制,尤其是弓形木跟的华丽,在《金瓶梅词
话》这部小说里,有着最生动的表述。《金瓶梅词话》初版刊行于
1618 年,不过早从 1596 年起,它就以手抄本的形式流传于世。
文学史家商伟指出,这部小说所展现的凡俗特质,正足以象征着
它的现代性。小说的舞台乃是商人西门庆的宅邸,在里面,他与
一妻五妾,以及众多奴仆、婢女和食客,共同构成了一个充满琐碎

---

① 明代宫女都出身于京城附近的百姓家庭。王氏的儿子朱常洛直到 1601 年才被立
为太子。王氏在那次"命运的邂逅"之后,从未受到万历的宠爱。万历本想册立郑
氏于 1585 年生的儿子朱常洵为太子,但始终遭到首辅和群臣的反对。见 Ray
Huang(黄仁宇),1587: A Year of No Significance(《万历十五年》)(New Haven:
Yale University Press,1981)。

② "云头鞋"编号 X17:11;"凤头鞋"编号 J78(中国社会科学院,《定陵》卷一,第 121—
122、325—326 页)。柯基生医生的收藏中,有一双平底凤头鞋,其图片刊载于他
的《千载金莲风华》(台北:"国立"历史博物馆,2003),第 23 页。他认为这双鞋乃
是 15 世纪的产物。

物事而真实具体的世界;小说的内容宛如一部百科全书,通过闲话杂谈般的笔触,生动地勾画了这个生活世界的日常性。总体而言,从这部小说里,我们看到了欲望的无尽延伸,也看到了万历年间文化市场里文字本身的挥霍无度。①

《金瓶梅词话》的百科全书特质,表现在作者对于诸如鞋子这类日常生活物件细节的大肆铺陈。书中几场与细琐"鞋事"有关的情节,对于女对男的挑逗、女人竭力往上爬升,以及女人间的相互竞争,都有淋漓尽致的发挥;就"金莲崇拜"的兴起,以及小说情节的发展而言,这三项互有关联的主题,都占据极为关键的位置。在第四回,西门庆和有夫之妇潘金莲坐在王婆茶坊喝酒,两人极尽暧昧之能事。西门庆刻意将一双筷子拨下地面,掉落在金莲的小脚之旁,然后单刀直入地表露他的欲念。

> 西门庆连忙将身下去拾箸,只见:
>
> 妇人尖尖趫趫,刚三寸,恰半扠,
>
> 一对小小金莲,正趫在箸边。
>
> 西门庆且不拾箸,便去他绣花鞋头上,只一捏。
>
> 那妇人笑将起来,说道:"官人休要啰唣!
>
> 你有心,奴亦有意。 你真个勾搭我?"

---

① Shang Wei(商伟),"The Making of the Everyday World: *Jin Ping Mei Cihua* and Encyclopedias for Daily Use",未刊稿。《金瓶梅》的情节大要,以及有关作者、版本、出版年代和写作技巧方面的讨论,见 David Roy 为他的经典译本首部曲所写的《导言》(*The Plum in the Golden Vase or*, *Chin P'ing Mei*, Vol. 1: *The Gathering*, tr. David Tod Roy〔Princeton: Princeton University Press, 1993〕)。Roy 认为,该书的隐含作者(implied author)乃是先秦儒家思想家荀子的信徒,感慨世道不彰乃是人性本恶所致。Roy 套用 J. Hillis Miller 对狄更斯(Charles Dickens)的《荒凉山庄》(*Bleak House*)所下的评论,作结论道:"通过《金瓶梅》的创作,作者构筑了一个具体而微的模型,反映他那个时代的中国社会。"(p. xxvii)

绣花鞋的情欲含义是如此的明显,即使捏鞋尖的动作,也立刻被解读为性挑逗。

> 当下两个就在王婆房里,
>
> 脱衣解带,共枕同欢。①

金莲的美貌,尤其是她的小脚,是她的成功之钥。为了成为西门庆的第五房妾(即"五娘"),她谋害了她的小贩丈夫,埋下了她在小说结尾前身遭报应惨死的祸由。在西门家的日子里,金莲遇到了对手宋蕙莲,后者是一名仆役的妻子,一双缠足,比金莲的还纤小。② 两人的争斗,在第二十三回浮上台面。一日,西门庆为了跟"奴才媳妇"蕙莲私通,向金莲借房间遭拒,只得与蕙莲到花园一处山坞壁间苟合过夜。金莲后来悄悄到了花园内偷听他们说话。

> 〔蕙莲〕又道:"冷合合的,睡了罢,怎的只顾端详我的脚? 你看过那小脚儿的来,想我没双鞋面儿,那个买与我双鞋面儿也怎的? 看着人家做鞋,不能彀做!"
>
> 西门庆道:"我儿,不打紧,到明日替你买几钱的各色鞋面。谁知你比你五娘脚儿还小!"
>
> 妇人道:"拿甚么比他! 昨日我拿他的鞋,略试了试,还

---

① *Plum in the Golden Vase*, Vol. 1, p. 83. 除非特别注明,本书原著所引的《金瓶梅》英译文,均出自 David Roy 的译本。

② 在第二十八回,有一幕描写金莲与蕙莲拥有几乎一模一样的鞋子,这段情节极为生动地表现了二人之间的竞争关系。为了寻找失鞋,金莲的丫鬟从西门庆的书箧里找出了一只鞋,结果却是蕙莲的。金莲"取过她的那只来一比,都是大红四季花缎子,白绫平底绣花鞋儿,绿提根儿,蓝口金儿。惟有鞋上锁线儿差些"。蕙莲刻意模仿金莲的举动,对于金莲来说,更具威胁性,因为她的鞋比蕙莲的鞋稍微大了一些。*The Plum in the Golden Vase or*, *Chin P'ing Mei*, *Vol. 2*: *The Rivals*, trans. David Tod Roy(Princeton:Princeton University Press,2001), p. 155.

套着我的鞋穿。倒也不在乎大小，只是鞋样子周正才好。"①

蕙莲打出她的王牌，给了金莲重重一击；偷听到这段话的金莲，其愤怒可想而知。蕙莲的精巧小脚，终究未能让她跻身西门庆的"妻妾"行列；后者的身份地位象征，就包括了专属自己房间的特权，以及设计和缝制花俏足服的余暇。然而，在这段情节里，败下阵来的灰姑娘还是有所斩获，为自己赢得了坊间贩售的各色鞋面。在西门家里，她毕竟又向上升了一级。

在西门庆宅邸里，做鞋是一种阶层化的劳动。蕙莲与其他仆妇一直担负着缝制鞋底的差事，这是一项利用空闲时间进行的劳作，也是无数农村妇女的生活写照。即使在将近三个世纪之后，这个景象也没什么改变，如同蒲爱德在山东乡间看到过的，当时她的邻居正坐在院子里。

> 在木板上面粘贴碎布——这些都是剩下的或从破旧衣服裁下来的零碎布片。然后将木板斜靠着墙壁曝晒，等到整片碎布板干了之后，将之从木板上扯下来，剪裁成鞋底大小的布面备用。再用麻线绳将布面串缝成厚厚的一块鞋底，在我的感觉上，好像每个女人一直都在做这项工作。每家的窗台上，总是放着尚未完成的鞋底，长长的针还插在上面，旁边搁着小钻子和一捆麻线绳，以便在家务空档，可以随手拿起来缝个两针。②

---

① *Plum*，2:53. 丁乃非在其深具洞见的研究中，剖析了缠足装束在西门庆府第中潜藏的性政治里所扮演的角色，根据她的分析，蕙莲既是金莲的对手，又是她的"叙事替身"（"narrative double"），因为她在一个较低的社会层级中，复制了金莲的身世与气质（《秋千，脚带，红睡鞋》，收入张小红编，《性/别研究读本》（台北：麦田出版社，1998），第23—60页）。

② Ida Pruitt, *A China Childhood* (San Francisco, Chinese Materials Center, Inc., 1978), p. 118. 在《金瓶梅》第二十三回，当宋蕙莲不愿为潘金莲等人下厨（转下页）

相形之下,宅中女主人们则着手设计和制作鞋面,态度极其认真仔细。《金瓶梅词话》第二十九回的一开场,就描写了她们对于花样设计细节的专注:

> 话说次日,潘金莲早起,打发西门庆出门。记挂着要做那红鞋,拿着针线筐儿,往花园翡翠轩,台基儿上坐着,那里描画鞋扇,使春梅请了李瓶儿来到。
>
> 李瓶儿问道:"姐姐,你描金的是甚么?"
>
> 金莲道:"要做一双大红光素缎子,白绫平底鞋儿,鞋尖上儿扣绣鹦鹉摘桃。"
>
> 李瓶儿道:"我有一方大红十样锦缎子,也照依姐姐描恁一双儿。我做高底的罢。"
>
> 于是取了针线筐,两个同一处做。
>
> 金莲描了一只丢下,说道:"李大姐,你替我描这一只,等我后边把孟三姐叫了来。她昨日对我说,她也要做鞋哩。"一直走到后边。
>
> 玉楼在房中倚着护炕儿,也纳着一只鞋儿哩。看见金莲进来,玉楼道:"你早办!"
>
> 金莲道:"我起的早,打发他爹往门外与贺千户送行去了。教我约下李大姐,花园里赶早凉做些生活,等住回,日头过热了做不的。我才描了一只鞋,教李大姐替我描着,径来约你同去,咱三个一搭儿哩好做。"因问:"你手里纳的是甚么鞋?"
>
> 玉楼道:"是昨日你看我开的那双玄色缎子鞋。"

(接上页)烹烧猪头和猪脚,用的借口就是:"我不得闲,与娘纳鞋哩!"(*Plum*,*Vol. 2*,p. 44.)厨务在劳动位阶上甚至低于缝制鞋底。

金莲道:"你好汉！又早纳出一只来了。"

玉楼道:"那只昨日就纳了,这一只又纳了好些了。"

金莲接过看了一回,说:"你这个到明日使甚么云头子?"

玉楼道:"我比不得你们小后生,花花黎黎。我老人家了,使羊皮金缉的云头子罢！周围拿纱绿线锁,出白山子儿上,白绫高底穿,好不好?"

孟玉楼随着金莲来到花园之后,问金莲道:

"你平白又做平底子红鞋做甚么？不如高底鞋好看。你若嫌木底子响脚,也似我用毡底子,却不好？走着又不响。"

金莲道:"不是穿的鞋,是睡鞋。"

前一晚,金莲的一只红睡鞋被下人的儿子偷偷拾去,后来虽然寻回,但已脏了,所以只得穿着一双"大红提根儿"的"绿䌷子睡鞋儿"就寝。迷恋红鞋的西门庆叫金莲赶紧再做一双新的。[1]

孟玉楼有关木底包毡的建议,是一种唯有女人才会想到的妙招。比起我们曾经检视过的笔记记述,这个场景不只表达了高底鞋的华丽,而且也告诉我们一个事实:高底时尚的缔造,正是那些设计、制造和穿着它们的女人。[2] 她们对于布料选择、色彩搭配,以及鞋面设计的关注,一方面诉说出鞋履在她们整体服饰中的重

---

[1] *Plum*, Vol, *2*, pp. 166—169. 前夜有关睡鞋的情节见于 p. 163. 丁乃非认为,西门庆之所以喜欢金莲脚上的红鞋,乃是他自己渴望穿红鞋的一种移情作用(《秋千,脚带,红睡鞋》,第 24—25 页)。

[2] 张金兰在分析《金瓶梅》中的女性时尚文化时提醒我们,西门庆的宅邸乃是一个服饰王国,从发饰、首服、上衣、下裳到足服,琳琅满目;足服只是其中的一部分(《〈金瓶梅〉女性服饰文化研究》,"国立"政治大学中文系硕士论文,台北,2000)。感谢熊秉真与张金兰小姐提供我这份硕士论文。张金兰列了小说中所有提及足服的文字,她并总结道,西门家"妻妾婢妓"们的鞋履,多以绫、缎制成;高底鞋出现次数较多,不过她们平时亦着平底鞋;另外,在婢女的部分,书中只提到庞春梅、如意儿和宋蕙莲有缠足,这三人皆为西门庆所宠爱(第 81—83 页)。

要地位,另一方面也反映出做鞋带给她们的愉悦感。同样显著的还有,做鞋这项活动,如何与她们的日常生活密不可分,又如何强化了女性之间的情谊与竞争。

我尚未发现任何 17 世纪的木底高跟鞋实物,这段小说情节有助于说明其中的缘故。高跟鞋乃是一种花俏的消耗品,需要花费许多精神设计和制作。它们很容易弄脏和磨损,甚至在脏损之前,它们经常就已经过时了。仅仅在两天之内,富有创造精神的孟玉楼,就又为她的衣柜添加了一双新鞋。像是西门庆答应要从外面买给蕙莲的鞋面,必然给了家中女子一种想要在式样上求新求变的动力。因此,随着时尚圈的品味沉浮,绣花鞋此项攸关女性自我呈现和男性情欲想象的物品,虽然不可或缺,但又讽刺地随时可以抛弃,其光华仅如昙花般短暂绽放。

金莲急于缝制一双新的红睡鞋的心情,仿佛提醒我们,在时尚暴政之下没有缓冲期这回事,不舍昼夜,无分内外。不仅绣花鞋为然,全套华丽足服,从睡鞋到裹腿布,都是衬托"金莲"华丽神秘氛围的要角。睡鞋就外形而言,除了是软底之外,与平常外出穿着的平底鞋相差无几,不过,睡鞋与西方的胸罩和内裤一般,都具有私密和煽情的含义:并不是说从不脱掉它们,而是说,比起袒露本身,遮蔽以及随后的宽衣解带过程,更惹人遐想。①

还有更难启齿的,即,裹脚布的松解。在金莲崇拜的极盛期,裸露双足已成了一项禁忌,连在《金瓶梅》所有性爱场景里,总共

---

① 蕙莲与西门庆在花园山坞壁间过夜之后的次晨,她为了奉承讨好金莲,自愿收拾金莲的睡鞋和裹脚布,应该是要拿去给洗衣丫鬟清洗。*Plum*, *Vol. 2*, p. 55. 这两种衣饰因而与内衣相仿:都被赋予"淫""秽""亵"的含义。到了晚清,睡鞋与袜子基本上已难区别。参见我的 *Every Step a Lotus*(p. 71)以及 Beverley Jackson 的 *Splendid Slippers : A Thousand Years of an Erotic Tradition*(Berkeley, Calif. : Ten Speed Press, 1997)(p. 48)二书中的照片。

也只有一幕，对于裸足景观有一些暗示性的描写。这是一幕酒后纵欲交欢的场景：西门庆将金莲的"红绣花鞋儿，摘取下来戏，把他两条脚带解下来，拴其双足，吊在两边葡萄架儿上"①。这一幕出现在第二十七回，可说是这部小说最著名（也是最恶名昭彰）的段落之一，它既象征着西门庆大宅里的纵欲过度，也打破了视觉上的和文本上的一贯禁忌。赏玩家李渔在他于1657年完成的艳情小说《肉蒲团》里解释道，裸足之所以是一项禁忌，乃是因为小脚除去遮蔽之后，终将令人倒胃。在一幕床戏情节里，主人翁未央生剥光玉香的衣服，"除了脚上褶裤不脱，其余衫裙抹胸等件，一概卸得精光"。李渔还加上他的解说："三寸金莲，毕竟要一双凌波小袜罩在上面，才觉得有趣。不然，就是一朵无叶之花，不耐看了。"②

身为睡鞋或高底设计者、制作者和穿着者的女人们，巧妙地布置了一场遮蔽和幻觉戏法，从而操弄了观看者的目光。她们的技巧，是把纷乱杂沓的世界，浓缩、化约到她们的底妆——红缎，还是白绫？销金，还是绿线锁？对于绣鞋的鞋身外缘、鞋底，特别是鞋尖，这种种细琐的部位，做鞋女子大费周章地细心整治，借以将世上无穷无尽的欲求和幻想，聚焦到她的身体自我之上。

---

① *Plum*, 2:44. 丁乃非（《秋千，脚带，红睡鞋》，第49—50页）指出，脚带（裹脚布）的使用，在蕙莲这个金莲的"叙事替身"身上，造成截然不同的效果：在第二十六回里，蕙莲"寻了两条脚带，拴在门槛上，自缢身亡"（*Plum*, *Vol.2*, p.123）。在清朝中叶的情色小说《林兰香》里，有一幕是在耿朗家中，他的二夫人（二娘）香儿将他的五夫人（五娘）彩云"剥得赤条条，连缠足都不存留"。如同《金瓶梅》里的葡萄架性爱场面，这一幕也总括了颓靡宅院里男人和女人的性耽溺。见 Keith McMahon, *Misers, Shrews, and Polygamists: Sexuality and Male-Female Relations in Eighteenth-Century Chinese Fiction*(Durham and London: Duke University Press, 1995), pp.214—215。

② 李渔，《肉蒲团》（*The Carnal Prayer Mat*），Patrick Hanan 的英译本（Honolulu: The University of Hawaii Press, 1990），第50页。

生产的身体:制鞋与市场

考据学家胡应麟(1551—1602)抱怨道,他那个时代的女人已不再制作自己的鞋子,而委由"当职之缝人"做这项工作。[①] 虽然制鞋经济的资料极为贫乏,但根据轶闻史料,我们仍可推想,"缝人"为女性裁缝师或手艺人,受雇于大户人家,应其要求制作鞋履。不像男鞋那样,女性足服直到现代之前,都未完全发展成店头商品。

16世纪以降,许多家用器物和私人用品,皆已纳入商业生产的范畴,情况日益普遍常见。当时一位敏锐的时尚趋势观察者——松江人范濂——已然注意到,在男性足服的生产方面,出现了剧烈的变化:"鞋制,初尚南京轿夫营者;〔松江〕郡中绝无鞋店。万历〔1573—1620〕以来,始有男人制鞋。后渐轻俏精美,遂广设诸肆于郡治东。而轿夫营鞋,始为松〔江〕之敝帚矣。"

制鞋业的兴盛,受惠于旅行和区域迁徙日趋便利。一位史姓制鞋人从邻近的宜兴迁移至松江,他所贩卖的蒲鞋编法高明,因而带动了蒲鞋的流行:"此后宜兴业履者,率以五六人为群,列肆郡中,几百余家,价始甚贱,土人亦争受其业。"[②]"男人制鞋",或者说,家庭妇女缝制鞋子景况之不再,等同于制鞋的商品化。不过,从范濂的描述来看,商品化的鞋式,乃是专为男人设计的。

葡萄牙籍的道明会修士克路士(Gaspar da Cruz),曾于

---

① 胡应麟,《少室山房笔丛》(北京:中华书局,1958),第145页。
② 范濂,《云间据目钞》,卷二,第2b页(第2628页),收入《笔记小说大观》第二十二编,第五册。包括胡应麟《丹铅新录》,第165页)在内的许多作家,都曾论及男性穿着蒲鞋的风尚。

1556 年冬季在华南的广州城逗留数周，在他笔下，出现了一个欣欣向荣的鞋履市场，时间还早于万历时代数十年。他对于鞋子的产量，留下深刻的印象，认为这个现象也象征着中国的富饶。他在书里有一章专门谈论足服的"工匠"与"商人"，开头就说道："而鞋子是消耗最多的商品，鞋匠就比其他行业的匠人要多。广州有两条很长的鞋匠街，一条卖高级的丝鞋，另一条卖普通的皮鞋，除了这两条街外，城内还分布有很多工匠。"并且还发展出一种定价结构："高级的鞋和靴是用争色丝包面，用细捻线刺绣。靴的价钱几十克朗到一个克朗……因此富人和很穷的人都可以穿鞋，富人则可任意挑选。三个便士或一个里亚尔的鞋是用稻草制的。"①

除了迎合当地顾客需要的鞋店之外，区域性的足服贸易也已逐渐发达。一部刊印于 1599 年的类书，特别提醒走方商贩，各地村镇与城市特产的足服，各有其优缺点："火石桥、泽州、扬州，布底棉鞋甚紧；凤翔府、汾州、潞州，缠底编鞋却松。南京丝鞋，高低不等，苏州丝鞋，总是中中。南京履鞋，材高衬软终耐穿。扬州屐鞋衬硬材低终不久。"②凤翔、汾州、潞州和泽州都位于陕西和山西等西北省份；南京、苏州和扬州则在江苏。制鞋业无须倚靠稀

---

① C. R. Boxer, ed., *South China in the Sixteenth Century* (London: The Hakluyt Society, 1953), p. 124.〔译按，中译文摘自博克舍编注，何高济译，《十六世纪中国南部行纪》(北京：中华书局，1990)，第 88 页。〕克路士的《中国志》(*Tractado*)在 1569—1570 年间，于葡萄牙的埃武拉(Evora)印行(*South China in the Sixteen Century*, p. lxii)。其他关于中国鞋业市场的见闻记载，见王鸿泰的丰富研究《流动与互动：由明清间城市生活的特性探测公众场域的开展》，"国立"台湾大学博士论文，1998，第 450—452 页。不过，王鸿泰有关"市场样式决定了生活的风貌"的论点(第 452 页)，可能低估了家庭制鞋的灵活性，并高估了市场经济的力量。

② 余象斗编，《三台万用正宗》(福建建阳：余氏双峰堂，1559)，卷二一，第 19b—20a 页；东京大学东洋文化研究所影本。"鞋履"列于"商旅门"，其条目位于"棉夏布"和"竹木板枋"之后。书中亦谈及各地"草心鞋"的优缺得失。

有原物料就可以生产,因此不论是在帝国的心脏地带,还是边陲区域,都可出现繁荣昌盛的市况。

日用类书也鼓励地方业者推出新产品,并在较远的地方开发新市场:"江阴管草鞋,亦是一桩生意。初春收下,晒干圈堆门窗,封以纸沉,不可令其风入。风入者,恐其变色,遭梅雨,便要斑黄。暮秋以后加兴,湖广去得太多,稳有五分之利。"江阴是长江边上的一个港埠。长江和大运河的交汇口是另一处好地点:"瓜洲麻鞋,亦是一行生意。正二腊月,收下晾干。细粗品搭,用包打成。南北通行,自有客商收去。"①

尽管作者并未提及制鞋家庭里的分工情况,我们还是不妨这么推想:为了贴补家用,农家妇女本已投入纺纱和其他加工制品的生产,足服的区域分殊化和长途贸易,则又提供了她们一个赚取额外收入的机会。男性足服的商业化,以及应运而生的男性专业鞋匠,并未终结女人的制鞋生涯。

由于文献证据和物质证据的阙如,我们对于女性身为足服消费者的环境,依旧茫然不明。看起来,松江和广州的鞋店,以及四处贸易的鞋商,他们的客户都是男人。有关良家妇女穿着鞋店货品的情形,仅有的暗示来自苏州人沈复(1763 年生)的记述。当他的妻子陈芸欲扮男装赴灯会参观,沈复提议道:"坊间有蝴蝶履,大小由之,购亦极易,且早晚可代撒鞋之用,不亦善乎?"②虽然"蝴蝶履"受到新潮女子喜爱,用作平常穿着(以及在公开场合假扮男装之用),这种鞋子,仍然是为男人设计的平底鞋。

---

① 余象斗编,《三台万用正宗》,卷二一,第 19b—20a 页。

② 沈复,《浮生六记》,Leonard Pratt 与 Chiang Suhui 的英译本(Shen Fu, *Six Records of a Floating Life*〔London and New York:Penguin Books,1983〕),第 44 页。沈复曾在书中描写广州妓女的穿着:"裹足者着裙,不裹足者短袜,亦着蝴蝶履,长拖裤管。"(第 120 页)

19 世纪头十年间，一名扬州人评论道，他家乡扬州的鞋坊所制之蝴蝶履远较苏州和杭州制品更高级。鞋子软底系由十层至十二层细毡缝成，鞋帮则以紫色或灰色素缎、洋呢（进口羊毛）、绉宁绸缎等镶制。更以乌黑亮丽的绒缎，做成大蝴蝶，贴附于鞋尖处，故名"蝴蝶履"。这名扬州作家记得在他年幼时，曾以元丝银五六钱购得一双蝴蝶履，但到了他年长之时（18 世纪末），鞋店所售之蝴蝶履竟已要价一两二三钱。[①] 由于坚固舒适，它们始终是受欢迎的日常男性足服。在鞋店里，除了蝴蝶履以及其他男性足服之外，可以想见的是，不缠足妇女大概也可在此买到她们要穿的鞋履。不过，若说一般良家妇女所穿的鞋子，同样也能在鞋店里购得的话，就比较难以想象了，因为她们的鞋子还夹杂着鲜明的香艳性质。

这个预设，可由一项事实获得佐证：在清代的法庭和戏剧中，女子的绣花鞋，尤其是睡鞋，被认为象征着她的性欲，因此，如果丈夫以外的男子持有她的绣鞋，便足以指称这对男女存在着私通关系（见图十九）。1737 年，发生在锦州的一桩妇人命案里，死者王氏（23 岁）的一双绿布睡鞋成为案情审理的关键证物。王氏的丈夫以卖菜为生，因本钱不够，曾向友人张大（33 岁）借钱，张大为一名货郎，以贩卖杂货为业。6 月 10 日早上，王氏的丈夫外出

---

① 林苏门，《邗江三百吟》（扬州：江苏广陵古籍刻印社，1988），卷六，第 2a—b 页。这部文集的原始出版年代在嘉庆年间（1796—1820），序文为 1808 年所作。感谢梅尔清提供我此一文本的影本。黑色蝴蝶图案颇为抽象，看来更像蝙蝠或云朵。林苏门还提到，扬州的香铺制售一种"灌香女睡鞋"，在鞋帮与衬里之间的夹层，以及鞋底之中，灌入某种可能为粉状的"浓香"（卷六，第 3b—4a 页）。一个多世纪之后，姚灵犀提到，贩卖妆奁用品和香袋荷包的商店里，也卖有睡鞋，要价数元。它们主要的用途，乃是妓女买来随意致赠客人，美其名曰为定情信物；这种鞋子的尺寸，通常远比她们的脚还小得多（《采菲精华录》，第 142—143 页）。扬州香铺制售者，或许也是为了这种用途而设计的。

卖菜,张大出现,与王氏发生斗殴。王氏的脸、颈、腹等处均遭张
大刺伤。她告诉当地保正,张大来向她讨债,见她单独可欺,意图
强暴,她抵死不从。当天稍晚,王氏伤重不治死亡。

张大在案发当场即为王氏的房东制伏,扭送法办,押在牢里。
当新任县令重新审理时,张大供出一套新的说词,指称他与王氏
素有奸情,6月9日那天,他撞见王氏又与一名男子武某发生关
系。隔日早上,张大向王氏求欢被拒,愤而行凶。他向县官供称,
他的货郎箱内有王氏送他的一双睡鞋,以证明他与王氏确曾私
通。武某亦招认与王氏有染,因此增添了张大供词的可信度。不
过,对于唯一可证明王氏生前与张大私通的物证绿布睡鞋,王氏
之母虽认得这双鞋,但是说它们"原是女儿做来自己穿的"。王氏
的丈夫则不曾见过它们。最后,县官倾向采信张大的说词。①

还有一个1743年发生的案件,其中显示,甚至妇女外出穿着
的套鞋,一旦出现在男人的包袱,也会造成他人的猜疑。案情经
过大致如下。余起的妹妹新婚归宁,回夫家时,由他陪同护送,当
他们路过河南永城县境时,已值午夜,两人只好到附近村庄求宿,
却遭当地流氓李某拦下,刻意寻衅找碴。李某翻看余起的包袱,
发现在其被套之下,塞着一双女鞋,他于是指控余起拐带女子,贪

---

① 张大原籍山西太原,1730年搬至锦州;王氏未嫁之前,二人本为邻里旧识(《内阁题
本刑科》第一五〇册,乾隆三年(1738)三月二十七日)。在南方,睡鞋的香艳含义
同样鲜明。在一宗发生于江苏阜宁的司法案件里,打零工为生的张某想娶同村曾
家的闺女,委请媒婆求亲,并拿出一只铜戒指和一只睡鞋,向媒婆指称,这些是他
与曾女私订终身的定情信物。媒婆登门说亲,但遭曾女父母拒绝,他们不愿将女
儿嫁给社会地位低下的张某,媒婆于是提到了张某持有曾女戒指和睡鞋一事。曾
母据而认定女儿确实跟张某发生奸情,不问情由即对她又打又骂。就在当晚,曾
女含愤自尽(《内阁刑科题本》,"婚姻奸情"档案,♯209—3,微卷1—33,乾隆八年
〔1743〕六月十七日)。我极为感谢Matthew Sommer,他不辞辛劳地找出乾隆年间
多宗涉及鞋与脚的法律案件资料,供我参考,其中就包括了这里及下则注释所提
到的案例。

夜私奔，这双鞋子即为明证。后来，李某强暴了年轻的新嫁娘，导致后者自尽，整个事件乃成为一宗司法案件。主审的县官并未接受李某的借口，何况他的辩解也绝不可能减轻他的罪行。[①] 不过，李某的辩词尽管牵强，但还是证实了一点：当时的人们，常将女子的鞋履视为她们私密身体部位的延伸。假如它们已成为商品，可在市面上购得的话，视其为定情信物的一般看法，就站不住脚了。

风格变迁与知识传递

在 17、18 世纪，妇女足服的生产，处在市场经济与家庭经济的交叉点。根据传统的"妇工"训示，在家里自制女鞋，乃是自给自足的农耕经济基石；然而，高底的出现打破了这个传统。理论上，一双棉鞋、麻鞋或丝鞋，应该从头到尾都出自家中妇女之手，不需要经过市场交易机制。木底的制作，却有赖木匠的技艺，因此只能购自闺阁之外。据说，晚明名妓柳如是（1618—1664）曾延请著名匠师为她雕制木底，包括当时最为炙手可热的苏州治竹名家濮仲谦。[②]

由《金瓶梅》的做鞋情节里可以看出，家庭妇女并未停止做

① 《内阁刑科题本》，"婚姻奸情"档案，♯208—2，微卷1—33，乾隆八年（1743）六月十日。

② 桐西漫士，《听雨闲谈》（上海：上海古籍出版社，1983），第104页。亦见怀圃居士，《柳如是事辑》（北平：文字同盟社，1930），第7a页。濮仲谦还精通木雕和象牙雕刻。虽然皮革有时也用于制作靴子和强化鞋尖，不过，传统中国的鞋履制作，不论男鞋、女鞋，还是童鞋，绝大多数还是以植物纤维为材料。今日中国常被当作旅游纪念品的虎头童鞋，可说是旧时家庭妇女制鞋传统的残迹。在20世纪的偏远地区，缠足所用的平底鞋仍由家庭手工织布制成。见 *Every Step a Lotus*，第118—119页。

鞋。就日常足服而言,身上有闲钱的都会家庭妇女,可以先购置配件——木底和素鞋面——然后在家中组装。同样也有证据显示,大户人家雇请的家务帮佣里,至少包括了一组缝纫团队,他们在大宅院里工作,供应家庭成员之需。① 至于特殊场合所用的鞋子,例如新娘穿着的喜鞋、赠予姻亲友人的礼鞋,以及酬神的还愿鞋,虽然不属于花俏时尚的范畴,但仍是身体自我的延伸,因此,其制作不可避免地要由待嫁女子或还愿者自己一针一线地包办。② 商业生产的泛滥,更衬托出亲手制作的别具慧心,因此,在西门庆大宅里,鞋面花样的设计和绣制,对比于缝制布鞋底,更被认定是高尚的身份象征。

晚明时期,通过未剪裁的绣花鞋面,市场品味逐渐入侵闺阃。我们并不清楚,西门庆想买鞋面给蕙莲时,能够有哪些选择;不过,从过度装饰的风格趋势中,我们可以看到,市集、青楼,以及闺阁品味之间,显然互有影响。宋代和元代缠足鞋式,以单色为主,例如柔和中性的淡黄色,并以同色的丝线绣制花样。孝靖皇后的淡红色高跟鞋,尽管较为醒目,但同样是单一色调。总之,早期的女鞋,有时以纹面锦缎制成,上头饰以小小的蝴蝶结,然而就算如此,它们依然维持着朴素无华的调性,以及典雅细致的美学感性,人们只有从丝线的反光闪烁,才得以窥见它们在质地上的微妙

---

① 根据李立扬(Li-Young Lee)——他的母亲是袁世凯的孙女——的回忆,袁氏的天津大宅里,有一间叫作缝衣间的屋子:"里面并排着好几张桌子,上头堆着各种颜色材质的布料,30名妇女坐在桌子后面,快速熟练地操作着好几台手动缝衣机,满室杂沓的机器声响。因为女人身上不得穿戴男裁缝经手的片丝寸缕,所以九房中所有的女性成员,都由缝衣间的女裁缝为她们缝制衣裳。"(*The Winged Seed:A Remembrance*〔New York:Simon & Schuster,1995〕,p. 21.)虽然这个约束显得过于极端,不过,早年的豪门大户,雇用妇女为家中成员缝制衣物,并不让人觉得奇怪。

② 关于赠送姻亲的婚鞋和礼鞋,见 *Every Step a Lotus*,pp. 69—72;《采菲精华录》,第143—147页。

差异。

西门家女主人们的手工作品，则呈现出一个色彩缤纷的世界，她们以主要色系为鞋面底色，然后，调色盘似的在鞋面上搭配种种华丽的色彩：大红或黑色的鞋面，对比着白绫鞋底或绿提跟儿；紫色的鞋面上，缀饰了金色扣花。桃红色鞋面上，还有"羊皮销金"的滚边。田艺蘅（1609 年在世）肯定地指出，在他的时代里，"羊皮销金箔"是一种新式的材料，大量出现在女鞋的制作上。[①] 随着时代的发展，配色愈见驳杂，用色愈见大胆，到了清末，以对比色调表现刺绣的层次，已成为常态性的作风。

清代物质文化无所不在的吉祥图案——从瓷器、绘画，到织品和服饰——在鞋面设计上，也同样显眼。图案的吉祥双关语，变得愈来愈繁复；寓意"福"的"蝙蝠"，已经不够。多子多孙和恩爱良缘，这两种热切的渴望，以一幅幅色彩鲜艳的绣花图案，具体地表述在鞋面和鞋底之上：莲花、蝴蝶、石榴、双钱、瓜蔓、金鱼、桃子、八仙，等等。帝制时代进入尾声之际，仿佛是要从满溢的祝愿中，寻得一个喘息空间似的，鞋面商品上的图案渐渐变得稀疏、含混与抽象。平整而专业的缝制手法，加上制式化的花卉图案设计，成为晚清绣花鞋履成品市场的大宗，说明了足服终究是凡俗商务的一个项目。1904—1911 年间，刺绣已然变得过于麻烦，彩绘花样于"浆而砑光"的布鞋面（名曰"京漂"）上应运而生，量产出

---

① 田艺蘅，《留青日札》，卷二〇，第 8a 页。至于是否整个鞋帮全由金箔皮革制成，田艺蘅并未说明。在《金瓶梅》里，它只用于装饰鞋边或鞋尖。有关西门庆宅邸里的足服式样，我的分析得益于张金兰编制的表格，见她的《〈金瓶梅〉女性服饰文化研究》，第 81—83 页。在宋代，使用黑/白单色鞋底，是一种规范性的做法，以致在鞋底前后部位使用不同颜色（名曰"错到底"），还会引来非议（田艺蘅，《留青日札》，卷二〇，第 8b 页）。

一种新的景观(见图七 D)。①

在家中组装自外购得的配件,仍是清代缠足鞋履制造的主要模式。在 19 世纪,职业木匠制作标准化尺寸和样式的木跟和木底,再由男性小贩带着它们和鞋跟底板,以及其他缝制用品,沿街叫卖,一边走一边喊:"买木头底子呀!"(见图七 E)。在江苏,木底贩子随身带着凿刀,视顾客需要进行修改,这个步骤称为"车木底"(或"锉木底")。在天津一带的村镇里,用以微调木底的锉刀,乃是家家必备的工具。有关晚清时期河南、山东一带的木底交易,《采菲录》里的一份罕见记载指出,市面上供应有三种现成木底,按销售情况,由多至寡依序为:鞋跟底("半截底")、鞋尖底("前底尖"),以及由跟至尖的全底("通尖底")。②

木底的标准尺码提供了一个粗略的指引,使我们对缠足的平均尺寸有所掌握。全底尺寸标号为一号(7.6 英寸)至十号(3.3 英寸)。鞋跟底由鞋跟向前延伸至鞋中心,尺码亦分十个号次,每增一号,其长递减 0.3 英寸:一号为 4.8 英寸,二号 4.5 英寸,以此类推,到十号则为 2.1 英寸。木匠以每串十双鞋跟底整批卖出,每串均包括一号至十号尺码各一双。不过,零售商贩可拆开贩售,尺码愈大者,定价愈高。三至七号的中间尺码(4.2 至 3 英寸,转换成鞋长则约为 8.4 至 6 英寸),货源最足,最易购得,而最大的一号和二号尺码木底,最快售罄。

木底的价格,至少就资料所载的华北地区而言,同样具有标

---

① 以彩绘鞋面为业的相关资料,出自《采菲精华录》,第 86—87 页之间的图示十一。有关这一系列图示的解说,亦见本书图二十二。关于鞋面上的吉祥图案,见 Every Step a Lotus,pp. 105—109。关于中国吉祥图案及其盛行于清代的历史,见《吉祥:中国美術にこめられた意味》(东京:东京国立博物馆,1998)。

② 《采菲精华录》,第 98 页。有关小贩叫卖和锉刀("木错")的资料,来自《采菲录》的另一篇记述,见《采菲精华录》,第 110—111 页。

准化的结构。零售商向木匠批发木底时，若想多要一号和二号尺码，需额外加价四成。木匠也可依顾客指定，特别制作非制式的木底。如果指定的样式和尺寸，需要另行车改标准尺码的上、下、旁三边，其索价为原批发价的五倍；如只车改其中一边，加倍即可。在江苏各县，标准尺寸的木底零售价格，在 19 世纪 80 年代，每双四文钱；到了 20 世纪头十年，价格上涨一倍，每双高达八文钱。但随着反缠足运动的开展，这项行当也迅速没落了。①

　　至于鞋面的制作，较不那么商业化。现存最早有关机械化再制鞋样的例子，出现在一部名为《坤德宝鉴》的家庭日用类书，刊印年代为 1777 年。② 该书最后两卷（卷八、卷九）所载录的，是极其丰富的缝制和绣花图样，均以实际大小呈现，内容涵盖了男人、女人和小孩的各式日用品。卷八以馈赠男人留念的物品，以及送给小孩的物品为主：男帽、童帽、四款荷包、牙签筒、扇络、针插、粉铺、纸袋、枕顶、童鞋（图二十 A）、男鞋。卷九则着重在女性衣物：冠髻、手巾（"妇巾"）、女童发箍（"童花箍"）、衣领（"花领"）、翻领（"花眉"）、大袖、小袖、裙片、裤腿、鞋面花绣样（"鞋花"）、鞋面云绣样（"鞋云"）、靴筒云绣样（"靴云"）（图二十一 A）、鞋帮嵌叠云绣样（"查云鞋式"）（图二十一 B）。③

――――――――――

① 《采菲精华录》，第 98 页。有关鞋跟底串挂的照片，包括山东的五双一串，以及山西的十双一串，见柯基生，《千载金莲风华》，第 110 页。有关木底的凿制，以及详细的制作指南，见《采菲新编》，第 33 页。
② 现存最早的纸鞋样为江西德安周氏（1240—1274）墓所出土者。在各式服饰、妆扮器皿和缝纫器具之中，夹杂着四件以纸剪成的鞋样，包括两件鞋底样（长 20—24公分，即 8—9.6 英寸）和两件鞋帮样（长 19—22 公分，即 7.6—8.8 英寸）。见江西省文物考古研究所，《江西德安南宋周氏墓清理简报》，第 12 页。
③ 坛眠道人〔张履平〕编，《坤德宝鉴》（出版地不详：通修堂，1777），卷八到卷九。这里的长方形裙片绣样，与 Mary V. Hays 研究的欧美地区有关中国清代裙子的收藏品相比，尽管不完全一样，但相似度极高。二者的花、鸟、风景和吉祥图（转下页）

这部类书的前七卷,属于"回收型"的资料,内容完全摘自两种传统文献:道德训诫书类,以及如同《事林广记》和《居家必用事类》这类的实用家庭百科全书。[①] 编纂者坛眠道人这么说明他的编纂目的:"用做香阁清供,使置于绣箧之旁,昕夕相伴。或者目触心惊,庶知三从四德。井臼针黹,非徒贫贱家所当务,即富贵女,亦断难忽略者也。"通过这番修辞,他将《坤德宝鉴》定位为一种传统的女训文本,目的在于劝谕妇女恪遵其家庭天职。乍看之下,这部类书似乎是在指责商业时代带来的堕落;长久以来,女人忘却了如何操作必需的女红,所以才需要重新教导她们描绘绣样的技巧。

然而,说归说,《坤德宝鉴》在骨子里,却不是那么一回事:它与家庭道德的关系,远不如它与市场文化的关系密切。由印刷业者刊行的这部书,在本质上就是一种商品。缝式和绣样,说不定确有启迪闺秀的效果,不过,它们更大的用处,可能在于帮助一群粗识之无的女子。她们一心想要制作有附加价值的物品,以便拿到市场贩售,却苦于欠缺技艺方面的教育训练。这也是为什么书中绣样全是小型物件,图案设计多属祥云花鸟之类。荷包、扇络和童帽等小型佩戴物件,在市场上的需求量相当庞大,它们全都是用以馈赠友人和陌生人的典型手信,称得上是恰当的社会润滑

(接上页)案等,显然属于同一种风格模式。见 Hays,"Chinese Skirts of the Qing Dynasty,"*The Bulletin of the Needle and Bobbin Club* 72, nos. 1&2(1989):4—41。感谢 Terry Milhaupt 提供我这篇论文。

① 《坤德宝鉴》,《自叙》,第 2b—3a 页。卷一至二包含各类节妇故事,取材自刘向《列女传》之类的传统女训典籍。卷三讲述各类因果报应的故事,取材自通俗性的宗教文本。卷四分为纺染作业和闺阁事宜两大类,后者并收入了本章稍早提到的 13 世纪以来种种有关缠足的方剂。卷五至七为各色食谱。虽然除了卷八至九的针黹绣样之外,其余各卷均摘录自传统文献,不过,《坤德实鉴》仍标志着高度性别化百科全书知识的发轫。前此的类书,即使点缀了因应缠足困扰以及其他有关身体或家务管理的窍门,它们编排这些资料的方式,仍然以男性读者为中心。

剂。翻领和衣袖滚边等小件织品配件，则是"绣庄"的销售大宗，专供忙碌的主妇或裁缝购回组装成衣。

若依作者宣称，《坤德宝鉴》肩负着复兴家庭织作的使命，不过，在实际上，这部书既见证了市场入侵家庭织作的情形，也说明了那些让人颇感乏味的制式化拼装设计，究竟由何而来。从这个角度来看，虽然鞋面刺绣充斥着花样和云样设计图案，书中却不见鞋子本身的描样。后者只有在清代最后十年才以图绘的形式出现，这个现象意味着，直到那时，设计、剪裁和组装缠足鞋式的技巧和知识，都还停留在女裁缝之间的"私相授受"；换言之，它们仍属于一种依靠身体具现传承的女性知识。

《坤德宝鉴》想必大受欢迎，供不应求，因为一直到 19 世纪，都还看得到几乎一模一样的手抄复本，在其中，两卷绣样是用超细小楷毛笔精描原样而成（图二十 B、二十一 A—B）。事实上，这个特地以手工描制的复本，比原始版本更细腻，其绘制想必极为耗时费神。① 或许，这是毋庸置疑的：物质生产或再制，如果像这样承载着身体轮廓的触觉铭印，都显得弥足珍贵，因为它们映照出妇女们以针线创造整个锦绣世界的昔日光彩。

最后的时尚圈

高底的发明，创造了一种花俏的、都会的时尚体制，并铺陈了

---

① 此一复本名称为《增删坤德宝鉴》，分装两册，题为《愧谬堂主人选钞》。在本书的征引书目里，我将此书列在坛眠道人名下，不过这位原编者的名字并未出现在复本里。两册里的前一册（原编版的卷八），注明为卷四，并赋予新标题"男佩成式"；后一册（原编版的卷九）改称卷五，新标题则为"女红成式"。至于前三卷可能包含什么样的内容，目前并不清楚。感谢 Don J. Cohn 非常大方地借给我他所收藏的这些现代版本。

15、16 世纪的金莲崇拜。吊诡的是,正当"金莲"没落之际,足服时尚的创造力,却又出现了另一个高峰(见图九)。此时的"基本足服",构成了完整的遮蔽,包括了三或四层衣覆:裹脚布、袜子、软底鞋和外出鞋或靴。裹腿、裹腿布、裤子或长裙,构成了下半身的全套被服(见图十四、二十二)。

鞋履已成为身体自我的向外呈现门面。不论是通过由脚踝延伸至膝盖的裹腿布而展露和衬托,还是在长裙之下娇羞乍现,它们的设计、颜色和伏贴性,对于女子想要表现的整体自我"外观"而言,都具有关键性的作用。在过渡年代(19 世纪 90 年代至20 世纪最初十年)里,坤鞋/靴兴起,以其柔和弛缓的弓底弧度而广受欢迎,这个现象反映了时尚体制如何因应反缠足运动的要求(见图六、七)。坤鞋的魅力诉求,源自高底的残存光环,但是此一鞋式也同时宣告了金莲时代的终结。"鞋弓",如同"足弓"一般,随着 20 世纪的逼近,迅速趋向平坦化。在 20 世纪二三十年代,女性足服搀并了西式鞋履的结构、设计和材质,而在式样与技术上开创了新的范式。坤鞋/靴可说是中国制鞋传统里,最后一种专为缠足妇女设计、制造的秀雅跟底足服。

女性鞋子、袜子或睡鞋的另一层含义,近似现代的衬衣:作为"内衣",它们就主要功能而言,与其说是塑身用品,倒不如说是挑逗的最终防线。它们对于欣赏者来说,增加了一层趣味,同时又呈现了一道卸除门槛,延长了期待的乐趣。这也是为什么在 19 世纪90 年代,亦即,青楼妓女化身流行先驱,在足服时尚圈引领风骚之时,她们将大部分的创造能量,集中在睡鞋、换脚鞋和袜子的设计和布置。1908—1911 年间,正当帝国土崩瓦解的前夕,睡鞋逐渐被当成套鞋穿着,此一现象,同样标志着旧有引诱秩序的终结。于是,不再有什么可以揭露,也不再有什么可供隐藏的了。

裹脚布则是贴身的织品，也是最根本的底衣。就像新艺术时期（the Art Nouveau period），19 世纪 90 年代至 20 世纪最初十年风靡欧美的笔直前倾式马甲束腰（corset），其设计的目的，在于帮助穿着者将身裁线条重塑成时髦的 S 曲线，裹脚布的作用，也在于依据时尚氛围，将双脚模塑成需要的形状和轮廓：如果今年流行高拱的脚背，搭配圆形的趾尖，明年说不定就流行较为平坦的足弓，以及较直的脚尖。就像《采菲录》里一份编年性质的回顾分析（见图二十二）归纳出来的，在官方反缠足运动达到高峰的1894—1911 年间，足服时尚的巨轮仍以稳健的步调转动。每隔三四年，就有新的式样和形状出现，成为时尚新宠。

裹脚布的作用，就其物理设计和结构而言，始终未曾改变，以此而论，它与马甲之间有一种极重大的差异。布质脚缠操弄身体自我的呈现，并不需要用到鲸骨支架或束箍。就像我们从前述13 世纪中叶的黄升和周氏两位女士的遗物中可以看出，在缠足的历史发展过程中，打从一开始，就是使用一条长布作为缠脚布。明清时期，由于缠足的美学标准愈来愈高，要求愈来愈严，裹脚布在质地上也出现了相应的变化；触感较粗糙的白粗棉布，因为不会滑动或松弛，乃成为缠脚布料的首选。[1] 观察者的报道指出，

---

[1] 在我们所知的裹脚布里，唯有黄升墓中发现的那件，属于窄幅、丝缎材质的形制（福建省博物馆，《福州市北郊南宋墓清理简报》，第 9 页）。选用丝缎呼应了有关传说人物窅娘的裹脚布描述：据说它乃是以"帛"制成。在江西德安熊氏（1482—1537）墓内发现的一副裹脚带，均由白粗布制成，长 216 公分（86.4 英寸）、宽 21 公分（8.2 英寸）。熊氏的丈夫显然为低阶官员，身份不高。见德安县博物馆，《江西德安明代熊氏墓清理简报》，《文物》十（1994），第 34 页。在 16 世纪，使用棉布可能已成为俗尚。明朝大学士严嵩（1480—1565）被抄家后，在其财产清册之中，发现了 85 双裹脚布（共估价银二两五钱五分）。其中还有"各色女靴"（70 双，共估价银十两零五钱）；"女鞋"（1800 双，共估价银 54 两）；"绣护膝袜口"（20 双，共估价银二两）。见《天水冰山录》，《丛书集成初编》第一五〇二册（上海：商务印书馆，1937），第 302—303 页。

在云南和台湾,家庭织布机消失之前,裹脚布始终是妇女们的手工织品之一。[①] 也有人使用进口白洋布——只要能够入手的话。裹脚布的宽度、长度和颜色,依使用者的年龄和使用场合而有所差别;例如,初裹足的女孩有时使用靛染蓝布,为的是它的疗效(据说"靛能治溃")。不过,数百年来,它的基本设计和原理,并没有多大的改变。

时尚体制的变迁,其背后的基础,远更细腻微妙:重点在于使用者,而非器具。《采菲录》里一位笔名为"素女"的作者,说明了此一物质事实加诸妇女巧思和巧手的惊人负荷。由于裹脚布在度量衡方面的差异极小,慎选恰当尺寸的法门,存乎一心,最重要的是对自己的身体状况和想要达成的风格效果有所掌握。她解释道,裹脚布的长度从五六尺到七八尺都有,甚至还有超过一丈的。不过,短于五尺者,长度不够,难以满足五绕或七绕的需要。裹脚布理想的宽度为脚身长度的十分之六;实际上的平均宽度为三英寸左右。要是窄于两英寸半或宽于三英寸半,就不太合用了。

裹脚布的操作,甚至更是一丝不苟。传统的七层绕裹法,牵涉到手指是否灵巧,以及能否对于自己脚部的生理构造,怀有一种私密的、直觉的理解。第一层,将裹脚布置于拇指丘,往足背方向绕折四趾向下,独留大拇指不动。第二层,将裹脚布绕过一圈,向足心紧束,自足内侧向足背转于足外。第三层,绕裹大拇指,过内侧向外转,往后到脚跟部位。第四层,挤压脚跟向前,直向脚尖,但这回避过大拇指,只是再次缠绕四趾。第五层,横过足心绕向脚跟压住,再次自外侧过足心向内侧。第六层,严裹大拇指,过

---

① 柯基生在其著作中收入了一些照片,包括一架台湾妇女使用的这类织布机,以及素色、红色和深蓝色的裹脚布卷,见柯基生,《千载金莲风华》,第106—107页。

内侧向外转，步步往后。第七层，最后再将脚跟裹实，自内侧带向足弓内侧，然后以线将裹脚布密缝固定。调整裹脚布在每一个步骤的松紧程度，可将脚部模塑至想要的形状。[1] 当缠足还是一种存在于日常生活中的实践时，像这样的测量和步骤，对于妇女来说，是一种直觉性的知识。只有在缠足走入历史之际，才有需要将这些知识诉诸文字，以满足外人和后人的好奇。

不过，这是历史学家的视点，而不是女人自己的视点。反缠足的准绳来来去去，反反复复；就跟时尚潮流一样。灵巧的手指持续摆弄裹脚布，日复一日地，不断塑造和重塑双脚，使之合于20世纪20年代和30年代的新式平底尖嘴鞋、纤小的缎面“玛丽珍鞋”(Mary Janes)，或是三角形的浅口皮鞋。身体容或顽强，裹脚容或繁琐，但当手指进行操作时，所有其他的事情都显得无关紧要了。鞋子和袜子固然可以轻易地购自商店，穿坏了，说扔就扔，反正它们也只是商业化时尚体制下的商品。然而，一双缠足却是无法舍弃的。一旦缠了脚，就必须殷勤维持，以符合卫生和时尚的要求。一双周正的缠足，是女人毕生的手艺心血。

裹脚布既是缠足器物中最不被赋予香艳色彩的，也是最晚从家庭织布机作业消失的织品项目。尽管不可或缺，但它的任务执行，几乎是不被看见的、隐藏于内的，本身也没有装饰。比起男人们花言巧语的题咏或是华而不实的鞋子，裹脚布始终是真正属于缠足妇女自己的事情，里面存藏着她们辛勤劳动的、私密的身体自我。

---

[1] 素女，《裹足布式并功用》，《采菲录第三编》，第343—344页；《采菲精华录》，第95—96页。另有简略版的五层裹法。杨杨有关云南通海地区缠脚程序的描述，与素女这篇文章所说的内容极为雷同（《小脚舞蹈》，第38—39页）。他对这个程序的了解，很可能也来自《采菲录》。

残存的记忆

我一大清早就来到了云南省通海县六一村,不过显然还是不够早。村子的老年人体育协会门前,偌大的院子,空空荡荡,衬托出墙上斗大对句的触目惊心:"金莲绝唱;闻鸡起舞"。这八个字表明,作为一项观光卖点的表演即将开始;这跟邻近的秀山风景区通过醒目的碑刻匾联,向观光客宣告这里就是宋代古建筑入口的用意,相差无几。20世纪90年代起,旅游杂志和电视节目开始以"缠足村"之名宣传六一村,将该村塑造成缠足习俗在中国的最后堡垒——"中国最后的小脚部落"。① 到了观光旺季,每周还安排有数场舞蹈表演。

在明代初期,有一群汉族士兵,跟随有权有势的沐英家族由南京出发到云南,他们被派驻在现今的通海县六一村,在此落户定居。汉族移民打败了彝、白、傣、哈尼等原住民族之后,在杞麓湖南岸建立了六个军营般的村落。根据当地的传说,该地的缠足由来和高度的文明性,都源自这一批士兵的移民屯垦(见图十四)。② 到

---

① 通海的缠足终止于20世纪50年代,这是中国有效禁绝此一实践的最后地区。该地位处云贵高原,其偏远性似乎说明了此一迟滞结果。1933年,通海县政府成立了一个"天足委员会",并派遣男性查脚员到这个村子。当地出生的作家杨杨认为,六一村距县治最近,村民们也最清楚查脚员什么时候到村里清查,讽刺的是,由于这个地利之便,他们与查脚员玩起猫捉老鼠的游戏,于是最成功地躲避官方的查禁(《小脚舞蹈》,第71页)。近年来相关的旅游文学,其中一例为李旭与黄焱红,《小脚女人村》,《中国旅游》第208期(1997年10月),第40—51页。在1997年,超过300名曾经缠过足的妇女,当时仍居住在六一村,其中三成以上超过60岁。在地方政府用以促进观光的官方宣传画册里,三寸金莲地掷球队和舞蹈团就占据了一页的版面,见中共通海县委宣传部与通海县文学艺术界联合会编,《通海:秀甲南滇》(玉溪:中共通海县委与通海县人民政府,出版年不详〔1999〕),第37页。
② 杨杨,《小脚舞蹈》,第6页。

了20世纪80年代中期，在这个汉族占绝大多数人口的村落里，约有五六百名妇女缠足。今天，六一村是一个富裕的村落，向外埠输出大白菜等农产品，销路甚至远至北京。总人口已超过九千人，其中只剩下大约80位金莲女士。

老年人体育协会的教练告诉我，村里的缠足妇女打从1985年起，就已应观光客的要求，跳舞给他们观赏（收费金额另议）。这位教练的名字是马乔芬，大约在30年前嫁到六一村，她是一位爽朗健壮的彝族妇女，本身并没有缠足。1984年，大约150名小脚老太太们，自动组织了一个老年人体育协会。当她们组成的地掷球队击败大脚的县队之后，立刻声名大噪。自此之后，她们接连在区域和全国性的锦标赛中亮相竞技。她们创造的"小脚迪斯科"舞步，也广受媒体瞩目。[1]

大堂里的矮凳上，坐着七位妇女，她们身着红色滚边的蓝色罩衫，静静等着她们的观众。在她们的白色灯笼裤之下，是白色的棉袜，以及大红色聚酯布制成的"玛丽珍"平底绣花鞋。我注意到，她们的小脚多数属于"解放脚"，平坦而无隆起的脚背，更像是缠足历史初期的形式。只有两位有着三角形弓足——"解放"之后还保有的形状——毫不令人意外，她们也是年纪最大的：84岁的萧秀香，以及78岁的濮纪芬。在20世纪上半叶，通海县以手织棉布著称。[2]萧秀香和濮纪芬两位的年岁够大，曾经织土布帮

---

[1] 马乔芬访谈，2003年6月30日。亦见杨杨，《小脚舞蹈》，第206—207页。

[2] 通海出品的棉布被称为"河西土布"，"河西"这个名称源自通海附近的一个市集。它由进口的机器纺纱织成，这项纺织原料在19世纪80年代晚期，尤其是1895—1899年间修筑滇越铁路之后，被引进滇南。宝森认为，在贸易通路沿线的地区，织布作为一项收入来源而继续存在，使得妇女不必下田种地，从而可以维持缠足。于是出现了一个讽刺的结果，亦即，在较偏远、较不商业化的区域，缠足反而较早终止(*Chinese Women and Rural Development*，第三章，尤其第70—78页)。这个论点虽然不无道理，但是难以证明。亦见杨杨，《小脚舞蹈》，第7页。

补过家计。濮纪芬在朋友圈子里,还被公认是刺绣和做鞋一等一的好手。

舞者摆好姿势,每人手中拿着一把竹笛,录音机开始播放音乐。她们的演出,无须现场指导,想必这段节目对她们已是家常便饭。渐渐地,表演从文舞转到了武舞,她们接着表演的剑舞和太极舞曲目,像极了全中国的公园里都看得到的晨间健身运动。她们的舞步沉着稳健,身段柔软,令人惊叹,看不出已有那么大的岁数。演出时,脸上并未流露出特别的表情,整体给人的感觉,既像全神贯注在当下的每一个动作,又像是跳着一段远离她们自己生活与岁月的舞蹈。当音乐结束时,我只是轻轻地拍手鼓掌,以免破坏气氛。

为了打开话题,我若无其事地问道:"你们还织布吗?""没有了。"有人答道,"家里的织布机老早拆了当柴烧。"萧秀香和濮纪芬顽皮地笑了笑。她们不约而同地抬起了左手,仿佛眼前就摆放着一架织布机,一双弓足踩着踏板该在的位置,右手前后移动,牵曳着想象中的梭子,动作极为协调流畅。她们近几年来学得的技能,不论是地掷球还是舞蹈,都未能取代或抹去她们早年的生产劳动操练。她们的身体还记得。

一种日常生活方式,成了历史:手工织布技术已成陈迹,作为一项生计,也已烟消云散,缠足文化更遭受到猛烈的挞伐。不过,身体仍然记得。一旦身体消逝,残存记忆的沉淀、身体见证的层层历史,以及曾经绣出纹彩缤纷的巧手,都将随之湮没。通过心眼,我按下快门,留住了两位老太太操作虚拟织布机的身影,在那一刹那,我意会到,我不仅狩获了此行的纪念品,也收录下了本书的尾声。

尾　声

　　美丽、地位、性、文化、金钱：缠足就是纠缠在这种种人性欲望的追求之中。但是，这些寻求**自我**增值或享乐的驱动力本身，并不足以说明缠足所隐含的残酷现实，以及随着缠足的发展而出现的，多到令人咋舌的文学作品和物质文化。妒忌、残忍、暴力、物化：人们加诸**他人**的这些可怕之事，虽然也是缠足故事的一部分，但它们同样不足以解释此一实践何以如此源远流长，女人们又何以如此顽强地采行它。缠足——既美丽又丑陋，既非自愿亦非强迫——打破了以"黑与白""男凌女""善或恶"等等二分法来理解世界的方式。

　　直到本书结束，我都未曾提出一个方便的被告、一套轻巧的解释，或是一段简洁的叙事。零碎的"部分"大过它们的"总合"；缠足的历史并非首尾一贯，层层堆积，也难以自圆其说。相关文献和物质档案之中，充斥着矛盾、重复和遗漏之处，这正是我们必须面对和爬梳的现实。千年之久的历史，不仅夹缠不清，缺乏章法，有时甚至让人觉得莫名其妙：在起头，文字的出现，先于实际的作为；但到了缠足行将终结之际，人们实际的作为，又穷尽和超越了所有辩解之词。在这两个极端之间，女人平凡地活在她们身体所处的现实世界，同时憧憬渴望着更美好的生活。

　　强调小脚和纤步的审美观，首先出现于诵颂迷人而遥远的美女的六朝诗歌。到了唐代的艳体诗中，对于罗袜和鞋带的题咏，画面感变得愈来愈强，生动性愈来愈高，情欲之意也愈来愈鲜明。诗人的想象，在后世被人制成实物，例如呼应"步步生莲花"的镂空嵌香粉鞋跟设计，又如强调"响屐"音效的木鞋底，这些都成了时髦女士服饰行头里，极受珍视的项目。不过，就唐末以前的时代而言，我们既未看到当时文人对缠足有所评论，也没有发现相应的考古文物：也就是说，在唐代覆亡之前，缠裹双足尚未成为一种具体的实践。

虽然诗词文藻启发和延续了男性对缠足的欲想，不过，对于女性的缠足实践而言，书写文字的魔力却远不至于此。明清时期固然有一小群识字妇女参与了诗词创作，不过，妇女们有关"缠足的累与用"方面的知识，主要是得自表演艺术和物质文化——这些领域尽管受到男性文人世界的影响，但绝非完全含摄于其中。基于这个原因，我并非从女诗人的作品中发掘有关缠足的女性观点，而是从通俗歌谣、俚曲、家庭日用类书，以及出土的女性遗物本身着手。男性欲望和品味，的确在文化上具有主导地位，但仅凭它们，依然无法说明缠足的悠久性，以及它在地理区域和社会阶层上的扩张幅度。

寻找女性动机时，我避免使用"自由选择"（free choice）之类的词语。现代批评家常常这么想象：假如传统中国妇女有选择的话，她们将会反抗儒家父权体制；既然这种情形并未发生，在他们看来，这就证明了此一体制的成功严控。这个错误的看法源自一种现代的、个人主义式的观念，亦即，过度标举自由选择在欲望结构中的位阶；问题是，这是我们的欲望，而不是她们的。事实上，打从 16 世纪起，女人就已别无"选择"：任何一个女孩，只要她诞生在汉人家庭里，家庭经济状况又较富裕的话，家里就会为她缠足。即使是经济条件不那么好的家庭,也倾向于这么做。缠足不是一种负累,而是一种特权。缠足的存在,不仅是为了向外在世界宣告身份地位和可欲性,对于女人本身而言,这还是自尊的一种具体体现。

斯皮瓦克(Gayatri Spivak)视"自由选择"为"彻底的与自愿的欲望重排"(the radical and voluntary rearrangement of desires)。经过时尚体制与文化沉积对女性欲望进行深刻"重排",到了帝制晚期,不缠足已变得无法想象,就跟我们如今无法想象有人愿意选择缠足一样。妇女采取的行动,不是抗拒,而是将她们的聪明才智运用在足服设计方面。她们凭借着想象与技巧,从质料选择、款式趋新,以及精致手艺等方面,制作完美的鞋履,力求达到最抢眼的视觉呈现,以与她们的姐妹邻居们一争长短。她们亲手制作的鞋子,既是时尚性的,也是仪式化的物件;对她们而言,"鞋的异想世界",正是缠足的魅力诉求所在。若无女人的参与,缠足无法在正经八百的卫道男子持续而激烈的抨击之下,还能够如此蓬勃地蔓延。

虽然我们还不是那么确切地掌握其中的传播机制,但是不论如何,缠足实践慢慢跨越地理和社会阶层界限,依附在地方文化常识当中,成为毫不起眼的一环,并在日常生活细目里——仪式、俗语、足服式样,以及身体姿势等——渐渐变成常态。本来属于"别的女人"的外来实践,就这样变成自己身体的一项生活现实。缠足的引人入胜,不论是在集体层次还是个人层次上,乃是根植于它这种可以更换视点的能力、在熟悉的身体上创造崭新观点的能力、灌输新"常识"的能力,以及,终极而言,重新打造世界的能力。

本书一开始就曾强调,缠足不只有一种,而是有许多种,这始终是我的基本态度。正因为缠足必然是一种地方化的作为,而且仅能依靠个人身体去具现,所以无法用抽象化的理论处理。因此,本书并没有盖棺论定式的断言,或是通史性质的叙事,而只是就漫长的缠足历史之中,一些我认为最为有趣的文本和物件,提出我的解读。本书在章节安排上,特地引入一连串地方的、局部的,而且通常也是互相冲突的观点,借此,我希望创造一个开放的空间:但愿在这个空间里,每位读者不仅可以形成自己的见解,而且还愿意不断地进行省思。

缠足原本是一种诗人抒情想象的体现——人们幻想自己可以真的活在诗情画意之中——但到了最后,它变成一种既过分又愚昧,荒谬透顶的实践。说到底,缠足作为社会实践与知识主体,唯一不变的,就是它的自我矛盾特性,亦即,包容针锋相对欲望的能力,以及转而对抗自身的倾向。基于这个原因,即使这项习俗早已成为陈迹,它仍不断地惹人憎恶,也不断地引人深思与遐想。

参考文献

一、中文和日文部分

《小脚悲歌画上休止符》,《新民晚报》,1999 年 11 月 22 日。

《戒缠足说》,《台湾惯习记事》第二卷第十一号(1902),第 43—49 页〔887—893〕。

《内阁刑科题本》。北京第一档案馆藏。

《天水冰山录》,《丛书集成初编》第一五〇二册。上海:商务印书馆,1937。

《太平御览》。台北:大化书局,1977。

《全唐诗》。上海:上海古籍出版社,1995。

《吉祥:中国美術にこめられた意味》。东京:东京国立博物馆,1998。

《居家必用事类》。内阁文库明内府刊本。

《居家必用事类》。京都:中文出版社,1984。1673 年日本刊印版影本。

《居家必用事类》。明司礼监刊本,傅斯年图书馆藏。

《居家宜忌》。出版地不详,序于 1820—1850 年。傅斯年图书馆藏。

《明成化说唱词话丛刊》。北京:文物出版社,1979。

《故宫物品点查报告》。北平:清室善后委员会,1925—1926。

《万历全补文林妙锦万宝全书》。书林(福建建阳):安正堂,1612。哈佛大学燕京图书馆藏本

《增补易知杂字全书》,明代版本。东京大学东洋文化研究所影本。

丁乃非,《秋千,脚带,红睡鞋》,收入张小红编,《性/别研究读本》,第 23—60 页。台北:麦田出版社,1998。

上海中国天足会,《天足会报》第一期(1907 年夏季)。上海市立图书馆藏本。

大木康,《馮夢龍〈山歌〉の研究》。东京:劲草书房,2003。

大桥式羽,《胡雪岩外传》,收入《晚清小说大系》。台北:广雅出版公司,1984。

小野和子,《〈镜花缘〉の世界——清朝考証学者のユートピア像》,《思想》721(1984/7),第40—55页。

山西村政处编,《山西村政汇编》。太原:山西村政处,1928。

中山美绪,《清代前期江南の物価動向》,《东洋史研究》第三十七卷第四期(1979/3),第77—106页。

中共通海县委宣传部、通海县文学艺术界联合会编,《通海:秀甲南滇》。玉溪:中共通海县委与通海县人民政府,出版年不详〔1999〕。

中国天足会,《天足会年报》。上海:美华书局,1908。上海市立图书馆藏本。

中国社会科学院、定陵博物馆与北京市文物工作队,《定陵》。北京:文物出版社,1990。

中国社会科学院考古研究所编,《定陵掇英》。北京:文物出版社,1989。

方绚,《方氏五种》,收入王文濡编,《说郛》,第1241—1255页。台北:新兴书局,1963。

方绚,《采莲船》,《香艳丛书》第八集第一卷。上海:国学扶轮社,1914。

方绚,《金园杂纂》,《香艳丛书》第八集第一卷。上海:国学扶轮社,1914。

方绚,《金园杂纂》《香莲品藻》《贯月查》《采莲船》,收入高剑华编,《红袖添香室丛书》第二集,第108—153页。上海:上海群学社,1936。

方绚,《香莲品藻》,《香艳丛书》第八集第一卷。上海:国学扶轮社,1914。

方绚,《贯月查》,《香艳丛书》第八集第一卷。上海:国学扶轮社,1914。

毛奇龄,《武宗外纪》,收入《香艳丛书》第六册第十一集第二卷,第3001—3024页。上海:国学扶轮社,1914。

王三聘,《古今事物考》。台北:台湾商务印书馆,1973。

王子今,《跛足帝国——中国传统交通形态研究》。兰州:敦煌文艺出版社,1996。

王冬芳,《迈向现代:剪辫与放足》。沈阳:辽海出版社,1997。

王宇清,《中国服装史纲》。台北:中华民族艺术文教基金会,1994。

王岩,《万历帝后的衣橱:明定陵丝织集锦》。台北:东大图书公司,1995。

王家驹,《潞安地区婚丧制度在辛亥革命前后的变革》,《山西文史资料》,第七辑,第104—124页。太原:文史资料研究委员会,1984。初刊于1963。

王树村,《中国民间年画史图录》。上海:上海人民美术出版社,1991。

王树槐等编,《海内外图书馆收藏有关妇女研究中文期刊联合目录》。台北:"中央研究院"近代史研究所,1995。

王鸿泰,《流动与互动:由明清间城市生活的特性探测公众场域的开展》,"国立"台湾大学博士论文,1998。

王晫、张潮编,《檀几丛书》。序于 1695 年,内阁文库钞本。

古今谈编辑委员会,《古今名人传记》。台北:古今谈杂志社,1972。

古垣光一,《中国における女性の纏足——特に実相と宋代の起源について》,《中国关系论说资料》第二十九卷第一期(1987),第 44—53 页。

古高阳西山樵子,《闺艳秦声》,《中国古艳稀品丛刊》第一集第三册,第 1—38 页。无出版资料。"中央研究院"傅斯年图书馆藏本。

古高阳西山樵子,《闺艳秦声》,收入井上红梅编,《支那风俗》第一卷第三册,第 1—38 页。上海:日本堂书店,1920—1921。

永尾龙造,《支那民俗志》。东京:国书刊行会,1973。

田艺蘅,《留青日札》。上海:上海古籍出版社,1985。1609 年版钞本。

伊世珍,《琅嬛记》,收入张海鹏编,《学津讨原》。扬州:广陵古籍刻印社,出版年代不详。

伍国庆编,《文坛怪杰辜鸿铭》。长沙:岳麓书社,1988。

朱传誉编,《辜鸿铭传记资料》第一至二卷。台北:天一出版社,1979。

江西省文物工作队,《江西南城明益宣王朱翊钶夫妇合葬墓》,《文物》八(1982),第 16—28 页。

江西省文物考古研究所、德安县博物馆,《江西德安南宋周氏墓清理简报》,《文物》九(1990),第 1—13 页。

老宣(宣永光),《乱语全书》。北京:华龄出版社,1996。

何满子,《蒲松龄与聊斋志异》。上海:上海出版公司,1955。

余庭璧,《事物异名校注》。太原:山西古籍出版社,1993。

余象斗编,《三台万用正宗》。福建建阳:余氏双峰堂,1559。东京大学东洋文化研究所影本。

余怀,《妇人鞋袜考》,收入王晫与张潮编,《檀几丛书》,序于 1695 年,内阁文库钞本。

余怀,《板桥杂记》,收入《香艳丛书》第十三集第三卷。上海:国学扶轮社,1914。

吴蕙芳,《万宝全书:明清时期的民间生活实录》。台北:"国立"政治大学历史系,2001。

吕美颐、郑永福,《中国妇女运动(1840—1921)》。开封:河南人民出版社,1990。

宋立中、范金民,《评李伯重〈江南的早期工业化(1550—1850)〉》,《新史学》第十二卷第四期(2001/12),第 193—205 页。

巫仁恕,《明代平民服饰的流行风尚与士大夫的反应》,《新史学》第十卷第三期(1999),第55—109页。

李又宁、张玉法编,《近代中国女权运动史料》。台北:传记文学出版
　社,1975。

李旭、黄焱红,《小脚女人村》,《中国旅游》第208期(1997/10),第40—
　51页。

李伯重,《"男耕女织"与"妇女半边天"角色的形成》,《经济史研究》三
　(1997),第10—22页。

李伯重,《从"夫妇并作"到"男耕女织"》,《经济史研究》三(1996),第99—
　107页。

李孝悌,《十八世纪中国社会中的情欲与身体:礼教世界以外的嘉年华
　会》,《"中央研究院"历史语言研究所集刊》第七十二卷,第三部分(2001),
　第543—595页。

李渔,《闲情偶寄》。上海:上海古籍出版社,2000。

沈从文,《中国古代服饰史研究》。台北:南天书局,1988。

沈德符,《万历野获编》。无出版地资料:扶荔山房刊本,1827。

汪景祺,《读书堂西征随笔》。香港:龙门书店,1967。

车若水,《脚气集》,收入《钦定四库全书》子部十,杂家类三。

坂元ひろ子,《足のディスコース——纏足・天足・国恥》,《思想》九○七
　(2000/1),第145—161页。

周汛、高春明,《中国衣冠服饰大辞典》。上海:上海辞书出版社,1996。

周汛、高春明,《中国传统服饰形制史》。台北:南天书局,1998。

周汛、高春明,《中国历代妇女妆饰》。上海:学林出版社;香港:三联书
　店,1997。

周密,《浩然斋雅谈》。沈阳:辽宁教育出版社,2000。

周贻白,《中国戏曲史》。上海:中华书局,1953。

周颂尧,《缠足》。出版年代资料不详。序于1929年。

周锡保,《中国古代服饰史》。台北:南天书局,1992。

孟森,《心史丛刊 外一种》。长沙:岳麓书社,1986。

冈本隆三,《纏足物語》。东京:东方书店,1986。初刊于1963。

岸本美绪,《明清時代の身分感覚》,收入森正夫编,《明清時代史の基本問
　題》,第403—428页。东京:汲古书院,1997。

东洋史研究会编,《雍正時代の研究》。京都:同朋舍,1986。

林秋敏,《近代中国的不缠足运动(1895—1937)》,"国立"政治大学硕士论
　文,1990。

林秋敏,《清末的天足会》,《国史馆馆刊》复刊第五期(1994),第115—

124 页。

林秋敏,《阎锡山与山西的天足运动》,《国史馆馆刊》复刊第十八期(1995),第 129—144 页。

林维红,《清季的妇女不缠足运动,1894—1911》,《"国立"台湾大学历史学系学报》第十六期(1991),第 139—180 页。

林庆彰、贾顺先编,《杨慎研究资料汇编》。台北:"中央研究院"中国文哲研究所,1992。

林丽月,《衣裳与风教——晚明的服饰风尚与"服妖"议论》,《新史学》第十卷第三期(1999),第 111—157 页。

林苏门,《邗江三百吟》。扬州:江苏广陵古籍刻印社,1988。

邱炜萲,《菽园赘谈节录》,收入《香艳丛书》第八集第三卷。无出版资料:国学扶轮社,1914。

金启华译,《诗经全译》。江苏:江苏古籍出版社,1996。

青木正儿,《酒觞趣谈》,收入《青木正儿全集》第八卷,第 77—87 页。东京:春秋社,1984。

姚居顺,《中国缠足风俗》。沈阳:辽宁大学出版社,1991。

姚灵犀,《思无邪小记》。名古屋:采华书林,1974。初刊于天津:天津书局,1941。

姚灵犀编,《采菲新编》。天津:天津书局,1941。

姚灵犀编,《采菲精华录》。天津:天津书局,1941。

姚灵犀编,《采菲录》(初编)。天津:时代公司,1934。

姚灵犀编,《采菲录第三编》。天津:天津书局,1936。

姚灵犀编,《采菲录第四编》。天津:天津书局,1938。

姚灵犀编,《采菲录续编》。天津:时代公司,1936。

柯基生,《三寸金莲》。台北:产业情报杂志社,1995。

柯基生,《千载金莲风华》。台北:"国立"历史博物馆,2003。

柯嘉豪,《椅子与佛教流传之关系》,《"中央研究院"历史语言研究所集刊》,第六十九卷第四期(1998/12),第 727—763 页。

洪敏麟,《缠脚与台湾的天然足运动》,《台湾文献》第二十七卷第三期(1976/9),第 143—157 页。

洪认清,《民国时期的劝禁缠足运动》,《民国春秋》六(1996),第 18—19 页。

胡也频,《小县城中的两个妇人》,《东方杂志》第二十六卷第十八期(1929/9),第 101—106 页。

胡应麟,《丹铅新录》,收入《少室山房笔丛》。北京:中华书局,1958。

范濂,《云间据目钞》,卷二,第 2b 页(第 2628 页),收入《笔记小说大观》第二十二编,第五册。

倪瓒,《清闷阁全集》,收入《元代珍本文集汇刊》。台北:"国立中央图书馆",1970。

凌鸿勋,《中国铁路志》。台北:畅流半月刊社,1954。

徐三友编,《新锲全补天下四民利用便观五车拔锦》。福建:建云斋刊本,1597。美国国会图书馆藏本。

徐珂,《天足考略》,收入徐珂编,《天苏阁丛刊》。上海:商务印书馆,1914。

徐珂,《知足语》,收入徐珂编,《天苏阁笔记十三种》。香港:中山图书公司,1973。

徐珂,《清稗类钞》。北京:中华书局,1986。

徐珂编,《天苏阁丛刊》。上海:商务印书馆,1914。

徐朔方,《徐霖年谱》,收入《徐朔方集》。杭州:浙江古籍出版社,1993。

时萌,《晚清小说》。上海:上海古籍出版社,1989。

桑柔,《辜鸿铭的幽默》。台北:精美出版社,1985。

桐西漫士,《听雨闲谈》。上海:上海古籍出版社,1983。

笑云,《天足说》,《小说丛报》第三卷第八期(1917),第2—3页。

高文显,《韩偓》。台北:新文丰,1984。

高世瑜,《缠足再议》,《史学月刊》二(1999),第20—24、111页。

高洪兴,《缠足史》。上海:上海文艺出版社,1995。

高岛航,《教会と信者の間で:女性宣教師による纏足解放の試み》,收入森时彦编,《中国近代化の動態構造》,第273—309页。京都:京都大学人文科学研究所,2004。

宿白,《白沙宋墓》。北京:文物出版社,1957。

康正果,《重审风月鉴》。台北:麦田出版社,1996。

康正果,《风骚与艳情》。郑州:河南人民出版社,1988。

康来新,《晚清小说理论研究》。台北:大安出版社,1986。

张仲,《小脚与辫子》。台北:幼狮文化事业公司,1995。

张宏生编,《明清文学与性别研究》。南京:江苏古籍出版社,2002。

张秀熟,《清末民间儿童读物》,收入《四川文史资料选辑》第二十册,第180—190页。成都:四川人民出版社,1979。

张邦基,《墨庄漫录》,收入《钦定四库全书》子部十,杂家类五。

张邦基,《墨庄漫录》,收入《丛书集成初编》,第2864—2866册。长沙:商务印书馆,1939。

张岱,《夜航船》。杭州:浙江古籍出版社,1981。

张金兰,《〈金瓶梅〉女性服饰文化研究》,"国立"政治大学中文系硕士论文,2000。

张楠、王忍之编,《辛亥革命前十年间时论选集》。北京:生活·读书·新知
　　三联书店,1978。

张道一编,《老戏曲年画》。上海:上海画报出版社。

曹梧冈、邗上蒙人,《晚清艳情小说丛书——梅兰佳话 风月梦》。南昌:百花
　　洲文艺出版社,1993。

梁景和,《近代中国陋俗文化嬗变研究》。北京:首都师范大学出版社,1998。

庄严,《山堂清话》。台北:"国立"故宫博物馆,1980。

陈元靓编,《事林广记》。元代版,内阁文库藏本。

陈元靓编,《事林广记》。京都:中文出版社,1988。

陈元龙编,《格致镜原》。上海:上海古籍出版社,1992。

陶安化(报癖),《小足捐》,《月月小说》第一年第六号(1907/2),第 177—
　　186 页。

陶宗仪,《辍耕录》,收入《钦定四库全书》,子部十二,小说家类一。序于
　　1366 年。

陶晋生,《歌姬舞伎与金莲》,收入邓小南编,《唐宋女性与社会》,第 365—
　　374 页。上海:上海辞书出版社,2003。

曾永义,《说俗文学》。台北:联经出版公司,1984。

汤颐琐,《徐仲可天苏阁"娱晚图"序》,徐珂《纯飞馆词》附录,收入《天苏阁丛
　　刊》。上海:商务印书馆,1914。

汤颐琐,《黄绣球》,收入《晚清小说大系》第十五册。台北:广雅书局,1984。

舒芜,《女性的发现——知堂妇女论类钞》。北京:文化艺术出版社,1990。

华广生编,《白雪遗音》,收入《明清民歌时调集》下册,第 453—907 页。上
　　海:上海古籍出版社,1987。

菊池贵晴,《不缠足運動について》,《历史教育》第五卷第十二期(1957),第
　　31—39 页。

辜鸿铭,《中国人的精神》,黄兴涛、宋小庆译。海口:海南出版社,1996。

辜鸿铭,《辜鸿铭文集》。海口:海南出版社,1996。

冯梦龙编,《山歌》,收入《明清民歌时调集》上册,第 245—444 页。上海:上
　　海古籍出版社,1987。

冯尔康,《雍正传》。北京:人民出版社,1985。

黄育馥,《京剧·跷和中国的性别关系(1902—1937)》。北京:生活·读书·
　　新知三联书店,1998。

黄强,《李渔研究》。杭州:浙江古籍出版社,1996。

黄兴涛,《闲话辜鸿铭》。海口:海南出版社,1997。

杨念群,《"渡过期"历史的另一面》,《读书》六(2002),第 128—135 页。

杨念群,《从科学话语到国家控制——对女子缠足由"美"变"丑"的多元分析》,《北京档案史料》四(2001),第 237—296 页。

杨慎,《丹铅摘录》,收入《钦定四库全书》,子部十,杂家类二。初刊于 1547。

杨慎,《丹铅余录》,收入《钦定四库全书》,子部十,杂家类二。

杨慎,《丹铅总录》,收入《钦定四库全书》,子部十,杂家类二。

杨慎,《丹铅续录》,收入《钦定四库全书》,子部十,杂家类二。

杨慎,《汉杂事秘辛》,收入《香艳丛书》第三集第二卷。上海:国学扶轮社,1914。

杨慎,《谭苑醍醐》,收入《丛书集成初编》第三三四册。长沙:商务印书馆,1939。序于 1542。

杨杨,《小脚舞蹈:滇南一个乡村的缠足故事》。合肥:安徽文艺出版社,1999。

杨维桢(铁崖),《杨维桢诗集》。杭州:浙江古籍出版社,1994。

杨兴梅,《南京国民政府禁止妇女缠足的努力与成效》,《历史研究》三(1998),第 113—129 页。

杨兴梅、罗志田,《近代中国人对女性小脚美的否定》,发表于"健与美的历史"研讨会,"中央研究院"历史语言研究所主办,台北,1999 年 6 月 11—12 日。

叶大兵、钱金波,《中国鞋履文化辞典》。上海:上海三联书店,2001。

贾伸,《中华妇女缠足考》。北京:香山慈幼院,1925。

路成文、祁凤义、聂元龙编,《山西风俗民情》。太原:山西省地方志编纂委员会办公室,1987。

邹劲风,《南唐国史》。南京:南京大学出版社,2000。

邹劲风,《南唐历史与文化》。成都:四川大学出版社,2000。

福建省博物馆,《福州市北郊南宋墓清理简报》,《文物》七(1977),第 1—17 页。

福建省博物馆编,《福州南宋黄升墓》。北京:文物出版社,1982。

蒲松龄,《聊斋俚曲集》。北京:古籍文化出版公司,1999。

蒲松龄,《聊斋志异》。济南:齐鲁书社,1981。

赵丰编,《纺织品考古新发现》。香港:艺纱堂/服饰出版,2002。

赵之壁,《平山堂图志》。京都:同朋舍,1981。最初刊印于 1765 年。

赵翼,《陔余丛考》。上海:商务印书馆,1957。最初刊印于 1790 年。

刘廷玑,《在园杂志》,收入沈云龙编,《近代中国史料丛刊》。台北:文海出版社,1969。

刘阶平,《蒲留仙松龄先生年谱》。台北:台湾"中华书局",1985。

刘阶平编,《清初鼓词俚曲选》。台北:正中书局,1968。

德安县博物馆,《江西德安明代熊氏墓清理简报》,《文物》十(1994),第 32—36 页。

樽本照雄,《清末小说闲谈》。京都:法律文化社,1983。

钱泳,《履园丛话》。台北:广文书局,1969。

阎锡山,《人民须知》。无出版资料,1919。柯基生医生收藏。

阎锡山编,《山西六政三事汇编》。太原:山西村政处,1929。

阎锡山编,《治晋政务全书初编》。台北:阎伯川先生遗稿整理委员会,1960。

戴晴、洛恪,《缠足女子——当代中国女性问题》。香港:明报出版社,1996。

薛己,《薛己医案》,收入《图书集成医部全录新校本》,台北:新文丰出版公司,1979。

薛绍徽,《复沈女士书》,收入《黛韵楼文集》卷下,第 20b—21a 页;收入薛绍徽,《黛韵楼遗集》。福建:陈氏家刊版,1914。

谢在杭(肇浙),《文海披沙》。上海:大达图书供应社,1935。序于 1609 年。

谢伯阳编,《全明散曲》。济南:齐鲁书社,1994。

坛眠道人(张履平)编,《坤德宝鉴》。出版地不详:通修堂,1777。哈佛大学燕京图书馆藏本。

坛眠道人(张履平)编,《增删坤德宝鉴》,题为《愧谬堂主人选钞》。19、20 世纪手抄本。

怀圃居士,《柳如是事辑》。北平:文字同盟社,1930。

藤田祐贤,《聊斋俗曲考》,《艺文研究》十八(1964),第 29—43 页。

苏馥,《香闺鞋袜典略》。海宁邹氏师竹友兰室清钞底本,1879。台北"中央图书馆"善本书室藏本。

顾颉刚,《吴歌 吴歌小史》。南京:江苏古籍出版社,1999。

二、西文部分

Adams, Sandra May. "Nineteenth Century Representations of Footbinding to the English Reading Public," Ph. D. dissertation, University of Macau, 1993.

AI-Akl, F. M. "Bound Feet in China," *American Journal of Surgery*, New Series 18, no. 3. (Dec. 1932), pp. 545—550.

Bao Tao, Jialin. "The Anti-Footbinding Movement in Late Ch'ing China: Indigenous Development and Western Influence,"《近代中国妇女史研究》

第二期(1994/6), pp. 141—173.

Baudrillard, Jean. *The System of Objects*, trans. James Benedict. London and New York: Verso, 1996.

Bossen, Laurel. *Chinese Women and Rural Development : Sixty Years of Change in Lu Village, Yunnan*. Lanham, Md. : Rowman & Littlefield, Inc. , 2002.

Boxer, C. R. , ed. *South China in the Sixteenth Century*. London: The Hakluyt Society, 1953.

Broadwin, Julie. "Working Contradictions: Chinese Women Unbound at the Turn of the Century," *The Journal of Historical Sociology* 10, no. 4 (Dec. 1997),pp. 418—443.

Brook, Timothy. *Confusions of Pleasure : Commerce and Culture in Ming China*. Berkeley: University of California Press, 1998.

Buck, Pearl. *East Wind : West Wind*. London: Methuen & Co. , Ltd, 1934.

Cahill, James. "The Emperor's Erotica," *Kaikodo Journal* 11 (Spring, 1999), pp. 24—43.

Cahill, James. "Two Palace Museums: An Informal Account of Their Formation and History(*Ching Yüan Chai so-shih IV*)," *Kaikodo Journal* 19 (Spring 2001), pp. 30—39.

Cahill, James. "Where Did the Nymph Hang? (*Ching Yüan Chai so - shih* I)" *Kaikodo Journal* 7 (Spring 1998), pp. 8—16.

Cahill, Suzanne E. "Discipline and Transformation: Body and Practice in the Lives of Daoist Holy Women of Tang China," in *Women and Confucian Cultures in Premodern China, Korea, and Japan*, ed. Dorothy Ko, JaHyun Kim Haboush, and Joan R. Piggott, pp. 251—278. Berkeley and Los Angeles: University of California Press, 2003.

Chang, Chun-shu, and Shelley Hsueh-lun Chang. *Crisis and Transformation in Seventeenth-Century China : Society, Culture, and Modernity in Li Yü's World*. Ann Arbor: The University of Michigan Press, 1992.

Chau, Virginia Chiu-tin. "The Anti-Footbinding Movement in China, 1850—1912," master's thesis, Columbia University, 1966.

Chen, Fan-Pen. "Problems of Chinese Historiographyas Seen in the Official Records on Yang Kuei-fei," *T'ang Studies* 8—9 (1990—1991), pp. 83—96.

Chow, Rey. *Woman and Chinese Modernity: The Politics of Reading between*

West and East. Minneapolis: University of Minnesota Press, 1991.

Clunas, Craig. *Pictures and Visuality in Early Modern China*. Princeton: Princeton University Press, 1997.

Clunas, Craig. *Superfluous Things : Material Culture and Social Status in Early Modern China*. Urbana and Chicago: University of Illinois Press, 1991.

Cohen, Paul A. *Between Tradition and Modernity : Wang T'ao and Reform in Late Ch'ing China*. Cambridge, Mass. : Harvard University Press, 1987.

Daly, Mary. *Gyn/Ecology : The Metaethics of Radical Feminism*. Boston: Beacon Press, 1978.

Davin, Delia. *Woman-Work : Women and the Party in Revolutionary China*. Oxford and New York: Oxford University Press, 1978.

Dong, Madeleine Yue. *Republican Beijing : The City and Its Histories*. Berkeley: University of California Press, 2003.

Dooling, Amy D. , and Kristina M. Torgeson, eds. , *Writing Women in Modern China : An Anthology of Women's Literature from the Early Twentieth Century*. New York: Columbia University Press, 1998.

Drucker, Alison. "The Influence of Western Women on the Anti-footbinding Movement, 1840—1911," in *Women in China: Current Directions in Historical Scholarship*, eds. , Richard W. Guisso and Stanley Johannesen, pp. 179—199. Youngstown, N. Y. : Philo Press, 1991.

Duara, Prasenjit. *Rescuing History from the Nation : Questioning Narratives of Modern China*. Chicago: University of Chicago Press, 1995.

Dworkin, Andrea. *Woman Hating*. New York: Plume, 1974.

Elman, Benjamin. *A Cultural History of Civil Examinations in Late Imperial China*. Berkeley: University of California Press, 2000.

Elman, Benjamin. *From Philosophy to Philology : Intellectual and Social Aspects of Change in Late Imperial China*. Cambridge, Mass. : Council of East Asia Studies, Harvard University, 1984.

Evans, Harriet. "The Language of Liberation: Gender and *Jiefang* in Early Chinese Communist Party Discourse," *Intersection : Gender, History, and Culture in the Asian Context*, inaugural issue (Sept. 1998), pp. 1—20. (http: //www. sshe. murdoch. edu. au /hum /as /intersections)

Fan, Hong, *Footbinding, Feminism, and Freedom : The Liberation of Women's Bodies in Modern China*. London: Frank Cass, 1997.

Fang, H. S. Y. , and F. Y. K. Yu, "Foot-binding in Chinese Women,"

Canadian Journal of Surgery 3 (April 1960), pp. 195—202.

Freud, Sigmund. "Fetishism," in *Sexuality and the Psychology of Love*, ed. with an introduction by Philip Rieff, pp. 214—219. New York: Collier Books, 1963.

Furth, Charlotte. *A Flourishing Yin : Gender in China's Medical History ,960—1665*. Berkeley: University of California Press, 1999.

Furth, Charlotte. *Ting Wen-chiang : Science and China's New Culture*. Cambridge, Ma. : Harvard University Press, 1970.

Gao, James Zheng. *Meeting Technology's Advance : Social Change in China and Zimbabwe in the Railway Age*. Westport, Conn. : Greenwood Press, 1997.

Gates, Hill. "Footbinding and Handspinning in Sichuan: Capitalism's Ambiguous Gifts to Petty Capitalism," in *Constructing China : The Interaction of Culture and Economics*, ed. Kenneth G. Lieberthal, Shuen-fu Lin, and Ernest P. Young, pp. 177—194. Ann Arbor: University of Michigan Press, 1997.

Gates, Hill. *China's Motor: A Thousand Years of Petty Capitalism*. Ithaca: Cornell University Press, 1996.

Gell, Alfred. *Wrapping in Images : Tattooing in Polynesia*. Oxford: Clarendon Press, 1996.

Goldstein, Joshua. "Getting from Here to There on the Pingsui Railroad," unpublished seminar paper, University of California at San Diego, 1994.

Hanan, Patrick. *The Invention of Li Yu*. Cambridge, Ma. : Harvard University Press, 1988.

Handler, Sarah. "The Chinese Bed," in *Chinese Furniture : Selected Articles from " Orientations ," 1984—1994*. Hong Kong: Orientations Magazine Ltd. , 1996.

Hay, Jonathan. *Shitao: Painting and Modernity in Early Qing China*. Cambridge: Cambridge University Press, 2001.

Hays, Mary V. "Chinese Skirts of the Qing Dynasty," *The Bulletin of the Needle and Bobbin Club* 72, nos. 1 & 2 (1989), pp. 4—41.

Hershatter, Gail. "The Subaltern Talks Back: Reflections on Subaltern Theory and Chinese History," *Positions: East Asia Cultures Critiques*, 1:1 (Spring 1993), pp. 103—130.

Honig, Emily. *Sisters and Strangers: Women in the Shanghai Cotton Mills, 1919—1949*. Stanford, Calif. : Stanford University Press, 1986.

Hu, Ying. "Re-Configuring Nei /Wai: Writing the Woman Traveler in the Late Qing," *Late Imperial China* 18, no. 1(June 1997), pp. 72—99.

Hu, Ying. *Tales of Translation : Composing the New Woman in China, 1899—1918* . Stanford, Calif. : Stanford University Press, 2000.

Huang, Ray. *1587: A Year of No Significance* . New Haven: Yale University Press, 1981.

Hucker, Charles O. *Dictionary of Official Titles in Imperial China* . Stanford, Calif. : Stanford University Press, 1985.

Huenemann, Ralph William. *The Dragon and the Iron Horse : The Economics of Railroads in China, 1876—1937* . Cambridge, Ma. : Harvard University Press, 1984.

Hummel, Arthur W. , ed. *Eminent Chinese of the Ch'ing Period* . Washington, D.C. : U. S. Government Printing Office, 1943.

Jackson, Beverley. *Splendid Slippers: A Thousand Years of an Erotic Tradition* . Berkeley, Calif. : Ten Speed Press, 1997.

Kandel, Eric R. , James H. Schwartz, and Thomas M. Jessell, *Principles of Neural Science*, 3rd ed. New York: Elsevier Science Publishing Co. , 1991.

Karl, Rebecca E. *Staging the World : Chinese Nationalism at the Turn of the Twentieth Century* . Durham and London: Duke University Press, 2002.

Karl, Rebecca E. , and Peter Zarrow, eds. *Rethinking the 1898 Reform Period: Political and Cultural Change in Late Qing China* . Cambridge, Mass. : Harvard University Asia Center, 2002.

Ko, Dorothy. "Bondage in Time: Footbinding and Fashion Theory," *Fashion Theory : The Journal of Dress, Body & Culture* 1, no. 1 (March 1997), pp. 3—28.

Ko, Dorothy. " Footbinding as Female Inscription," *in Rethinking Confucianism : Past and Present in China, Japan, Korea, and Vietnam*, ed. Benjamin Elman, John Duncan, and Herman Ooms, pp. 147—177. Los Angeles: Asia Pacific Monograph Series in International Studies, UCLA, 2002.

Ko, Dorothy. "The Body as Attire: The Shifting Meanings of Footbinding in Seventeen-Century China," *Journal of Women's History* 8, no. 4 (Winter 1997), pp. 8—27.

Ko, Dorothy. "The Emperor and His Women: Three Views of Footbinding,

Ethnicity, and Empire," in *Life in the Imperial Court of Qing Dynasty China*, *Proceedings of the Denver Museums of Natural History*, series 3, no. 15, edited by Chuimei Ho and Cheri Jones. Denver: Denver Museum of Natural History Press, 1998.

Ko, Dorothy. "The Sex of Footbinding," in *Good Sex: Women's Religious Wisdom*, ed. By Radhika Balakrishnan, Mary E. Hunt, and Patricia Beattie Jung, pp. 140—157. New Brunswick, NJ: Rutgers University Press, 2001.

Ko, Dorothy. "The Subject of Pain", in *Dynastic Crisis and Cultural Innovation: From the Late Ming to the Late Qing and Beyond*, ed. David Derwei Wang and Shang Wei. Cambridge, Ma.: Harvard University Asia Center, 2005.

Ko, Dorothy. *Every Step a Lotus: Shoes for Bound Feet*. Berkeley and Los Angeles: University of California Press, 2001.

Ko, Dorothy. *Teachers of the Inner Chambers: Women and Culture in Seventeenth-Century China*. Stanford, Calif.: Stanford University Press, 1994.

Köster, Hermann. "The Palace Museum of Peiping," *Monumenta Serica*, vol. 2 (1936—1937), pp. 167—190.

Kristeva, Julia. *About Chinese Women*, trans. Anita Barrows. New York and London: Marion Boyars, 1991.

Kwan, Man Bun. *The Salt Merchants of Tianjin: State-Making and Civil Society in Late Imperial China*. Honolulu: University of Hawaii Press, 2001.

Kwok, D. W. Y. *Scientism in Chinese Thought, 1900—1950*. New Haven: Yale University Press, 1962.

Lee, Li-Young. *The Winged Seed: A Remembrance*. New York: Simon & Schuster, 1995.

Levy, Howard S. *Chinese Footbinding: The History of A Curious Erotic Custom*. Taipei: Nantian Shuju, 1984.

Li, Yu. *The Carnal Prayer Mat*. Translated by Patrick Hanan. Honolulu: University of Hawaii Press, 1990.

Lin, Weihong (Lin Wei-hung). "Chastity in Chinese Eyes: Nan-Nü Yu-Pieh," *Chinese Studies* 9, no.2 (Dec. 1991), pp. 13—40.

Little, Mrs. Archibald [Alicia]. *The Land of the Blue Gown*. London: T.

Fisher Unwin, 1902.

Liu, Lydia H. "The Desire for the Sovereign and the Logic of Reciprocity in the Family of Nations," *Diacritics*, 29, no. 4 (1999), pp. 150—177.

Liu, Lydia H. "The Female Body and Nationalist Discourse," in *Scattered Hegemonies : Postmodernity and Transnational Feminist Practices*, ed. Inderpal Grewal and Caren Kaplan, pp. 37—62. Minneapolis, MN: University of Minnesota Press, 1994.

Lo, Hui-min. "Ku Hung-ming: Homecoming [Part 1]," *East Asian History* 6 (1993), pp. 163—182.

Lo, Hui-min. "Ku Hung-ming: Homecoming, Part 2," *East Asian History* 9 (1995), pp. 67—96.

Lo, Hui-min. "Ku Hung-ming: Schooling," *Papers on Far Eastern History* 37—38 (1988), pp. 45—64.

Loewe, Michael, ed. , *Early Chinese Texts : A Biographical Guide*. [Berkeley]: The Society for the Study of Early China and the Institute of East Asian Studies, University of California, Berkeley, 1993.

Lü, Meiyi. "Small Steps Forward: Effects against Foot-Binding," *Women of China* (Feb. 1989), pp. 42—44.

Lü, Meiyi. "The Second Wave of the Movement for Unbound Feet," *Women of China* (April 1989), pp. 44—45, 26.

Lü, Meiyi. "The Unbound Feet Movement in the Reform of 1898," *Women of China* (March 1989), pp. 51—53.

MacGowan, John. *Beside the Bamboo*. London: London Missionary Society, 1914.

MacGowan, John. *How England Saved China*. London: T. Fisher Unwin, 1913.

MacGowan, John. *Men and Manners of Modern China*. London: T. Fisher Unwin, 1912.

MacGowan, John. *The Imperial History of China*. Shanghai: American Prebyterian Mission Press, 1906.

Mann, Susan. *Precious Records : Women in China's Long Eighteenth Century*. Stanford, Calif. : Stanford University Press, 1997.

Matignon, Dr. J. J. *Superstition, crime, et misdre en Chine : souvenirs de biologie sociale*. Lyon: A Storck & Cie, 1899.

Maxwell, J. Preston. "On the Evils of Chinese Foot-Binding," *The China*

Medical Journal 30, no. 6 (Nov. 1916), pp. 393—396.

McLaren, Anne. "Crossing Gender Boundaries in China: Nüshu Narratives," *Intersections* (1998), pp. 1—16. (http://www. sshe. murdoch. edu. au / hum /as /intersections)

McLaren, Anne. *Chinese Popular Culture and Ming Chantfables*. Leiden: Brill, 1998.

McMahon, Keith. *Misers, Shrews, and Polygamists : Sexuality and Male-Female Relations in Eighteenth-Century Chinese Fiction*. Durham and London: Duke University Press, 1995.

Mitchell, Timothy. *Colonising Egypt*. Berkeley: University of California Press, 1991.

Morris, Andrew. *Marrow of the Nation : A History of Sport and Physical Culture in Republican China*. Berkeley: University of California Press, 2004.

Nishijima, Sadao. "The Formation of the Early Chinese Cotton Industry," in *State and Society in China : Japanese Perspectives on Ming-Qing Social and Economic History*, ed. Linda Grove and Christian Daniels. Tokyo: University of Tokyo Press, 1984.

Plum in the Golden Vase or, Chin P'ing Mei, vol. 1: *The Gathering*, trans. David Tod Roy. Princeton: Princeton University Press, 1993.

Plum in the Golden Vase or, Chin P'ing Mei, vol. 2: *The Rivals*, trans. David Tod Roy. Princeton: Princeton University Press, 2001.

Pruitt, Ida. *A China Childhood*. San Francisco: Chinese Materials Center, Inc. , 1978.

Pruitt, Ida. *A Daughter of Han : The Autobiography of a Chinese Working Woman*. Stanford, Calif. : Stanford University Press, 1967.

Qian, Nanxiu. "Revitalizing the Xianyuan. Worthy Ladies Tradition," *Modern China* 29, no. 4 (Oct. 2003), pp. 399—454.

Raphals, Lisa. *Sharing the Light : Representations of Women and Virtue in Early China*. Albany: State University of New York Press, 1998.

Richards, Thomas. "Archive and Utopia," *Representations* 37 (Winter 1992), pp. 104—135.

Scott, Joan Wallach. *Only Paradoxes to Offer : French Feminists and the Rights of Man*. Cambridge, Mass. : Harvard University Press, 1996.

Shang, Wei. "The Making of the Everyday World: *Jin Ping Mei Cihua* and

Encyclopedias for Daily Use," unplished paper, 2002.

Shen, Fu, *Six Records of a Floating Life*. Translated by Leonard Pratt and Chiang Suhui. London and New York: Penguin Books, 1983.

Spence, Jonathan. *Treason by the Book*. New York: Viking, 2001.

Stewart, Susan. *On Longing : Narratives of the Miniature, the Gigantic, the Souvenir, the Collection*. Durham and London: Duke University Press, 1993.

The Book of Songs. Translated by Arthur Waley; edited with additional translations by Joseph R. Allen. New York: Grove Press, 1996.

Thiriez, Régine. "Photography and Portraiture in Nineteenth-Century China," *East Asian History* 17/18 (1999), pp. 77—102.

Turner, Christena. "Locating Footbinding: Variations across Class and Space in Nineteenth and Early Twentieth Century China," *The Journal of Historical Sociology*, 10, no. 4 (Dec. 1997), pp. 444—479.

Turner, Terence. "The Social Skin," in *Not Work Alone : A Cross-Cultural View of Activities Superfluous to Survival*, ed. Jeremy Cherfas and Roger Lewin, pp. 112—140. Beverly Hills: Sage Publications, 1980.

Van Gulik, R. H. *Erotic Colour Prints of the Ming Period*. Tokyo: Privately published, 1951.

Veblen, Thorstein. *The Theory of the Leisure Class*. New York: Penguin Books, 1994.

Veith, Ilza. "The History of Medicine Dolls and Foot-binding in China," *Clio Medica* 14, no. 3/4 (1980), pp. 255—267.

Wang, David Der-wei. *Fin-de-Siecle Splendor : Repressed Modernities of Late Qing Fiction, 1849—1911*. Stanford, Calif. : Stanford University Press, 1997.

Wang, Ping. *Aching for Beauty : Footbinding in China*. Minneapolis: University of Minnesota Press, 2000.

Wang, Zheng. *Women in the Chinese Enlightenment : Oral and Textual Histories*. Berkeley and Los Angeles: University of California Press, 1999.

Weschler, Lawrence. *Mr. Wilson's Cabinet of Wonder*. New York: Vintage Books, 1996.

Wu, Tung, *Earth Transformed : Chinese Ceramics in the Museum of Fine Arts, Boston*. Boston: MFA Publications, 2001.

Zeitlin, Judith T. "The Petrified Heart: Obsession in Chinese Literature,

Art, and Medicine," *Late Imperial China* 12, no. 1 (June 1991), pp. 1—26.

Zeitlin, Judith T. *Historian of the Strange: Pu Songling and the Chinese Classical Tale*. Stanford: Stanford University Press, 1993.

Zhang, Xudong. *Chinese Modernism in the Era of Reforms: Cultural Fever, Avant-Garde Fiction, and the New Chinese Cinema*. Durham and London: Duke University Press, 1997.

Zito, Angela. *Of Body and Brush: Grand Sacrifice as Text/Performance in Eighteenth-Century China*. Chicago: University of Chicago Press, 1997.

译后记[①]

一

"缠足"是个相当奇特的历史题目,对于这项在传统中国延续了数百年的文化实践,我们的认识,却是从数落它的"罪孽"开始的。19世纪末以来,在国族主义巨型论述的笼罩之下,中国的知识分子和权力精英,纷纷通过种种规范性的二元对立命题("野蛮/文明""压迫/解放"等),集体塑造了一种盖棺论定式的认知典范。按照他们的逻辑,缠足是野蛮习俗,起于"污君独夫民贼贱丈夫"的父权封建专制,不但缠足妇女深受其害——"缠了足,便是废物中的废物"——而且,还败坏国族形象,招致"外人野蛮之讥",牵累国族存续,使国族面临"澌灭之厄"。[②] 从帝制末年到共和时代,类似言论俯

---

① 本文改写自拙文,《未知的诱惑:缠足史研究的典范转移》(《近代中国妇女史研究》第十四期〔2006/12〕,第247—258页)。

② "污君"语出梁启超,《戒缠足会叙》(1896),收入李又宁、张玉法编,《近代中国女权运动史料》,下册(台北:传记文学,1975),第841页;"废物中的废物"语出胡适,《敬告中国的女子》(1906),《胡适文集》,卷九(北京:北京大学,1998),第421页;"野蛮之讥"语出康有为,《请禁妇女裹足折》(1898),收入《近代中国女权运动史料》,上册,第510页;"澌灭之厄"语出金一(金天翮),《女界钟》(1903)(上海:上海古籍,2003),第16页。所谓的"废物",胡适这么"定义":"大凡女子缠 (转下页)

拾皆是,不胜枚举。这就是整个世纪知识精英众口一词的缠足:恶俗,罪无可逭!

直到最近十年里,这个强大的认知典范才逐渐受到挑战和颠覆。本书作者高彦颐尤其扮演了关键性的批判角色。早在《闺塾师》(*Teachers of the Inner Chambers*,1994)一书里,她便已对于视传统妇女为"受害者"的论述——她称之为"五四妇女史观"——提出了强烈的质疑:这套论述一笔勾销了传统女性的主体性与能动性,将她们化约成某种停滞不变的非历史同质性客体,漠视了两性权力关系与女性个体在社会、经济地位上的差异;这种对传统的批判与论述方向,本身就是一种性别政治与意识形态的建构。[1] 此后,高彦颐陆续发表了十余篇论文和一部专论"莲鞋"文化的著作,篇篇直指既有缠足史研究的局限和失灵。本书是她的最新力作。就像她在原书名副标题所揭橥的"修正论"取径,在书中,她以极富开创性的思维和视野,以及细腻迂回的推理论证,一步一步地引领我们走出巨型论述的迷雾。

(接上页)了脚,不要说这些出兵打仗做书做报的大事情不能去做,就是那些烧茶煮饭缝缝洗洗的小事情也未必人人能做的,咳!这岂不是真正的一种废物么?"(《敬告中国的女子》,第420页。)

[1] Dorothy Ko, *Teachers of the Inner Chambers: Women and Culture in Seventeenth-Century China* (Stanford: Stanford University Press, 1994), pp. 1—26. 费正清(John K. Fairbank)在其遗著(1992)中感慨道:缠足"是中国社会各层面之中最少被研究涉及的一个"。他认为,避谈缠足的现象反映出汉学家的爱中国癖(sinophilia),使他们不愿说研究对象的"坏话"。见 Fairbank, *China: A New History*,薛绚译,《费正清论中国》(台北:正中书局,1994),第188页。可惜费氏来不及看到20世纪90年代后期,缠足议题受到广泛重视的现象。至于中文世界的情况,就像高彦颐在本书中所指出的,随着20世纪80年代后期中国改革开放政策而出现的"文化热",激发了90年代新一波关注传统文化的兴趣,也产生了一堆谈论缠足的著述,但在内容上,大多仍千篇一律地重弹"五四妇女史观"的老调。

阅读此书，可以这么说，等于是目击了一个"典范转移"（paradigm shift）的过程，因为，套用库恩（Thomas Kuhn）的话来说，高彦颐的研究"是一个在新基础上重新创建研究领域的过程"，即使"处理的资料与过去没有两样，但因赋予一个不同的架构，资料间于是出现了全新的关系"。[①] 在哪些方面，她的研究与过去的典范有所不同呢？其实她所侧重的，正是近年来妇女史与身体史研究中的两个重要向度：一方面是妇女在生活世界中展现的主体性（subjectivity）与能动性（agency），另一方面则是体现其主体位置的身体性（physicality；或肉身性，corporeality）和物质性（materiality）。缠足妇女虽然是缠足文化的执行者，但她们的主体性、能动性、身体性和物质性，长久以来被"封装"在男性知识和权力精英的各种叙事文本中，其结果是，"缠足妇女"在"缠足史"里不折不扣成了一群"无声的从属者"（the voiceless subaltern）。因此，高彦颐的"典范转移"工程在缠足史研究的领域里，显得别具意义，用最简单的话来说，她的研究促使我们将注视的焦点从"男性书写的文本历史"，移转到"女性历史的身体书写"。

二

本书的前半部首先考察了缠足在现代的、全球化的世界里，逐渐失去文化光环的过程。高彦颐指出，在面临"天足"概念和"放足"运动冲击的过渡时代（19 世纪 80 年代至 20 世纪

[①] Thomas S. Kuhn, *The Structure of Scientific Revolutions* (Chicago: University of Chicago Press, 1962), pp. 84—85.

30 年代)里,"缠足"解组为三种层次的时间性:具有文化荣耀或正当性的缠足、作为一种社会实践的缠足,以及个体体现的缠足。这种解组使得反缠足论述的进步史观与所谓的"缠足的终结"之间,出现了某种"时间差"。人们不会在一夕之间从旧式生活翻转到新式生活。即使缠足已然丧失其文化光环,不少小脚母亲还是固着于传统思维,继续为女儿缠脚,固执地相信小脚才是值得追求的真理。换言之,过渡时代呈现出来的特色,是一种"在时间、感情和时尚之间徘徊、游移和摆荡的动态"(第 7 页)。缠足的终结并不是一个"从缠到解"的直线进程;相反的,缠足既是一种普遍而且复杂多样的现象,其消逝必然历经漫长而反复的过程,也必然纠缠在上述三种时间性的错乱步调之中。

换言之,我们所熟悉的反缠足论述,并非唯一的历史叙事,因为在这套巨型历史的边缘,甚至外面,仍有众多不识字的缠足妇女,以身体诉说着自我的历史。她们的声音不是那些被叙述出来的声音,而是发自体内的低喃,是一种我们不熟悉的身体语言,既不形诸文字,音调、音频也杂乱无章。我们要如何才能听到它们呢?高彦颐认为,我们必须一方面解析反缠足巨型历史叙事如何"封装"女性身体的声音,另一方面努力解译、发掘和聆听缠足妇女的二手声音。

举例来说,她从英国传教士麦高温的著作里,发现一位养育了七名女儿的母亲的声音。当麦高温在厦门成立戒缠足会时,这位母亲起身发言誓愿解开女儿们的脚缠;她还俏皮地表示,就算女儿因此嫁不出去也无所谓,反正她们可以留在家里陪她,为她烧饭。在麦高温的叙事里,这位母亲乃是受到基督

教天足观的感召。不过,高彦颐立刻"解译"了这段二手声音:
麦高温的说法像是层面纱,遮掩了这位母亲在家中的权威和
她家的经济地位。除了经过转述的二手声音之外,高彦颐对
于巨型叙事里若干"空白"或"停格"之处,也极感兴趣。以一
位年纪可能不到 10 岁的女学生蔡爱花为例,男性新知识分子
曾为这位"新时代的圣女"举行了极具宗教性的仪式,公开礼
赞她的放足"壮举";然而,高彦颐提醒我们,对于她后来面对
实际生活世界的情况,我们一无所知:蔡爱花回家后,妈妈会
骂她吗? 会把她的脚缠得更紧吗? 她会捍卫她那得来不易的
新身体吗? 她会犹豫挣扎,放了又缠,缠了又放吗? 同样地,
在官方的统计报告里,我们也看到了这种"停格":所谓的"放
足成效",高彦颐问道,是指有某个百分比的小脚女子,在查脚
官员大驾光临的那一天,解除了她们的裹脚布吗? 如果一位
放足妇女过了一阵子,因为不舒服或改变心意,而再度紧缠双
足的话,要怎么定位她呢? 如果只是脚底板变得较为平坦,四
趾却仍保持内折的话,要归类为缠足还是放足呢? 在放足女
子的"皈依叙事"里,她们的身体只在放足那一天发出声音,然
后就被封装在国族论述或官方统计资料之中,成为无足轻重
的微弱响音。

　　的确,高彦颐常在"不疑处有疑",她不仅指出叙事文本的
突兀之处,更借由深究原本不受重视的"杂音",显露了放足运
动在目标与实务之间的捍格矛盾。例如,她分析了《采菲录》
里一则不显眼的材料:据说在厉行放足政策的时期,县级政府
奉命按月上缴一定数额的旧裹脚布,作为考核该县放足绩效
的依据,结果,许多县长为了应付上级命令,便从坊间购买全

新裹脚布,向缠足妇女交换旧品交差。于是,高彦颐质疑道,为了终结缠足的政令,到头来却变成免费供应全新缠足用品的措施,在实质上不是反而延续和促进了缠足之风吗?

就像这样,借由"解译"各式各样"小人物"——放足会的女性成员、小学教师、女学生、对于是否放脚举棋不定的妇女、查脚员、小脚赏玩家、小报文章作者等——的呢喃低语,甚至令人好奇的沉默,本书的前三章勾画了此一过渡时代的另类图像,也使我们有机会聆听到一些也许不是"真正"却"真实"的二手声音。此外,就我个人的阅读体验而言,这一连串的解译(和解谜)过程,由于呈现出高度的紧凑感和悬疑性,使得本书在严谨的学术论证之外,相当程度上还带来了有如推理小说般的阅读趣味。

三

本书后半部将我们的目光从"现代"拉回到不受国族巨型历史约束的时代,尤其是帝制晚期。在这个时期里,缠足逐渐习俗化,演变成为一种普遍被接受和追求的社会实践;高彦颐的目的,便是追溯缠足如何在此一时期绽放和延续其文化光芒。相对于现代各式各样揭露缠足"真相"的技术和机制,缠足在传统时代里的"奥妙",主要建立在文字书写之上,而且也依靠文字形塑其文化的尊崇感与神秘性。她指出,传统中国男性文人以抒情主义和客体主义的形式表现出的"文本间接性",扮演了"遮蔽"的角色,就这一点而言,这与制作精美的绣花弓鞋并无二致:它们都使人们的凝视焦点从肉脚原貌移转到足服装饰文化。明、清时期的文字作品意在挑动人们对隐藏的身体的想象,而不是将缠足描述成具象的身体和社会实践。受到挑逗的读者,只得意会那不能被述说的部分。换句话说,男性文人对缠足的兴趣,借用作者对明代学者杨慎的形容,乃是受到"未知"的诱惑。

在这个部分的前两章里,作者检视了多种文类。第四章讨论缠足的"起源论述",分析的焦点在于张邦基、车若水、杨慎、胡应麟、赵翼和钱泳等宋代至清代学者有关缠足源流的考据文字;第五章讨论男性文人有关缠足的情欲想象,材料包括了民初描述赛脚会的采风记述、清初若干"非学术性"的著作,如李渔的《闲情偶寄》、汪景祺的《西征随笔》、蒲松龄的《聊斋俚曲集》等,以及明清时期的民间歌谣。整体而言,这些文本首先将缠足定位为男性探求和欲求的题材;其次,关于女性的身体部位,哪些是可以谈论的,哪些是不可以谈论的,它们也设下了论述的界限;最后,它们还使得缠足在男性的情欲想象之中,持续占有一席之地。

考据学家们致力探索缠足在历史时间中的位置,这是他们理解缠足的途径。他们相信文献保存了历史真实,因此,即使当他们想要探讨人体形构、衣着或礼仪行为等与身体有关的课题时,也认为唯有通过研究古文献,才能进入过去的身体性范畴。相较于这些认真考究缠足源流的学者,无心追求学术声名的男性文人,则毫不介意地表现自己对缠足的着迷。不论是在游记、笔记、地方戏曲,还是歌谣作品里,他们都将缠足描写成一种诱人而危险的外物。高彦颐仔细分析了这些通俗文本以及文本中反复出现的主题,包括女性竞争、官僚的西北行旅、大同名妓的故事等,指出它们反映了男性欲求的缠足形象背后,潜藏着文化或社会的结构性失衡。

高彦颐在本书的前五章里,一一破解或质疑了传统与现代缠足研究所依凭的叙事文本,并感叹"身体"在这些文本里遭到边缘化的命运;在她看来,文字叙事的遮蔽、隐讳或挞伐,既无法改变缠足妇女身体的"顽强性",也无碍于它作为具象的经验现实。到了最后一章(第六章),我们看到作者开展她的"修正论"取径:当缠足史的诠释架构从传统男性文人的学术课题与风月遐想,以及当代国族主义的直接或间接表述,转移到缠足妇女的物质文化、时尚消费、日常生活与社会关系时,缠足的世界便豁然开朗地呈现出一番新景象。我们将看到各式各样的女性欲望:对于"身体自我"的呵护,对于社会目光的敏感,对于同侪竞争的焦虑,以及对于地位流失的恐惧。在这一章里,高彦颐借由分析陪葬织品、医案、日用类书、俗文学、法律案件等多样化材料,将传统妇女"身体的无言呈现"扣连到她们的内心世界。

在前一本著作里,高彦颐曾以"说话的鞋"(the speaking shoe)形容莲鞋:其构造、式样、材质、手工、花饰等,仿佛开了一小扇窗口,不经意地吐露了缠足女子的身体经验、梦想和希望。[1] 同样的,本书所说的"修正论的缠足史",在相当程度上,就是从莲鞋的"言说"来考察缠足史:从"高底鞋"的文献考据(第四章),到古墓出土的女性足服(第六章);从阎锡山的禁止木底和踩跷(第二章),到"弓底"的平坦化与"坤鞋"的兴起(第

---

[1] Dorothy Ko, *Every Step a Lotus : Shoes for Bound Feet* (Berkeley: University of California Press, 2001), p. 97.

二章、第六章);从莲鞋的赏玩文化(第三章),到弓鞋的美学功能评估(第五章),再到鞋式与明清都会时尚、地位焦虑和商品化之间的关联性(第六章)。除了莲鞋,她还旁及袜子、裹脚布、绣样、爽足粉、浸足药方等书写"身体性"的物质载体,将它们重新布置在她们的生活世界,借以标测女性欲望的宇宙。

高彦颐在本书前言里驳斥了几种诠释缠足文化的流行观点——性心理分析、有闲阶级论、马克思主义取径的女性主义,以及民族志——认为它们跟现代反缠足论述一样,都犯了过度简化的毛病,若非对于与"理论模型"不合的声音或材料略而不谈,就是不求甚解地将缠足文化预设为某种同质的、非历史的和单因的现象。因此,在结束本书之前,她特地声明,写作此书的目的并不在于建构一部综论性的缠足史,也不是为了推衍出概括性的解释或陈述,而只是针对漫长的缠足历史当中,一些她认为极为有趣的文本和物件,提出自己的解读。本书读者想必可以发现,作者取材甚广,其中更有不少是受到过去的缠足研究者所忽略的素材。内容的包罗万象,一方面反映了缠足史料的零碎和片断特性,另一方面也显示出,缠足作为一种分歧多样的体现经验,其复杂性同样表现在不同的文类或叙事传统。书中分析的每一个"段子"都值得品味再三,相信也可以激发读者以自己的方式进行考察的兴趣,或是重新审思已知文本的念头。毕竟,缠足史仍存在许多未知的角落,诱惑着我们深入探索。高彦颐强调,她希望借着本书开启一个没有标准答案的讨论空间,在这个空间里,不但所有读者都能够形成自己的看法,而且还愿意不断反省和检验这些看法。

他的目标"不是梳理出确然可信之事,而是将怀疑的种子植入他的读者的脑海之中"(第 171 页)。高彦颐解读杨慎的这段话,同样适合总结我对她这部著作的体会。

四

讨论了这本极具启发性的精彩作品之后,我想接着谈一谈本书原著的书名 *Cinderella's Sisters : A Revisionist History of Footbinding*。本书将"灰姑娘"(Cinderella)这则家喻户晓的童话故事放在主标题,此外,在开展修正论取径的第六章,也以"灰姑娘的梦想"为题名,显示作者高彦颐觉得灰姑娘故事足以提示其书写"修正论的缠足史"的意旨。然而,对于一般读者——尤其是非西方的读者——来说,要从这个典故联想到中国的缠足,中间还需要一定程度的指引或阐释。况且,就像许多著名的童话或神话故事一般,"灰姑娘"里的人物角色和社会关系,作为某种符码,不会被框定在单一的、普遍的诠释,因此,一旦被置放在书名和章标题上,或许有略作说明的必要。

当我初次翻阅原著时,就很想知道作者为何以及如何使用灰姑娘比喻,不过,她并未在"前言"中向读者揭示,在哪一个层次和面向上,是她希望读者捕捉或意会的。既然作者未曾"破题",我也就带着悬念,开始我的阅读和翻译。身为译者,我其实有许多机会直接向作者请教,不过随着阅读的进行,我忽然珍惜起这一丝悬念,宁可自己透过文本浮想联翩。就像我前面说过的,本书带来一种阅读推理小说般的乐趣,而推理小说的读者,自然不会一开始就向作者寻求答案的。虽然中译本舍弃了原书名,另起新名,但我仍希望借着这个机会,对于灰姑娘比喻在本书中的位置,简要地提供我的整理和解读。

除了书名和第六章标题之外,全书出现"灰姑娘"字眼的地方,仅有六处,也都集中在第六章,根据它们出现的脉络,我们可以将之区分为两组各三处。第一组包括:"就像灰姑娘的继姐们痛苦地认识到,体肉并不会随着人的意志和努力而凭空消失"(第278页)、"极少数'灰姑娘'特有的身体"(第283页)及"'灰姑娘继姐们'和其他大多数人都有的顽强身体"(第283页)。这三处都着墨于"灰姑娘"与"继姐们"的身体性。高彦颐指出,缠足文化到了帝制晚期,发展出一种天方夜谭式的"弓弯纤小"美学要求,于是,极少数小脚天成的妇女,跟童话里的灰姑娘一样,得天独厚,远比大多数人(即"灰姑娘的继姐们")更容易满足"弓小"的超高标准。至于天生脚板较大的女子,就算有极大的决心和毅力,积极缠裹、"强作弓弯"的结果,也只是落得"鹅头脚"之讥,因为缠脚"只是挪动脚骨、跟腱和肌肉",并不会使她的"体肉"消失(第278页)。

必须指出的是,高彦颐援引的"灰姑娘"典故,极可能出自咸认"儿童不宜"的《格林童话》初版(1812)。① 在这个版本里,

① 高彦颐在 *Every Step A Lotus* 里曾引用了格林兄弟版的灰姑娘故事(p. 25)。20世纪70年代的激进女性主义者也将中国缠足与欧洲的"灰姑娘"故事扣连在一起——小脚、处分身体、流血、痛楚、普世性的父权压迫——而她们的"灰姑娘"同样出自《格林童话》初版,见 Andrea Dworkin, *Woman Hating* (New York: E. P. Dutton, 1974), p. 39; 以及 Mary Daly, *Gyn/Ecology* (Boston: Beacon Press, 1978), p. 152. 若撇开"处分身体",的情节不论,早在20世纪50年代,西方专研灰姑娘故事的民俗学者就已怀疑,灰姑娘故事里王子对小尺寸女性鞋/脚的偏执,可能与中国的缠足审美观存在着某种关联性(例如,见 Anna B. Rooth, (转下页)

当灰姑娘的继姐穿不下那只鞋时,她的继母给大女儿一把刀,说道:"切掉脚趾! 一旦当上皇后,你根本就不必走路了!"继母对二女儿也说了同样的话,只是把脚趾换成脚跟。她们都照做了,若非因为鞋子渗血被拆穿,其中一人就已当上了王妃,根本轮不到灰姑娘。① 现今流行的"灰姑娘童话"则是法国人佩罗(Charles Perrault)的版本(1695),故事中不但没有血淋淋的削足试鞋,那两位刻薄继姐的"下场"也很不错:当上王妃的灰姑娘原谅了继姐,还为她们牵线,让她们嫁给了其他贵族(在《格林童话》初版里,她们都悲惨地被鸽子啄瞎双眼)。② 换言之,灰姑娘继姐"处分"自己"顽强身体"的情节,在一般人耳熟能详的灰姑娘故事里,其实并不存在。

像这样以身体性为轴线的对比,同样反映在缠足照护方面的医药方剂。高彦颐从传统日用类书中,发掘了两类缠足药方。第一类是浸脚汤剂(例如"西施脱骨汤"),目的是在缠脚之前,让骨头变得较软。这类药方所夸称的效果,乃是可使双足达到"柔若无骨"的神奇境界,其背后召唤的,正是理想化的"灰姑娘"身体性。第二类则是爽足膏剂或散剂(例如"金莲稳步膏"),医疗目的既单纯又务实,就是用以保持脚部干爽舒适,预防鸡眼的产生;这类药方让人联想到的,乃是大多数缠足妇女("灰姑娘的继姐们")每天

(接上页) *The Cinderella Cycle*〔New York: Arno Press, 1980〕,pp. 106—107;以及 Photeine P. Bourboulis, "The Bride-Show Custom and the Fairy-Story of Cinderella,"in *Cinderella: A Folklore Casebook*, p. 105)。

① Jacob and Wilhelm Grimm, "Ash Girl(Aschenputtel)," in Alan Dundes ed., *Cinderella: A Folklore Casebook*(New York: Garland Publishing, Inc., 1982), p. 28.

② Charles Perrault, "Cinderella, or the Little Glass Slipper," in *Cinderella: A Folklore Casebook*, p. 21.

都要面对、照护的顽强身体，以及为了祈求梦幻般的"灰姑娘"身体性而招致的烦恼和苦楚。

再看第二组：高彦颐形容出身寒微的孝靖皇后是"典型的灰姑娘"（第 296 页）；《金瓶梅》里的宋蕙莲是"败下阵来的灰姑娘"（第 299 页）；"小脚"述说了渴望女性美、社会地位、高贵仪表等"灰姑娘的梦想"（第 289 页）。通过通俗文学或戏曲的渲染，这些梦想紧紧地扣连到缠足美学，这也是第六章的标题意旨。在这一组用法里，"灰姑娘"所指涉的，是那些符合审美高标准，在社会阶梯上占有优势竞争位置的小脚女子。

明白了这两组"灰姑娘"在隐喻上的细微差异，我们便可以回头讨论本书书名"*Cinderella's sisters*"的意思。如依第一组的用法，这个书名应该译为"灰姑娘的姐姐"，以扣连到故事里那两位"削足适履"的继姐，其引申意义则为"竭尽心力对抗自己的身体性以符合美貌体制要求的女性"："强作弓弯"的缠足女子、楚王宫中忍饥节食的"细腰"嫔妃，或是一掷千金追求"身体重塑"的整形产业消费者，等等。不过，若按第二组用法，似乎又可理解为"灰姑娘的（中国）姐妹"，泛指孝靖皇后、宋蕙莲、潘金莲等跟"灰姑娘"有着类似命运的女子，她们虽然出身低微，但是因为一双小脚浑然天成（"天然纤小"），吸引了男性权贵的追求或"猎取"，从而在社会竞争中获得向上攀升的机会——然后，从此过着幸福快乐的日子？嗯，那更像是童话世界里的迷幻物语。①

---

① "灰姑娘的中国姐妹"或许会让人联想到叶限这位"中国版的灰姑娘"，不过这并不是我的用意。1911 年，日本人类学者南方熊楠发表了一篇论文，认为唐代文人段成式（803—863）的《酉阳杂俎》中一则笔记的女主角叶限，乃是中国版的灰姑娘（《西历九世纪的支那书に载せたるシンタ：しう物语》，《东京人类学会杂志》第二十六卷第三〇〇号〔1911〕，第 1215—1228 页）；但直到 1932 年，在清华大学 （转下页）

于是,由于文字的开放性,所以作者未加破题的书名,在语意上产生了双关性。只是,不论哪一种解读,可能都会挑动某种不安和不满的情绪:解作"灰姑娘的姐姐",让人联想到美貌体制的惨烈,以及缠足妇女积极、焦虑与挣扎的心情;解作"灰姑娘的中国姐妹",则又令人慨叹父权体系下,女性遭受到性别与阶级的多重压迫。然而,就像高彦颐在本书结束前一再表达的,就前现代中国——尚未受到"天足"这个外来概念影响之前的中国——的身体观而言,"身体是开放性的"(第294页),既是载体,也是阻体;人们经由处分他们的身体,来达成他们的目标,"根本无须我们越俎代庖,对她们应该抱持什么样的目标指指点点"(第294页)。更何况,如果我们以现代的观点和想法,强加在传统的金莲世界,不但将陷入时空错置的泥淖,而且在思考"缠足/女人/历史"之间千丝万缕的纠葛时,也可能会忽略了本书所强调的一个关键命题:缠足所体现的,"不是一种负累,而是一种特权"(第325页)①。

(接上页)当客座教授的民俗学者 R. D. Jameson 发表英文论文之后,叶限才在西方学界"暴得大名"(限于篇幅,叶限故事的情节,兹不赘述)。Jameson 在论文中,不但英译了段成式的原文,还比较了叶限故事与世界各地的灰姑娘故事异文(不过,他的比较准绳仍是西方最熟悉的佩罗版本),并在文末宣称:"中国南方的叶限,肯定是我们所讨论的(欧洲)灰姑娘的姐妹。"(Jameson, "Cinderella in China," in *Cinderella : A Folklore Casebook*, p. 92.)从此之后,中国的叶限故事被公认为已知最早的灰姑娘故事异文。除了 Jameson 的译本之外,后来的英译本还包括汉学家 Arthur Waley 的"The Chinese Cinderella Story," *Folklore*, vol. 58(1947), pp. 226—238。高彦颐在 *Every Step a Lotus* 里也全文英译了这则笔记(pp. 26—27)。我想强调的是,尽管类似灰姑娘故事中的小尺寸鞋/脚(以及王子选妃时的"鞋测验"),为什么也在叶限故事中扮演重要角色,仍有待解释,但 Jameson 和高彦颐都很谨慎地避免将叶限直接扣连到"缠足"。

① "身体是开放性的"以及"缠足不是一种负累,而是一种特权"这两句引文,均为英文原著所无;它们是作者校阅中译稿时,直接以中文增补的句子。

五

为这趟翻译旅程写下句点之前,请容我在此表达我的感激。感谢高彦颐老师以极大的耐心,仔细校阅了全书译稿,并直接以中文进行增删修改。译文能得作者亲自斧正,既是读者的福气,也是译者的运气。此外,对于我的译写风格和语法,高老师不仅给予充分的自主空间,而且往往不吝表示肯定,身为译者,我总是满怀感激。"中研院"近史所游鉴明老师是本书的催生者,由于她的不辞劳苦,居中牵线,这部精彩著作才得以如此迅速地呈现在中文读者眼前。感谢游老师的推荐,使我有幸参与此项翻译计划,更感谢她这一年多来的期勉和鼓励。这份温暖,我始终点滴在心。感谢江苏人民出版社对于本书译文的支持;也感谢所有辛勤联系、编辑与校对的工作人员。最后,我要感谢君玫和我们的宝贝女儿小文文,她们的体贴与体谅,是支撑我走完这段译旅的重要力量。

苗延威
2009 年

"海外中国研究丛书"书目

1. 中国的现代化 [美]吉尔伯特·罗兹曼 主编 国家社会科学基金"比较现代化"课题组 译 沈宗美 校
2. 寻求富强:严复与西方 [美]本杰明·史华兹 著 叶凤美 译
3. 中国现代思想中的唯科学主义(1900—1950) [美]郭颖颐 著 雷颐 译
4. 台湾:走向工业化社会 [美]吴元黎 著
5. 中国思想传统的现代诠释 余英时 著
6. 胡适与中国的文艺复兴:中国革命中的自由主义,1917—1937 [美]格里德 著 鲁奇 译
7. 德国思想家论中国 [德]夏瑞春 编 陈爱政 等译
8. 摆脱困境:新儒学与中国政治文化的演进 [美]墨子刻 著 颜世安 高华 黄东兰 译
9. 儒家思想新论:创造性转换的自我 [美]杜维明 著 曹幼华 单丁 译 周文彰 等校
10. 洪业:清朝开国史 [美]魏斐德 著 陈苏镇 薄小莹 包伟民 陈晓燕 牛朴 谭天星 译 阎步克 等校
11. 走向21世纪:中国经济的现状、问题和前景 [美]D. H. 帕金斯 著 陈志标 编译
12. 中国:传统与变革 [美]费正清 赖肖尔 主编 陈仲丹 潘兴明 庞朝阳 译 吴世民 张子清 洪邮生 校
13. 中华帝国的法律 [美]D. 布朗 C. 莫里斯 著 朱勇 译 梁治平 校
14. 梁启超与中国思想的过渡(1890—1907) [美]张灏 著 崔志海 葛夫平 译
15. 儒教与道教 [德]马克斯·韦伯 著 洪天富 译
16. 中国政治 [美]詹姆斯·R. 汤森 布兰特利·沃马克 著 顾速 董方 译
17. 文化、权力与国家:1900—1942年的华北农村 [美]杜赞奇 著 王福明 译
18. 义和团运动的起源 [美]周锡瑞 著 张俊义 王栋 译
19. 在传统与现代性之间:王韬与晚清革命 [美]柯文 著 雷颐 罗检秋 译
20. 最后的儒家:梁漱溟与中国现代化的两难 [美]艾恺 著 王宗昱 冀建中 译
21. 蒙元入侵前夜的中国日常生活 [法]谢和耐 著 刘东 译
22. 东亚之锋 [美]小 R. 霍夫亨兹 K. E. 柯德尔 著 黎鸣 译
23. 中国社会史 [法]谢和耐 著 黄建华 黄迅余 译
24. 从理学到朴学:中华帝国晚期思想与社会变化面面观 [美]艾尔曼 著 赵刚 译
25. 孔子哲学思微 [美]郝大维 安乐哲 著 蒋弋为 李志林 译
26. 北美中国古典文学研究名家十年文选 乐黛云 陈珏 编选
27. 东亚文明:五个阶段的对话 [美]狄百瑞 著 何兆武 何冰 译
28. 五四运动:现代中国的思想革命 [美]周策纵 著 周子平 等译
29. 近代中国与新世界:康有为变法与大同思想研究 [美]萧公权 著 汪荣祖 译
30. 功利主义儒家:陈亮对朱熹的挑战 [美]田浩 著 姜长苏 译
31. 莱布尼兹和儒学 [美]孟德卫 著 张学智 译
32. 佛教征服中国:佛教在中国中古早期的传播与适应 [荷兰]许理和 著 李四龙 裴勇 等译
33. 新政革命与日本:中国,1898—1912 [美]任达 著 李仲贤 译
34. 经学、政治和宗族:中华帝国晚期常州今文学派研究 [美]艾尔曼 著 赵刚 译
35. 中国制度史研究 [美]杨联陞 著 彭刚 程钢 译